섹스할 권리

섹스할 권리

아미아 스리니바산 지음

김수민 옮김

The Right to Sex

Feminism in the 21st century

창비

나의 어머니 치트라에게

내가 찾는 것은

난파선 이야기가 아닌 난파선

신화가 아닌 사물 그 자체

—에이드리엔 리치 「난파선으로 잠수하다」

들어가며

페미니즘은 철학이나 이론이 아니며, 심지어 관점도 아니다. 이것은 세상을 몰라보게 바꿔놓는 정치 운동이다. 페미니즘은 여성의 정치적·사회적·성적·경제적·심리적·신체적 종속을 끝내면 세상이 어떻게 될 것 같으냐고 묻는다. 그러곤 답한다. 우리도 모른다고, 한번 해본 다음 어떻게 되는지 지켜보자고.

*

페미니즘은 여성 자신이 성 계급sex class의 일원임을, 다시 말해 '성' 혹은 '섹스'라는 것 — 인간 문명세계의 토대가 되는 자연적이고 전前정치적이며 객관적인 물질적 기반 — 을 근거로 했을 때 사회적 지위가 열등한 사람들로 구성된 계급의 일원임을 인식하는 데서 출발한다.

자연적인 것이라고 하는 이 '성' 혹은 '섹스'를 면밀히 들여다보면 여기엔 이미 많은 의미가 담겨 있음을 알 수 있다. 태어나면서부터 신체는 '남성'과 '여성'으로 분류된다. 많은 신체가 어느 한 범주에 맞춰 훼손되고, 또 훗날 많은 신체가 이미 정해진 결정에 불복하더라도 말이다. 신체가 어떤 사회적 목적을 부여받을지는 이 근원적인 분리를 통해 판가름 난다. 어떤 신체는 새로운 신체를 탄생시키기 위해, 다른 신체를 씻기고 입히고 먹이기 위해, 다른 신체에 기분 좋고 온전하며 통제하고 있다는 느낌을 주기 위해, 다른 신체에 자유롭다는 느낌을 주기 위해 존재한다. 그래서 섹스는 자연적인 것임을 가장하는 문화적인 것이다. 페미니스트들은 섹스sex와 젠더gender를 구분해야 한다고 주장해왔지만, 이미 섹스 자체가 가면을 쓴 젠더다.[1]

'섹스'라는 단어에는 또 다른 의미가 있다. 섹스화된 신체로 하는 행위, 즉 성행위 말이다. 어떤 신체는 다른 신체와 성관계를 하기 위해 존재한다. 어떤 신체는 다른 신체에게 쾌락·소유·소비·숭배·서비스를 제공하거나 다른 신체의 가치를 입증하기 위해 존재한다. 이 두번째 의미의 '섹스' 역시 자연적인 것, 정치의 영역 바깥에 존재하는 것으로 알려져 있다. 그러나 페미니즘은 이런 생각 역시 허구임을, 어떤 이익에 이바지하는 허구임을 보여준다. 우리가 가장 사적인 행위라고 생각하는 섹스는 사실 공적인 것이다. 우리가 수행하는 역할, 우리가 느끼는 감정, 누가 주고 누가 받는가, 누가 요구하고 누가 제공하는가, 누가 원하고 누가 원해지는가, 누가 이득을 보고 누가 고통을 받는가, 이 모든 것에 대한 규칙은 우리가 그 세계에 발을 들여놓기 훨씬 이전에 이미 정해져 있었다.

어느 유명 철학자가 자신은 섹스를 하는 동안만큼은 진정으로 정치적 문제에서 벗어나 자유롭다고 느끼기 때문에, 섹스에 대한 페미니즘 비평에 반대한다고 내게 말한 적이 있다. 나는 그에게 당신 아내가 그 말에 뭐라 할 것 같으냐고 물었다(그의 아내는 식사 자리에 초대되지 않았기에 내가 직접 물어볼 수는 없었다). 내가 하려는 말이 곧 섹스가 자유로울 수 없다는 얘기는 아니다. 페미니스트들은 오래전부터 성적 자유를 꿈꿔왔다. 그들이 거부하는 것은 성적 자유의 시뮬라크르, 그러니까 평등해서가 아니라 흔해서 자유로운 것처럼 보이는 섹스다. 이 세상에서 성적 자유는 주어지는 것이 아니라 성취해야 하는 무언가이며, 늘 불완전하다. 더 자유로운 섹스를 꿈꾸던 시몬 드 보부아르는 『제2의 성』에서 다음과 같이 말했다.

확실히 여성의 자율성은 남성이 수많은 문제를 모면할 수 있도록 해주지만, 남성의 많은 편의를 앗아 가기도 한다. 그리고 확실히, 성적 모험을 하면서 살아가는 특정한 방식은 미래의 세상에선 사라지고 말 것이다. 하지만 이것이 사랑과 행복, 시, 꿈이 내일부터 없어진다는 뜻은 아니다. 우리의 부족한 상상력으로 미래가 메마르지 않게 주의하자. (…) 우리가 생각하지 못하는 새로운 육체적·정서적 관계가 성들 사이에서 탄생할 것이다. (…) 남성과 여성이 확고하게 대등한 존재가 되면 부도덕한 행위를 하거나 황홀감 또는 열정을 느끼는 일이 불

> 가능해질 것이라는 (…) 주장은 어불성설이다. 육체 대 정신, 순간 대 시대, 현기증 나는 편재성 대 매력적인 탁월함, 완전한 즐거움 대 망각의 공허라는 대립 관계는 절대로 사라지지 않을 것이다. 긴장, 고통, 기쁨, 그리고 존재의 실패와 성공은 언제나 섹슈얼리티로 구체화될 것이다. (…) 반대로 인류의 절반을 속박하는 노예제가 폐지되고, 이와 더불어 노예제가 내포하는 위선적인 체제 전체가 철폐될 때 (…) 짝을 이룬 한쌍의 인간은 그것의 진정한 형태를 발견하게 될 것이다.[2]

섹스가 진정으로 자유로워지려면 무엇이 필요할까? 아직 우리는 모른다. 한번 시험해보고, 어찌 될지 지켜보자.

*

이 책에 실린 에세이들은 다른 세상을 만들 수 있다는 희망에서 용기를 얻어 지금 세상의 섹스의 정치와 윤리를 이야기하는 글들이다. 이를 통해 우리는 섹스를 정치적 현상으로, 사회비평의 범주 내에 당당히 위치하는 무언가로 생각하길 두려워하지 않았던 앞선 페미니즘 전통을 돌이켜볼 수 있을 것이다. 시몬 드 보부아르와 알렉산드라 콜론타이에서부터 벨 훅스, 오드리 로드, 캐서린 매키넌 그리고 에이드리엔 리치에 이르는 이 계보의 여성들은 '합의'라는 좁은 범위를 넘어서서 섹스의 윤리를 생각해보게끔 해준다. 이들은 여성의 '좋아'라는 말 이면에서 어떤 힘들이 작용하는지, '섹스란 합의 아래 이뤄져야 하는 무언가'라는 말이 섹스에 대해 뭘 드러내주는지, 섹스를 지탱하지 못하는 이 '합의'라는 개념에 우리가 왜 이렇게 정신적·문화적·법적 무게를 부여하게 됐는지 되묻게 한다. 그렇게 이들은 우리를 더 자유로운 섹스에 관한 꿈으로 초대한다.

아울러 이들 에세이는 21세기의 섹스에 대한 정치비평을 재구성하려는 시도이기도 하다. 이 책에서는 섹스와 인종·계급·장애·국적·카스트 간의 복잡한 관계를 진지하게 다루고, 인터넷 시대에 섹스가 어떻게 변했는지 고찰하고, 섹스 문제에 대처하기 위해 자본주의와 투옥 국가carceral state의 권력을 동원하는 것이 무엇을 의미하는지 물을 것이다.

이들 에세이는 미국과 영국의 상황을 주로 다루지만 인도의 사례에도 얼마간 주목한다. 이는 내 개인적 배경이 일부 반영된 결과이긴 하나, 의도적인 선택이기도 하다. 이들 에세이는 주류를 이루는 많은 영어권 페미니즘 사상과 실천에 대해, 즉 지난 수십 년간 세계적으로 가장 가시적이고 실질적인 영향력을 행사한 페미니즘 형태에 대해 비판적인 입장을 취한다(물론 영어권 주류 바깥에서 활동해온 비영어권 페미니스트들이 본인들 사이에서 혹은 그들 커뮤니티 내에서 비가시적이었다거나 '주변부'였던 적은 결코 없다). 이 같은 지배력이 근래 들어 약해지고 있다는 글을 쓸 수 있게 된 건 기쁜 일인데, 특히 최근 가장 기분 좋은 페미니즘 운동의 성과는 영어권 바깥에서 나왔기 때문이다. 이 책을 쓰는 동안 일어난 사건 몇가지를 예로 들 수 있다. 폴란드에서는 우파 연립정부가 임신중지 규제를 강화하자 페미니스트들이

500곳 넘는 도시와 마을에서 시위를 벌이며 전국적인 항쟁을 이끌었다. 아르헨티나에서는 '단 한명도 잃을 수 없다'Ni una menos라는 표어를 내걸고 페미니스트들이 5년간 대규모 행진을 지속해 온 결과 국회에서 임신중지를 합법화했다. 임신중지가 여전히 불법인 브라질과 칠레, 콜롬비아의 페미니스트들은 아르헨티나의 선례를 따라 투쟁을 조직 중이다. 수단에서는 여성들이 오마르 알바시르의 독재 정권을 끌어내리는 혁명적 시위를 이끌었고, 수단의 과도정부가 여성과 저항 단체, 종교적 소수자에게도 동등한 사회적 위치를 보장해줄 것을 유엔 안전보장이사회에 요구한 인물은 수단의 젊은 페미니스트 여성인 이십대 초반의 알라 살라Alaa Salah였다.[3]

이들 에세이는 어떤 문제에 대해서는, 가령 성노동자의 권리, 처벌 강화 정치carceral politics의 해로움, 동시대 섹슈얼리티의 병증 등에 대해서는 단호한 입장을 취한다. 그러나 또 어떤 문제에 대해서는 양면적인 입장을 취하며, 복잡하고 어려운 것을 좀더 쉬운 무언가로 축소하는 일은 피하고자 한다. 페미니즘은 특히 스스로에 대해서만큼은 냉철하게 진실만을 말해야 한다(노동사학자 데이비드 로디거가 썼듯 "스스로에게 솔직한" 급진적 운동은 "'권력에 진실을 말하는 것보다' 훨씬 더 중요한 활동이다").[4] 페미니즘은 다양한 이해관계가 언제나 하나로 수렴될 것이라는 환상, 우리의 계획에 예상 밖의 일이나 달갑지 않은 결과는 나타나지 않을 것이라는 환상, 정치가 안락한 장소가 될 것이라는 환상에 안주할 수 없다.

지난 세기에 이 문제를 이야기했던 페미니스트 학자이자 활동가인 버니스 존슨 레이건은 진정으로 급진적인 정치, 즉 연합의 정치coalitional politics는 그 일원들에게 집이 되어줄 수 없다고 경고했다.

> 연합 작업은 집에서 하는 일이 아니다. 거리에서 해야 하는 일이다. (…) 그리고 안락함을 추구해서는 안 된다. 어떤 사람들은 연합에 이르렀을 때 기분이 좋은지 나쁜지로 그 성공 여부를 평가한다. 이런 사람들은 연합을 바라는 것이 아니라 집을 바라고 있는 것이다! 이들은 우유가 담긴 젖병과 고무젖꼭지를 바라는 모양인데, 그런 건 연합에서 절대로 기대할 수 없다.[5]

레이건에 따르면 정치가 완벽한 집 — 레이건의 표현을 빌리자면 '자궁'처럼 완벽한 소속의 장소 — 이어야 한다는 믿음이 많은 페미니즘을 배타적인 모순으로 이끈다. '집'으로 그려지는 페미니즘은 사실보다는 공통성을 주장하고, 집 안의 평화로운 풍경을 해치는 모든 걸 배제한다. 반면 진정으로 포용적인 정치는 불편하고 안전하지 못한 정치다.

이 책에 실린 에세이들에서 나는 필요할 경우 불편하고 양면적인 지점에 머물고자 한다. 이들 에세이는 집을 제공하지 않는다. 하지만 나는 이 글들이 누군가에겐 인식의 장소를 제공하길 바라마지않는다. 이들 에세이는 나란히 읽어도 좋고, 각각 개별적으로 읽어도 좋다. 누군가 혹은 무언가를 설득하거나 이해시키려는 의도로 쓰인 글들은 아니다. 만약 그런 기능을 수행한다 해도 나뿔 건 없겠지만 말이다. 이들 에세이를 통해 나는 많은 여성과 일부 남성이 이미 알고 있는 바를 글로 옮기려 했다. 말해지지 않은 것, 과거에는 말할 수 없었던 것을 명확히 표현하기 위한 여성들의 집단행동. 이것이야말로 지금껏 페미니즘이 꾸준히 추구해온 방식이다. 최선의 페미니즘 이론은 여성이 혼자일 때 하는 생각, 피켓 시위 라인과 생산 라인에서, 길모퉁이에서, 침실에서 주고받는 말, 남편·아버지·아들·상사 그리고 선출직 공무원에게 수천번 하려고 했던 말에 뿌리를 둔다. 최선의 페미니즘 이론은 여성들의 투쟁에 잠재된 여성들 삶의 가능성을 드러내고, 그 가능성에 더 바짝 다가선다. 그러나 페미니즘 이론은 여성들 삶의 세세한 면을 고려하지 않은 채, 저 높은 곳에서 여성들에게 그들 삶이 정말로 무엇을 의미하는지만을 이야기해줄 때가 너무 많다. 대다수 여성에게 이런 말만 번드레한 주장은 쓸모가 없다. 그런 말에 귀 기울이기엔 해야 할 일이 너무 많다.

2020년 옥스퍼드에서

차례

일러두기

1. 본문의 각주는 모두 옮긴이의 것이다.
2. 본문에 언급된 작품명(책 제목 등)이 우리말로 번역된 경우 그 제목을 따랐다.

누가 남성을 음해하는가

포르노를 말한다

섹스할 권리

욕망의 정치

학생과 잠자리하지 않기

섹스, 투옥주의, 자본주의

나는 강간 혐의로 고소당한 두 남성을 알고 있다. 꽤나 자신 있게 말하건대 그건 허위 고소였다. 둘 중 한명은 부유한 젊은 남성이었고, 그를 고소한 사람은 신용카드 몇장을 훔쳐 도주하던 절망적인 상태의 젊은 여성이었다. 강간 혐의는 더 큰 사기극의 한 부분에 불과했다. 이 남성은 그 여성이 강간을 당했다고 주장한 장소와 시간에 그곳에 없었다. 게다가 그 여성의 진술 말고는 다른 증거가 없었고, 그 여성이 한 말 대부분이 거짓으로 밝혀졌다. 해당 남성은 체포되거나 기소되지 않았으며, 경찰은 처음부터 그에게 모든 일이 잘 풀릴 테니 안심하라고 했다.

다른 한 남성은 불쾌한 인간이었다. 자아도취에 빠져 있고, 매력적이며, 교묘히 사람을 조종하는 거짓말쟁이였다. 그는 성관계를 하기 위해 온갖 강압적인 방법을 동원하면서도 법적 강간죄의 범주는 피해 가기로 소문난 자였다. 그 남성과 합의하에 성관계를 가졌던 (젊고 조숙하며 자신감에 찬) 여성들은 그자가 그 순간에는 자신들로 하여금 그를 유혹하고 있다는 느낌이 들게 하는 능력이 탁월하다고 이야기한다. 즉 실제로는 그렇지 않음에도 여성들은 자신이 상황을 주도하고 있다고, 주체성과 힘을 지니고 있다고 믿게 되는 것이다. ('그녀가 나를 유혹했다'라는 말은 강간범들이 그리고 소아성애자들이 흔히 쓰는 방어 수단임은 물론이다.) 몇년이 지나 여성 중 한명이 그 수법을 깨닫고 본모습을 알게 되면서 해당 남성을 성폭행으로 고소하자, 그 남성을 아는 사람들은 그 여성이 자신이 당한 일, 즉 이용당하고 조종당하고 거짓말을 들었던 일에 대해 법적 해결책을 찾으려 하는 것이라고, 더 나아가 어쩌면 그자가 정말로 그 여성을 성폭행했을지도 모른다고 생각했다. 그러나 증거는 예상과는 다른 이야길 했다. 그 남성이 강간으로 기소되는 일은 결코 없었다. 본인의 무모하고 부적절한 행동 때문에 일을 그만둬야 하긴 했지만. 내가 들은 바에 따르면 (이제 재고용된) 그 남성은 좀더 신중하고 은밀해졌으며 더 그럴싸하게 사실을 부인할 뿐, 과거의 모습과 별반 달라지지 않았다고 한다. 요즈음 그는 페미니스트 행세를 하고 다닌다.

*

내가 아는 강간당한 여성은 두명을 훨씬 넘어선다. 놀라운 일은 아니다. 강간당한 여성은 강간으로 무고당한 남성보다 많다. 딱 한번의 예외를 제외하곤 내가 아는 여성 중 누구도 형사 고소를 하거나 경찰에 신고하지 않았다. 대학 시절 어느 친구가 내게 전화해서 자신이 아는, 친구의 친구인 어떤 남자가 강제로 성관계를 시도했다고 말했다. 그들은 초저녁에 그룹 모임을 갖는 동안 비어 있는 기숙사 오락실의 당구대에서 장난을 치던 중이었다. 내 친구는 거절하며 저항한 끝에 마침내 그를 떼어낼 수 있었다. 그날 저녁은 아무 일 없었다는 듯 다시 흘러갔다. 친구도 나도 경찰에 신고할 생각을 하지 않았다. 전화의 목적은 그저 이 일—우리는 강간이라 부르지 않았다—이 일어났음을 인정하는 것에 지나지 않았다.

*

강간으로 허위 고소를 당하는 남성들이 존재한다. 이런 사실을 부인한다고 해서 얻어지는 것은 없다. 그러나 허위 고소는 드문 일이다. 이제껏 성폭행 신고에 관한 가장 상세한 연구는 2005년 영국 내무부가 발표한 것으로, 그 결과를 보면 지난 15년간 이뤄진 2643건의 강간 신고 가운데 오직 3퍼센트만이 '아마도' 또는 '어쩌면' 허위였을 것으로 추정된다.[1] 그런데 영국 경찰은 경찰관 개인의 판단을 토대로 동일 기간 동안 이런 허위 신고보다 두 배 이상 많은 8퍼센트를 무고로 분류했다.[2] 1996년 FBI도 미국 전역의 경찰서에서 집계된 강제강간 고소 가운데 '근거 없는' 또는 '허위' 고소 비율을 8퍼센트로 보고했다.[3] 영국과 미국 모두에서 보고한 8퍼센트라는 수치는 많은 부분 강간에 대한 사람들의 편견을, 즉 강간 신화rape myth를 경찰관도 가지고 있던 데서 비롯한 결과다. 두 나라의 경찰관은 신체적 저항이 없었거나 무기가 사용되지 않았거나 고소인이 피의자와 앞서 관계를 가진 바 있을 경우 신고를 허위로 간주하는 경향이 있었다.[4] 2014년 인도에서 발표한 수치에 따르면 전년도에 델리에서 접수된 강간 신고의 53퍼센트가 허위였는데, 이는 인도의 남성인권 활동가들이 미친 듯이 매달렸던 통계다. 그러나 이 '허위' 신고의 범위는 법원으로 넘어가지 않은 모든 사건을 포괄한 것이었으며, 인도에서 강간의 법적 기준에 미치지 못하는 사건들,[5] 이를테면 인도 기혼 여성의 6퍼센트가 경험한 것으로 집계되는 배우자에 의한 강간 등은 전혀 고려되지 않고 있었다.[6]

영국 내무부가 진행한 연구에서 경찰은 2643건의 고소 가운데 216건을 허위로 판단했다. 이 216건에서 고소인들은 총 39명의 용의자를 지목했으며, 용의자 가운데 여섯명이 체포되고 이 중 두명이 기소되었는데 두명 모두 결국에는 기소가 취하됐다. 내무부 최종 분석에서 허위 고소 비율이 경찰 집계의 3분의 1밖에 되지 않는다는 점을 고려하면 강간 신고의 0.23퍼센트만이 잘못된 체포로 이어졌고, 0.07퍼센트의 남성만이 강간으로 누명을 썼던 셈이다. 부당한 유죄판결이 내려진 경우는 한건도 없었다.[7]

이는 허위 강간 고소를 대수롭지 않게 여겨도 된다는 말이 아니다. 그건 대수롭지 않은 일이 아니다. 공권력을 이용한 농간으로 무고한 남성이 의심을 받고 신뢰를 잃고 삶이 일그러지고 명성에 금이 가고 인생이 황폐해진다면 그건 도덕적 스캔들이다.

그리고 주목할 것은 이것이 많은 경우 불신, 특히 경찰의 불신에 맞닥뜨린 강간 피해자들이 겪는 경험과 다를 바 없는 도덕적 스캔들이라는 점이다. 그럼에도 허위 강간 고소는 비행기 추락 사고처럼 객관적으로 보아 흔치 않은, 대중의 머릿속에 아주 크게 각인되는 사건이다. 과연 이런 사건은 왜 문화적으로 무게 있게 다뤄지는 걸까? 단순히 피해자가 남성이기 때문이라고 답할 수는 없다. (많은 경우 다른 남성에게) 강간을 당한 남성의 수는 강간 혐의로 허위 고소를 당한 남성의 수를 훌쩍 뛰어넘기 때문이다.[8] 혹여 허위 강간 고소의 피해자가 대개 남성이고, 그 고소인이 여성이라는 데 해답이 있는 것은 아닐까?

그런데 사실상 여성을 강간한 혐의로 남성을 허위 고소하는 사람은 다른 남성일 때가 매우 많다. 허위 강간 고소와 관련해 우리가 보편적으로 오해하고 있는 부분이 바로 이 지점이다. 허위 강간 고소라고 하면 흔히들 괄시받는 여성 혹은 탐욕에 찬 여성이 수사기관에 거짓말하는 모습을 떠올린다. 그러나 강간으로 허위 고소를 당한 남성에게 부당하게 죄를 묻는 사람은 많은 경우, 어쩌면 대부분의 경우 다른 남성이다. 실제 강간 사건의 용의자를 잘못 짚고는 이를 파헤치는 데 열중하는 이들은 검찰과 경찰이요, 검경의 압도적 다수를 차지하는 이들이 남성이기 때문이다. 세계에서 투옥률이 가장 높은 국가인 미국에서 1989~2020년 허위 고소나 위증에 근거해 성폭행 혐의로 체포된 남성 가운데 147명이 혐의를 벗었다.[9] (같은 기간에 살인으로 허위 고소를 당하거나 억울하게 유죄판결을 받은 사람은 그 다섯배가 넘는

755명인 것으로 밝혀졌다.)[10] 이런 남성들 가운데 절반 이하가 피해 호소인 탓에 누명을 썼던 반면, 절반 이상의 경우는 '공권력 남용'과 연관이 있었다. 다시 말해 경찰의 지도를 받아 거짓 피해자 또는 목격자가 용의자를 지목한다든지, 피해자가 용의자를 특정하지 못했음에도 경찰이 어떤 사람을 용의자로 기소한다든지, 경찰이 증거를 인멸하거나 허위 자백을 유도하는 경우가 절반 이상이라는 얘기다.

*

남성을 해하려는 일반적인 음모 따위는 없다. 그러나 특정 계층의 남성에게 작용하는 음모는 있다. 1989~2020년 미국에서 허위 고소나 위증에 근거했던 성폭행 혐의를 벗게 된 147명의 남성 가운데 85명은 유색인이었고, 62명은 백인이었다. 유색인 85명 중에서는 76명이 흑인이었는데, 이 말은 곧 허위 고소나 위증으로 강간 유죄판결을 받은 사람들의 52퍼센트가 흑인 남성이라는 얘기다. 흑인 남성은 미국 남성 인구의 14퍼센트밖에 되지 않지만, 강간 가해자의 27퍼센트를 차지했다.[11] 성폭행으로 복역하는 흑인 남성은 성폭행 유죄판결을 받은 백인 남성보다 무고할 가능성이 3.5배 높다.[12] 그리고 이런 흑인 남성은 가난할 가능성도 매우 높다. 이는 단지 미국에서 흑인이 일반적으로 훨씬 더 가난하기 때문만이 아니라 투옥된 미국인 대다수가 (인종을 불문하고) 가난하기 때문이기도 하다.[13]

국가면죄명부The National Registry of Exonerations는 1989년 이래 미국에서 억울하게 수감된 남녀 목록을 제공하지만, 흑인 남성을 상대로 한 허위 강간 고소라는, 법률제도를 완전히 우회해 간 일의 오랜 역사를 상세히 설명해주진 않는다. 특히 여기엔 '짐 크로 법'Jim Crow Law•이 시행되던 당시, 아이다 벨 웰스Ida Bell Wells에 따르면 "부와 재산을 손에 넣은 검둥이를 제거해 이 인종을 계속 공포에 떨게 만들기 위한 구실"로서 허위 강간 고소를 동원한 사례가 기록되어 있지 않다.[14] 웰스의 역작 『붉은 기록』에 연대순으로 실려 있기도 한바 1892~1894년 백인 여성을 강간했거나 강간을 시도했다는 혐의(흑인 남성과 백인 여성 간의 합의된 관계도 포함되었다)로 몰려 린치를 당한 흑인 남성 150명의 사례 역시 국가면죄명부엔 포함되지 않았다.[15] 백인 여성에게 청혼했다가 1894년 5월 23일 린치를 당한 아칸소주 게일스라인의 윌리엄 브룩스William Brooks 사례를 언급하는 일도, 웰스가 보고한바 텍사스주 서부에서 "백인 여성에게 편지를 쓴" 죄목으로 그달 초 린치를 당한 "이름 모를 검둥이"에 대해 뭔가 말해주는 일도 없다. 2007년 캐럴린 브라이언트Carolyn Bryant는 52년 전에 에밋 틸Emmett Till이라는 이름의 14세 흑인 소년이 본인을 붙잡고 성관계를 제안했다던 증언이 거짓이었음을 시인했는데, 당시 이 거짓말로 그녀의 남편 로이와 그 형제는 틸을 유괴한 다음 몽둥이로 패고 총으로 쏘아 죽였다.[16] 로이 브라이언트 형제는 이들의 살인죄를 증명하는 압도적으로 많

• 미국에서 1876년부터 1965년까지 시행된 법으로, 공공장소에서 흑인과 백인의 분리 및 차별을 골자로 하고 있다.

은 증거가 있었음에도 무죄로 풀려났다. 4개월 뒤 이들은 잡지 『룩』Look에 자신들이 어떻게 린치를 가했는지에 대한 이야기를 제공하고 3000달러를 받았다. 인도·오스트레일리아·남아프리카공화국·팔레스타인에서 식민지 통치 전략의 하나로 허위 강간 고소를 활용한 사례를 상세히 알려주는 기록은 존재하지 않는다.[17]

놀랍게 들릴 수도 있는데, 오늘날 이런 허위 강간 고소를 제일 우려하는 이들은 대개 부유한 백인 남성들이다. 그러나 이건 정말로 놀라운 일이 아니다. 허위 강간 고소로 (무고한 사람이 피해를 보는) 부당한 상황이 발생할 것을 우려한다고들 얘기하지만, 사실 이는 젠더 문제와 연관이 있다. 말하자면 무고한 남성이 악의를 품은 여성 때문에 피해를 입을지 모른다는 불안인 것이다. 또한 이는 인종 및 계급과도 연관이 있다. 법이 가난한 흑인 또는 갈색 인종 남성을 으레 대하는 방식으로 부유한 백인 남성을 대할지도 모른다는 불안 말이다. 가난한 유색인 남성 및 여성에게 백인 여성의 허위 강간 고소는 공권력에 취약하게 만드는 구조를 구성하는 요소 중 하나일 뿐이다.[18] 그러나 허위 강간 고소는 투옥 국가가 가난한 유색인에게 일상적으로 자행하는 부당한 처사를 중산층 및 부유한 백인 남성도 받을 수 있음을 보여주는 독특한 사례다. 유복한 환경에서 자란 백인 남성은 사법제도가 자신을 보호해줄 것이라고, 그러니까 자신에게 마약을 몰래 쥐어주고서 죄를 뒤집어씌우는 일은 없을 거라고, 자신을 총으로 쓰러뜨린 뒤 무기 소지가 목격됐다고 주장하진 않을 것이라고, '있어선 안 될' 동네를 걸어 다녔다는 이유로 자신을 괴롭히진 않을 것이라고, 자신에게 코카인이나 마리화나를 소지해도 된다는 허가증을 내줄 것이라고 본능적으로 믿어 의심치 않는다. 그러나 강간의 경우, 유복한 백인 남성은 여성을 믿어야 한다는 요구가 커짐에 따라 법의 편견으로부터 보호받을 수 있는 자신의 권리가 축소될까봐 우려한다.[19]

물론 이런 우려는 현실과 다르다. 강간 사건에서도 국가는 부유한 백인 남성 편에 서 있다. 하지만 무엇이 이데올로기적으로 효과적인가 하는 의미에서 보면 중요한 건 현실이 아니라 허위 진술이다. 허위 강간 고소에서 부유한 백인 남성은 여성에 대한, 그리고 국가에 대한 자신들의 취약성을 오인하고 있다.

*

2016년 샌타클래라 카운티의 상급법원 판사 에런 퍼스키Aaron Persky는 스무살의 스탠퍼드대학교 수영선수 브록 터너Brock Turner에게 샤넬 밀러Chanel Miller를 상대로 저지른 성범죄 중 세건의 중범죄에 대해 6개월의 징역형을 선고했다(그는 3개월을 살고 나왔다). 브록 터너의 아버지 댄 터너Dan A. Turner는 판사에게 다음과 같은 탄원서를 보냈다.

> 브록의 인생은 1월 17일과 18일에 있었던 사건으로 영원히 심각하게 달라지고 말았습니다. 그 애는 여유로운 성격과 환한 미소를 짓는 느긋한 모습으로 다시는 돌아갈 수 없을 겁니다. (…) 그 애의 표정과

걸음걸이, 힘없는 목소리, 식욕이 사라진 모습을 보면 알 수 있습니다. 브록은 항상 즐겨 먹는 음식이 있었고 요리를 매우 잘했습니다. 그 애에게 그릴에 구워 먹을 커다란 꽃등심을 사준다든지 좋아하는 간식을 가져다주는 일은 제게 언제나 큰 기쁨이었습니다. 저는 좋아하는 프레츨이나 감자 칩을 매번 잘 숨겨놓아야 했는데, 브록이 장시간 수영 연습을 하고 돌아오면 얼마 안 가 사라져버릴 걸 알았기 때문입니다. 이제 그 애는 어떤 음식도 거의 입에 대지 않으며 그저 목숨을 부지할 정도로만 먹습니다. 이번 평결로 그 애와 우리 가족은 심각하게 무너졌고 산산조각이 났습니다. 그 애는 자기가 꿈꿨던 삶, 열심히 이루려 했던 삶을 결코 살 수 없을 겁니다. 20년이 조금 넘는 그 애 삶에서 일어난 20분간의 행동에 대해 치러야 하는 대가치고는 가혹합니다.[20]

자기 아들의 행복에만 초점을 맞춘 근시안적 사고가 놀라울 따름이다. 밀러의 인생도 '영원히 심각하게 달라지지' 않았던가? 섹스에 대한 말장난은 (짐작건대 고의는 아니었더라도) 더 심각하다. '20분간의 행동'이라니, 청소년기에 할 법한 건전한 장난이라는 소리처럼 들린다. 댄 터너는 브록이 이런 일로 처벌을 받아야 하느냐고 물어보는 듯하다. 음식 얘기도 해보자. 브록이 더는 꽃등심을 좋아하지 않는다고? 앞으로는 브록이 먹어치우지 못하게 프레츨이나 감자 칩을 숨길 필요가 없다고? 이건 반려견을 두고 하는 말이지 다 큰 성인을 두고 할 말이 아니다. 그러나 한편으로 댄 터너는 어떤 동물에 대해서, 부유한 미국 백인 소년으로 완벽하게 길러진 어떤 표본에 대해서 말하고 있다. '느긋한 모습'과

‘여유로운 성격’에, 운동을 좋아하고 다정하며 왕성한 식욕과 반질반질한 털을 지니고 있는 동물 말이다. 그리고 어떤 동물처럼 브록은 도덕 질서를 따르지 않아도 되는 존재로 그려진다. 이런 혈기왕성하고 하얀 피부를 가진 전형적인 미국 남자아이들, 그리고 이들과 데이트하고 결혼하는 (그러나 절대로 이들에게 강간당하지 않는) 전형적인 미국 여자아이들은 좋은 아이들, 최고의 아이들, 우리 아이들이다.

*

브렛 캐버노Brett Kavanaugh 대법관은 바로 이런 전형적인 미국 아이의 이미지를 내세워, 그가 고등학생 때 자신을 성폭행했다고 주장한 크리스틴 블레이시 포드Christine Blasey Ford에 맞섰다. 캐버노는 본인과 친구들이 속한 “사교 집단에서” 포드와 “같이 어울린 일이 없다”고 말했다.[21] 1982년 여름 (마사와 에버렛 에드워드 캐버노 주니어의 유일한 자녀인) 브렛은 미국에서 학비가 가장 비싼 사립학교 축에 드는 (그리고 로버트 케네디의 두 아들과 닐 고서치 대법관의 모교인) 조지타운사립고등학교 친구들과 어울리며 시간을 보냈다. 인근의 가톨릭 여학교인 스톤리지와 홀리차일드, 비지테이션, 이마쿨라타, 홀리크로스의 학생들도 함께했다. 이들 무리(토빈, 마크, P.J., 스퀴, 버니, 맷, 베키, 데니즈, 로리, 제니, 팻, 에이미, 줄리, 크리스틴, 캐런, 수잰, 마우라, 메건, 니키)는 그해 여름 해변에 갔고, 미식축구 훈련을 하고, 근력운동을 하고,

맥주를 마시고, 일요일이면 교회에 가는 등 인생 최고의 시간을 보냈다. 고등학교 시절 캐버노를 알았던 65명의 여성은 포드의 주장이 대중에게 알려지자 캐버노를 옹호하는 탄원서에 서명했다. 캐버노는 이들을 "열네살 때부터 학창 시절과 삶을 통과해나가며 대화를 토대로 우정을 쌓은 평생 친구"라고 했다.

포드는 객관적으로 캐버노와 같은 사회적·경제적 계층에 속했다. 백인이고 부유했으며, (그녀의 기억이 정확하다는 가정 아래 하는 말이다. 그 기억이 과연 정확하지 못할까?) 적어도 한 번은 브렛 무리와 어울렸다. 그러나 성폭행 주장으로 포드는 건전한 백인 여자아이들과 남자아이들, 즉 (캐버노의 표현에 따르면) 가끔 "얼빠지"고 "창피한" 짓을 하긴 했지만 절대로 범죄를 저지르진 않았던 이들의 사교계에서 추방당했다. 이들의 졸업앨범에서 캐버노와 친구들은 자신들을 (그대로 인용하자면) '레나테 동기'Renate Alumnius라고 소개했는데, 이 표현은 캐버노가 "여성을 언제나 예의 바르고 정중하게 대했다"고 증언하는 탄원서에 서명한 65명의 '평생 친구' 중 한명인 레나테 슈뢰더Renate Schroeder를 암시하고 있다. 이 표현이 무슨 뜻이냐는 질문을 받았을 때 캐버노는 "서투른 솜씨로 그녀에 대한 애정과 그녀가 우리 일원임을 보여주려는 의도"였으며, "성적인 것과는 관련이 없다"고 말했다. 탄원서에 서명한 뒤 졸업앨범에 적힌 글을 알게 된 슈뢰더는 『타임스』에 그건 "끔찍하고 마음 아픈 일이며, 그냥 사실이 아니"라는 입장을 밝혔다. 그러곤 이렇게 말했다. "무슨 생각으로 열일곱살 남자애들이 이런 표현을 썼는지 이해가 안 가는군요. 저는 이들의 딸이 절대로 이런 식으로 취급받지 않기를 진심으로 바랍니다."[22] 캐버노가 대법관으로 임명된 후 크리스틴 블레이시 포드의 아버지 랠프는 베세즈다의 버닝트리 클럽에서 브렛 캐버노의 아버지 에드워드와 따뜻한 악수를 나눴다. 두 사람 모두 이곳에서 골프를 쳤다. 듣자 하니 랠프 블레이시는 이렇게 말한 모양이다. "브렛이 임명되어 기쁩니다." 공화당 지지자인 한 아버지가 공화당 지지자인 또 다른 아버지에게 건넨 말이다.[23]

*

브렛 캐버노가 백인이 아니라면 어땠을까? 답하기 까다로운 질문인데, 그건 전혀 다른 세상을 상정해야 하기 때문이다. 흑인이나 갈색 인종 남자아이가 브렛이 누렸던 재정적·사회적 특권(유복한 가정과 명문고, 예일대학교의 명성 등)을 누리며 성장해야 함은 물론이거니와, 무슨 일이 있어도 뒤를 든든히 받쳐주는 비슷한 동료 특권 집단까지 있어야 하는 것이다. 어린 시절의 캐버노를 알았던 사람들이 보여준 결속, 캐버노가 '우정'이라 부르는 그 결속은 부유한 백인들의 결속이었다. 미국의 인종적·경제적 규칙을 뒤집지 않고서는 흑인 또는 갈색 인종 캐버노를 상상할 수 없다.

*

많은 유색인 여성의 관점에서 볼 때, 주류 페미니스트들이 내세우는 구호 '여성을 믿자'Believe women와 이에 관한 온라인 구호 #IBelieveHer(나는 그녀를 믿는다)만으로는 해소될 수 없는 여러 의문이 있다. 우리는 누구를 믿어야 할까? 강간당했다고 말하는 백인 여성인가, 아니면 자기 아들이 함정에 빠졌다고 주장하는 흑인 또는 갈색 인종 여성인가? 캐럴린 브라이언트인가, 아니면 에밋 틸의 어머니 메이미 틸인가?

'남성의 권리' 옹호자들은 '여성을 믿자'가 무죄추정의 원칙을 위반한다고 말한다. 그러나 이는 범주의 오류다. 무죄추정의 원칙은 다른 모든 요소가 동등할 때 잘못된 처벌이 잘못된 면죄보다 더 나쁘다는 우리의 인식에 기반한 법리다. 이런 이유로 대부분의 법률제도에서 입증의 책임은 피의자가 아닌 고소인에게 있다. '여성을 믿자'는 대다수 사례에서 이런 법리를 버리라는 것이 아니라, 이 원칙이 불균등하게 적용되는 의심스러운 상황에 대한 정치적 반응이다. 법 제도 아래서 범죄 혐의를 받는 사람은 무죄로 추정되지만, 우리가 아는 몇몇 사람은 남들보다 더 무고한 것으로 추정된다. '여성을 믿자'는 이렇듯 무죄추정의 원칙이 편파적으로 적용되는 현실을 바로잡는 기준으로서 작동한다. 법 제도 아래 거짓말쟁이 취급을 받기 쉬운 사람들, 즉 여성에게 지지를 표하는 하나의 제스처인 것이다.

'여성을 믿자'가 무죄추정의 원칙을 저버리는 행위라며 일축하는 것이 범주의 오류인 데에는 다른 이유도 있다. 무죄추정의 원칙은 무엇을 믿으라고 말해주지 않는다. 그것은 법에 의해, 즉 일부러 피의자에게 유리하게끔 판을 짜는 과정에 의해 유죄가 어떻게 성립되는지를 말해준다. 하비 와인스틴은 재판을 받을 때 무죄추정의 원칙을 적용받을 권리가 있었다. 그러나 배심원이 아닌 사람들은 평결이 내려지기 전까지 그를 무죄로 추정하거나 '판단을 유보할' 의무가 없었다. 오히려 정반대였다. 100명이 넘는 여성들의 설득력 있고 일관되며 상세한 증언을 비롯해 그 증거를 보면 와인스틴의 성폭행과 성적 괴롭힘 혐의가 유죄일 가능성이 극도로 높았다. 나아가 와인스틴이 행사한 종류의 권력을 가진 남성들이 이를 남용하기 너무 쉽다는 걸 우리는 알고 있다. 법은 개개인을 사례별로 다뤄야 하지만(그건 와인스틴이 학대자일 가능성이 아흔살의 노부인이 학대자일 가능성과 다르지 않다는 가정에서 출발해야 한다), 법 기준이 합리적 신념의 기준을 결정하진 않는다. 합리적 신념은 증거에 비례한다. 와인스틴 같은 남성들이 자기 권력을 남용하는 경향이 있다는 강력한 통계적 근거와 그를 성폭력으로 고소한 여성들의 설득력 있는 증언이 바로 그 증거다. 새로운 증거가 공판에서 드러난다든지, 이전에는 좋은 증거처럼 보였던 것이 신빙성이 떨어지는 일도 틀림없이 일어난다(마찬가지로 부와 권력이 좋은 증거를 사라지게 할 수도 있다). 그러나 공판의 결과가 우리가 무엇을 믿어야 하는지를 결정하진 않는다. 와인스틴이 모든 혐의에서 무죄를 선고받는다고 해서, 그를 고소한 사람이 거짓말을 했다고 결론 내릴 수 있을까?

몇몇 페미니스트를 비롯해[24] 일부 논평가는 와인스틴과 같은 사례에서 모든 증거가 누군가를 유죄로 지목할지언정 그 사람이 성범죄를 저질렀다고는 '절대로 확실히 알 수 없다'는 주장을 편다. 혹자는 철학적 관점에서 이런 견해를 가질 수도 있다. 그러나 이를 적용할 때에는 일관성이 있어야 한다. 만약 와인스틴이 범죄자인지 혹은 교묘한 계략의 피해자인지 '절대로 확실히 알 수 없다'면, 가령 금융 사기죄로 수감된 버니 메이도프에 대해서도 같은 원칙을 적용해야 한다. 페미니즘 관점에서 제기할 수 있는 질문은 '성범죄는 왜 이 같은 선택적 회의론을 이끌어내는가?'이다. 이에 페미니스트들은 '성범죄의 압도적 다수가 남성이 여성을 상대로 저지른 것이기 때문'이라는 답변을 내놓을 수 있다. '여성을 믿자'라는 구호는 그저 평소와 같이, 그러니까 사실에 들어맞게 우리의 믿음을 형성하자는 뜻일 때도 있다.

그렇지만 '여성을 믿자'는 날이 무딘 도구다. 이 구호에는 '남성을 믿지 말라'는 경고가 뒤따른다. 그러나 이 제로섬 논리 — 그 여자는 진실을 말하고 있고, 그 남자는 거짓을 말하고 있다 — 는 오로지 성차만이 강간 혐의를 판단하는 데 영향을 끼친다고 간주한다. 특히 젠더 말고 다른 요인들(인종, 계급, 종교, 이민자 신분, 섹슈얼리티 등)이 영향을 끼칠 때 우리가 누구의 손을 들어줘야 할지는 명확하지 않다. 뉴욕주 북부에 위치한 명문 인문대학 콜게이트대학교에서 2013~14학년도 전체 학생 가운데 4.2퍼센트만이 흑인 학생이었다. 그런데도 같은 기간 성폭력 고소를 당한 학생의 50퍼센트가 흑인이었다.[25] 과연 콜게이트대학교에서도

'여성을 믿자'가 정의를 구현하고 있는가?

*

흑인 페미니스트들은 오랫동안 강간에 대한 백인 페미니스트들의 설명을 더 복잡다단한 층위로 풀어내고자 노력했다. 슐라미스 파이어스톤Shulamith Firestone의 야심작 『성의 변증법』(1970)은 인종과 강간을 다루면서 위험한 모습을 보인다.[26] 파이어스톤이 생각하기에 흑인 남성에 의한 백인 여성의 강간은 백인 아버지를 파괴하고 그의 것을 취하여 예속시키려는 자연스러운 오이디푸스적 욕구의 결과다. 앤절라 데이비스Angela Davis는 1981년 저서이자 이제는 고전이 된 책 『여성, 인종, 계급』에서 파이어스톤의 주장이 "악의가 없든 의식적이든 흑인 강간범에 대한 진부한 미신을 부활시켰다"고 썼다. 한술 더 떠 데이비스는 다음과 같은 말을 이어나갔다.

> 흑인 남성을 강간범으로 묘사한 허구적 이미지는 언제나 이들과 불가분의 관계에 있는 동반자의 이미지를 강화해왔다. 흑인 여성이란 고질적으로 문란하다는 이미지 말이다. 이참에 흑인 남성이 거부할 수 없는 동물적인 성적 충동을 품고 있다는 생각이 받아들여진다면, 이 인종 전체에 수간獸姦이라는 속성이 부여되는 꼴이다.[27]

2012년 12월 16일 저녁 델리에서, 장차 인도 대중에게 '니르바야'(두려움 없는 자)로 알려질 스물세살의 조티 싱Jyoti Singh이라는 여성이 버스 안 운전자를 포함한 여섯명의 남성에게 강간과 고문을 당했다. 그로부터 13일 뒤에 싱은 사망했는데, 사인은 뇌 손상, 폐렴, 심정지, 그리고 녹슨 쇠막대를 질에 넣는 등 폭행범들이 저지른 만행으로 발생한 합병증이었다. 이 사건이 발생하고 얼마 지나지 않아 한 친구 아버지가 식사 자리에서 이 이야기를 꺼냈다. "하지만 인도인은 문명인이잖니." 이 말에 나는 가부장제 아래서는 문명이 존재하지 않는다고 대꾸하고 싶었다.

인도인이 아닌 논평가들은 싱의 살해를 실패한 문화의 징후로, 즉 인도의 성적 억압과 문맹률과 보수성의 징후로 보는 경향이 있었다. 역사와 문화의 특수성이 한 사회가 성폭력을 규제하는 방식을 굴절시킨다는 건 부인할 수 없는 지점이다. 카스트·종교·빈곤의 현실 그리고 너무 오래된 영국 식민주의의 유산이 인도의 성폭력 체제를 이루고 있는데, 이는 인종·계급 불평등의 현실이 노예제도 및 제국의 유산과 더불어 미국이나 영국에서 그에 상응하는 체제를 이루고 있는 것과 마찬가지다. 그러나 조티 싱이 받은 공격의 잔혹성은 인도인이 아닌 이들 입에 오르내리면서, 자기들 모국의 성 문화와 인도의 성 문화 간엔 어떠한 공통점도 없다는 식으로 언급되었다. 살인 사건이 발생하고 얼마 안 가 영국 저널리스트 리비 퍼브스Libby Purves는 인도에서 "흉악하고 하이에나 같은 남성의 〔여성을 향한〕 경멸은 일반적"이라고 설명했다.[28] 첫번째 질문은 이것이다. 백인 남성이 강간하면 일반적인 게 아니고, 갈색 인종 남성이 강간하면 일반적인 것인가? 그리고 두번째 질문은 이것이다. 인도 남성이 하이에나라면 인도 여성은 뭐가 되는가?

*

백인이 지배적인 지역에 사는 갈색 인종 여성 및 흑인 여성은 흔히 성욕이 넘쳐나는 탓에 '강간하고 싶지 않은' 사람으로 취급된다.[29] 그래서 이들의 강간 고소는 선험적으로 신빙성이 없는 걸로 간주된다. 1850년 영국령 케이프 식민지(지금의 남아프리카공화국)에서 열여덟살 노동자 데이먼 부이센Damon Booysen이 상사의 아내 애나 심슨Anna Simpson을 강간했다고 자백한 후에 사형선고를 받았다. 형을 선고하고 며칠 뒤 담당 판사였던 윌리엄 멘지스William Menzies가 케이프 식민지의 총독에게 자신이 끔찍한 실수를 저질렀다는 서한을 보냈다. 그는 애나 심슨이 백인이라고 짐작했는데, 심슨이 사는 마을의 "인품 좋은" 주민들이 "그 여자와 남편은 잡종"이라며 자신에게 알려주었다는 것이었다. 멘지스는 총독에게 부이센의 감형을 촉구했고, 총독은 그 청을 들어주었다.[30] 1859년 미시시피주의 어느 판사는 노예 소녀를 강간한 성인 노예 남성의 유죄판결을 뒤집었다. 변호인은 "이 주에서 아프리카 노예들 간에는 강간 범죄가 성립되지 않는데 (…) 〔그 이유는〕 이들의 성관계가 난잡"하기 때문이라고 주장했다. 소녀는 당시 열살도 되지 않은 나이였다.[31] 1918년 플로리다주 대법원은 백인 여성은 순결하다고, 따라서 이들의 강간 주장은 진실로 추정된다고 말하면서도, 이 규칙을 "심각하게 비도덕적인, 인구의 상당 부분을 구성하는 다른 인종"에 적용해서는 안 된다고 했다.[32] 조지타운 로스쿨의 '빈곤과 불평등 센터'에서 진행한 한 연구는 인종을 막론한 미국인들이 흑인 여자아이를 같은 나이의 백인 여자아이보다 성에 대해 더 잘 아는 존재로, 양육·보호·지원이 덜 필요한 존재로 보는 경향이 있음을 알아냈다.[33] 2008년 자칭 'R&B계의 피리 부는 사람'이던 R. 켈리는 자신과 열네살짜리 소녀의 성관계 동영상을 촬영해 아동 포르노 혐의로 재판을 받았다. 드림 햄프턴이 만든 다큐멘터리 「서바이빙 R. 켈리」Surviving R. Kelly(2019)에서 배심원 중 한명인 백인 남성은 배심원단의 무죄 평결을 이렇게 설명했다. "저는 단지 저들을, 저 여성들을 믿지 않았을 뿐입니다. (…) 저들의 복장과 행동이 마음에 들지 않았어요. 그래서 반대표를 던졌죠. 저들이 한 말을 모두 무시했어요."[34]

현실이 이렇다. 오늘날 미국에서 백인 여성에 비해 흑인 여성은 사람 간에 발생하는 특정 형태의 폭력을 당하기가 특히나 쉽다.[35] 정치이론가 샤테마 스레드크래프트Shatema Threadcraft는 미국 흑인 정치에서 흑인 남성 시신의 스펙터클(린치를 당하거나 경찰의 총에 맞고 쓰러진 흑인의 신체)에 단단히 초점을 맞추고 있는 점에 관해, 또 흑인 여성에게 흔히 가해지는 국가 폭력 형태를 유야무야하는 방식에 관해 쓰고 있다. 남북전쟁 후 재건의 시대에는 남부에서 흑인 여성이 린치를 당했고 오늘날엔 경찰 손에 살해당하는 가운데, 저런 '스펙터클한' 폭력 형태란 흑인 여성들에게 가해지는 가장 흔한 국가 폭력의 형태는 아니다. 흑인 여성은 경찰의 괴롭힘과 성폭력, 자녀들과의 강제 분리, 가정폭력 신고 시 으례 돌아오는 불신과 욕설로 불균형적인 고통을 겪는다.[36] 흑인 여성이 애인이나 배우자의 폭력에 취약하다는 것 자체가 국가권력이 빚어낸 결과다. 흑인 남성의 실업률이 높을수록 흑인 여성이 파트너에게 살해당할 비율은 더 높아진다.[37] 스레드크래프트는 묻는다. "흑인 여성 시신 주위로 사람들이 모여들게 하려면 무엇이 필요할까?"[38]

흑인 섹슈얼리티에 관한 백인의 근거 없는 믿음은 불안감을 조장하는 데 탁월한 면이 있다. 이런 백인 신화는 앤절라 데이비스가 말하듯 흑인의 과잉성욕이라는 동전의 양면을 그려냄으로써, 즉 흑인 남성을 강간범으로 또 흑인 여성을 강간하고 싶지 않은 사람으로 그려냄으로써, 스스로 무죄임을 밝히려는 흑인 남성과 성폭력(여기에는 흑인 남성이 저지른 성폭력도 포함된다)을 폭로하려는 흑인 여성 사이에 갈등을 빚어낸다. 그리하여 결과적으로 흑인 여성의 성적 종속은 배가되고 만다. 흑인 남성의 폭력에 반대하는 목소리를 내는 흑인 여성들은 그들 공동체의 부정적인 이미지를 강화한다고, 인종주의적인 국가에 보호를 요청한다고 비난을 받는다. 이와 동시에 성적으로 조숙한 흑인 여자아이라는 정형화된 이미지를 내면화한다는 것은 곧 흑인 여성이 일부 흑인 남성에겐 학대를 바라는 사람처럼 비친다는 걸 의미한다. 2018년 문서로 입증된 강간과 학대 혐의에 대응해 R. 켈리의 변호인단은 "우리 문화에 놀라운 기여를 해온 흑인 남성에게 이런 공개적인 린치를 시도하는 데 거세게 저항"하겠다는 성명을 발표했다.[39] 변호인단은 켈리를 고소한 이들 대부분이 흑인이라는 사실은 언급

하지 않았다.[40]

2019년 2월 두 흑인 여성이 버지니아주의 흑인 부지사 저스틴 페어팩스Justin Fairfax를 상대로 신뢰할 만한 혐의를 공개 제기했다. 당시 페어팩스는 랠프 노덤 주지사가 어느 사진에 흑인 얼굴로 분장하고 나타난 일로 거센 사임 요구를 받고 있던 중 그 자리를 인계받을 참이었다.[41] 스크립스 칼리지 정치학 교수인 버네사 타이슨은 2004년 민주당 전당대회 기간에 호텔에서 오럴섹스를 강요한 일로 페어팩스를 고소했다. 그리고 며칠 뒤 메러디스 왓슨이 본인과 페어팩스 모두 듀크대학교 학부생이던 2000년 그가 자신을 강간했다고 주장했다. 고소인들이 공개적으로 증언하겠다는 의사를 밝히고 며칠이 지났을 무렵, 상원 의회에 참석한 페어팩스는 사전에 계획되지 않은 연설을 하며 자신을 역대 린치 피해자들과 나란히 놓았다.

> 저는 바로 이 상원 의회에서 린치에 반대하는 말을 많이 들어왔습니다. 이곳에서 사람들에겐 어떠한 정당한 절차도 주어지지 않았고, 우리는 그 점을 후회하고 있습니다. (…) 그런데도 우리는 혐의만 있을 뿐 사실은 부재한 채로 판단을 내리는 데 급급해하며 여기 서 있습니다. 그리고 기꺼이 똑같은 일을 반복하겠다고 합니다.

페어팩스는 흑인 여성을 집단 린치를 가하는 백인들에게 견주고 있는 아이러니에 관해서는 언급하지 않았다.[42] 클래런스 토머스Clarence Thomas가 1991년 '최첨단 린치'high-tech lynching를 유발했다며 애니타 힐Anita Hill의 혐의를 제기했을 때도 상황은 마찬가지였다. 흑인 남성을 향한 린치를 가능하게 만든 바로 그 논리, 즉 흑인은 과잉성욕이라는 논리는 은유적인 차원에서 그 용도가 바뀌었다. 흑인 여성을 진짜 억압자로 허위 기소하려는 목적에서 말이다.

*

조티 싱을 집단 강간하고 살해한 사건은 인도 전역에서 슬픔과 분노를 불러일으켰다. 그러나 이것이 강간의 의미를 온전하게 생각해보는 계기가 되진 못했다. 배우자 강간 문제는 영국에선 1991년 그리고 미국 50개 주에선 1993년에야 비로소 범죄화되었고, 인도에서는 여전히 법적 모순을 안고 있다. '군사특별권한법'Armed Forces Special Powers Act은 1942년 영국이 인도의 독립 투쟁을 진압하기 위해 도입했던 식민지법에 뿌리를 두고 있는 법으로, 지금까지도 인도 군대에 아삼과 카슈미르를 포함한 '분쟁 지역'의 여성을 강간하는 범죄에 대해 면책권을 부여하고 있다. 2004년 인도 육군 소속 아삼 제17소총부대원들은 마니푸르의 젊은 여성 탕잠 마노라마Thangjam Manorama를 분리주의자라고 주장하며 유괴한 뒤에 고문과 강간을 자행하고 살해했다. 며칠 뒤 열두명의 중년 여성 집단이 아삼 소총부대가 주둔했던 마니푸르의 캉글라 궁 밖에서 항의 집회를 열었다. 이들은 옷을 전부 벗은 채 알몸으로 구호를 외쳤다. "우리를 강간하고 죽여라! 우리를 강간하고 죽여라!"[43]

전 세계 여느 나라와 마찬가지로 인도에서도 어떤 강간은 다른 강간보다 더 중요하게 다뤄진다. 조티 싱은 상류계급 출신으로 교육받은 도시 여성이었고, 이 모두가 싱이 사후에 '인도의 딸'로 추앙받게 된 사회학적 조건들이었다. 2016년 인도 남부의 케랄라주에서 내장이 쏟아져 나오고 30회 이상 몸을 난자당한 지샤Jisha라는 이름의 스물아홉살 달리트• 법대생의 시신이 발견되었다. 검시관은 지샤가 강간에 저항해 몸부림치다가 살해됐다는 결론을 내렸다. 같은 해 라자스탄주에서 델타 메그왈Delta Meghwal이라는 이름의 열일곱살 달리트 여성의 시신이 그녀가 다니던 학교 물탱크 안에서 발견되었다. 살해되기 전날 메그왈은 부모에게 학교 선생으로부터 강간당했다고 말했다. 사망한 이 두 여성에게 주어진 관심은 조티 싱 강간 및 살해 사건이 촉발한 분노와 비교도 되지 않았다. 미국이나 다른 백인 지배 사회에서 흑인 여성의 처지와 아주 흡사하게 인도에서 달리트와 '하류계급' 여성은 성적으로 문란하고, 그래서 강간하고 싶지 않은 사람으로 여겨진다.[44] 델타 메그왈 강간 및 살해로 재판에 회부된 이는 아무도 없었으며, 메그왈도 지샤도 애도하는 국민이 붙여주는 명예로운 칭호를 받지 못했다. 2020년 9월 우타르프라데시주에서 열아홉살 달리트 여성이 네명의 상류계급 이웃에게 집단 강간당했다고 경찰에 신고한 후 병원에서 사망했다. 신고 사실을 부인한 경찰은 가족의 항의에도 한밤중에 이 젊은 여성의 시신을 화장했다.[45]

조티 싱을 강간하고 살해한 혐의로 사형을 선고받은 한 남성의

• 인도의 전통 카스트 제도에서 신분은 브라만, 크샤트리아, 바이샤, 수드라로 나뉘는데 달리트는 이에 속하지 못하는 최하 계급을 말한다.

아내인 푸니타 데비Punita Devi는 물었다. "저는 어디서 살아야 하나요? 제 아이들은 뭘 먹어야 하죠?"[46] 데비는 인도에서 가장 가난한 주에 속하는 비하르주 출신이다. 남편의 사형 집행일까지 데비는 그의 무죄를 계속 주장했다. 어쩌면 데비는 현실을 부정한 것일지도 모른다. 아니면 허위 강간 혐의에 가난한 남성이 속수무책일 수밖에 없는 현실을 경계하고 있던 것일지도. 어떤 경우든 푸니타 데비가 한가지만큼은 명확하게 보았다. 강간 법—법규에 명료하게 성문화된 법이 아닌, 강간이 실제로 다뤄지는 방식을 지배하는 무언의 법—은 데비 같은 여성을 신경 쓰지 않는다는 것. 데비의 남편이 조티 싱이 아니라 자기 아내 또는 하류계급 여성을 강간했다면 그는 지금도 살아 있을 가능성이 매우 높다. 남편의 사형은 집행되었고, 인도는 푸니타 데비나 그 아이들이 어떻게 살아갈지에 대해서는 무관심하다. 데비는 물었다. "왜 정치인들은 저를 생각해주지 않나요? 저도 여성이잖아요."[47]

*

킴벌레 크렌쇼Kimberlé Crenshaw가 클로디아 존스Claudia Jones부터 프랜시스 빌Frances M. Beal, '콤바히 리버 콜렉티브'Combahee River Collective, 셀마 제임스Selma James, 앤절라 데이비스, 벨 훅스bell hooks, 엔리케타 롱이오 이 바스케즈Enriqueta Longeaux y Vásquez, 체리 모라가Cherríe Moraga에 이르기까지 윗세대 페미니스트들이 처음 설명했던 아이디어에 이름을 붙인 '교차성'intersectionality 개념은 흔히 인종·계급·섹슈얼리티·장애 등 다양한 억압과 특권의 축을 충분히 고려하는 것이라는 식으로 그 의미가 축소될 때가 많다.[48] 그러나 교차성을 그저 차이에 주목하는 것 수준으로 축소한다면 이론적·실천적 지향으로서 이 개념이 갖는 힘을 포기하는 것이나 다름없다. 교차성의 핵심은, 관련 집단(여성, 유색인, 노동계급)의 모든 구성원이 가진 공통점이 무엇인지에만 초점을 맞추는 해방운동(페미니즘, 반인종주의, 노동운동)이란 하나같이 해당 집단에서 가장 덜 억압받는 구성원들에게 가장 크게 이바지하는 운동이라는 점을 꿰뚫어본다는 데 있다. 그러므로 오직 가부장제의 억압을 보여주는 '순수한' 사례(카스트나 인종, 계급 같은 요인에 따른 '복잡하지 않은' 사례)만을 다루는 페미니즘은 결국 부유한 백인 여성이나 상류계급 여성의 필요에만 이바지하게 된다. 마찬가지로 인종차별적 억압의 '순수한' 사례만을 다루는 반인종주의 운동은 부유한 유색인 남성의 필요에 주로 이바지할 것이다. 이 두 운동 모두 결국에는 매우 유복한 유색인 남녀가 부유한 백인 남성과 동등하게 대우받을 권리를 보장하는 데 목적이 있는 동화주의 정치를 만들어낼 것이다.

지금으로선 '여성을 믿자'의 정치 형태는 교차성이 요구하는 것과 충돌하고 있다. 여성이 적어도 특정 남성에 대해 성폭력 혐의를 제기할 때, 그 주장이 아무리 믿을 만한 것이어도 불신을 받는 것은 여성들 공통의 운명이다. '여성을 믿자'는 이런 현실에 정치적 해결책을 제공한다. 그러나 달리트 여성이 달리트 남성의 성적 낙인으로 각별히 고통받듯이, 흑인 여성은 '여성을 믿자'라는 구호가 너무 쉽게 은폐하는 흑인 남성 섹슈얼리티의 낙인으로 각별히 고통받는다. 백인 여성이 흑인 남성을, 브라만 여성이 달리트 남성을 고소할 때 우리가 그 주장을 너무 빨리 믿어버리면, 이는 흑인 여성과 달리트 여성을 성폭력에 더 취약해지도록 하는 셈이다. 흑인 여성과 달리트 여성은 같은 인종 또는 카스트의 남성이 가하는 폭력에 직면해도 이를 발설할 수 없게 되며, 이들의 위상은 과잉성욕 흑인 남성 또는 달리트 남성에 상응하는 것으로 단단히 굳어지게 된다.[49] 이 여성 섹슈얼리티의 역설에서 이러한 여성들은 강간하고 싶지 않은 사람으로 그려지기에, 오히려 더 강간이 가능하다. 아이다 벨 웰스는 백인 여성을 강간했다는 날조된 주장으로 흑인 남성에게 가해진 린치 사례를 끈기 있게 기록한 바 있다. 하지만 웰스는 여기에 그치지 않고, 어떠한 집단 린치도 불러오지 않았으며 거의 누구도 관심을 기울이지 않았던 많은 흑인 여성 강간 사례 역시 기록했다. 그중 하나가 테네시주 내슈빌에서 백인 남성이 여덟살 여자아이 매기 리스Maggie Reese를 강간한 사례다. "이 경우 무력한 아동을 짓밟은 잔혹 행위에 대해 어떠한 보복도 필요 없었다. 여자아이가 흑인이었기 때문이다."[50]

*

#MeToo(미투)운동의 시대에 허위 고소를 둘러싼 담론은 흔치 않은 상황을 낳았다. 자기가 보기에 그리고 다른 남성이 보기에 억울하게 벌을 받는 많은 남성은 피해 호소인이 주장하는 본인들

의 행동을 부인하지 않는다. 물론 결백을 주장하는 남성들도 있다. 하비 와인스틴, 우디 앨런, R. 켈리, 제임스 프랭코, 개리슨 케일러, 존 트래볼타가 그랬다. 그러나 이에 못지않게 루이 C.K., 지안 고메시, 존 호켄베리, 더스틴 호프먼, 케빈 스페이시, 맷 라워, 찰리 로즈 등 남성 유명 인사들이 자신의 부적절한 행동을 인정하고는 얼마 안 가 '놀이 시간이 중단되어 지루해진 아이처럼' 다시 본업으로 돌아가고 싶어했다. 『타임스』에 루이 C.K.가 여성들의 동의 없이 이들 앞에서 자위행위를 하는 습관이 있다는 공공연한 비밀이 보도되고 한달 뒤 맷 데이먼이 말했다. "이 시점에서 그가 치른 대가는 상상을 초월한다고 봅니다."[51] 혐의를 인정하고 1년 뒤에 C.K.가 뉴욕의 코미디 클럽 '코미디 셀라'에서 깜짝 복귀 공연을 위해 무대로 걸어 올라갔을 때 그는 기립박수를 받았다. 얼마 지나지 않아 그는 다른 무대에서 아시아인 남성을 놀림감으로 삼았고("정말로 큰 음핵을 가진 여자"), "유대인 똥꼬충" "트랜스 저능아" 따위 농담을 입에 담았다.[52] 관객이 조금 불편하게 여기고 있음을 눈치 챈 그가 말했다. "젠장, 나한테서 뭘 빼앗아 가려고? 내 생일? 내 인생은 끝났고, 어떻게 되든 신경 안 쓴다고." C.K.의 쇼는 계속해서 몇시간 만에 매진되었다.[53] 제프리 엡스타인의 친한 친구이자 서른명 이상의 여성으로부터 성적 괴롭힘으로 고소를 당한 찰리 로즈는 초반엔 잘못을 인정했다가 나중에 가서 태도를 바꿨다. 로즈의 변호인은 그의 행동을 "직장에서 벌어지는 일상적인 상호작용과 악의 없는 농담"이라고 했다.[54] 몇몇 여성 동료를 성적으로 희롱하고 괴롭힌 혐의로 고소당한 유명

라디오 프로그램 진행자 존 호켄베리는 잡지 『하퍼스』에 「추방」이라는 글을 실었다.

판단을 잘못한 낭만주의자라거나, 시대를 잘못 타고났다거나, 1960년대의 성 혁명에서 잘못 배웠다거나, 19세에 성기능장애를 얻었다는 등 이런 이유 중 어느 하나도 여성에게 행한 모욕적인 행동을 정당화할 수 없다. 그러나 되돌아갈 가능성조차 없는 실업의 종신형, 내 아이들이 받는 고통, 파산이 적합한 결과인가? 수십년간 몸담았던 직업 세계에서 나를 제거하는 것이 진정한 양성평등으로 나아가는 한 걸음이 되는가?[55]

서른명 이상(이들 중 몇몇은 당시 미성년자였다)의 남성으로부터 성적 괴롭힘과 성폭행으로 고소당한 케빈 스페이시는 처음에는 그의 첫 고소인 앤서니 랩에게 "진심 어린 사과"를 했다.[56] 1년 뒤 그는 유튜브에 '솔직히 말해'Let Me Be Frank라는 제목으로 동영상을 올렸다. 여기서 그는 자신이 「하우스 오브 카드」에서 연기했던 프랭크 언더우드의 모습으로 시청자들에게 다음과 같이 말했다.

여러분이 뭘 원하는지 압니다. (…) 저는 사람들이 정확히 무엇을 할 수 있는지를 보여주었죠. 제 솔직한 행동으로 여러분에게 충격을 주었지만, 대체로 저는 여러분의 주의를 환기하고 여러분이 생각해보게끔 했습니다. 그리고 여러분은 그러면 안 되는 줄 알 때조차 저를 믿어주었어요. 그러니 누가 뭐라고 해도 아직 끝난 것이 아닙니다. 게다가 저는 여러분이 뭘 원하는지 알아요. 제가 돌아오기를 바라고 있죠.

이 동영상은 1200만회 이상 시청되었고, 28만건 이상의 '좋아요'를 받았다.[57]

이런 남성들은 자신에게 제기된 혐의의 진실도, 자신이 끼친 피해도 부인하지 않는다. 그들이 부인하는 건 자신이 처벌받아 마땅하다는 점이다. 『뉴욕 타임스』 사설란에서 칼럼니스트 미셸 골드버그Michelle Goldberg는 "미투운동으로 곤란한 상황에 놓인 수많은 남성에게 안됐다는 느낌이 든다"고 털어놓았다. 골드버그가 보기에 이들은 하비 와인스틴 같은 지독히 나쁜 남성이 아니라 "영향력이 살짝 덜하고, 약자를 괴롭히는 일을 좀 덜 대놓고 하는 멍청이들로, 이들의 역겨운 행동은 주변 사람들에게 암암리에 받아들여지다가 어느 날 갑자기 안 통하게 됐다". 골드버그는 "당신들에게 적용되는 규칙이 너무나 빨리 바뀌는 상황이 얼마나 혼란스러울지 나는 그저 상상만 할 수 있을 뿐"이라고 썼다.[58]

이런 생각, 즉 남성들에게 적용되던 규칙이 갑자기 바뀌는 바람에 이제 이들이 한때는 일반적으로 용인되던 행동에 대해 처벌받을 상황에 직면하게 되었다는 생각은 이제 미투운동에서 아주 흔하게 볼 수 있다. 이 생각에는, 남성들이 최근까지도 가부장제 이데올로기의 지배를 받아왔기 때문에 이들 중 다수가 플러팅과 괴롭힘, 교태와 거절, 섹스와 강간의 차이를 구별하지 못한다는 의미가 내포돼 있다. 일부 페미니스트가 이와 유사한 관점을 옹호해왔다. 30년 전 캐서린 매키넌Catharine MacKinnon은 이렇게 썼다. 여성들은 "매일같이 여성에게 행하는 자기 행동의 의미를 전혀 모르는 남성들의 폭력에 시달린다. 남성들에게 그건 섹스다".[59] 1976년 존 코건John Cogan이라는 영국 남성이 친구인 마이클 리크Michael Leak의 아내를 강간해 기소된 후 무죄판결을 받았다.[60] 리크는 전날 밤 술에 취해 집에 돌아왔을 때 돈을 달라는 본인의 요구를 아내가 들어주지 않자 그녀를 구타한 바 있는데, 술집에서 코건을 만나서는 '아내가 너와 섹스하고 싶어한다'고 말했다. 이들은 술집을 나와 리크의 집으로 향했다. 리크는 아내("이십대 초반의 가냘픈 체구를 가진 젊은 여성")에게 코건이 당신과 섹스할 것이니 저항하지 말라고 경고했다. 그런 다음 아내의 옷을 벗기고 침대에 눕혔고, 코건을 방으로 불렀다. 코건은 리크가 아내와 성관계를 가지는 모습을 지켜본 다음, 자신도 아내와 관계를 했다. 코건이 성관계를 끝낸 후엔 리크가 한번 더 아내와 성관계를 했다. 그리고 두 남성은 술집으로 돌아갔다. 법원은 코건이 리크의 아내가 동의했다고 진심으로 믿었기 때문에 강간 성립 요소인 범죄 의도가 없었다고 판단했다.[61]

미투운동은 존 코건이 놓인 상황을 일반화한 버전을 생산한 것으로 여겨질 때가 많다. 가부장제는 섹스와 젠더 관계를 통틀어 무엇이 괜찮고 무엇이 괜찮지 않은지에 대해 남성들에게 거짓말을 해왔다. 여성이 새로운 규칙을 시행하면서 이제 남성은 자신이 저지른 악의 없는 과실로 곤경에 처하고 부당하게 처벌받는다. 어쩌면 새로운 규칙이 옳은지도 모른다. 그리고 예전 규칙이 수많은 해악을 불러왔다는 점에는 의심의 여지가 없다. 하지만 남성들이 어떻게 더 잘 알 수 있었겠는가? 이들은 자기 행동이 유죄인지 몰랐고, 그러니 이들도 무죄가 될 이유가 있지 않겠는가?

원해서 한 섹스와 원치 않은 섹스, 환영받는 행동과 '역겨운' 행동, 품위와 모멸을 정말로 분간 못 하는 남성이 얼마나 될까? 코건은 이 차이를 분간할 수 없었을까? 법정에서 그는 자신이 리크의 아내 몸 위로 올라갔을 때 그녀가 흐느끼며 거부하려 했음을 인정했다. 이것이 그녀가 정말로 원하는 행위인지 성관계를 하기 전이나 하는 동안에 물어볼 생각을 하지 못했을까? 그의 과거가, 그의 삶이, 그의 양심이 그 순간 그에게 말해준 것이 아무것도 없었을까? 침대 위에서 겁을 먹은 여성의 울음은 진짜라는 걸, 그만하기를 바라는 신호라는 걸 말해주지 않았을까? 루이 C.K.는 자신의 자위행위를 지켜봐야 했던 여성이 불쾌했으리라고 생각할 만한 이유가 없었을까? 그렇다면 그는 또 다른 여성에게 눈앞에서 자위행위를 해도 되는지 물어보고 거절당했을 때 왜 얼굴을 붉혔으며 '나에게 문제가 있다'고 설명해야 한다고 느꼈는가?[62]

여성들은 지금껏 남성들이 만든 세상에서 남성들의 규칙을 따르며 살아왔다. 그러나 남성들이 이 규칙에 반기를 들었던 여성들과 함께 살아온 것 또한 사실이다. 인류 역사의 큰 부분에서 이들 여성의 이견은 사적인 것이요, 비체계적인 것이었다. 이들은 주춤하고, 몸부림치고, 떠나고, 포기했다. 그러나 더 최근에 이는 공적인 것, 체계적인 것이 되었다. 남성이 더 잘 알 만한 위치에 있지 않다고 주장하는 사람들은 남성이 보고 들어왔던 바를 부인하고 있는 셈이다. 남성은 귀 기울이지 않기를 택했던 것이다. 귀 기울이지 않아야 자신들에게 편리하기 때문이고, 자신들의 쾌락을 우선시해야 남자답다고 생각하기 때문이며, 주변 남성들도 같은 행동을 하기 때문이다. 정말로 바뀌었고 바뀌는 중인 규칙은 섹스에서 무엇이 옳고 그른지에 크게 신경 쓰지 않는다. 여성은 남성에게 아주 오랫동안 어떤 식으로든 이에 대한 진실을 이야기해왔다. 루이 C.K., 찰리 로즈, 존 호켄베리 그리고 이들과 같은 다른 많은 남성에게 정말로 변화된 규칙은, 이들이 모욕감을 안겨준 여성들의 외침과 침묵을 무시하고도 대가를 치르지 않아도 된다는 확신을 더는 가질 수 없다는 것이다.

*

결과는 어떠해야 할까?

성 학대자에 대한 적절한 처분과 관련해 페미니스트들이 함께 답을 고민해야 할 까다로운 질문들이 있다. 이런 남성들은 반드시 처벌받아야 하는가? 만약 그렇다면 이들 중 누구를 어떤 식으로 처벌해야 하는가? 처벌 대신에 조정과 개선이라는 비처벌적 대응이 더 나은가? 당연하게도 많은 여성이 학대자들을 위협하고, 폭로하고, 겁을 주고 싶은 강한 충동을 느낀다. 이들 남성에 대해서만이 아니라 아마도 앞 세대 남성들의 행동에 대한 심판으로서 말이다. 제나 워섬Jenna Wortham은 2017년 버즈피드가 유출한 '지저분한 미디어계 남성'Shitty Media Men 목록에 대해 『뉴욕 타임스』에 이런 글을 썼다.

> 이 목록이 대중에 공개되고 오직 여성에게만은 이것이 여전히 비밀스럽게 느껴지던 처음 몇시간 동안 나는 세상을 다른 식으로 항해했다. 공기 중에 감도는 기운이 바뀐 것 같았다. (…) 친구가 이 느낌을 영화 「브이 포 벤데타」 마지막 장면과 비교했다. 그녀는 여성을 디지털 자경단으로 여기는 걸 즐겼는데, 남성들이 이를 무서워한다는 것도 알고 있었다. 나도 그랬다. 나는 여성들이 이야기를 하고 있다는 점에서 남성 역시 취약하다는 사실을 모든 남성 한명 한명에게 알려주고 싶었다.[63]

투옥 국가의 권력을 발휘할 수 없을 때, 즉 공소시효가 지났거나, 증거가 오직 여성의 증언으로만 구성되었거나, 행위가 범죄로 인정할 만한 수준을 넘지 않았거나, 남성의 권력 탓에 더 이상 법적 접근이 어려울 경우 여성은 좀더 파급력 있는 소셜미디어의 처벌력에 의지한다. 일부 여성은 이런 힘에 가치가 있음을 부정하는 것처럼 보인다. 괴롭히고 못되게 구는 사람을 온라인으로 불러내는 것은 그저 발언의 한 형식이고, 비교적 힘없는 자들이 이용할 수 있는 몇개의 발언 형태 중 하나일 뿐이라고 말이다.

'디지털 자경단'에 대한 워섬의 언급이 분명히 보여주듯 이는 사실이 아니다. 누군가에 대해 트위터에 글을 올린다든지, 그 이름이 적힌 스프레드시트를 유포한다든지, 안 좋게 끝난 데이트 이야기를 게재하는 것은 경찰에 신고하는 것과 다를 수 있지만, 사람들이 자신의 행동이 아닌 자신이 불러일으킨 대중의 분노로 해고당할 수 있는 세상에서 이런 것을 그저 단순한 발언쯤으로 치부할 순 없다(물론 일부 여성은 이를 알고, 이것이 가져올 수 있는 효과를 환영한다). 게다가 수천개의 개별 발언이 집단적인 목소리, 즉 폭로하고 창피를 주고 굴욕감을 안기는 힘 있는 목소리로 결집하게 되면 그건 더 이상 한낱 발언으로 끝나지 않는다. 대다수 사람에게 하나의 트윗은 대양에 떨어진 물 한방울이요, 의견과 트롤링, 고양이 밈으로 어수선한 온라인상에 대수롭지 않은 목소리 하나가 더해진 것에 불과하다. 하지만 돌이켜보건대 그것은 우리가 더 큰 (또는 심지어 우리 스스로 선동했던) 무언가의 일부였음을, 엄청난 정신적·물질적 결과를 낳는 무언가의 일부였음을 드러내기도 한다. 그 결과라는 게 우리가 예상하거나 계획하거나 심지어 원했던 형태는 아닐지언정 말이다.[64] 그렇다면 이런 결과는 의도된 것이 아니고, 당신의 발언은 그저 많은 목소리 중 하나일 뿐이며, 무슨 일이 일어나든 당신의 말이 그 원인이 될 순 없다고 말하는 것으로 충분할까? 그 논리야말로 (페미니스트들로부터 '여성의 성적 종속을 묘사하는 데 그치지 않고 이를 사회적으로 허락했다'는 이유로 비난받았던) 포르노 제작자들의 오랜 방어 논리라는 사실에 대해 페미니스트로서 우리는 아무런 염려를 하지 않아도 되는 걸까? (모든 사람 중에서도) 페미니스트들은 '말은 해를 끼치지 않는다'라거나, '말이 끼치는 해악은 윤리적인 것도 정치적인 것도 아니다'라는 생각에 동의해야 하는 걸까? (모든 사람 중에서도) 페미니스트들은 힘없는 목소리들이 한데 모여 엄청난 힘을 발휘할 수 있음을 부정해야 하는 걸까?

나는 이 쟁점을 과장할 생각이 없다. 차고 넘치게 많은 남성이 나쁜 행동이나 심지어 범죄행위로 온라인에 불려 나왔지만, 심각한 반향을 일으키진 않았다. 아예 불려 나오지 않은 남성이 아마 훨씬 더 많을 것이다. 성폭력으로 수많은 익명의 여성에게 고소당하고 '지저분한 미디어계 남성' 목록에 이름을 올린 열일곱명 가운데서도 몇 안 되는 남성만이 공식적으로 직업적 제재를 받거나, 사퇴를 종용받거나, 특정 출판물에 대한 참여를 금지당했다. 숨어 지내는 사람은 아무도 없다. 이들 중 한명은 우디 앨런과 점심을 먹으면서 페미니스트들에게 받은 피해에 대해 함께 논의했다고 한다. 하비 와인스틴이 징역 23년형을 선고받으면서 트위터 페미니스트들은 크게 기뻐했으나, 언론 조사(관련 보도로 퓰리처상까지 수상했다)가 진행되고 메시지를 널리 퍼뜨리는 사회운동이 일어나고 100명 이상의 여성이 앞으로 나서고 그중 여섯명이 증언대에 섰음에도 종국에 와인스틴이 유죄판결을 받은 혐의는 단 두건, 3급 강간 혐의와 1급 범죄적 성폭행 혐의뿐이었다.

그저 남성의 성적 지배를 처벌하는 것만이 아니라 근절하는 것이 목표라면 페미니즘은 많은 페미니스트가 회피하는 질문을 던져야 한다. 가난한 사람과 유색인에게 제도적으로 불리한, 감금을 목적으로 하는 접근법이 성적 정의를 실현할 수 있을까? 정당한 법 절차의 개념이, 그리고 어쩌면 무죄추정의 원칙 역시 소셜미디어와 여론의 비난에도 적용되어야 할까? 처벌이 사회적 변화를 일으킬 수 있을까? 가부장주의적 사고방식을 바꾸기 위해서는 정말로 무엇이 필요할까?

*

2014년 애머스트에 있는 매사추세츠대학교 2학년생 콰드우 본수Kwadwo Bonsu는 캠퍼스 밖에서 열린 핼러윈 파티에 참석해 동급생을 성폭행한 혐의로 고소당했다. 피해를 호소하는 여학생에 따르면 그녀와 본수는 같이 어울리면서 대화하고 마리화나를 피웠으며, 시간이 흐르면서 키스를 하기에 이르렀다. 그 여학생은 이후 상황을 다음과 같이 설명했다.

제가 마침내 자세를 바꾸어 그 위에 걸터앉기 전까지 분위기가 더 뜨거워졌습니다. 저는 취한 상태에서도 그가 섹스하고 싶어한다는 사실을 깨달았어요. 그래서 그에게 "섹스를 원하지 않아"라고 말했고, 그는 "꼭 할 필요는 없어"라고 말했죠. 저는 그의 가슴에서부터 손을 움직이기 시작해 바지 속으로 집어넣었어요. 그가 제게 불을 꺼달라고 말했어요. 저는 일어나서 1.2미터 거리에 있는 조명 스위치 쪽으로 가려고 했으나 몸이 움직이지 않았어요. 그가 대신 불을 껐고 우리는 다시 애무를 시작했어요. (…) 그가 일어나더니 침대로 가서 앉았고, 그래서 저도 따라갔죠. 무릎을 꿇고 앉아 오럴섹스를 해주다가 혀에 사마귀가 느껴졌어요. 그래서 입을 뗐지만 손은 멈추지 않았어요. 그리고 제가 얼마나 취해 있는지 깨달았죠. 저는 말했습니다. "나는 (…) 불편해." 그는 아무 말도 하지 않았고, 저는 그가 가도 된다고 허락해주길 기다리고 있는 사람처럼 느껴졌어요. 그를 흥분시켜놓고는 물러서려고 하는 것처럼 느껴졌기 때문이에요. 저는 손의 속도를 늦추고 다시 "응, 정말 불편해. (…) 많이 취한 데다 기분이 좋지 않아. 그만 가야 할 것 같아"라는 식으로 말했어요. (…) 그가 자리에 앉아 제게 조금 더 키스를 했어요. 저는 몸을 일으켰고 다시 중얼거렸죠. "그만 가고 싶어." 그는 "그래, 그렇게 말했지. 그런데 나는 다음 2분 동안 네 마음을 바꿀 생각이야"라는 식으로 말했어요. 저는 웃어넘겼고, 그가 자리에서 일어났고, 우리는 좀더 키스를 했어요. (…) 마침내 제가 떠나려고 몸을 움직이자, 그는 장난스럽게 제 팔을 붙잡은 다음 저를 끌어당겨 다시 키스를 했습니다. 저로서는 계속 감정을 억누르는 소리를 냈고 (…) 그는 몇번 더 저를 잡아당겨 키스했어요. 제가 헝클어진 옷을 정리하고 있을 때 그가 전화번호를 교환하자고 했어요. 우리는 그렇게 했고, 저는 복도로 나왔습니다.[65]

"기숙사 조교 교육이 떠올랐어요." 여학생의 진술이 이어졌다. 그녀는 자신이 생활하는 기숙사 조교였고, 다른 학생들에게 상담을 해주었다. "저는 제가 성폭행당했음을 깨달았습니다." 그녀는 자신이 언제든 자리를 뜰 수도 있었겠지만 "매사추세츠대학교의 학생 문화는 여성이 남성과 섹스하게 되었을 때 끝까지 마칠 의무가 있음을 지시"하고 있다고 설명했다. 그녀는 말을 이어나갔다. "이미 일어난 일에 저 스스로 참여했음을 온전히 인정하고 싶지만, 동시에 짓밟힌 기분이 들었고, 제가 뼛속 깊이 옳지 않다고 느낀 무언가에 대해 그에게 책임을 묻는 것이 저와 다른 사람들에 대한 의무임을 깨달았습니다."[66]

얼마 지나지 않아 이 학생은 매사추세츠대학교 학장과 애머스트 경찰에 본수를 성폭행 혐의로 신고했다. 경찰은 조사에 착수한 뒤 고소를 받아들이지 않았다. 부학장과 피해 호소인이 만났을 때 적힌 메모에는 본수는 "오럴섹스를 요구하거나 시작하지도 않았지만, 〔피해 호소 여학생은〕 그렇게 해야 한다고 추정했다"라고 기록되어 있다.[67] 대학은 이 사건에 대한 청문회를 열기로 했고, 본수에게 그가 '잠정적인 규제' 대상임을 알렸다. 그는 이 기간 동안 고소인에게 연락하는 것과 그가 생활하는 기숙사 외의 다른 기숙사를 방문하는 것, 식당 한곳을 제외한 다른 어떤 장소에서 식사하는 것, 학생회관에 출입하는 것이 금지되었다. 한달 뒤 여학생은 본수가 페이스북에서 자신을 친구로 추가하려 했다고 학교에 보고했다. 대학은 수업에 출석할 때를 제외하곤 본수의 대학 기숙사와 캠퍼스 출입을 금했다. 스트레스성 폐렴과 신경쇠약으로 고통받던 본수는 메릴랜드주에 사는 가나 이민자 부모의 집으로 돌아갔다. 대학 측 청문회는 그가 부재한 상태에서 이뤄졌다. 성폭행 혐의는 무죄로 판명이 났지만, 여학생에게 페이스북 친구 요청을 한 혐의는 유죄판결을 받았다. 본수는 졸업 날짜가 지날 때까지 정학 처분을 받았고, 기숙사 생활이 영구적으로 금지됐으며 상담을 받아야 했다. 본수는 매사추세츠대학교를 떠났고, 이후 "거짓 혐의를 기반으로 한 결과로 (…) 본수를 정학시키기 위한 〔대학 측의〕 독단적이고 불공평하고 부당하고 의도적이며 차별적인 그리고 그 밖의 말도 안 되는 결정에 의해 (…) 연방 시민권을 침해"당했다며 학교를 상대로 소송을 제기했다.[68] 이 소송은 2016년 대학 측에서 미공개 합의금을 지급하며 끝났다.

본수의 소송은 그에게 씌운 혐의가 '허위'였음을 보여준다. 이는 어떤 의미에서 오해의 소지가 있다. 본수가 인정했듯 여학생이 말했던 일은 실제로 일어난 것이었다. 그러나 최소한 매사추세츠대학교와 매사추세츠주는 세부적인 상황이 강간에 해당한다고 인정하지 않았다.[69] 피해를 호소하는 여학생은 본수가 자신에게 아무것도 강요하지 않았으며 자신이 거부 의사를 밝혔을 때 들어주었다고, 자신이 모든 성적 행위를 시작했다고, 자신이 그를 두려워하지 않았다고, 자신이 행위를 멈추고 문을 열고 걸어나갈 수도 있었다고, 자신이 계속하고 싶다는 신호를 여러번 보냈다고 주장했다. 그런데도 그녀가 '뼛속 깊이 옳지 않다고 느낀' 어떤 일이 그녀에게 일어났다. 그녀는 '짓밟혔다'.[70]

미국 내 대학에서 성차별을 금지하는 연방법인 '타이틀 나인'Title IX을 비판하는 페미니스트들(재닛 핼리Janet Halley, 로라 킵니스Laura Kipnis, 석지영Jeannie Suk Gersen 등)은 본수와 같은 사례가 일반적인 성적 관계가 이제 비정상으로 과민한 도덕주의, 과도한 규제(석지영과 제이콥 거슨Jacob Gersen은 이를 '섹스 관료제'sex bureaucracy라 불렀다)의 대상이 됐다는 증거라고 주장한다.[71] 석지영과 제이콥 거슨은 다음과 같이 썼다.

> 절차상의 보호를 약화하고 협력관계에서 비합의 개념을 확장하는 것은 관료제도가 (비이상적인 것이 아니라면) 서로 합의한 섹스처럼 남녀가 경험하는 성적 행동을 조사하고 징계를 내리겠다는 의미다. 그 결과는 성폭력이나 성적 괴롭힘 관료제가 아니다. 이는 일종의 섹

스 관료제로, 이를 성장시킨 동기가 된 실제 잘못이나 피해와는 상당히 다른 행동에 초점을 맞춘다. (…) 섹스 관료제는 평범한 성관계를 규제하면서 성폭력을 실제로 다루는 과정에 결국에는 해를 끼치고, 불행하게도 성폭력과 싸우는 노력의 적법성을 약화시킨다.[72]

미국 대학들은 실제로 근 수십년간 학생들의 성관계를 관리하기 위해 정교한 하부 조직을 발달시켰다. 이들 조직은 학생을 성폭력으로부터 우선적으로 보호하기 위해서가 아니라 대학을 소송과 명예훼손으로부터 보호하고 연방 지원금이 철회되지 않도록 하기 위해 설계되었다. 대학의 섹스 관료제가 크게 실패한 것도 놀랍지 않다. 성폭행을 경험한 많은 여학생이 경찰에 신고하지 말라는 종용을 받았고, 내부적으로는 가해자에게 책임을 묻는 데 실패하는 모습을 보였다. 다른 경우 남학생은 본수의 사례에서처럼 정당한 법 절차의 보호를 받지 못하고 추정에 근거를 둔 처벌을 받는다.[73]

그러나 매사추세츠대학교에서 발생한 사건을 '평범한' 성관계(그저 "혼란스럽고, 달갑지 않으며, 불쾌하고, 정신이 맑지 못하며, 유감스러운" 성관계)[74]의 사례로 제시하면서 '타이틀 나인'을 비판하는 사람들은 본인들을 위해 일을 너무 쉽게 만들어버리는 것이다. 본수의 성기를 애무해주었던 여학생은 사실 그 행위를 하고 싶지 않았다(또는 처음에는 원했지만, 나중에 더는 하고 싶어하지 않았다). 그런데도 그녀는 수많은 여성과 같은 이유로 그 행위를 계속했다. 남성을 성적으로 흥분시킨 여성은 일을 완료할 의무가 있기 때문이다. 본수가 이런 기대를 하고 있었는지는 중요하지 않다. 이것은 이미 많은 여성에게 내면화된 기대이기 때문이다. 일어나서 나갈 수 있다는 사실을 알지만 동시에 이것이 남성을 성적으로 애태우게 만들어놓고 관계를 거부하는 여성으로, 남성이 경멸하는 대상으로 만들 것임을 알기에 더는 하고 싶지 않은 성행위를 계속한다. 여기에는 그저 혼란스럽고, 불쾌하며, 유감스러운 감정보다 더 많은 요인이 작용하고 있다. 또 어쩌면 본수가 직접적으로는 요구하지는 않았더라도, 비공식적인 규제 시스템이 젠더화된 성적 기대감을 충족시킬 것을 강요하고 있는지도 모른다. 때때로 이런 기대를 저버리면서 치러야 하는 대가는 가혹하고 심지어 치명적이기까지 하다. '평범한' 성관계와 '실제 잘못과 피해'를 동반한 성폭행 사이에 연결성이 있는 것은 이런 이유에서다. 매사추세츠대학교에서 발생한 일은 통계적 의미에서 (매일 일어나는 일처럼) '평범'할 수 있지만, 윤리적 의미에서는 아무 언급 없이 무시하며 지나치고 말 '평범한' 사건이 아니다. 이런 의미에서 그것은 우리 모두에게 너무나 익숙하면서도 특이한 현상이다.

*

그러나 많은 페미니스트가 그러듯 이런 종류의 성행위를 '강간'이라 부르는 것이 누구에게 도움이 될까?[75] 2014년 캘리포니아주 주지사 제리 브라운은 페미니즘 운동가들의 지원을 받아

'좋아는 좋다는 의미다'Yes Means Yes 법안으로 알려진 캠퍼스 성폭력 방지 법안 'SB 967'에 서명했다.[76] 이 법안은 국가 보조금을 받아 학자금을 지원해주는 모든 대학이 성행위가 합의에 따라 이루어졌는지를 판단할 때 '긍정적 합의'affirmative consent 기준을 채택할 것을 명하고 있다. 그 내용은 다음과 같다.

> '긍정적 합의'는 성행위를 함에 있어서 긍정적이고, 의식적이며, 자발적인 동의를 의미한다. 성행위에 참여할 때 상대방과 긍정적인 합의를 했음을 분명히 하는 것은 성행위에 관여하는 개인의 책임이다. 항의나 저항이 약하다고 해서 합의를 의미하진 않는다. 침묵도 마찬가지로 합의를 의미하지 않는다. 긍정적 합의는 성행위 내내 계속되어야 하며 언제든지 취소될 수 있다. 관련된 개인들이 연인 관계이거나 과거에 이들 사이에 성적 관계가 있었다는 사실 자체를 합의의 지표로 간주해서는 안 된다.

이 법안이 통과된 후에 에즈라 클라인Ezra Klein은 『복스』에 캠퍼스 성폭력 방지법이 "일상의 성적 행위를 의심하게" 만들고, "합의로 간주되는 것에 공포와 혼란의 안개"가 피어오르게 한다고 썼다. 그러나 그는 이렇게 말했다. "대학 캠퍼스에서 일상의 성적 행위는 바뀔 필요가 있으며, 남성은 성적 접촉을 시작할 때 차가운 공포의 대못을 느낄 필요가 있습니다. (…) 추한 문제에 항상 예쁜 해결책이 존재하지는 않죠."[77]

캠퍼스 성폭력 방지법이 매사추세츠대학교에서 발생한 문제를 해결했을까? 이것은 '문제'가 정확히 무엇이라고 생각하는지에 달려 있다. 적극적인 '좋아'를 먼저 얻어내지 않고 여성과 성관계하는 남성이라면 '긍정적 합의' 법은 아마 '예쁘지는 않아도' 효과적인 해결책이 될 수 있다. 그러나 문제가 심리사회적인 구조—남성들로 하여금 성관계를 원치 않는 여성과의 성관계를 원하게끔 하는 구조, 혹은 남성들로 하여금 여성의 저항을 극복하는 것이 자기 일이라고 느끼게끔 하는 구조—와 연관 있는 보다 심오한 것이라면, 캠퍼스 성폭력 방지법으로 얻을 수 있는 바는 훨씬 불분명해진다. 캐서린 매키넌이 지적했듯, '긍정적 합의' 법은 무엇이 법적으로 허용 가능한 섹스를 구성하는지와 관련해 목표물의 초점을 이동시킨 것일 뿐이다. 가령 과거에는 여성이 거절할 경우 남성이 멈추어야 했다면, 이제는 여성의 긍정적인 답변을 받아내기만 하면 되는 것이다.[78] 가부장제가 낳은 이런 종류의 성관계를 금지하는 규정을 어떻게 만들어낼 것인가? 이 질문에 답하기 너무나 어려운 이유가 그저 이 법이 잘못된 해결책이기 때문인 걸까?

캠퍼스 성폭력 방지법 같은 법이 특정 남성을 본보기로 만들어 다른 남성의 성관계 방식을 바꿀 수 있다고 가정해보자. 그렇다고 해도 페미니스트들은 이 가능성을 받아들여야 할까? 매사추세츠대학교에 긍정적 합의 기준이 있었다면 콰드우 본수는 대학 측으로부터 '타이틀 나인'에 따라 성폭행 혐의로 유죄판결을 받고 퇴학 처분을 받았을지도 모른다. 그가 강간 처벌 법규에 긍정적 합의 기준을 포함한 주(뉴저지주라든지 오클라호마주, 위스콘신주)에 속했다면 고소되고 체포되어 유죄판결을 받고 투옥되었을 수도 있다.[79] 백인 여성에게 고소를 당한 흑인 남성으로서 그에겐 이런 상황이 불균형적으로 발생할 가능성이 있다. 이미 이 대학의 준법률 조직이 본수의 삶을 산산조각 냈다. 이것은 피해를 호소한 여학생 자신도 원하지 않았던 결과처럼 보인다. 대학 측에 제출한 진술서에 그녀는 본수의 처벌이 "이 사건의 애매모호함을 감안해 가능한 한 온건하게 내려져야" 한다고 적었다.[80] 만약 그녀가 강한 처벌을 원했다고 가정해보자. 그래서 그녀를 더 안전하게 느끼게끔, 어쩐지 더 온전하게끔 만들어주었다고 가정해보자. 페미니스트들이 이런 비용을 기꺼이 감수해야 하는가?

나는 페미니즘이 남성들에게 더 나은 것을 요구할 권리가 없다고 말하는 것이 아니다. 실은 더 나은 남성이 되라고 요구하고 있다. 그러나 가치 있는 페미니즘은 순간의 만족과 뻔한 비용을 수반하는 범죄와 처벌이라는 오래된 형태를 기계적으로 반복하지 않을 방법을 반드시 찾아내야 한다. 나는 가치 있는 페미니즘이라면 지금껏 남성들이 보여온 모습보다 더 나은 모습을 여성들에게 기대해야 한다고 말하고 있다. 여성들은 단지 더 공정한 것에 그치지 않고 더 창의적이어야 한다.

*

그러나 이건 여성만이 노력한다고 해결될 문제가 아니다. 미투 운동으로 폭로된 유명 남성들에게서 정말로 놀라운 점은, 이들이 대체로 더 나은 남성이 되는 일에 대단히 무관심하다는 사실이다. 앞서 존 호켄베리는 『하퍼스』에 쓴 글에서 자신을 "제거"한 "열성적 행동을 지지하지" 않고 "가부장제의 관리나 대리인"임을 부인하는 가운데 "양성평등이 이루고자 하는 더 높은 대의를 전적으로 지지한다"고 했다. 동시에 "전통적인 로맨스"의 종말을 한탄하고, 자신이 직원들에게 행한 언어적·신체적 괴롭힘을 "환심을 사기 위한 일부 부적절하고 실패했으며 어색한 시도"라고 묘사하며, 미국의 "성적 금욕주의의 모순된 결합"과 "사회적 진보주의"를 비난하고, 미투운동을 프랑스 혁명기의 공포정치에 비유했다. 또 "대중을 섬기는 데 일생을 바친 누군가를 위해 (…) 공적인 변호가 없었다"며 애통해하고, 급진적 페미니스트 앤드리아 드워킨Andrea Dworkin과 자신이 친구가 될 수 있을지 추측하며("그녀는 나를 음경이 없는 하반신마비 남성 친구로 받아들여줄까?"), 자신을 열두살의 강간 피해자인 소설 속 등장인물 롤리타와 동일시했다. 그러나 그는 방대한 지면에서 자신의 행동이 여성들에게 어떤 고통을 주었는지를 고려하는 말을 포함할 생각은 하지 못했다. '상처'나 '피해'라는 단어는 등장하지 않는다. '고통' '고통스러운' '고통스럽게'는 여섯번 나오는데, 모두 호켄베리 자신이나 자녀들이 겪어야 했던 경험과 관련이 있다.

지아 톨렌티노Jia Tolentino가 "내가 저지른 행동에 대한 책임을 져야 했던 시간"이라고 부른 부문에 일조한, 스무명이 넘는 여성으로부터 폭력적인 성폭행이나 성적 괴롭힘으로 고소당한 캐나다의 라디오 진행자 지안 고메시는 공개적으로 창피를 당한 뒤 『뉴욕 리뷰 오브 북스』에 '벼락치기 공감 수업'에 대해 썼다.[81] 그러나 공감은 그가 성폭행하고 괴롭힌 여성들을 향하지 않았다. 그건 본인과 같은 다른 남성들에 대한 공감이었다. "나는 남의 불행에 기뻐하는 사람들에게 전에 없던 확고한 반감이 생겼다. (…) 나는 이제 공적 공간에서 공격받은 모두를, 심지어 내가 크게 반대하는 사람일지라도 다르게 바라보는 눈을 갖고 있다."[82] 미셸 골드버그는 이렇게 적는다. "나는 수없이 많은 이런 남성들이 불쌍하다. 그러나 이들은 여성을 불쌍히 여긴다거나 여성이 겪은 경험에 대해 생각해보는 것 같지 않다."[83]

명예가 실추되었지만 사랑받고, 몰락했지만 부유하고, 재고용되기 전까지만 실직 상태에 있는 미투운동의 탕아들. 이들과 그 변호인들은 열심히 무죄를 주장하고 린치를 비난하면서도 여성의 허위 고소에 분노하지는 않는다. 이들은 고소가 진실인 것에 분노한다. 그리고 무엇보다도 사과한다고 해서 모든 상황이 더 나아지진 않는 것에, 여성이 남성들에게 권력을 쥐어준 세상과 함께 남성들이 바뀌길 기대하는 것에 분노한다. 그러나 이들이 왜 바뀌려고 하겠나? 이들이 정녕 누군지 모르는 건가?

누가 남성을 음해하는가

포르노를 말한다

섹스할 권리

욕망의 정치

학생과 잠자리하지 않기

섹스, 투옥주의, 자본주의

포르노가 페미니즘을 죽였는가? 이 질문은, 1960년대 후반 그토록 속 시원한 분노와 진지한 목적을 가지고 폭발적으로 일어났음에도 한 세대를 넘기지 못한 채 파열되고 구닥다리가 되어버린 미국 여성해방운동을 이야기하는 한 방법이다. 포르노는 가부장제의 도구인가 아니면 성적 억압에 대한 반작용인가? 종속시키는 기술인가 아니면 표현의 자유 행사인가? 포르노를 둘러싼 이런 논쟁은 미국 내 여성해방운동을, 또 얼마간은 영국과 오스트레일리아 내 여성해방운동을 점령했고 결국에는 분열시켰다.

1982년 4월 뉴욕에서 (이후에 붙은 명칭인바)[1] '바너드 섹스 콘퍼런스'Barnard Sex Conference가 열렸다. 주제는 '여성의 성적 쾌락과 선택 및 자율성'이었다. 콘퍼런스 개요서 「섹슈얼리티 정치를 향해」Towards a Politics of Sexuality에서 캐럴 밴스Carole Vance는 섹스가 "탐험과 쾌락, 행위 주체성의 영역일 뿐 아니라 제한과 억압, 위험의 영역이기도 함"을 인정할 것을 요구했다.[2] 약 800명의 페미니스트 학자와 학생 및 활동가[3]가 '포르노그래피와 여성 주체의 구성' '정치적으로 올바른, 정치적으로 올바르지 않은 섹슈얼리티' '금지된 것: 에로티시즘과 금기'를 비롯한 강연 및 워크숍에 참석했다. 콘퍼런스 기획자 한명이 『섹슈얼리티 콘퍼런스 일기』(비평 에세이와 재치 있는 성찰, 추천 도서, 성적으로 적나라한 이미지를 담아 참가자들에게 나누어준 펑크 잡지)에 썼듯이 콘퍼런스의 목적은 "포르노그래피 반대 운동의 지적 부정직함과 음울함에 질려버린 페미니스트들의 커밍아웃 파티"를 여는 것이었다.[4] 콘퍼런스 개최 일주일 전 바너드 칼리지 행정실과 이사진 측에 반反포르노 페미니스트들의 전화가 쇄도하기 시작했고, 이들은 이 행사가 "변태 성욕자들" 손에 계획되었다며 비난했다.[5] 바너드 칼리지 총장 엘런 퍼터는 콘퍼런스를 그대로 진행했으나 그 전에 먼저 기획자들을 조사했으며, 『섹슈얼리티 콘퍼런스 일기』를 포르노그래피 잡지로 보고 1500부를 전부 압수했다.[6]

콘퍼런스 현장에서 반포르노 페미니스트들은 앞면엔 '페미니스트 섹슈얼리티를 위해'For Feminist Sexuality, 뒷면엔 'S/M 반대'Against S/M라고 적힌 티셔츠를 입었고, 이 콘퍼런스가 포르노그래피와 사도마조히즘만이 아니라 가부장제와 아동 학대까지 지지한다며 비난하는 전단을 돌렸다.[7] (아동 학대를 지지한다는 혐의는 근거가 전혀 없진 않았다. 콘퍼런스를 '커밍아웃 파티'라고 불렀던 기획자가 『섹슈얼리티 콘퍼런스 일기』에 다음과 같이 적었기 때문이다. "나는 포르노와 사도마조히즘에 대한 진보적 입장은 이해하지만, 남아를 대상으로 한 소아성애에 관한 주장은 이해할 수 없다!")[8] 『섹슈얼리티 콘퍼런스 일기』가 마침내 재발간되었을 때 앤드리아 드워킨은 "유해하게도 반여성적이고 반페미니스트적"이라고 주장하는 소개글과 함께 잡지 복사본을 배포했다. 페미니즘 정기간행물인 『오프 아워 백스』*off our backs*는 1982년 6월호에서 많은 지면을 할애해 이 콘퍼런스를 맹비난했고, 빗발치는 분노의 "산사태"를 일으켰다.[9]

바너드 측 기획자들이 기억하기로 콘퍼런스에 뒤이어 "매카시즘을 연상시키는 마녀사냥과 숙청 분위기"가 조성되었고,[10] 바너드 여성센터는 콘퍼런스를 계속 개최하는 데 필요한 후원자를 잃었다. 대서양 너머에서 발생한 사건을 관찰한 어느 영국 페미니스트는 유감스러워하며 바너드 섹스 콘퍼런스의 파장이 "미국의 운동에서 이미 흉터를 남긴 분열을 더 심화했다"고 밝혔다.[11] 1986년 마운트 홀리오크 칼리지에서 열린 콘퍼런스 '페미니즘, 섹슈얼리티 그리고 권력'Feminism, Sexuality and Power은 '격전장'이 되었다. 기획자 한명이 기억하듯 몇몇 "발언자는 포르노그래피와 S/M이라는 이슈를 고집하고 (…) 자매들에게 지독히도 고약하게 굴었다".[12] 1993년엔 어느 반포르노 페미니스트 집단이 오스트레일리아국립대학교 부총장에게 서한을 보내 게일 루빈Gayle Rubin과 캐럴 밴스 등 미국의 프로섹스pro-sex• 페미니스트 초청을 철회할 것을 요구했다. 서명인 중 한 사람은 영국 여성해방운동의 '혁명적

• 성욕을 인간이 갖는 긍정적이며 자연스럽고 건전한 요소로 받아들이고, 성적 표현을 근본적으로 좋은 것으로 인정하는 견해를 말한다.

페미니스트' 진영을 대표하는 인물인 실라 제프리스Sheila Jeffreys였는데, 이 진영은 (당시 우세했던 사회주의 페미니스트의 입장과 다르게) 자본주의보다는 남성 주도의 성폭력이 여성 억압의 기반이라고 주장했다. 최근 제프리스는 트랜스젠더 배제적인 본인과 같은 페미니스트들을 '비방'하고 '검열'하는 행위에 대해 비난을 퍼부은 바 있다.[13] 제프리스는 본인을 비롯해 반포르노 페미니스트들이 40년 전에 고안했던 바로 그 전술에 이제 스스로 맞서고 있다는 아이러니에 대해서는 인지하지 못하는 것 같다. 바너드 섹스 콘퍼런스에서 워크숍을 열었던 게일 루빈은 2011년 자신이 아직도 "그곳에 있었다는 공포"에서 벗어나려 애쓰고 있다고 썼다.[14]

*

이 모든 상황이 지금에 와서는 특이하게, 심지어 기이하게 보일 수도 있다. 포르노를 두고 이렇게까지 법석을 떨 필요가 있나? 철학적인 수준은 아니더라도 실제적이고 기술적인 수준에서 인터넷은 우리를 대신해 '포르노 문제'를 해결해주었다. 포르노가 성인잡지와 저급한 극장을 의미했을 당시, 즉 포르노가 물리적 장소에 원칙적으로 국한되었을 당시에는 이를 몰아낼 가능성을 따져볼 수 있었다. 그러나 포르노를 언제 어디서든 즉각 손에 넣을 수 있는 시대에 이르러 상황은 완전히 달라졌다.[15]

'포르노 전쟁'이 격렬한 이유를 좀더 쉽게 이해하려면, 포르노가 앞선 세대 페미니스트들에게 '문제적' 섹스 일반의 환유로서 기능하게 됐다는 점을 염두에 두어야 한다. 여성의 쾌락은 전혀 고려하지 않는 섹스, 사도마조히즘적 섹스, 성매매, 강간 판타지, 사랑 없는 섹스, 권력 격차에 따른 섹스, 남성과의 섹스 등이 여기에 포함된다. 그래서 포르노그래피는 개인적인 것이 새로운 정치로 떠오르던 당시 여러 문제 가운데 경합하는 하나의 문제에 그치지 않고, 섹스를 바라보는 두가지 상충하는 관점 사이에서 일종의 피뢰침 역할을 하게 되었다. '안티섹스'anti-sex• 관점은 우리가 알고 있는 섹스가 남녀 관계의 혁명 없이는 진정한 해방을 얻을 수 없는 가부장제의 구성물(젠더 불평등의 성애화)이라는 것이었다. 그런 혁명이 일어나지 않는다면 (기껏해야) 분리주의나 레즈비어니즘, 금욕주의만이 해방을 위한 유일한 선택지였다. 반면 '프로섹스' 관점에서 여성의 자유는 낙인이나 수치심 없이 자기가 원하는 때에, 원하는 방식으로, (상대방의 동의를 얻는다는 조건 아래) 원하는 사람과 섹스할 수 있는 여성 권리의 보장을 필요로 했다. (물론 많은 페미니스트가 이런 양극단 사이 어딘가에 존재했다. 예를 들면 이들은 포르노가 조장하는, 이들 눈에 널리 퍼져 있는 강간 문화에 맹렬하게 반대하는 동시에 강간과 '원해서 하는' 섹스를 구별하려고 했다.) 동시대 페미니즘이 성적 쾌락을 누릴 여성의 권리를 주장하고, 허용 가능한 섹스의 유일한 경계에 동의하면서 프로섹스 관점을 널리 받아들이고는 있지만, 여전히 많은 페미니스트가 섹스에 대한 더 오래되고 신중한 접근법

• 성행위에 반대하거나 적대적인 입장을 가진 견해로, 성욕 또는 성행위를 줄이거나 제거해야 한다고 주장한다.

에 매력을 느끼고 있다. 이들은 섹스에 한번 더 혁명적인 변화가 필요하다고 여기는 것 같다. 이런 의미에서 포르노 전쟁에 불을 붙인 전사들은 지금도 우리와 함께하고 있다.

그러나 포르노 전쟁은 총체적으로는 섹스에 관한 것일지언정, 포르노 그 자체에 관한, 즉 성인잡지와 성인용품점, 포르노 전용 극장에서 상영하는 영화에 관한 것이기도 했다. 제2물결 페미니즘에 속하는 페미니스트들은 1960년대 후반 포르노그래피에 저항하기 시작했으니, 그 사정은 이렇다. 1969년 봄 FBI의 압력을 받은 음반 회사들이 반체제 성향의 신문에 광고를 내지 않기 시작하면서, 자금이 부족해진 신문사들은 대신 포르노 광고와 부록을 내걸기에 이르렀다.[16] 이런 신좌파 기관들이 성차별을 활용한 사실은 당시 페미니스트들에게 놀라운 일이 아니었다. 여성해방운동은 상당 부분 급진적으로 보이는 동지들의 여성혐오 성향에 반감을 품으며 시작되었기 때문이다. 1970년 서른명의 여성이 대안 출판사 그로브 프레스의 중역실을 장악했다. 이 회사 소유주인 (『라이프』 잡지에서 "늙은 외설물 판매원"이라 지칭한) 바니 로셋이 D.H. 로런스와 헨리 밀러의 '외설적인' 문학을 출판할 법적 권리를 적극적으로 방어하고, 여기서 더 나아가 이곳이 포르노 영화의 주요 배급사가 되었던 게 화근이었다. (로셋은 노동조합 파괴자이기도 했다. 그로브에 노동조합을 결성하려다 해고된 아홉명의 직원 중 한명이 로빈 모건Robin Morgan이었다.)[17]

1970년대 중반 무렵 페미니즘에 대한 문화적 백래시가 커지던 가운데 페미니스트들은 포르노를 가부장제의 핵심 요소로 보기 시작했다. 로빈 모건은 1974년 이렇게 선언했다. "포르노그래피는 이론이고, 강간은 실천이다."[18] 1976년 최초의 반포르노 페미니스트 단체 '포르노그래피와 미디어의 폭력에 반대하는 여성'Women Against Violence in Pornography and Media이 샌프란시스코 베이 에어리어에서 창설되었다. 이 단체의 목표는 "결박이나 강간, 고문, 훼손, 학대를 당하거나 성적 자극을 위해 어떤 식으로든 비하되는 모든 여성 묘사를 끝내는" 것이었다.[19] 같은 해 앤드리아 드워킨은 다른 급진적 페미니스트들과 함께 영화 「스너프」를 상영하는 뉴욕의 극장 밖에서 피켓 시위를 벌이기로 계획했다. 이 영화는 아르헨티나에서 임신한 여성이 영화사 직원에게 살해당한 뒤 시신이 훼손되는 장면을 실제로 벌어진 것처럼 묘사했다(「스너프」의 홍보문구는 '오직 남아메리카에서만 제작할 수 있는 영화 … 이곳에서는 사람 목숨이 벌레만도 못하다!'였다). 이들은 이후 '포르노그래피에 반대하는 여성'Women Against Pornography, WAP 단체를 만들었고, 타임스 스퀘어에 있는 포르노 상점과 핍 쇼peep show,• 토플리스 바topless bar••를 격주로 '순방'하기 시작했다. 수전 브라운밀러Susan Brownmiller가 이끈 순방에 참여한 적이 있는 『뉴욕 타임스』 기자는 순방에 앞서 의식을 고양하는 슬라이드 영상을 보았던 순간을 묘사했다. "열두명의 여성이 작은 상점 앞에서 얼어붙은 얼굴로 응시하는 가운데, 여성들을 결박하고 구타하고 학대하는 이미지가 화면을 스치고 지나갔다."[20] (훗날 몇몇 페미니스트는 WAP

• 돈을 내고 작은 방 따위에 들어가 창을 통해 여자가 옷 벗는 모습을 구경하는 쇼.

•• 상반신을 노출한 여성들이 시중드는 술집.

의 슬라이드 영상을 보고 행동을 결심했음을 인정한 바 있다.) WAP는 9번가에 위치한 본부를 뉴욕 시장의 '미드타운 집행 프로젝트'Midtown Enforcement Project 도움을 받아 임대료 없이 사용했다. 이 프로젝트로 미드타운 지역을 점령하고 있던 "흑인 음식점 그리고 크로스드레서와 매춘부의 모임 장소"가 문을 닫아야 했다. (집행 프로젝트 책임자였던 칼 웨이스브로드는 이렇게 말했다. "확실히 포르노그래피 문제는 이 도시와 페미니스트 모두의 관심사다.")[21] 1976년 로스앤젤레스에서 '여성에 대한 폭력에 반대하는 여성'Women Against Violence Against Women, WAVAW 단체가 롤링스톤스 앨범 「블랙 앤드 블루」Black and Blue•의 옥외 광고에 항의했다. 여기에는 결박당한 채 시퍼렇게 멍이 든 여성의 사진에 "롤링스톤스가 나를 '시퍼렇게 멍들게 했다'—그리고 나는 이것이 정말 좋다!"라는 문구가 적혀 있었다. WAVAW의 유사 단체들이 미국과 영국에서 생겨났다. 1986년 영국에서는 타블로이드 신문에 이른바 '페이지 스리 걸스'page three girls라고 하는 매력적인 여성의 상반신 나체 사진을 싣는 전통에 반대하는 운동을 전개하기 위해 '포르노그래피에 반대하는 캠페인'Campaign Against Pornography이 창설되었다. 뉴질랜드에서는 '포르노그래피에 반대하는 여성'이 30분에 걸쳐 집단 강간 장면이 나오는 공포영화 「네 무덤에 침을 뱉어라」(1978)를 심의에서 통과시킨 자국 검열 책임자의 사임을 요구했다.

당대의 반포르노 페미니스트들에게 포르노가 지닌 문제는 여

• 몸에 시퍼렇게 멍이 들었음을 나타내는 표현.

성과 섹스를 여성혐오적으로 묘사한다는 것만이 다가 아니었다. 포르노란 "더도 덜도 아닌 그냥 프로파간다"였다.[22] 포르노는 가부장제의 이데올로기적 처형대로서, 여성에 대한 남성의 폭력을 포르노로 만들고 선동하고 정당화하며, 남성에 의한 여성의 사회적·정치적 종속을 더 광범위하게 강화하는 것이었다. 캐서린 매키넌은 반포르노 성명서라 할 수 있는 저서 『포르노에 도전한다』*Only Words*(1993)에 다음과 같이 썼다.

> 이런 자료들에 담긴 메시지는 (…) '그녀를 잡아라'다. 이는 모든 여성을 겨냥하며, 가해자에게 연간 100억 달러의 수익을 올려주고 이 액수는 계속 증가한다. 이 메시지는 곧장 음경으로 전달되고, 발기를 통해 배달되며, 현실에서 여성을 대상으로 퍼부어진다. 이 메시지의 내용은 포르노그래피만이 가진 것이 아니다. 정말로 독특한 것은 메시지의 효력을 발생시키는 포르노그래피의 기능이다.[23]

포르노의 기능을 거기 담긴 메시지의 효력을 발생시키는 것으로 보는 시각은 포르노를 단지 세상을 묘사하는 메커니즘으로서만이 아니라 세상을 만드는 메커니즘으로서도 보는 것이다. 매키넌 등 반포르노 페미니스트들에게 포르노란 이데올로기를 생산하고 또 재생산하는 메커니즘이며, 이 과정에서 여성의 종속을 성애화함으로써 현실화하는 장치였다.

포르노가 세상을 만드는 힘을 가졌다는 데 한치의 물러섬도 없는 이 같은 분석은, 이 시기 흑인 페미니스트들 수중에 들어와 역사적으로 다뤄지고 그 인종적 문제점이 지적되었다. 흑인 페미니스트들은 식민주의와 노예제도의 맥락에서 흑인 여성의 몸을 전시했던 역사가 주류 포르노그래피의 원형을 보여준다고 생각했다. 예를 들어 '호텐토트의 비너스'라 불렸던 세라 바트먼은 아프리카 여성의 과잉성욕을 보여주는 표본으로서 유럽 전역을 돌며 거의 나체 상태로 전시되었다. 그리고 셀 수 없이 많은 여성 노예가 옷이 벗겨지고, 괴롭힘을 당하고, 경매에 부쳐졌다. 앨리스 워커Alice Walker는 이렇게 말했다. "현대 포르노그래피는 거의 언제나 흑인 여성을 외설스러운 존재로 취급했던 오랜 과거에서 뿌리를 찾을 수 있다. 노예제도 안으로 들어오는 순간부터 이들 여성은 (…) 섹스와 폭력이 '논리적으로' 수렴된 강간의 대상이 되었다."[24] 퍼트리샤 힐 콜린스Patricia Hill Collins는 고전적 저서 『흑인 페미니즘 사상』(1990)에서 백인 여성과 구별이 안 되게 특별히 "교배된" 혼합 인종 여성 노예가 포르노 대상이 된 백인 여성의 전신이라고 보았다. 콜린스는 이런 여성들이 "백인 여성에게 강요된 아름다움과 무성애, 순결함이라는 이미지에 근접"했으나 "내면은 매우 음탕한 매춘부로 주인의 즐거움을 충족시킬 준비가 돼 있는 '노예 정부'slave mistress였다"고 썼다.[25] 콜린스는 이 인종화되고 젠더화된 관행을 통해 주류 포르노가 전형적인 여성 페르소나를 갖게 되었다고 했는데, 그게 바로 정숙한 창녀다. 포르노가 백인 여성의 지위를 공격하는 대표적인 사례라면, 유색인 여성은 포르노 때문에 갑절로 큰 타격을 입었다. 그리고 화면 밖에서 유색인 여성들이 인종주의적이고 가부장주의적인 시선 아래 사물화되는 모습은 화면 안에서 모든 여성 신체가 다뤄지는 방식의 원형이 되었다.

*

반포르노 페미니스트들이 과민 반응했던 것일까? 내숭 떨며 까다롭게 굴었던 걸까? 인터넷 포르노 시대에 반나체 여성 사진과 저급한 극장은 물론이고 DVD 및 비디오카세트는 향수를 불러일으키는 물건으로 농담거리가 될 수 있다. 몇몇 사람 눈엔, 돌이켜보건대 섹스에 점점 더 개방적이게 되고 사실과 환상을 상당히 잘 구분할 줄 알았던 대중문화에 대하여 반포르노 페미니스트 운동가들이 불안감에 사로잡혀 있는 것처럼 비쳤다. 1983년 친포르노 페미니스트 단체가 쓴 글에 따르면, 가부장제의 지배를 받는 섹스에 대해 걱정했던 페미니스트들은 "불가사의하고 포착하기 어려운 것 (…) 그 자체보다 우리를 억압하는 것의 사진을 공격하기가 더 쉽다는 점"을 발견했다.[26] 다시 말해 반포르노 페미니스트들은 포르노의 힘을 과대평가하면서 균형 있는 관점을 잃었다는 얘기다. 그러나 반포르노 페미니스트 관점의 진정한 의미가 이들이 주목하는 대상이 아닌 시기에 있다면 어떻겠는가? 이들이 과민 반응하는 것이 아니라 선견지명이 있는 것이라면?

*

이 질문에 대해 처음 생각해보게 해준 존재는 내 학생들이었다. '포르노 문제'를 논의하는 것은 페미니즘 이론 입문 수업에서 거의 필수에 가깝다. 그러나 나는 이를 그다지 진지하게 생각하지 않았다. 내가 페미니즘의 역사와 동시대적 순간의 관련성을 학생들에게 보여주기 위해 열심히 노력한 만큼, 학생들은 반포르노 입장이 내숭이나 떠는 구닥다리 사고방식임을 알게 될 터였다. 걱정할 필요가 없었다. 이들은 잘 따라가고 있었다. 내가 물었다. 포르노그래피가 단순히 여성의 종속을 묘사하는 것을 넘어 이를 실제 현실로 만들 수 있을까요? 네, 하고 학생들이 답했다. 포르노가 여성을 침묵시키면서 여성은 원하지 않는 섹스에 항의하기 더 어렵게 되고, 남성은 이런 항의를 듣기 더 어렵게 되는 걸까요? 네, 하고 학생들이 말했다. 포르노는 여성의 사물화에, 여성의 주변화에, 여성에게 가해지는 성폭력에 책임이 있을까요? 네, 하고 학생들이 말했다. 이 모든 질문에 학생들은 그렇다고 대답했다.

여학생들만이 아니었다. 남학생들도 그렇다고 했다. 일부 사례에서는 심지어 남학생들이 더 단호했다. 어느 여학생이 양성평등을 지향하는 페미니즘 포르노의 사례를 들며 반박하자, 남학생들이 말했다. "하지만 우리는 그걸 보지 않아요." 이들이 보는 포르노는 극도로 노골적이고 과격한 포르노이며, 지금은 인터넷에서 공짜로 볼 수 있는 것들이다. 남학생들은 섹스를 할 때 자신들에게 기대하는 판에 박힌 행위에 대해 불평했다. 이들 중 한명은 지배와 복종이 아닌 다정하고 서로를 위하는 섹스를 상상하는 것이 지나치게 비현실적인지 물었다. 여학생들은 포르노에서 여성의 쾌락이 무시된다는 점을 이야기했고, 자신들의 실제 삶에서 쾌락을 느끼지 못하는 것이 이와 관련이 있는지 궁금해했다. 어느 여학생이 말했다. "그렇지만 포르노그래피가 없다면 우리가 어떻게 섹스하는 법을 배우겠어요?"

포르노는 내 학생들에게 큰 의미가 있었다. 학생들은 여기에 크게 신경 쓰고 있었다. 40년 전의 반포르노 페미니스트처럼 이들도 포르노가 가진 힘이 막강하며 실제로 세상에 영향을 미쳤다고 강하게 확신했다. 이 수업 후에 (나보다 몇살 어린) 대학원 조교와 대화를 나누면서 나는 시작부터 명백했던 사실을 깨달았다. 내 학생들이 인터넷 포르노그래피를 경험하며 성장한 진정한 1세대라는 것을 말이다. 그 강의실에 있던 거의 모든 남학생이, 자신이 원했든 원하지 않았든 화면 앞에서 최초의 성경험을 했을 것이다. 그리고 같은 강의실에 있던 거의 모든 여학생이 최초의 성경험을 화면 앞에서 했을 남성과 첫 성경험을 했을 것이다. 이런 의미에서 여성들의 성경험도 화면을, 곧 화면이 남성들에게 준 가르침을 매개로 이뤄져왔다고 볼 수 있다. 오늘날 거의 모두가 어디서나 포르노를 볼 수 있는 세상에 살고 있는 가운데, 20세기 말에 태어난 내 학생들은 이 세계에서 성적으로 성년을 맞은 첫 세대다.

내 학생들은 잡지 또는 비디오를 훔치거나 돌려보지도, 여기저기서 잠깐씩 본 것들을 수집하지도 않았다. 섹스는 완전한 형태로 완벽히 연출되고 분류되어(십대, 윤간, MILF,• 의붓딸 등) 화면 안에서 누군가 보아주기를 기다리고 있었다. 내 학생들이 (주목을 요하건대 이전 세대의 청소년들보다 늦게) 실생활에서 섹스를 경험하게 되었을 무렵에는 적어도 어린 이성애자 남녀의 경우 동작·제스처·소리를 연출하고 요구하는 행위만이 아니라 적절한 감정, 적절한 욕망, 적절한 권력 분배까지도 지시하는 대본이 준비돼 있었다. 내 학생들의 심리는 포르노그래피의 산물이며, 반포르노 페미니스트들의 경고가 이들에게서 뒤늦게 실현된 듯하다. 내 학생들은 포르노가 말해주는 대로 섹스를 배운다.

*

포르노를 주제로 한 첫번째 토론식 수업을 마친 뒤 한 여학생이 내 연구실로 찾아왔다. "제가 해왔던 섹스를 이해하는 데 도움이 되었어요." 그녀가 말했다. 그녀의 전 남자친구는 매번 그녀에게 제대로 좀 해보라고 주문했단다. "이제 알겠어요. 그는 제가 그런 여자들처럼 하기를 바랐던 거예요." 포르노 속 여성들을 두고 하는 얘기다. 그녀는 그들과 달랐고, 그들처럼 되는 방법을 몰랐다. 그래서 그는 그녀를 차버렸다.

포르노 소비에 관해서부터 남성이 여성을 부정적으로 대하는 것에 관해서까지, 내 학생들은 1970년대 반포르노 페미니스트들

• Mother/Mom I'd Like to Fuck의 약자로 성관계하고 싶을 만큼 매력적인 연상 또는 중년 여성을 의미하는 표현.

의 의견에 동의했다. 매키넌은 『포르노에 도전한다』에 다음과 같이 썼다.

> 나아가 소비자들은 포르노그래피를 삼차원 세상에 옮기고 싶어한다. (…) 포르노그래피 소비자와 마찬가지로 교사는 여학생을 잠재적으로 동등한 존재로 인식하지 못하게 될 수도 있다. (…) 의사는 마취 상태의 여성을 성추행하고, 출산하는 모습을 지켜보며 고통을 가하는 것을 즐길 수도 있다. (…) 일부 소비자는 화장실 벽에 글을 쓴다. 일부는 의심의 여지 없이 사법적 견해를 쓴다. 일부는 (…) 짐작하건대 배심원이고, 상원의 사법위원회 자리에 앉아 있고, 가정폭력 신고 전화에 응대하고 (…) 주류 영화를 제작한다. (…) 일부는 자기 직원이나 고객을 성적으로 괴롭히고, 딸을 성추행하고, 아내를 구타하고, 매춘부를 산다. (…) 일부는 사교 클럽이나 고속도로 휴게소에서 여성들을 집단 강간한다. (…) 일부는 연쇄 강간범이나 성폭행 살인범이 된다. 포르노그래피를 이용하고 제작하는 것은 이런 행동들과 불가분의 관계다.[27]

이런 이미지는 포르노를 남성의 성적 공격성 단련을 위한 가상 훈련장으로 보는 아주 놀라운 관점을 제시한다. 과연 그건 사실일까? 아니면 여성혐오를 단일한 기원으로, 여성혐오의 많은 다양한 행위자를 단일한 주체 즉 포르노를 보는 사람들로 축소하는 이런 이미지 자체가 일종의 성적 환상인 걸까?

정치철학자 로널드 드워킨Ronald Dworkin(앤드리아 드워킨과는 관계가 없다)은 『포르노에 도전한다』에 대한 신랄한 논평에서 매키넌을 비롯한 반포르노 페미니스트들의 주장처럼 포르노 시청이 부정적인 영향을 확산할 정도로 만연해 있진 않다고 주장했다. 드워킨은 대중문화에서 성평등을 가로막는 장벽이 있다면 그것은 드라마와 광고라고 썼다. 1993년에는 이 말이 사실이었을지 모른다. 그러나 지금은 설득력이 떨어지는 얘기다. 2018년 가장 유명한 다섯개의 포르노 사이트(폰허브PornHub와 엑스비디오스XVideos, 봉가캠스BongaCams, 엑스마스터xMaster, xnxx)를 통틀어 월간 방문자 수는 60억명 이상이었다. 폰허브는 2017년 자신들의 사이트 방문자 수가 285억명이라고 주장했다.[28]

2010년 메타분석 결과에 따르면 "포르노그래피 소비와 여성에게 가하는 폭력을 지지하는 사고방식 사이에 전반적으로 유의미한 관계"가 존재하는 걸로 밝혀졌다.[29] 이 연관성은 '폭력적'으로 분류된 포르노그래피의 경우 '상당히 더 강하게' 나타났으나 '비폭력적' 포르노그래피의 경우에도 통계적으로 여전히 유의미한 수준이었다.[30] (매키넌과 다른 페미니스트들은 궁금할 것이다. '폭력'과 '비폭력' 포르노를 분류하는 기준은 무엇일까? 남성이 여성을 때리면 폭력적인가? 만약 여성에게 욕을 한다면? 여성의 얼굴에 사정하는 것은? 남성이 여성에게 '넌 이걸 좋아하고, 그래서 원하고 있는 것'이라 말한다면? 여성의 '싫어'가 결국에는 '좋아'가 된다면?) 다수의 연구는 포르노를 자주 보는 남성들이 여성에 대한 우대 정책을 지지할 가능성,[31] 강간 피해자에게 공감할 가능성이 더 낮다는 사실을 발견했다.[32] 또한 이들은 강간할 의도를 가질 가능성이 더 높고[33] 성폭행을 저지를 가능성도 더 높다.[34] 한편 여학생 사교 클럽 회원을 대상으로 진행한 어느 연구에서 포르노를 시청한 여성들은 다른 여성이 성폭행을 당하는 모습을 목격했을 때 개입할 가능성이 더 낮게 나타났다.[35]

비평가들은 이런 연관성에 이의를 제기한다. 본인들이 선호하는 연구를 인용해, 성인이라면 환상과 사실을 구분할 줄 안다는 주장을 펴면서 말이다. 또 이들은 여성도 포르노를 본다는 점을 상기시킨다. 폰허브에 따르면 전체 이용자의 32퍼센트가 여성이란다. (그러나 여성을 혐오하는 여성이 없다고 누가 그랬나?) 하지만 가장 중요한 부분은 이들이 상관관계와 인과관계를 별개라고 말한다는 점이다. 어쩌면 이미 성적으로 폭력적이고 여성을 향한 경멸적 태도를 지닌 남성이 포르노를 접하기 쉬운 건지도 모르겠다.

포르노의 이데올로기적 영향을 측정하기 어려운 까닭은, 젊은 이들이 포르노를 보는 습관에 대한 신뢰할 만한 데이터가 없기 때문이기도 하다. 자료 공급원 대부분이 (당신의 자녀가 바로 이 순간 자신의 포르노 동영상을 인터넷에 올리고 있음을 간절히 알리고 싶어하는) 기독교 반포르노 지지 단체들이거나, 18세 미만의 미성년자는 자신들 사이트에 접속하지 않는다고 강하게 부정하는 폰허브 같은 웹사이트다. 시드니대학교가 2012년 정기적인 포르노 이용자 800명을 대상으로 진행한 연구는 이들 중 43퍼센트가 포르노를 11~13세에 보기 시작했음을 말해준다.[36] 캐나다 앨버타주에서 13~14세 학생들을 대상으로 실시했던 2007년 연구는 남학생들의 90퍼센트가 성적으로 노골적인 매체에 접속한다고 보고했다. 35퍼센트는 "셀 수 없을 정도로 여러번" 포르노를 시청했다고 했다.[37] 세계에서 가장 인기 있는 포르노 스타 중 한 명인 마흔여덟살의 리사 앤Lisa Ann은 MILF 장르 전문 배우다. 존 론슨의 팟캐스트 「나비효과」에 출연해 인터넷 시대의 포르노 산업에 대해 이야기한 리사 앤은 론슨에게 1990년대에는 길거리에서 성인들만 자신을 알아보았다고 했다. 그러나 이제는 열두살, 열세살, 열네살짜리가 접근해 '섹스할래요?' 하고 묻는단다. "저는 그냥 이들에게 말해요. 잘 들어, 너희가 인터넷에서 본 것들은 네 삶에서 실제로 일어나지 않을 거야. 그러니 여자아이들에게 하자고 하지 말고 섹스를 그런 거로 생각하지도 마."[38] 한두 세대가 지난 후에 지구상 모든 사람이 포르노 세계에서 성년을 맞는 날이 오면 세상은 어떤 모습일까?

*

제대로 좀 해봐. 나를 찾아온 여학생이 한 말에서 가장 인상 깊었던 부분은 전 남자친구의 포르노 시청 습관과 그가 준 치욕 사이의 인과관계 묘사가 아니라 그가 치욕을 안겨주기 위해 사용한 말이었다. **제대로 좀 해봐.** 이 젊은 남성에게 포르노는 섹스의 기준이었고, 이에 비춰볼 때 그의 여자친구는 기준에 부합하지 못하는 사람이었다. 포르노는 교수법이 아니지만, 마치 교수법이라도 되는 양 기능할 때가 많다. 다음은 2013년 영국 아동위원회 사무국UK Office of the Children's Commissioner에 제출된 보고서의 일부로, 14~18세 남학생

들이 포르노에 관해 인터뷰한 내용 가운데 대표적인 것들이다.[39]

— 섹스하는 법을 배워요, 새로운 동작을 배우죠.

— 그게 어떻게 진행되는지, 사람들이 그걸 어떤 식으로 하는지 알 수 있죠. (…) 그걸 어떻게 하면 좋을지에 관한 아이디어를 얻게 돼요.

— 거길 찾는 이유가 (…) 즐거움을 얻기 위해서일 수도 있지만, 시청을 하면서 다른 걸 머릿속에 집어넣게 돼요. 정말로 모르는 것들요. 그냥 집어넣기만 해도 더 많은 걸 배우죠.

— 사람들이 포르노그래피를 보는 주된 이유는 정보를 얻기 위해서라고 생각해요. 뭘 하는지, 어떻게 하는지에 관한 정보 말예요.

여기서 남자아이들이 포르노를 일탈에 이용한다고 말하는 경우가 매우 드물다는 점에 주목할 필요가 있다. 본인들 표현에 따르자면 이들은 '배우고, 아이디어를 얻고, 무언가를 머릿속에 집어넣고, 정보를 얻고, 뭘 하는지 알기 위해' 포르노를 본다. 물론 일탈도 한다. 포르노는 '즐거움을 얻기 위한' 것이다. 그러나 이들 중 일부는 아마도 성경험이 없을 테고, 이런 남자아이들은 포르노를 순식간에 섹스하는 법을 알려주는 권위자로 받아들인다. 다음은 젊은 여성 몇몇이 같은 연구에서 한 말이다.

— 젊은이들은 섹스가 포르노 같아야 한다고 기대하는 것 같아요. 포르노 같지 않으면 섹스가 좋지 않다는 기준이 존재하죠.

— 포르노에 나오는 사람들은 진짜 사람이기 때문에 남자아이들의

환상을 마치 실제처럼 만들어줘요. 그러면 이들은 섹스란 언제나 저런 거라는 생각을 갖게 되고 (…) 조금은 과격하고 강압적일 수 있다고 여기게 되죠.

—〔남자들에게〕 예를 들어 여자 이미지에 대한 나쁜 견해를 심어줘요. 모든 여자는 저래야 한다고, 모든 여자는 섹스를 원한다고요.

—이 나이대 남자아이들은 실제로 거의 아무것도 몰라요. 그리고 이건 누구를 믿을 수 있는지의 문제라고 생각해요. 그 애들이 이런 걸 보고 있다면 나중에 사람을 어떻게 대하게 될지 확신할 수 없죠.

이런 여자아이들은 포르노를 섹스의 권위자로 보지 않으며, 허구와 환상을 구별할 줄도 안다. 그러나 이들은 남자아이들에게 포르노란 '좋은' 섹스의 기준을 마련해주고, 섹스가 '언제나 저런 거'(다시 말해 '조금은 과격하고 강압적인 것')라는 추정에 근거를 부여하고, 여자에 대한 '견해'와 '이미지'를 생성해주는 것임을 알고 있다.

포르노가 섹스와 여성에 대해 거짓말할지도 모르지만("포르노그래피는 여성에 대해 거짓말을 하지만 남성에 대해서는 진실을 말해준다"는 존 스톨텐버그John Stoltenberg의 유명한 말이 있다), 그게 뭐가 어떻다는 건가? 사람들에게, 특히 젊은이들에게 섹스에 대한 진실을 말해줄 책임이 포르노에 있을까? 포르노와 그 제작자들에게 소비자의 행동에 대한 책임을 지우기 위해서는, 포르노 때문에 남성이 여성을 성적으로 대상화하고 비하하는 결과가 초래되었음을 보여주는 것만으로는 충분치 않다. 표현speech이 의도치 않게 해로운 영향을 끼치는 경우도 많기 때문이다. 내가 농담 중에 '불이야'라는 말을 훅 내뱉어 당신이 마시던 차를 옷에 쏟았다고 해보자. 이는 내가 한 말이 낳은 결과일 뿐 책임져야 하는 피해라고 볼 수 없다. 반면 내가 사람들로 꽉 찬 극장에서 '불이야!'라고 외쳐 사람들이 출구로 우르르 몰려든다면 나는 벌어진 상황에 책임이 있다. 사람들이 몰려드는 상황이 임의적이거나 우연한 결과가 아니라 내가 한 말, 즉 경고에 뒤따르는 자연스러운 행동이기 때문이다. 반포르노 페미니즘의 핵심적인 생각은 포르노란 어쩌다 여성의 종속을 초래하는 것이 아니라 그 자체로 여성을 종속시키는 행위라는 것이다. 특히 포르노그래피는 여성의 종속을 허가하고, 여성에게 열등한 시민 지위를 부여하는 표현 행위다. 내가 '불이야!'라고 외치면 사람들이 출입문으로 몰려들듯, 반포르노 페미니스트들은 포르노그래피가 가져올 예상되는 결과만이 아니라 더 나아가 포르노그래피의 취지 자체가 여성에게 영향을 끼친다고 여긴다.

이 견해가 진실이 되려면 포르노는 권한이 있어야 한다. 그렇지 않으면 여성을 열등하게 묘사할 수는 있어도 열등한 존재로 만들지는 못하며, 여성의 종속을 묘사할 수는 있어도 이를 허가하지는 못한다. 페미니스트 철학자 레이 랭턴Rae Langton은 포르노가 판정을 내릴 권한을 가진 심판에 더 가까운지, 아니면 옆에서 전화를 거는 구경꾼에 더 가까운지를 묻는다. 랭턴은 "만약 당신이 포르노그래피의 표현이 힘없는 소수자 집단에 의해, 특히 도덕주의적 박해에 취약한 비주류에 의해 만들어진다고 믿는다면" 당신은 포르노란 구경꾼과 같다고, 누군가 받을지 안 받을지 모르는 전화를 거는 꼴이라고, 하지만 어떠한 권한도 없어서 어떠한 엄중한 책임도 지지 않는다고 답하는 셈이라 썼다. "포르노그래피의 목소리가 지배 권력의 목소리라고 (…) 믿는다면, 그건 그렇지 않다."[40]

포르노 제작자들이 심판과는 다르게 섹스에 대한 진실을 말할 수 있는 권한을 공식적으로 부여받지 못했다는 건 확실하다. 누구도 포르노 제작자를 선출하거나 임명하지 않는다. 포르노가 정말로 '지배 권력'의 목소리라면 그건 공식적으로 그런 것이 아니다. 포르노가 어떠한 권한을 갖고 있든 그 권한은 포르노를 보는 사람들, 즉 포르노가 자신들에게 '뭘 하는지' 얘기해준다고 믿는 남자아이들과 성인 남성들이 부여한 것이다. 반포르노 페미니즘을 비판하는 사람 중 일부는 이런 종류의 실질적 권한만으로는 포르노에 책임을 물을 수 없다고 말한다. 단지 남자아이들이, 또 어쩌면 일부 여자아이들이 포르노를 섹스의 권위자로 받아들인다고 해서 실상이 그러한 것은 아니기 때문이다. 포르노가 어떤 힘을 갖고 있든 그 힘은 결코 추구되거나 공식적으로 부여된 것이 아니다. 그러나 이것은 '권한'과 아마도 이전 시대의 것이었을 '힘'을 날카롭게 구분하기 위함이다. 인터넷은 권한과 힘의 구분을 흐릿하게 만든다. (과거에는 라디오 방송국과 TV 쇼, 신문, 출판사의 몫이었던) 표현할 수 있는 플랫폼이 이제는 남아돌고, 무한히 이용 가능하며, 사실상 무료다. 공식적인 권한을 부여받지 않고도 개인 발언자들이 엄청난 힘을, 즉 우리가 알고 있는 '영향력'을 쌓을 수 있다. 이런 힘을 휘두르는 자들에게 우리는 어떤 기준(그런 게 있다면)을 적용해야 할까?

포르노 스타 스토야Stoya는 본인 말대로라면 "최대한 대중성을 갖는 것을 목표로 하는 제작사의 젠더 이분법적이고 이성애 지향적인 포르노그래피"에 출연한다.[41] 『뉴욕 타임스』 논평란에서 스토야는 자신이 추구한 적 없던 권한을 인정했다. "나는 젊은이들의 사고방식을 형성하는 책임을 원치 않았다. 그러나 이 나라의 성교육 제도가 제대로 기능하지 못하고 인터넷만 할 수 있으면 누구든 어디서나 포르노에 접속할 수 있는 현실 덕분에 내가 이 책임을 지게 되었다. 이 때문에 밤잠을 설치기도 한다."[42]

*

정치 담론에서 젊은이들을 소환하는 일은 흔히 반동적인 목적에 이바지한다. 젊은이의 순수함을 보호해달라는 요구는 과거에도 현재에도 존재한 적 없는 (어른들과 이들 욕망의 세계에 훼손되지 않은) 어린 시절의 환상에 기반한다. 또한 어린 시절의 순수함에 호소하는 행위는 롤링스톤스와 마일리 사이러스, 성인잡지와 폰허브, 극장 뒷줄에 앉아 애무하기와 인터넷에 음경 사진 올리기 등 과거와 현재의 방식 사이 연속성을 슬쩍 피해 가면서 그 둘을 믿기 어려울 정도로 뚜렷하게 구분하는 경향이 있다. 더욱이 사회적 세계의 기술 혁신에 대처하는 준비가 부족한 사람들은 오늘날의 십대와 젊은이가 아니라 거의 틀림없이 우리 중 그 나머지 사람들일 것이다. 내가 하려는 말은 그저 아이들이 틱톡이나 인스타그램의 기호학적 가능성을 가장 쉽게 파악하는 존재라는 것만은 아니다. 이 아이들은 주류 정치에서 이전에 보인 모든 것을 능가하는 젠더화되고 인종화된 권력에 민감하게 반응한다. 단지 우리 어렸을 때는 감당하지 못했을 거라는 이유로 이들도 포르노 세계를 감당할 수 없다고 추정하는 것은 실수다. 제2물결 페미니즘에 속하는 반포르노 페미니스트들처럼 어쩌면 내 학생들도 포르노에 지나치게 큰 힘을 부여하고, 이에 저항하는 자신들의 능력을 너무 못 믿는 것인지도 모른다.

페기 오렌스타인Peggy Orenstein의 저서 『아무도 대답해주지 않은 질문들』(2016)은 21세기 젊은이들의 성적 현실을 생생하게 보여주는 베스트셀러로, 캘리포니아주의 어느 규모가 큰 고등학교에서 개학식 조회 시간에 있었던 이야기로 시작한다. 교장은 학생들에게 주의를 주고 술과 마약에 대해 경고한 다음, 여학생들을 향해 설교했다. “여학생 여러분, 외출할 때는 자신과 가족을 존중하는 옷을 입어야 합니다. (…) 이곳은 짧은 반바지나 민소매 티셔츠, 배꼽티를 입는 장소가 아니에요. 자기 자신에게 물어보아야 합니다. 우리 할머니가 나를 봤을 때 내가 입은 옷을 마음에 들어하실까?” 그런 다음 교장은 성적 괴롭힘에 대한 설교를 시작했다. 이윽고 졸업반에 있는 어느 라틴계 여학생이 뛰어 올라와 마이크를 잡고는 “방금 교장 선생님께서 하신 말씀은 옳지 않고, 매우 성차별적이며 ‘강간 문화’를 부추긴다고 생각합니다”라고 말했다. “제가 민소매 티셔츠와 반바지가 멋지다고 생각해서 그걸 입고 싶다면 입을 수 있어야 합니다. 이것은 제가 얼마나 ‘존중’

받는지와는 관계가 없습니다. 교장 선생님께서 하신 말씀은 피해자에게 책임을 전가하는 상황을 되풀이하는 것에 지나지 않습니다." 이 말을 들은 학생들은 환호했다.[43]

나는 2003년 고등학교를 졸업했다. 당시에는 여학생들이 밑위길이가 짧고, 주머니가 없으며, 엉덩이 부분이 딱 맞는 청바지를 입었다. 셔츠와 스웨터는 배꼽 피어싱이 드러나고 (운이 좋다면) 튀어나온 골반뼈가 보이도록 짧게 입었다. 교사 회의(나는 학생 대표로 참석했다)에서 교사들은 여학생들 옷차림에 대한 불만을 토로했다. "저는 남학생들이 어떻게 이차방정식을 배울 수 있는지 모르겠습니다" 하고 내 수학 교사가 불평했다. "여학생의 끈팬티를 바라보면서요." 나는 그가 '끈팬티'라는 단어를 말했을 때 구역질이 날 것만 같았던 기분을 기억한다. 남학생들이 정말로 집중을 못했는가(그래 보이지는 않았다), 아니면 교사의 추정일 뿐인가? 나는 화가 많이 났으나 당시에는 내 생각을 명확히 설명할 수 있는 (여성비하slut shaming, 피해자 책임전가victim blaming, 강간 문화 같은) 개념적 지식이 없었다. 그래서 학교는 학생들이 자신을 표현하고 탐구할 수 있는 안전한 장소가 돼야 한다는 식으로 말했던 것 같다. 또 이차방정식을 배우는 것은 남학생들 몫이며, 여학생들의 집중력을 방해하지 않도록 매력적인 남학생에게 머리에 가방을 뒤집어쓰라고 말하는 일은 없지 않느냐고 했던 것도 같다. 그러나 어쩌면 생각만 하고 입 밖에 내지 못했을 수도 있다. 회의를 끝낸 교사들은 여학생들에게 셔츠를 길게 내리고 청바지를 올려 입으라고 말할 권리가 자신들에게 있다고 받아들였다.

『아무도 대답해주지 않은 질문들』에서 오렌스타인이 논하는 젊은 여성들은 젊었을 때의 나와는 다르게 무슨 말을 해야 하는지 정확히 알았던 것 같다. 나와 내 친구들 모두가 스스로 페미니스트라 칭하기를 부끄러워했다면, 그들은 부끄러워하지 않았다. 젊은 여성들의 높아진 페미니즘 의식과 악화하고 있는 성적 환경(성적 대상화 증가, 신체 기대감 심화, 쾌락 감소, 섹스에 대한 선택권 축소 등) 사이의 관계를 우리는 어떻게 이해해야 할까?[44] 어쩌면 여자아이와 젊은 여성은 악화하는 환경 때문에 더욱 강경한 페미니스트가 되고 있는지도 모른다. 또는 어쩌면 오렌스타인이 제시했듯 페미니스트 의식은 많은 여성에게 그들 자신이 반대하는 바로 그 성적 종속 시스템 손에 놀아나는 허위의식의 한 형태로 존재할 수도 있다. 성적 자율성과 역량강화empowerment에 대한 담론이 더 암울하고 부자유한 무언가를 감추고 있는 걸까? 페미니스트 철학자 낸시 바워Nancy Bauer는 여학생들에게 왜 "본인들의 주말 밤을 만취한 남학생 사교 클럽 회원들에게 일방적으로 오럴섹스를 해주며" 보내는지 물어보았다. 바워는 "이들은 이 행위가 자신들에게 주는, 힘이 생겼다는 느낌을 즐긴다고 말한다"고 썼다. "멋지게 차려입고 어떤 남성을 속수무책으로 흥분하게 만들고서는 그냥 자리를 뜰 수도 있다. 하지만 그렇게 하지 않는다."[45]

최근 나는 런던의 어느 학교에서 열일곱살 여자아이들과 섹스에 관한 인터뷰를 진행했다. 이들은 성교육과 합의의 중요성에 관해, 퀴어 섹슈얼리티에 관해, 여성의 쾌락에 관해 이야기했다. 다들 똑똑하고 사려 깊으며 재미있었다. 하지만 이야기가 길어지면서 이들 또한 좌절감을 느끼고 있음이 분명해졌다. 어느 여학생은 자신과 여자친구가 함께 찍은 사진이 학교 안에 돌면서 게이•로 아우팅을 당한 이야기를 들려주었다. 이들은 모두 이중잣대를 이야기했다. 남자아이들에겐 섹스가 허락되지만, 섹스를 한 여자아이들은 행실이 바르지 못하다는 소리를 들었고, 또 여성의 자위는 금기시되었다. 이들은 온라인에서는 다정하게 굴다가 직접 만나면 못되고 성적으로 난폭한 남자아이들에 대해서도 이야기했다. 이들 중 한명이 아주 조심스럽게 포르노가 남자아이들이 여자아이들에 대한 비현실적인 기대를 하게끔 유도한다고 말했다. 다시 말해 남자아이들은 상대가 무엇을 원하는지 묻지 않는다는 의미였다. 그 여학생은 남자아이들에게 합의가 필요한 사안은 상대가 처녀가 아니라는 사실뿐이라고 말했다.[46]

『아무도 대답해주지 않은 질문들』 서평에서 조이 헬러Zoë Heller는 오렌스타인의 견해를 세대 간 히스테리라는 측면에서 비판했다.

> 역사는 우리에게 젊은이들의 풍습을 불평하는 중년의 사람들을 조심하라고 가르쳐주었다. 어느 시대에나 부모들은 성을 대하는 자녀들의 태도에 질겁하는 경향이 있다. (…) 1950년대에 어떤 사람들은 '꾸준한 만남'이라는 새로운 퇴폐적 실천이 도덕적 재앙을 불러오리라고 꽤나 확신했다.

• 게이는 흔히 남성 동성애자를 일컫는 말로 인식되지만, 오늘날 영어권을 중심으로 '같은 젠더의 사람에게만 끌리는 이'를 지칭하는 용어로서 폭넓게 쓰이고 있다.

헬러는 오렌스타인이 "미국 여자아이들의 삶을 말해주는 음침하고도 이목을 끄는 정보"를 가지고 있다고 인정하는 가운데, "우리가 이 장르와 연관시키게 된 과장과 단순화, 조작된 위기의 냄새"를 피하지 못했다고 비판한다.[47]

어머니들의 기우에 대한 이런 불평에는 분명 무언가가 있다. 오렌스타인은 『신데렐라가 내 딸을 잡아먹었다』*Cinderella Ate My Daughter*라는 책의 저자이기도 하다. 그러나 내게 오렌스타인의 책을 읽으라고 권했던 사람은 과거의 나쁜 기억을 가진, 쉽게 흥분하는 부모가 아니라 대학을 막 졸업한 젊은 여성이었다. 그 여성과 그녀의 여성 친구들은 모두 오렌스타인의 책을 읽었고, 하나같이 이에 관해 이야기했다. 이들은 오렌스타인이 자신들의 상황을 잘 묘사했다고 말했다. 데이트는 하지 않는 성생활, 여성은 주고 남성은 받는 성생활, 역량강화와 신체 자신감을 둘러싼 담론이 더 깊은 실망감과 수치심을 감추는 성생활. 이 젊은 여성과 친구들은 포르노를 탓하지 않았는데, 아마도 자기 존재 안에 내장된 기능처럼 보이는 것을 비난하기란 쉽지 않기 때문인지도 모른다. 그러나 이들은 자신들 삶에서 불가피하고도 불충분하게 느껴지는 섹스, 외부에서부터, 도달할 수 없는 지평선 너머에서부터 어떻게든 강요되는 것 같은 섹스에 대한 사고방식을 확인했다.

*

무엇을 해야 할까?

1972년 최초로 포르노그래피 영화가 곳곳의 주요 영화관에서 개봉했다. 이제는 포르노의 고전이 된 「목구멍 깊숙이」Deep Throat에는 '린다 러브레이스'라는 예명으로 활약했던 배우 린다 보어먼Linda Boreman이 오르가슴을 느끼고 싶어하는 여성으로 등장한다(특이하게도 성감대가 목구멍 안에 있어서 오럴섹스를 통해서만 오르가슴을 느낄 수 있는 인물이다). 당시 이 영화는 여성의 섹슈얼리티를 드높일 목적으로 제작되었다. 영화가 개봉되고 나서 보어먼은 이 영화를 찍으며 경험했던 해방감을 묘사한 회고록을 출간했다. 결과적으로 이 영화는 역사상 가장 높은 수익을 올린 포르노 영화 중 하나로 남아 있다. 전 세계에서 개봉되었고, 미국 전역 극장에서 하루에 몇번씩 상영될 정도였으니 말이다. 『뉴욕 타임스』 평론가는 어느 포르노 감독("시네마에 관심이 있는 진지하게 수염을 기른 젊은 남성")의 말을 다음과 같이 인용했다. 포르노 여배우들은 "이 일을 즐기고, 또 돈을 쉽게 벌 수 있어서 한다. 나는 순서가 이렇게 된다고 생각한다. 이들은 노출증도 있다. 카메라가 이들을 흥분시킨다".[48]

8년 뒤인 1980년 보어먼은 『시련』*Ordeal*이라는 또 다른 회고록을 집필했다. 여기서 보어먼은 자신이 포르노 영화 촬영과 성매매를 강요당했으며, 남편이자 매니저인 척 트레이너에게 성폭행을 당했다고 밝혔다. 보어먼은 책 홍보를 위한 기자회견에서 이런 혐의를 폭로했는데, 그녀 곁에는 캐서린 매키넌과 앤드리아 드워킨이 있었다. 이후 매키넌과 드워킨은 포르노그래피와 싸우기 위해 법의 힘을 빌릴 가능성을 논의했다. 이들은 포르노에 반대하는 기존 주장(포르노가 외설적이고 선정적이며 폭력적이라는 주장)을 되풀이하는 대신 포르노그래피가 여성의 동등한 시민 자격을 깎아내리면서 시민권을 앗아 가는 성차별의 한 형태라고 주장했다.

1983년 매키넌과 드워킨은 미니애폴리스에서 반포르노 조례 초안을 작성하는 작업에 참여했다. 이 조례는 포르노 영화에 출연하는 여성과 출연하지 않는 여성 모두에게, 포르노로 받는 피해에 대하여 포르노 제작자를 상대로 민사소송을 제기할 수 있는 권리를 주었다. 이 조례는 미니애폴리스 시의회를 통과했지만, 표현의 자유를 침해할 우려가 있다며 시장이 거부권을 행사했다. 드워킨과 매키넌이 작성했던 조례의 한 버전이 1984년 인디애나폴리스에서 통과되기도 했으나, 이후 제7연방항소법원이 위헌판결을 내리고 미국 대법원이 이 판결을 확인해주면서 결국 폐지되었다. 이스터브룩 판사는 제7연방항소법원 판결에서 다음과 같은 견해를 적었다. "우리는 이 조례를 제정하려는 이유를 인정한다. 종속을 묘사하면 종속이 영구화되는 경향이 있다. 종속된 여성의 지위는 직장에서의 폭언과 저임금, 가정에서의 모욕과 상처, 길거리에서의 폭행과 강간으로 이어진다. 〔그러나 이것은〕 그저 포르노그래피가 가진 표현의 힘을 보여줄 뿐이다."[49]

포르노그래피를 표현이라 말하는 것은 미국식 자유주의 사법체계 안에서 포르노가 특별 보호를 받아야 한다고 말하는 것과 같다. 표현의 자유는 자유주의 사회가 가치를 부여하는 (또는 요구하는) 많은 것과 관련이 있다. 개개인의 자율성, 정부의 민주적 책임, 개인의 고결한 양심, 다름과 의견 불일치에 대한 관용, 진실 추구 등등. 미국에서 표현은 대체로 강력한 보호를 받고, 그 개념 자체('표현')도 보기 드물게 폭넓게 해석된다. 1992년 대법원은 수정헌법 제1조에 근거하여 미네소타주 범죄 조례에 따라 흑인 가족의 잔디밭에서 십자가를 불태운 백인 청소년의 기소를 만장일치로 기각했다.[50] 일찍이 '세인트 폴 편견에 의한 범죄 조례'St Paul Bias-Motivated Crime Ordinance는 다음과 같이 규정한 바 있었다.

> 공유지 또는 사유지에 불타는 십자가라든지 나치의 하켄크로이츠 같은, 그러나 여기에 국한되지 않는 상징·사물·이름·특징·낙서를 갖다 붙이는 사람은 누구든 치안 문란 행위를 저지르는 것이고, 이는 경범죄에 해당한다. 사람들은 그런 상징 등이 인종·피부색·신념·종교·젠더에 따라 타인에게 분노나 불안 또는 원한을 유발한다는 사실을 알고 있거나 이를 알 만한 합리적 근거를 갖고 있다.[51]

제7연방항소법원의 중론을 적었던 스캘리아 판사는 어떤 '표현'에 드러나는 관점(가령 흑인의 열등함)에 기반해 그 '표현'(가령 십자가 불태우기)을 금지한 부분이 마음에 걸렸다. 스캘리아는 이런 관점이 혐오스러울 수는 있어도 여전히 하나의 관점이므로 표현은 반드시 보호받아야 한다고 판단했다. 그는 표현을 제한하는 일은 오로지 표현 형식을 근거로 할 경우에만 허용된다고 주장했다. 예를 들면 고의로 날조된 표현(명예훼손과 비방)이나 아동 학대와 연관된 표현(아동 포르노그래피)이 그런 경우다. 인종차별적 또는 성차별적 표현은 그 내용을 근거로 금지하거나 억압할 수 없는데, 그렇게 하면 국가가 사상의 자유에 개입하게 되는 격이기 때문이다. 대법원은 "세인트 폴 조례는 (…) 논쟁에서 한쪽은 마음대로 싸울 수 있게 해주고, 반대쪽은 〔권투 글로브 착용을 의무화한 최초의 권투 표준 규칙인〕 퀸즈베리 〔후작〕 룰을 따르도록 요구할 권한이 없다"라고 결론 내렸다. 다시 말해 인종 평등을 둘러싸고 백인 우월주의자와 흑인 사이에 벌어진 '논쟁'에서 국가는 어느 한쪽 편을 들어줄 수 없었던 것이다.

드워킨-매키넌 반포르노 조례에 반대하는 판사들 및 법학자들도 이와 유사한 주장을 펼치며 운집했다. 이들은 이 법이 주류 포르노그래피 제작자들이 여성이란 남성을 위한 성적 대상이라는 관점을 표현할 권리를 침해한다고 주장했다. 드워킨-매키넌 조례는 모든 포르노그래피가 아닌 여성을 비인간화된 성적 대상으로 표현하면서 경시하는 포르노그래피만을 표적으로 삼았기에, 형식보다는 내용을 기반으로 구별하고 있었다. 여성 평등을 둘러싸고 여성혐오자와 페미니스트 사이에 벌어진 논쟁에서도 국가는 어느 한쪽 편을 들어줄 수 없었다.

매키넌은 『포르노에 도전한다』에서 두가지 이유를 들어 이 주장을 반박했다. 첫번째는 여성의 지위를 둘러싼 논쟁에 대한 포르노의 '기여'가 여성이 동등한 조건으로 논쟁에 뛰어들 가능성을 차단한다는 점이다. 매키넌은 포르노가 여성으로부터 자신의 성적 경험을 증언할 능력을 앗아 가면서 여성을 '침묵시킨다'고 말했다. 포르노는 여성의 '싫어'라는 말을 '좋아'로 듣게끔, 성적 괴롭힘이나 강간을 당했다는 여성의 말을 믿지 않게끔, 저항을 내숭으로 또 내숭을 유혹으로 보게끔 가르친다. 포르노 제작자들이 '표현의 자유'라는 권리를 행사할 때 여성들이 지닌 '표현의 자유' 권리는 위태로워진다.

두번째는 포르노그래피가 단순히 여성은 종속되어 있다는 관점을 표현하는 데 그치지 않는다는 점이다. 포르노는 '말일 뿐'이 아니다. 우리는 포르노와 이것이 세상에 미치는 영향에 주목하는 훈련을 함으로써, 포르노란 모든 여성이 남성에 비해 열등한 지위를 갖는다는 시각을 강요하는 하나의 종속 행위임을 알게 된다. 판사·변호사·철학자들이 포르노를 표현의 자유 문제—포르노가 뭘 하는지의 문제라기보다는 뭘 말하는지의 문제—로 다룰 것을 주장한다는 바로 그 사실이야말로 이들에게 내재하는 남성적 관점을, 또 이들이 뭇 여성들처럼 포르노를 바라보진 못한다는 사실을 드러낸다. 매키넌은 그 이유에 대해 "실제 사회에는 수정헌법 1조와 무관하게 법적으로 행위를 구성하는 것으로 취급되는 표현들이 가득하기 때문"이라고 적는다.[52] 누군가가 훈련받은 투견에게 '죽여!'라고 소리쳤다고 가정해보라. 법은 이 말을 그저 '나는 당신이 죽었으면 좋겠다'라는 관점의 표현으로 취급하지 않는다. 법은 이 말을 공격을 지시한 범죄행위로 본다. 이 개의 주인을 체포한다면 표현의 자유를 침해하는 것일까? 만약 그렇지 않다면 포르노를 만들어 여성을 공격하도록 지시하는 남성은 왜 다르게 취급되는 걸까? 매키넌은 이런 질문을 던지고선 법이 곧 남성이 만든, 남성을 위한 제도이기 때문이라 답한다. 매키넌은 공식적인 판결 원칙의 형태를 띠는 '표현의 자유'가 실은 지배계급의 자유를 보호하기 위해 선별적이고 효율적으로 활용되는 이데올로기적 도구라고 주장한다. (이는 매키넌의 주장을 더욱 정교하게 만들고 옹호하려 애쓰는 페미니스트 철학자들이 일반적으로 놓치는 부분이다. 매키넌이 보기에 문제가 되는 지점은 포르노그래피가 형이상학적으로 말해 단순한 표현이 아닌 행동이라는 것이 아니라, 표현과 행동이라는 바로 그 구별 자체가 온통 정치적이라는 데 있다.)

여기에는 많은 것이 담겨 있다. 십자가를 불태운 사건에 대한 대법원의 판결은 정치적 비용 지출을 보호받아야 하는 표현이라고 규정한 '시민연합 대 연방선거관리위원회'Citizens United v. Federal Election Commission(2010)의 판결처럼 '표현의 자유'가 얼마나 쉽게 기존 권력 체제에 힘을 실어주기 위해 이데올로기적으로 기능할 수 있는지를 보여준다. 그러나 사회적 평등에 대한 무관심과는 별개로, 포르노의 법적 규제에 신중을 기해야 할 이유가 존재한다. 1992년 'R. 대 버틀러'R. v. Butler 판결에서 캐나다 대법원은 폭력을 묘사하는 포르노는 물론, "비하하거나 비인간화하는" 비폭력적 포르노를 범죄화하기 위해 자국의 음란물 법을 확대했다.[53] 캐나다 대법원은 이 판결을 정당화하고자 미국에서 드워킨과 매키넌이 강하게 주장했던 바로 그 이유를 들며, 이런 종류의 포르노가 여성을 종속시키고 평등권을 침해한다고 설명했다. 매키넌은 이렇게 썼다. "이것은 가난하고 힘없는 일개 시민에게 달려드는 거대하고 나쁜 국가권력이 아니라 평등을 위한 사회적 싸움에서 비교적 힘없는 집단을 지지해주기 위해 통과된 법이었다."[54]

몇달 안에 캐나다 경찰은 토론토의 서점 글래드 데이 북숍Glad Day Bookshop에서 "캐나다인들이 봐서는 안 될 (…) 결박과 폭력 등 성적으로 노골적인 소재를 담고 있는" 레즈비언 에로 잡지 『배드 애티튜드』*Bad Attitude*를 몰수했다. 온타리오주 고등법원은 버틀러 사례를 인용하며 (캐나다 최초의 게이 및 레즈비언 서점인) 글래드 데이에 불법 음란물을 판매한 혐의로 유죄판결을 내렸다.[55] 버틀러 판결이 "평등을 위한 사회적 싸움에서 비교적 힘없는 집단"을 도와주려는 의도를 가지고 있었다는 매키넌의 말은 틀리지 않았다. 그러나 실제로 이는 주류 포르노 제작자들은 건드리지 않은 채 성소수자들을 공격하는 구실로 사용되었다. 버틀러 판결 이후 2년 동안 당시 캐나다에서 (그리고 세계에서) 가장 큰 성인 비디오 상점의 주인이었던 랜디 조젠슨Randy Jorgensen은 법의 제약을 받지 않고 새로운 매장 스무곳을 더 열었다.[56]

페미니스트를 일반적으로 '반포르노' 진영과 '친포르노' 진영으로 분류하는 것은 오해의 소지가 있다. 일부 제2물결 페미니즘의 페미니스트들이 주류 포르노를 인간의 건강한 섹슈얼리티 표현이라고 옹호하는 가운데(엘런 윌리스Ellen Willis는 1979년 "성적 억압과 위선을 거부"하면서 포르노가 "급진적인 충동을 표출한다"고 썼다),[57] 대부분의 친포르노 페미니스트는 포르노를 좋게 본다기보다는 이를 금지하는 법을 제정하는 행위를 나쁘게 보는 입장이었다. 1960년대에 포르노에 반대했던 초기 페미니스트 운동은 보이콧이나 항의 시위의 형태로 포르노 제작자와 판매자를 겨냥해 직접적인 행동을 취했다. 반면 1980년대 초반의 반포르노

운동은 국가권력에 촉구했는데, 이는 그들 스스로 인정하는바 근본적으로 남성이 장악한 실체에 호소함을 의미했다. 페미니즘을 핑계로 국가가 여성과 성소수자의 종속을 심화하려 했다는 것은 과연 놀라운 일일까?

이 질문은 미국의 반포르노 페미니스트들이 캠페인을 벌이던 1970년대 후반과 1980년대 초반에 특히 의미가 있었다. 임신중지를 합법화한 미국 대법원의 '로 대 웨이드'Roe v. Wade(1973) 판결은 페미니즘의 유의미한 승리를 대변했지만, 한편으로 이는 독실한 보수주의자와 신자유주의 경제 지지자를 결정적이고 지속적으로 결속시켰던 우파 조직의 백래시로 이어졌다. 뉴라이트 강령의 핵심은 페미니즘의 성취 — 임신중지의 합법화만이 아니라 피임과 산아제한, 성교육, 게이와 레즈비언 권리, 여성의 노동시장 대거 진출 가능성까지 포함하는 성취 — 를 뒤엎는 것이었다. 이런 분위기에서 포르노그래피에 대한 급진적 페미니스트들의 비판은 국가의 제재가 필요한 '나쁜' 여성(성노동자와 '복지 여왕'welfare queen•)과 보호받을 필요가 있는 '좋은' 여성을 구분하고, 남성이란 본래 탐욕스러워서 일부일처제와 핵가족 제도로 길들여야 한다는 시각을 가진 보수 이데올로기에 딱 들어맞았다. 드워킨-매키넌 조례의 한 버전이 뉴욕주 서퍽 카운티에서 논의에 부쳐졌을 때 포르노그래피에 대한 설명은 "남색"의 주원인이자 시민들의 "건강과 안전, 도덕성, 일반 복지에 대한 심각한 위협"으로 수정되었다.[58] (매

• 경제활동을 하려 하지 않고 전적으로 복지제도에 의존해 사는 여성.

키넌은 서펙 조례가 "조악하다"고 주장하며 이를 폐지하기 위해 싸웠다.) 뉴라이트 운동의 길잡이였던 로널드 레이건은 대통령으로서 법무부 장관에게 포르노그래피의 해로움을 조사할 것을 지시했고, 이때 매키넌과 드워킨이 전문가로서 증언을 했다. 그 결과 작성된 1960페이지 분량의 '미즈 위원회'Meese Commission 보고서는, (로빈 모건의 견해라는 언급은 없었지만) "포르노그래피는 이론이고, 강간은 실천이다"라는 모건의 주장을 그대로 따르고 있었다.[59] 그러나 이 보고서는 모건의 동일한 에세이에 적힌, 도움을 받고자 법에 의지하는 방법은 무익하다는 경고는 따르지 않았다.

> 나는 (…) 남근 중심주의 문화가 '그 남자가 그 여자를 찢어 죽이는 모습을 보라'는 식의 책보다는 여성을 위한 골반 부위 자가진단 책이나 레즈비어니즘에 대한 서정적인 찬가를 담고 있는 책을 숙청하는 검열을 시작할 가능성이 더 높다는 점을 알고 있다. (…) 나는 남성들이 운영하는 사법부도 그다지 신뢰하지 않는다. (…) 나는 검열이라는 게 흔히 판사석에 앉아 한 손으로 수많은 외설 서적을 뒤적이는 몇몇 남성 판사로 요약된다고 느낀다.[60]

*

2014년 영국 정부는 영국에서 제작되는 포르노에서 다음과 같은 성행위를 실질적으로 금지하는 법을 통과시켰다.

엉덩이 때리기

회초리질

과격한 채찍질

'폭력과 연관이 있는' 물체 삽입

(쌍방이 합의한 사실과 상관없이) 신체적 학대 또는 언어폭력

('수중 스포츠'로 알려진) 유롤라그니아•

미성년자 역할 하기

신체 구속

굴욕

여성 사정

목 조르기

얼굴 위에 앉기

손 삽입하기[61]

얼핏 보면 이 목록은 기이하다. 여성의 종속과 관련 있다고 추정할 수도 있는 성행위(엉덩이 때리기, 회초리로 때리기, 과격한 채찍질, 신체적 학대 또는 언어폭력, 신체 구속, 굴욕)를 포함하지만, 사실 이건 여성이 남성에게 신체적 고통과 정신적 수치를 가하는 펨돔[femdom]•• 포르노의 특징이다. 이 목록은 여성의 쾌락을 상징하는 행위를 포함하는데, 주류 포르노에서 여성 사정 같

• 상대의 소변이나 배뇨 행위를 보고 흥분을 느끼는 것.

•• female dominance의 약자로 여성이 지배적인 위치에서 성행위를 주도하는 행위나 관계를 말하며, 흔히 성적 쾌감을 느끼기 위해 사도마조히즘적 행위를 수반한다.

은 장면은 거의 등장하지 않는다. 또 '수중 스포츠' 같은 많은 사람에게 불쾌감을 안겨줄 뿐인 행위와 "'폭력과 연관이 있는' 물체 삽입"도 있다. 그 물체에 남성의 성기도 해당하나? 아마도 아닐 것이다. (마찬가지로 펨돔 포르노와 연관이 있는) 목 조르기와 얼굴 위에 앉기는 '생명을 위태롭게 할' 잠재성이 있어 포함된 것으로 보인다. 그러나 얼마나 많은 남성이 그들 얼굴 위에 앉은 여성 때문에 사망했는지는 불분명하다.

영국의 성행위 금지 목록은 무엇이 제외되었는지를 보면 이해가 간다. 그건 바로 곧장 '옷 벗고, 오럴섹스하고, 성교하는' 전통적인 방식의 포르노로, 스토야가 묘사했던 그런 종류다. 섹시한 금발 여성이 남성의 성기를 빨아주고, 격렬하게 성관계를 나눈 다음에 좋았다고 말하고, 얼굴에 정액이 묻은 채 끝나는 그런 종류 말이다. 이런 포르노는 여성이 성교를 위해 존재하며 이를 아주 좋아한다는 메시지, 따라서 여성을 묶고 때리는 행위나 거부하는 여성을 제압하는 행위가 일반적으로 불필요하다는 메시지를 전달한다. 영국의 금지 목록 중 단 한가지(미성년자 역할 하기)만이 주류 포르노에 널리 퍼져 있는 '십대' 범주에서 자주 등장한다. 반면 가장 주류를 이루는, 대부분의 사람들을 흥분시키는 포르노는 목록에서 제외된 덕분에 공식 허가를 받은 셈이다. 하지만 애초 페미니스트들의 비판 취지는 주류의 논리, 즉 대부분의 사람들을 흥분시키는 유의 행위라고 해서 괜찮지는 않다는 것이었다. 성행위에서 주변적인 것들만 금지하면 주류 섹슈얼리티의 헤게모니, 즉 주류 여성혐오가 강화된다.

런던 기반으로 '어반 칙 슈프리머시 셀'Urban Chick Supremacy Cell이라는 페티시 사이트를 운영하는, 복면을 쓰고 총을 들고 스케이트보드를 타는 펨돔 예술가 이치아르 빌바오 우루티아Itziar Bilbao Urrutia는 법의 허점을 이용해 지금껏 2014년 제정된 영국의 금지법을 빠져나갈 수 있었다. 우루티아와 그녀의 팀은 자본주의적 가부장제에 일조했다며 남성을 비난하고, (합의하에 그리고 비용 또는 '펨돔 택스'femdom tax를 지불한 채) 남성을 구속하고, 페깅pegging•하고, 피를 흘리게 한다. 때때로 그 남성들은 페미니즘 텍스트를 낭독한다. 펨돔 페티시 포르노에서 대체로 남성은 남성적이지 못해서, 즉 '계집애'처럼 굴어서 굴욕을 당한다. 그러나 우루티아의 포르노 세계에서는 부유하고 성공한, 지배적인 남성이 멸시의 대상이 되는 반면, 계집애 같은 남성은 이를 피할 수 있다(모든 것이 매우 급진적인 페미니스트 발레리 솔라나스Valerie Solanas 같다). 영국에서 비규범적인 포르노 행위를 금지하는 법이 2014년 도입되었을 때 우루티아는 이렇게 말했다. "기업의 쇼핑 체인이 번화가의 독립 상점을 짓밟습니다. 물건을 높이 쌓아놓고, 가장 초보적인 수준의 소비자에게 마케팅을 하면서요. 5년 후면 세상에는 일률적으로 한 종류의 포르노만 존재하고, 스파 브랜드 프라이마크에 버금가는 포르노가 널리 팔려나가게 될지도 몰라요."[62]

2012년 「세계 젠더 격차 보고서」Global Gender Gap Report에서 최고 순위를 기록했던 아이슬란드는 이듬해 포르노그래피 제작 및 판매

• 여성이 인공 남성 성기를 착용하고 남성에게 항문성교를 하는 행위.

금지 범위를 인터넷상의 '폭력적이고 혐오스러운' 포르노에까지 확대하자는 제안을 놓고 고민했다. 이 제안을 했던 내무부는 아이슬란드 아이들이 평균 열한살에 포르노를 처음 접한다는 조사 결과를 인용했다. 내무부 고문은 이렇게 말했다. "우리는 나체 및 성관계와 관련해 진보적이고 자유주의적인 사회에서 살고 있습니다. 그러므로 우리는 섹스에 반대하는 것이 아닌 폭력에 반대하는 접근법을 제안하고 있습니다. 이는 아이들과 성평등에 관한 것이지 표현의 자유를 제한하려는 것이 아닙니다."[63] 2013년 총선으로 법안 통과가 지연되긴 했지만, 이 계획은 특정 정보를 걸러내는 웹 필터 조치, 웹사이트 차단 조치, 아이슬란드 신용카드로 포르노 사이트 이용 요금을 결제하는 것에 대한 범죄화 조치 등을 포함했다. 명백히 젠더 관점에서 만들어졌던 이 법안은 '폭력적이고 혐오스러운' 포르노와 나머지 포르노를 구별했다. '어반 칙 슈프리머시 셀'은 탈락이다. 그렇다면 「목구멍 깊숙이」는 괜찮은 걸까?

2011년 중국 경찰이 (동남아시아 포르노 대부분의 출처인) 일본에서 건너온 포르노그래피 장르인 야오이yaoi 슬래시 픽션Slash fiction• 작가 서른두명을 체포했다. 야오이는 동성애적 환상을 묘사하는 만화이며, 여성이 여성을 타깃으로 만든다.[64]

2017년 영국 정부는 포르노 '금지 연령' 제도를 마련하겠다고 약속했다. 효과가 없을 것이라는 비판이 널리 퍼지자[65] 소리 소문

• 팬이 자신이 좋아하는 유명인을 주인공으로 내세워 쓰는 소설인 팬픽의 한 종류로, 주로 남성 간의 동성애와 성관계를 소재로 한다.

없이 사라진 이 제안은 포르노 시청자들이 여권 또는 운전면허증을 등록하거나 지역의 신문 판매소에서 '포르노 패스'를 구매해 자신의 나이를 증명해야 한다는 내용을 골자로 했다. 영국이 제안했던 연령 확인 시스템 중 하나인 'AgeID'는 폰허브의 모회사인 마인드기크MindGeek와 레드튜브RedTube, 유폰YouPorn이 만들었다.[66] 마인드기크는 온라인 포르노 시장을 거의 독점하고 있다.

오스트레일리아의 '영화 및 컴퓨터게임 분류 지침'Guidelines for the Classification of Films and Computer Games은 "보디 피어싱, 촛농 따위 물질 몸에 바르기, '골든 샤워'golden shower,• 결박, 엉덩이 때리기 같은 〔다른〕 페티시"와 함께 손을 삽입하는 장면(피스팅)을 보여주는 포르노 영화를 금지하고 있다. 장애와 섹슈얼리티를 연구하는 라이언 소니크로프트Ryan Thorneycroft는 최근에 학술지 『포르노 연구』에서 물었다. 손 삽입이 허락되지 않는다면 절단된 팔이나 다리 부위를 질 또는 항문에 삽입하는 '스텀핑'stumping은 어떻게 되는가?[67]

2018년 네팔은 여성을 대상으로 하는 성폭행이 증가하자 디지털 포르노를 금지했다. 2만 4000개의 금지 웹사이트 목록에는 성긍정주의, 성교육 웹사이트와 퀴어 플랫폼도 포함되었다.[68]

2007년 당시 오스트레일리아 총리 존 하워드는 토착민 사회에서 아동 학대 발생률이 높음을 발견한 노던 테리토리 정부 의뢰 보고서를 접한 뒤에 '긴급' 개입을 지시했다. 이 보고서는 사회복지사업의 공급을 증대하고, 식민지 시대 폭력과 강탈의 역사가

• 상대의 몸에 소변을 보는 행위.

현대 오스트레일리아 토착민 문화를 형성한 방식을 더 세심하게 살펴볼 것을 요구했다. 그러나 하워드는 보고서의 지시를 따르는 대신 노던 테리토리를 군사 점령하고, 포르노 소지 및 유포를 전면 금지했다. 토착민이 전체 인구의 겨우 3퍼센트인 오스트레일리아는 폰허브의 포르노를 아홉번째로 많이 소비하는 국가다. 오스트레일리아인들은 세계의 다른 지역 사람들보다 평균 88퍼센트 더 자주 '격렬한 섹스'라는 설명이 붙은 동영상을 시청한다.[69] 오스트레일리아에서 백인이 포르노그래피를 소비하는 행위는 금지되어 있지 않다.

*

포르노를 법으로 금지하려는 시도는 (일반적으로 성노동 금지법을 제정하려는 시도처럼) 예외 없이 가장 포르노에 경제적으로 의존하는 여성에게 해를 끼친다. 폰허브 같은 무료 사이트는 이용자들이 올린 해적판 콘텐츠로 운영된다. 포르노 제작사가 불법 복제 영상을 삭제해달라고 요청할 수는 있으나 현실적으로 이런 영상이 올라오는 속도를 절대로 따라가지 못한다. 결국 포르노 전문 제작자들은 자신들의 수익이 줄어드는 모습을 속수무책으로 바라보고 있을 수밖에 없으며, 무료 포르노 사이트는 매년 이 업계에서 약 20억 달러를 끌어모은다.[70] 포르노 제작으로 얻는 수익과 포르노가 가진 힘이 불법 복제 사이트로 이동하면서 치러야 하는 대가는 여배우들이 감당해왔다. 오늘날 세계에서 가장 큰 포르노 산업의 중심지인 캘리포니아주 샌퍼낸도밸리의 포르노 여배우들은 이 업계에서 평균 4~6개월 활동한 뒤에 앞선 세대의 여배우보다 훨씬 더 빨리 더 높은 보수를 받는 단계, 가령 항문성교 같은 수위 높은 성행위를 하는 단계로 올라간다.[71]

2020년 코로나19의 유행으로 실업자가 대거 생겨나면서 수만 명의 새로운 배우가 포르노 산업에 발을 들여놓았다. 이들은 개별적으로 비용을 지불하는 고객을 위해 성별을 불문한 '모델'이 웹캠으로 성행위를 실시간으로 방송하는 (그리고 장시간 대화를 나누는) 인터넷 성인 사이트에서 활동한다. 2020년 3월 캠소다CamSoda는 신규 가입 모델이 37퍼센트, 매니비즈ManyVids는 69퍼센트 증가했다고 보고했다.[72] 온리팬스OnlyFans는 3월 첫 2주 동안에만 6만명의 신규 모델이 가입했다고 보고했다.[73] 보통 캠걸camgirl• 과 캠보이는 자신이 올리는 수익의 절반 정도밖에 가져가지 않는다. 로스앤젤레스에 기반을 두고 있는 웹캠 사이트 이즈마이걸IsMyGirl은 병가 수당도 받지 못하고 해고당하는 맥도날드 직원들에게 특별 혜택—"(신용카드 처리가 끝난 뒤에) 이들이 올리는 수익의 90퍼센트를 벌 수 있는 독점적 혜택"—을 제공했다. 이즈마이걸 창립자 에번 사인펠드Evan Seinfeld는 말했다. "물론 좋은 콘텐츠를 만들고 팬들과 소통하는 방법을 아는 것은 이들 몫이에요. 자동차에서 생활하며 한달에 1만 달러를 버는 멋진 여성들의 사례도 있어요."[74]

• 웹캠으로 찍은 자신의 사진이나 동영상을 인터넷에 올려 보여주는 젊은 여성을 말하며, 남성은 '캠보이'라고 한다.

여느 노동자와 마찬가지로 전직 맥도날드 직원들도 충분한 실업급여를 받고, 직장이 없어도 의료 복지 서비스를 이용할 수 있고, 안정적인 주거지가 있어 자동차에서 일하지 않아도 되었다면 형편이 더 좋아졌을 것이다. 이들이 창출하는 수익의 50퍼센트를 빼돌리는 고용주에 관해서는 말할 필요도 없다. 그러나 최근 직장을 잃어 건강보험이 없는, 포르노 업계에 발을 들인 수만명의 여성 노숙자가 법까지 어긴다면 과연 더 잘 살 수 있을까?

법이 뭐라고 하든 포르노는 제작되고 구매되고 판매될 것이다. 페미니스트에게 가장 중요한 점은 법이 포르노를 어떻게 다루느냐가 아니라 이 업계에서 일하는 여성들에게 그리고 이들을 위해 법이 무엇을 하느냐다.

*

나는 지난 몇년간 포르노에 관한 강의를 해왔는데, 내 학생 중 누구도 법을 활용해 포르노의 효력을 누그러뜨리자는 제안을 하지 않았다. 내 학생들이 표현의 자유를 열렬히 지지해서가 아니다. 그건 이들이 실용주의자이기 때문이다. 이들은 인터넷을 억제할 수 없다는 사실, 접속을 차단하는 방법이 나이가 더 많고 요령이 부족한 세대에게는 통할 수 있어도 자신들에게는 안 통한다는 사실을 본능적으로 안다. 또 자신들이 단순히 포르노를 소비만 하는 것이 아니라 갈수록 제작에까지 나서고 있음을 안다. 이들은 포르노를 금지하는 법의 실질적인 표적이 미국 유명 성인잡지 발행인인 래리 플린트가 아니라, 성행위 동영상을 올리는 일이 셀카를 찍는 일과 다르지 않은 젊은이들이라는 사실도 안다. 학생들은 성노동의 범죄화에 신중한 태도를 보인다. 성을 구매하는 남성들을 용납해서가 아니라, 성 판매 행위의 불법화로 가장 피해를 보는 사람이 이미 사회 주변부에 속해 있는 여성들임을 알기 때문이다.

포르노에 관해 내 학생들은 더 좋은 표현으로 나쁜 표현과 싸워야 한다고 생각한다. 스토야처럼 이들도 포르노가 자기 자신과 자기 삶에 발휘하는 영향력에 대하여 부적절한 성교육에 책임이 있다고 본다. 이들이 보기에 포르노가 본인들에게 섹스에 대한 진실을 가르쳐줄 힘을 갖게 된 이유는 국가가 법률 제정에 실패해서가 아니라 교육의 기본 책임을 다하지 못했기 때문이다.

*

어떤 의미에서 이들의 생각은 분명 틀리지 않았다. 영국 젊은이의 25퍼센트만이 성교육을 '좋다'고, 또는 '매우 좋다'고 평가한다.[75] 또한 영국 교사의 41퍼센트만이 성교육을 하기에 적절한 훈련을 받았다고 답한다.[76] 2020년 9월 현재 영국은 동성애 관계와 성폭행, '포르노 문해력'까지 의무교육 과정에 포함하고 있으며, 부모들은 자녀가 열다섯살이 되면 이런 교육을 거부할 권한이 없다. 11만 8000명 이상의 부모가 "아이들에게 성에 대해 가르치는 것"은 부모의 "기본권"이라고 주장하면서 이 정책에 항의하는 뜻으로 진정서에 서명했다.[77] 이들은 자기 아이들이 이미 부모를 거치지 않고 성에 대해 배웠다는 사실을 놓치고 있다.

미국에서는 50개 주 가운데 30개 주만이 성교육을 의무화하고 있다. 하지만 이런 주에서조차 무엇을 가르치고 무엇을 가르치지 말지를 학구별로 결정하는 일이 흔하다.[78] 여기에는 학생들에게 금욕 이외에 다른 성적 선택지를 알려줄 것이냐의 문제도 포함되어 있는데, 26개 주에서는 성교육을 할 때마다 금욕을 강조할 것을 요구한다.[79] 금욕 교육을 받은 여자아이들은 나이가 훨씬 많은 상대와 첫 성경험을 할 가능성이 더 높고, 첫 경험을 원치 않는 섹스였다고 말할 가능성도 더 높다.[80] 2011~2016년의 자료가 존재하는 37개 국가에서는 15~24세 남성의 36퍼센트와 여성의 30퍼센트만이 HIV 예방 교육을 받았다고 했다.[81]

우리에겐 더 많은, 더 좋은 성교육이 필요하다. 그러나 교육에 의지하는 것은 법에 의지하는 것과 마찬가지로 교육이 가진 변화의 힘을 잘못 이해하는 데서 출발할 때가 많다. 플라톤처럼 교육을 (우리가 태어나면서부터 접하게 되는 말과 이미지, 기호, 비유의 총합이라고) 이해하는 곳에서는 포르노 문제를 교육의 문제로 볼 수 있다. 그러나 '성교육'을 일반적으로 이해되는 식으로 (학교에서 가르치는 정식 교육 프로그램으로) 이해할 때 교육이 포르노가 가진 이데올로기적 힘에 대항할 수 있을지는 미지수다. 과연 교사는 누가 가르칠 것인가? 교사들이 보통 사람과 다르지 않다면 남교사 대부분을 비롯해 많은 교사가 포르노를 볼 것이다. (매키넌이 포르노 때문에 남교사가 "여학생을 잠재적으로 동등한 존재로 인식하지 못하게 될 수도 있다"고 한 말을 상기해 보자. 끈팬티가 언급되었던 교사 회의를 떠올려보자.) 교사가 성의 가부장주의적 구성을 이야기하는 데 곤란을 겪는다면 이는 놀랄 일일까? '교사 훈련'이 (페미니즘 의식이 완전히 고양되지 않은 상태에서) 이런 상황을 바꿀 수 있을까? 그런데 어느 국가가 그 비용을 지불할까?

포르노와는 다르게 정식 성교육은 법적 간주가 아닌 실제 표현이다. 정보를 전달하고 학생들을 설득할 목적으로 설계되어 교사들 입을 통해 나오는 표현인 것이다. 성교육은 학생들의 지성에 호소하는 일로, 학생들에게 심사숙고하고 질문하고 이해하도록 요구하면서 효과를 볼 수 있다. 여기서 전통적인 성교육은 포르노의 근거지에 발을 들여놓지 않는다. 포르노는 알려주거나 설득하거나 논의하지 않기 때문이다. 포르노는 훈련한다. 그것은 정신에 고랑을 깊게 파면서 흥분과 선택적 자극 사이에 강한 연관성을 형성하고, 그래서 잠시 멈추어 심사숙고하는 부분을 건너뛰게 한다. 이런 연관성은 반복을 통해 강화되며, 성차에 가부장제가 부과했던 사회적 의미를 보강하고 재생산한다. 특히 모든 장치 가운데 이데올로기적으로 가장 강력한 오락의 힘을 이용하는 포르노 영화에서 이런 현상이 뚜렷하게 나타난다. 이것이 곧 움직이는 영상물이 가진 힘이다. (포르노그래피든 아니든) 영화는 고정된 이미지나 책, 음성녹음과 달리 우리에게 아무것도 요구하지 않는다. 입력할 것도, 공들일 것도 없다. 그저 넋을 놓고 몰입하기만 하면 된다. 우리는 선택의 여지가 없으며, 기꺼이 거기 빠져들게 된다. 포르노 영화를 볼 때 우리의 상상력은 현실의 복제품에 압도되어 중단되고 무너진다. 웹 브라우저는 세상—매끈한 신체들이 쾌락을 얻고자 성관계하는 포르노 세계—을 보는 창으로 변한다. 시청자는 이곳에서 펼쳐지는 모습을 보며 흔히 성적 흥분과 자위행위라는 부수적인 경험을 얻는다. 포르노 영화가 영화로서 제공하는 쾌락은 다른 영화가 제공하는 쾌락과 동일하다. 그건 바로 보고 듣는 즐거움이다.

그런데 이 점을 제외하면 현실에 포르노 세계란 존재하지 않고 이를 들여다볼 창도 없으며, 포르노를 통해 얻는 쾌락과 관련해 부수적으로 딸려 오는 것도 없다. 포르노는 시청자를 흥분시킬 목적으로 정교하게 설계된 구성물이다. 포르노에서 벌어지는 성행위는 진짜일 수도 있고 때론 쾌락도 진짜일 수 있지만, 그렇다고 해서 이런 사실이 바뀌진 않는다. 분명 주류 포르노는 전시된 여성의 몸과 하나씩 삽입이 이뤄질 몸의 구멍(구강, 질, 항문)을 바라보는 쾌락을 선사한다. 그러나 이게 다가 아니다. 주류 포르노는 자아동일시의 쾌락까지 제공한다. (대체로 여성이 남성의 정력을 갈망하는) 매우 특정한 종류의 성관계 도식을 묘사한 다음, 그 안의 어떤 특정한 대상과 동일시하게끔 보는 이의 시선을 잡아끌기 때문이다. 이런 포르노는 남성을 겨냥해 만드는데, 포르노를 압도적으로 많이 소비하는 부류가 남성이기도 하거니와 포르노의 시각적 논리가 시청자로 하여금 (로라 멀비Laura Mulvey가 1975년 쓴 획기적인 논문 「시각적 쾌락과 내러티브 영화」에서 "그의 화면 속 대행자"his screen surrogate라 부른)[82] 남배우에 자신을 투영하도록 만든다는 점에서도 그렇다. 포르노를 관점의 표현이라고 말하는, 시민의 자유를 극렬히 옹호하는 사람들은 본인들이 생각하는 것 이상으로 현상을 더 정확하게 꿰뚫어보고 있다. 포르노를 찍을 때 카메라의 시선은 남성의 얼굴을 담더라도 거기 오래 머물지 않으며, 남성의 시점을 고스란히 옮길 수 있는 위치에 놓일 때가 많다. 남성의 몸이 등장할 경우엔 그 몸이 능동적인 신체로, 영화의 행위 주체로, 영화의 모티프인 욕망과 내러티브 전개의 근원이 되는 몸으로 그려진다. 아울러 화면 속 시선이 실시간으로 머무는 남성의 신체 부위는 발기된 음경뿐인데, 이건 시청자 본인 것의 대리물이라 할 수 있다. (물론 이 대리 음경은 시청자의 것보다 더 크고 단단하다. 그러나 적어도 영화를 보는 동안에는 그 사실을 잊게 된다. 멀비는 다음과 같이 썼다. "남배우의 매력이란 (…) 시선이 가는 에로틱한 물건이 아니라 더 완벽하고 완전하며 강력한 이상적인 자아가 가진 매력인 것이다.") 포르노 영화는 거의 예외 없이 남성이 카메라의 시선에 붙들린 여성의 신체에 사정하면서 끝난다(『포르노그래피 영화제작자를 위한 지침서』*Film Maker's Guide to Pornography*(1977)에 나와 있듯 "사정 장면이 없다면 포르노가 아니다").[83] 이런 과정은 이제 정석이 돼버렸다. 만약 시청자가 타이밍을 잘 맞추기만 한다면(극장에서와는 다르게 온라인에서는 언제나 멈추기, 빨리 감기, 되감기를 할 수 있다), 여배우의 얼굴과 가슴에 묻는 것은 시청자 본인의 정액이 될 수 있다.

*

이 모든 상황에서 여성 시청자의 자리는 어디에 있을까? 주류 포르노 옹호자들은 주류 포르노 소비자 중에 여성도 많다는 사실을 상기시켜주고 싶어한다. 그러나 포르노가 이를 시청하는 여성에게 무엇을 하는지 혹은 하지 않는지는 그런 사실로 설명이 되지 않는다. 여성들이 흥분한다는 추정은 해볼 수 있다. 그런데 여성들은 누구와 또는 무엇과 자신을 동일시하고 있는 걸까? 당연히 주류 포르노를 보는 여성은 화면 속 여배우와 자신을 동일시한다. 이들은 남성의 욕망과 신체적·정신적 지배를 통해 그 욕망이 충족되는 모습을 보며, 명령하고 요구하고 밀치고 덮치는 행위를 보며 성적 쾌락을 맛본다. 캐럴 클로버Carol Clover가 표현했듯 이런 시청자들은 "눈으로 받아들인다".[84] 그러나 여성 포르노 시청자들은 화면 속 남성과도 자신을 동일시하면서, 영화를 보고 있는 동안만큼은 지시하고 요구하고 밀치고 덮치는 존재가 될 수 있다. 엘런 윌리스는 이렇게 묻는다. "어떤 여성이 강간 판타지에 흥분을 느낀다면 그 여성은 어쩌면 피해자뿐만 아니라 강간범과도 자신을 동일시하고 있는 것 아닐까?"[85] 윌리스의 '어쩌면'은 가정으로 끝나지 않는 것 같다. 이런 식으로 성별을 바꾸어 동일시하는 현상은 짐작건대 상당히 흔하게 나타나며, 관습적인 동일시만큼이나 흔한지도 모르겠다. 여성 시청자가 동일시하는 대상은 남배우와 여배우의 역할 사이를 왔다 갔다 할 수도 있다.[86] (성적 트라우마가 있는 사람들만이 아니라) 많은 여성이 상상 속의 역할 바꾸기에서 유익한 효과를 본다면 그 이유를 아는 건 어렵지 않다. 그리고 강간 포르노의 경우에도 비합의 성관계 연기에 기꺼이 동의한 여배우와 자신을 동일시하는 데 모종의 유익한 점이 있을지 모른다.

이렇게 놓고 보면 성적 대상화 역시 유익한 점을 품고 있을 가능성이 있다. 제니퍼 내시Jennifer Nash는 흑인 여성이 등장하는 주류 포르노가 흑인 여성의 인종적·성적 종속에 일조했다는 앨리스 워커와 퍼트리샤 힐 콜린스 같은 페미니스트들의 결론이 지나친 속단이라고 주장한다. 내시에 따르면 그러한 묘사는 백인 남성 및 흑인 여성 시청자 모두에게 "흑인성을 성적 쾌락과 흥분의 근원으로 재현"해 보이는 것일 수 있기 때문이다.[87] (포르노에서 무언가 다루어지지 않는 것은 다루어지는 것에 버금가는 억압의 표시일 수 있다. 아메리카 및 오스트레일리아 토착민 여성, 달리트 여성을 페티시화하는 포르노가 상대적으로 적다는 사실이 그들이 억압받지 않는다는 증거가 될 수 있을까?) 내시의 주장은 게이 남성이 등장하는 주류 포르노에 대한 법철학자 레슬리 그린Leslie Green의 견해를 그대로 따른다. 비록 그러한 포르노 역시 많은 부분 이성애자가 등장하는 포르노의 '남성 지배와 여성 종속'이라는 틀을 재활용하고 있지만, 그린은 그래도 이것이 (성적 욕망의 대상이라는 위치를 거부당하는 것이 '중심 경험'motif experience인) 게이 남성에게 "자신이 대상이 된다는 강한 의식"을 심어줄 수 있다고 주장한다. 그는 이런 의식이 없으면 남성 "게이의 섹슈얼리티란 여전히 정신적이거나 정치적이거나 지적일 순 있어도, 뜨겁거

나 흥분되거나 재밌는 것일 순 없다"고 말한다.[88]

이는 확실히 모두 옳은 견해다. 반포르노 페미니스트들 또한 성적·인종적 지배를 나타내는 화면 속 이미지들이 화면 밖에서 이런 지배를 악화시킬 뿐이라는 본인들 생각에 확신을 가지고 있다. 그러나 제멋대로이기만 한 무의식은 이런 단순한 생각을 무력화한다. 의식이 무엇을 '좋은 것'과 '나쁜 것'으로 간주할지 누가 장담할 수 있단 말인가? 그렇기는 해도 강간 포르노를 보는 남성이 강간당하는 여성과 자신을 동일시한다거나, 인종 간 포르노를 보는 백인 남성이 흑인 여성과 자신을 동일시한다고 주장하는 친포르노 이론가가 드물다는 사실은 퍽 흥미롭다.

질문거리는 여전히 남아 있다. 여성 시청자는 힘을 행사하기 위해 왜 남성이 되어야 하는가? 여성적인 게이 남성이나 흑인 여성은 자신이 여성스럽거나 검은 피부를 가지고도 성적 매력이 있다는 걸 알기 위해 왜 자신과 닮은 누군가가 몸을 숙이고 성행위의 대상이 되는 모습을 지켜보아야 하는가? 나는 이런 필요가 허위라고 말하려는 것도, 성차별적·인종차별적 포르노가 그런 필요에 이바지하는 쪽으로 용도 변경될 순 없다고 말하려는 것도 아니다. 나는 이런 필요가 애초에 왜 존재하느냐고, 또 포르노의 힘이 어디까지 전복되거나 전환될 수 있는지에 관해 그것이 우리에게 무얼 말해주느냐고 묻고 있다. 내가 간곡히 요청하는 바는, 억압 아래 어쩔 수 없이 이뤄지는 협상을 해방의 신호로 혼동하지 않았으면 하는 것이다.

*

나는 포르노 세계에서 주류의 힘을 과소평가해서는 안 된다는 얘기도 덧붙이고 싶다. 인터넷 밈의 '규칙34'Rule 34는 "존재하는 모든 것에는 그와 관련된 포르노가 있다. 여기에 예외는 없다"If it exists, there is porn of it. No exceptions라고 규정한다. 이 말을 사실로 받아들여도 무방하다. 심지어 가장 대중적인 포르노 사이트에서도 노년 배우 또는 시각장애인 배우가 나오는 포르노, 여성이 남성에게 페깅하는 포르노, 풍선을 이용한 포르노, 「스타트렉」 포르노 등 희귀한 취향이나 심지어 정치적으로 참신한 취향에 맞는 영상을 찾을 수 있다. 그렇다고 포르노 세계가 자유롭고 독특한 욕망과 개인의 변태적 취향을 만족시키는 장소라는 말은 아니다. 모든 문화 형태가 그렇듯 포르노도 대세를 이루는 경향과 공통된 주제나 요소를 가지고 있다. 폰허브에서 2017년 가장 인기 있는 배우 스무명 가운데 두명을 제외한 모두가 백인이고, 호리호리하고 탄탄한 몸을 가졌으며, 여성스럽고, 시스젠더cisgender•이며, 사춘기 이전의 여자아이처럼 체모를 제거한 상태였다.[89] 17위에 이름을 올린 파이퍼 페리는 147센티미터에 41킬로그램으로 나보코프의 롤리타와 (우연의 일치로?) 키가 같다. 페리는 완벽하게 고른 치아에 교정기를 달고 있고, 열네살 정도로밖에 보이지 않는다. (규칙35 '당장 포르노를 찾을 수 없더라도 곧 만들어질 것이다'에 대한 제안: 성 정

• 생물학적 성과 성 정체성이 일치하는 사람.

치에서 추한 것이라면 뭐든 포르노에서는 인기가 많다.)

그러나 무료 온라인 포르노는 기존의 성적 취향을 그냥 반영하기만 하는 게 아니다. 폰허브 같은 사이트에는 유튜브와 아마존이 사용하는 동일한 논리를 바탕으로 세워진 정교한 알고리즘이 작동한다. 이런 알고리즘은 학습하고 수집한 자료를 토대로 이용자가 선호하는 것들을 골라낸다. 단순히 이용 목록을 살펴보는 데 그치지 않고 이용자의 위치와 젠더, 이용자가 가장 자주 인터넷에 접속하는 시간대까지 분석하는 것이다. 그러곤 이용자에게 그와 비슷한 사람들이 즐겨 보는 영상을 제공하는 식으로 성적 취향을 일치시킨다. 더 나아가 알고리즘은 섹스 자체를 규정된 범주 안에서 생각하도록 이용자들을 가르친다. 『포르노그래피 산업』*The Pornography Industry* 저자 시라 태런트Shira Tarrant는 말한다. "만약 이중으로 하는 오럴섹스 행위에 관심이 있어서 이를 검색해본다면 두 여성이 한 남성에게 오럴섹스를 해주는 영상이 뜰 겁니다. (…) 두 남성 혹은 두 사람이 한 여성에게 오럴섹스를 해주는 모습이 뜨는 경우는 드물죠." 태런트는 또 "온라인 포르노 이용자들이 자신의 포르노 이용 패턴이 많은 부분 기업에 의해 만들어진다는 점을 반드시 깨닫는 것은 아니"라고 덧붙였다.[90] 폰허브의 알고리즘이 분류한 범주 덕분에 '십대' 범주에 출연하기에는 너무 나이가 많고 'MILF'에 출연하기에는 너무 어린 (즉 스물세살에서 서른살의) 포르노 여배우들은 이제 촬영 일정을 잡기가 매우 어려워졌다.

*

포르노는 강력한 힘을 갖고 있다. 교육을 통해 이를 무력화할 수 있기를 바라는 마음은 말이 아닌 영상이 가진 힘을 제대로 모르는 것이다. 페미니즘 포르노와 인디 퀴어 포르노 제작자들은 이러한 점을 암암리에 알고 있다. 어떤 의미에서 이들은 이성애주의자와 인종주의자, 장애인 차별주의자의 성적 기준에 맞지 않는 신체, 행동, 힘의 분배가 지닌 섹시함을 드러내고 즐기는 대안적 형태의 성교육을 제공한다. 1984년 캔디다 로열Candida Royalle은 최초의 페미니즘 포르노 제작사 '펨 프로덕션스'Femme Productions를 차렸다. 로열은 남성이 사정하는 장면을 찍지 않았고("여배우로서 저는 물었어요. '저런 장면이 왜 포함되어 있는 거죠?' 그러자 그들이 말하더군요. '실제 상황임을 증명하기 위해서죠.'"),[91] 강간 신화를 강화하지 않기 위해 성 치료 전문가에게 자문을 구했으며, 강압적인 성관계 장면을 찍을 땐 배우들이 대화를 통해 합의한 내용을 가지고 맥락에 맞게 구성했다.

로열의 선례를 따라 오늘날 새로운 세대의 포르노 제작자 및 연기자는 어떤 신체와 행동이 시청자를 흥분시키고, 누구의 쾌락이 중요한지에 대한 지배적인 생각에 저항하는 포르노를 만들고자 방법을 모색하는 중이다(간과하기 쉬운 사실인데, 거의 모든 주류 포르노에서 남성은 실제로 오르가슴을 느끼고 여성은 느끼는 척한다). 바르셀로나의 페미니즘 포르노 감독이자 제작자인 에리카 러스트Erika Lust는 인디 포르노에 발을 들여놓게 해준 공을

린다 윌리엄스Linda Williams의 포르노 영화에 관한 학술서 『하드코어: 권력과 쾌락, '가시적인 것에 대한 열광'』*Hard Core: Power, Pleasure, and the 'Frenzy of the Visible'*(1989)에 돌렸다.[92] 러스트의 영화는 장면이 아름답고, 내러티브와 감정선이 복잡하며, 평등주의적 에토스를 통해 쾌락을 추구한다. 예고편을 보면 예술영화라고 생각하게 되는데, 어떤 면에서는 정확히 그렇다고 볼 수 있다.

샤인 루이즈 휴스턴Shine Louise Houston은 샌프란시스코 아트 인스티튜트에서 영화학 학위를 취득한, 퀴어 포르노를 만드는 흑인 감독인데, 그녀의 영화 「크래시 패드」The Crash Pad(2005)는 '레즈비언 포르노' 컬트영화의 고전으로 자리를 잡았다. 휴스턴은 퀴어와 비非백인으로 구성된 포르노 회사의 대표로 잘 알려져 있다. 그녀의 배우들은 정해진 대본을 그대로 따르는 대신 함께 무엇을 할지 논의해 결정하며, 모두가 어떤 성행위를 연기하든 동일한 연기료를 받으면서 일반적으로 엄격한 임금 위계(예를 들면 질 삽입보다는 항문 삽입이, 한명보다는 두명을 상대할 때, 레즈비언 섹스보다는 이성 간 섹스가 더 많은 돈을 받는다)를 적용하는 시장에 맞선다. 온라인에서 제공되는 휴스턴의 포르노 시리즈(CrashPadSeries.com)에 출연하는 배우들은 자신을 다양하게 묘사하는데, 이를테면 논바이너리 부치/펨, 마녀, 트랜스 레즈비언, '비인간 여성', 베어, 젠더퀴어 유니콘, 부치 푸치 트랜스 걸 엔비다이크, 섹스 너드, 사디스트 옴니보어 트랜스남성 같은 식이다. 영상에는 ('합의에 따른 비합의 성관계'의 경우) 경고 문구가 포함되고, 배우들이 촬영 후에 연기를 확인하는 '촬영 뒷이야기' 장면이 함께 제공된다.

세계에서 가장 큰 시장을 확보한 곳 중 하나인 일본의 포르노 산업은 (여느 지역과 마찬가지로) 무료인 데다 검열을 받지 않은 포르노가 이용 가능해지면서 큰 타격을 받았다.[93] 그러나 페미니스트라는 자의식이 없다 하더라도 여성을 위해 여성이 감독한 포르노를 향한 왕성한 욕구는 존재한다.[94]

간단히 말해 문제는 페미니즘 포르노와 인디 포르노 영화 가운데 무료인 영화가 보기 드물다는 사실에 있다. 또 그런 영화는 설사 무료(가령 주 정부에서 성평등 및 인종평등 프로그램의 일환으로 감독과 배우들에게 보조금을 지급할 경우)라 해도 정식 성교육에 활용되는 일이 없다. 실제로 많은 사법 관할 구역에서는 18세 미만의 미성년자에게 이런 자료를 보여주는 행위는 물론, 보라고 권하는 행위마저 불법으로 간주한다. (이는 학교의 '포르노 문해력' 교육에도 심각한 지장을 준다. 학생들에게 텍스트를 보여주지 않고 어떻게 텍스트 읽는 법을 가르칠 수 있단 말인가?) 모두 18세 이상인 내 학생들 가운데 몇몇은 다른 유의 포르노를 볼 수 있는 가능성에 열광적인 반응을 보인다. 그러나 다수는 너무 늦었다고, 자신의 욕망을 바꾸기에는 이미 너무 나이가 들었다고 느낀다. 무한한 다양성을 품은 인터넷 시대의 아이들은 한 가지 가능성을 제외한 모든 가능성이 닫혀 있음을 발견한다.

*

인터넷 포르노의 등장으로 젊은이들이 더 나은, 더 다양한 성적 재현을 접할 필요가 있다는 목소리가 갈수록 커지고 있다. 그런 가운데 이런 재현을 전달하는 어려움을 제쳐놓고서라도 보다 원론적인 의구심이 존재한다. 더 나은 재현에 대한 요구는 성행위를 매개해야 하는 화면의 논리를 그대로 유지한다. 그리고 상상력은 이미 흡수한 것을 반복해 따라 하면서 모방의 수준을 넘어서지 못한다. 어쩌면 오늘날 화면의 논리는 피할 수 없을지도 모른다. 만약 그렇다면 '더 나은 재현'이 우리가 바랄 수 있는 최선인 것이다.

그러나 여기에는 무언가 아쉬운 점이 존재한다. 성행위 영상은 성적 가능성의 세상을 열어주는 것처럼 보이지만, 성적 상상력을 차단할 때가 너무 많아 이를 약하고 의존적이며 게으르고 틀에 박히게 만든다. 성적 상상력은 모방 기계로 전락해 참신함을 잃는다. 앤드리아 드워킨은 저서 『성교』(1987)에서 바로 이 문제를 경고했다.

> 상상력은 성적 환상과 동의어가 아니다. 성적 환상이란 그저 (애처롭게도) 기면증 상태의 정신세계 안에서 반복해 돌아가도록 프로그래밍된 테이프다. 상상력은 새로운 의미와 새로운 형식을, 복잡하며 공감적인 가치와 행동을 찾는다. 상상력이 풍부한 사람은 가능성과 위험의 세계, 차별화된 의미와 선택의 세계 속으로 들어간다. 기계적

반응을 불러일으키기 위해 조작된, 황량한 상징들의 쓰레기장으로 들어가는 것이 아니다.[95]

*

성교육이 젊은이들에게 더 나은 '기계적 반응'만이 아니라 ('새로운 의미와 새로운 형식'을 낳는 능력인) 대담한 성적 상상력을 부여하려면, 나는 이 교육이 일종의 소극적 교육이어야 한다고 생각한다. 이런 교육은 섹스에 대해 진실을 말해준다는 성교육의 권위를 주장하지 않으며, 섹스가 무엇이고 무엇이 될 수 있는지를 결정할 권리가 젊은이들 자신에게 있음을 상기시켜준다. 이들의 선택에 따라 섹스는 앞선 세대가 택했던 대로 폭력적이고 이기적이며 불평등한 것으로 유지될 수도 있고, 반대로 더 신나고 평등하며 자유로운 무언가가 될 수도 있다. 이런 소극적 교육을 어떻게 달성할 수 있을지는 불분명하다. 입안할 법도, 도입할 쉬운 교육과정도 없다. 제지되어야 할 것은 더 많은 표현이나 더 많은 이미지가 아니라 그것의 맹습이다. 그제야 비로소 성적 상상력이 그 잃어버린 힘을 잠시나마 되찾도록 할 수 있을 것이다.

누가 남성을 음해하는가

포르노를 말한다

섹스할 권리

욕망의 정치

학생과 잠자리하지 않기

섹스, 투옥주의, 자본주의

2014년 5월 23일, 스물두살의 대학 중퇴자 엘리엇 로저Elliot Rodger는 세계에서 가장 유명한 인셀incel이 되었다. 인셀이라는 용어는 '비자발적 독신주의자'involuntary celibate의 줄임말로 이론적으로는 성경험이 없는 남녀 모두에게 적용되지만, 실제로는 일반적인 숫총각이 아닌 특정 부류의 숫총각을 지칭하는 데 쓰인다. 자신에게 섹스를 할 권리가 있고, 여성들이 이를 박탈했다고 생각하며 격분하는 종류의 숫총각 말이다. 로저는 한집에 살던 웨이한 왕Weihan Wang과 청 훙Cheng Hong, 그리고 이들의 친구인 조지 천George Chen이 캘리포니아주 아일라비스타의 세빌 로드에 있는 아파트(로저와 왕, 훙이 거주하던 아파트)에 도착했을 때 이들을 차례로 찔러 살해했다. 몇시간 뒤에는 캘리포니아대학교 샌타바버라UCSB 캠퍼스 인근에 있는 여학생 사교 클럽 '알파 파이'Alpha Phi 회관으로 차를 몰고 가서 밖에 있는 여성 세명을 총으로 쏘았고,

이 중 두명(캐서린 쿠퍼Katherine Cooper와 베로니카 와이스Veronika Weiss)이 사망했다. 그는 다시 아일라비스타 지역을 차를 타고 달리며 닥치는 대로 총질해, UCSB 학생인 크리스토퍼 마이클스마르티네스Christopher Michaels-Martinez를 죽였다. 식품점 안에 있던 마이클스마르티네스는 총알 한발을 가슴에 맞고 사망했으며, 그 밖에도 열네명이 부상을 입었다. 결국 엘리엇 로저는 자신의 머리에 총을 쏘아 자살했고 그가 몰던 BMW 쿠페는 주차되어 있던 차와 충돌하며 멈추었다. 경찰이 발견했을 때 그는 이미 사망한 뒤였다.

자신의 아파트에서 세명의 남성을 살해한 후 '알파 파이'로 차를 몰고 가기까지 몇시간 사이에 로저는 스타벅스에 들러 커피를 주문하고, 자신의 유튜브 채널에 '엘리엇 로저의 응징'Elliot Rodger's Retribution이라는 제목의 동영상을 올렸다. 또 「나의 일그러진 세상: 엘리엇 로저의 이야기」My Twisted World: The Story of Elliot Rodger라는 10만 7000개 단어의 회고록 겸 선언문을 작성해 부모와 자신의 치료사를 비롯한 일단의 사람들에게 이메일로 보냈다. 이 두 자료는 모두 앞으로 벌어질 대학살과 로저의 살해 동기를 상세히 보여준다. "나는 그저 세상과 어울리며 행복하게 사는 삶을 원했을 뿐이다." 그는 「나의 일그러진 세상」 도입부에서 이렇게 설명한다. "하지만 쫓겨나고 거부당했으며 홀로 내던져져 외로움과 무의미함이라는 존재를 견뎌야 했다. 이건 모두 여자라는 인간 종이 내가 가진 가치를 볼 능력이 없었기 때문이다."

이어 로저는 잉글랜드에서 특권을 누리며 행복하게 보냈던 유년기(로저는 성공한 영국인 영화제작자의 아들이었다)와 로스앤젤레스에서 특권을 가진 채 불행하게 보낸 청소년기를 이야기한다. 그는 키가 작고 운동신경이 없으며 수줍음이 많고 성격이 별난, 친구가 없고 필사적으로 멋져 보이려 애쓰던 소년이었다. 그는 머리카락을 금발로 염색했던 일(로저는 백인과 중국계 말레이시아인 혈통이 반씩 섞여 있었는데, 금발인 사람들을 "훨씬 더 아름답다"고 여겼다), 게임 '헤일로'와 '월드 오브 워크래프트'에서 "피난처"를 찾은 일, 여름 캠프에서 예쁜 여자아이에게 떠밀렸던 일("여성의 잔혹성을 참아내야 했던 첫 경험이었고, 이 사건은 나를 정신적으로 끝없이 괴롭혔다"), 동급생들의 성생활에 격분했던 일("어떻게 내가 아닌 열등하고 못생긴 흑인 남자애가 백인 여자애와 만날 수 있단 말인가? 나는 아름답고 절반은 백인인데. 나는 영국 귀족의 자손이고, 그는 노예의 자손인데"), 잇따라 학교와 커뮤니티 칼리지를 중퇴한 일, 본인이 세상을 다스리고 섹스가 불법인 정치 질서에 대한 환상("모든 여성을 전염병처럼 격리해야 한다")에 관해 썼다. 로저에 따르면 "여성과의 전쟁"이 이 모든 일의 필연적 결론이었으며, 도중에 그는 자신에게서 섹스를 박탈한 죄를 물어 "모든 여성을 벌"할 터였다. 그는 "UCSB에서 가장 인기 있는 여학생 클럽"인 '알파 파이'를 표적으로 삼았는데, "내가 싫어하는 여성의 모든 요소를 정확히 대변하는 여자애들 (…) 섹시하고 아름다운 금발 여자애들 (…) 제멋대로이고 매몰찬 못된 년들"이 속해 있기 때문이었다. 그는 모두에게 자신이 "우월한 존재"임을 보여주려고 했다.

2017년 말에 온라인 토론 포럼 레딧Reddit은 "연애와 섹스 경험이 없는" 4만명의 회원을 보유한 '인셀' 지지 그룹의 활동을 차단했다. 레딧이 "폭력을 부추기거나 미화하거나 선동하거나 요구하는" 내용을 금지하는 새로운 정책을 도입한 후 취한 조치였다. '인셀' 지지 그룹은 외롭고 성적으로 고립된 사람들에게 지지를 보내주는 집단으로 시작했으나 시간이 지나면서 이용자들이 여성을 향해, 또 여성과 잠자리를 같이하는 '비인셀'noncel 및 '일반인'을 향해 분노를 표출하고, 강간을 지지하기까지 하는 공간으로 변질되었다. 레딧에서 두번째로 큰 인셀 그룹인 '트루셀스'Truecels도 정책 변경으로 활동이 금지되었다. 이 그룹의 웹페이지 한쪽 공간에는 이런 글이 적혀 있다. "폭력 또는 강간 같은 다른 불법 행위를 부추기거나 선동하지 않는다. 단, 예를 들어 강간은 더 가벼운 처벌을 받아야 한다거나 더 나아가 합법화되어야 한다고 말하는 것, 헤픈 여자들은 강간당해도 싸다고 말하는 것은 괜찮다."

로저가 사람들을 살해하고 얼마 지나지 않아 인셀들은 반페미니즘 성격의 남초 온라인 커뮤니티에, 따지고 보면 여성(그리고 페미니즘)이 이 사건에 책임이 있다는 설명을 올렸다. 그 '못된 년들' 중 한명이 엘리엇 로저와 성관계만 했어도 그는 누구도 죽일 필요가 없었다는 것이다. 페미니스트 논평가들은 곧바로 몇가지 명백한 오류를 지적하며 반박했다. 어떤 여성도 로저와 성관계를 가질 의무가 없다는 것. 자신에게 섹스할 권리가 있다는 그의 생각은 가부장제 이데올로기의 연구 사례가 될 만하다는 것. 그의 행동은 이 권리 박탈에 대한 극단적 반응이기는 했으나 예측 가능했다는 것. 여기에 페미니즘은 로저의 적이 아니라, 오히려 그에게 (키가 작고 어설프며 남자답지 못한 혼합 인종 남성인) 자신이 부족하다는 느낌을 심어준 바로 그 시스템에 맞서는 주축이라는 주장을 덧붙일 수도 있었다. 로저의 선언문을 읽어보면 그를 사물함 쪽으로 세게 밀치고, 멍청이라 부르고, 동정이라고 놀리며 괴롭힌 존재는 주로 여자아이들이 아닌 남자아이들이었다. 그러나 그에게서 섹스를 박탈한 것은 여자아이들이었고, 따라서 이들은 궤멸되어야 했다.

로저가 '성적으로 끌리지 않는' 사람이라는 사실을 두고 여성들이 남성의 성적 매력에 대한 가부장제 규범을 내면화하고 있다는 증거라고 말할 수 있을까? 이 질문에 대한 답은 복잡한데, 두 가지 면에서 그렇다. 첫째로 여성들이 로저를 거부하게 된 건 그가 이성애자 남성의 매력을 갖고 있지 못해서가 아니었다. 로저는 적어도 부분적으로는 본인의 심미적·도덕적·인종적 우월성을 주장했고, 그의 천성이 어떻든 한집에 사는 친구들과 이들의 친구를 총 134번 찔러 살해할 수 있는 끔찍한 인간이었던 것이다. 둘째로 살인을 저지르지 않는 괴짜 사내들도 얼마든지 성관계를 한다. 인셀과 여타 '남성 권리 운동가'는 깨닫지 못했지만, 괴짜와 얼간이, 약골 남성, 나이 든 남성, '배불뚝이' 남성 등 통념상 매력적이지 못한 범주에 들어가는 남성들까지도 매력적으로 만든다는 것이 가부장제의 부조리한 면이다. 반대로 매력적인 여학생과 여교사, 엉뚱하지만 사랑스럽고 아름다운 여성, MILF 등은 모두 일정한 규범적 패러다임에서 크게 벗어나지 않는, 탄탄한 몸을 가진 섹시한 여성들이다. (남성잡지 『지큐』가 '출산 후 배가 나온 여성'을 찬양하는 화보를 싣는 모습이 상상이 가는가?)

그렇다고 해도 로저가 성관계하고 싶어했던 부류의 여성들(여학생 사교 클럽 소속의 섹시한 금발)은, 섬뜩한 살인자 기질은 없을지언정 실리콘 밸리에서 일확천금을 벌지 않는 이상 로저 같은 남자와 데이트하는 일이 흔하지 않은 것은 사실이다. 이는 가부장제가 강요한 엄격한 젠더 규범과 관련이 있기도 하다. 우두머리 암컷alpha female은 우두머리 수컷alpha male을 원한다. 하지만 로저의 열망("제멋대로이고 건방진 금발의 헤픈 년"에 대한 성적 집착) 그 자체가 이미 가부장제의 영향을 받은 것도 사실이다. '섹시한 금발의 헤픈 년'이 모든 여성을 환유하는 표현이 된 것처럼 말이다. (많은 반페미니즘 성격의 남초 온라인 네트워크에서는 로저가 본인의 최하위권 성적 매력도를 증명하기라도 하듯 자신이 열망했던 여성들을 죽이는 데조차 실패했다며 비웃듯 지적했다. 캐서린 쿠퍼와 베로니카 와이스는 또 다른 여학생 클럽인 '델타 델타 델타'Delta Delta Delta의 회원으로, '섹시한 금발'이 아니었다. 그저 그 시간에 '알파 파이' 회관 앞을 지나가고 있었을 뿐이다.) 페미니스트들은 엘리엇 로저와 더 넓게는 인셀 현상을 분석하며 남성의 성적 권리의식, 대상화 및 폭력을 중점적으로 언급했다. 그러나 욕망, 즉 남성의 욕망과 여성의 욕망, 그리고 이 둘의 이데올로기적 형성에 대해서는 거의 다루지 않았다.

*

예전에는 욕망에 대한 정치비평을 원할 때 페미니즘을 찾았다. 수십년 전에는 거의 유일하게 페미니스트들만이 성적 욕망(그 대상과 표현, 페티시, 환상)이 어떻게 억압에 의해 형성되는지에 관해 생각했다. 1960년대 후반과 1970년대 급진적 페미니스트들은, 캐서린 매키넌의 말을 빌리자면 성적 욕망이 "생물학적 성별에 따라 나뉜 선천적이고 원초적이며 자연스럽고 비정치적인, 무조건적 충동"이라는 프로이트의 관점을 버릴 것을 요구했다.[1] 대신 이들은 섹스를 우리가 알고 있는 섹스로 만드는 것은 가부장제라는 사실을 깨달아야 한다고 주장했다. 매키넌이 정식화한 바 그것은 "적대감과 멸시, 또는 경외감과 취약성을 동반한 주인의 노예에 대한 성적 흥분, 또는 노예의 주인에 대한 성적 흥분"이라는 감정으로 구성된, 남성 지배와 여성 종속으로 특징지어지는 관행이었다.[2] 이른바 '안티섹스' 페미니스트들은 이런 조건에서 쾌락을 느끼는 여성들이 있다는 사실을 상황의 심각성을 보여주는 징후로 받아들였다. 그리하여 이들 중 다수는 남성과의 섹스 및 결혼 거부를 해결책으로 제시했는데, 티그레이스 앳킨슨Ti-Grace Atkinson이 1969년 뉴욕에서 설립한 여성해방 단체 '더 페미니스트'The Feminists가 좋은 예다. 이 조직은 회원 수의 3분의 1 이하에게만 남성과의 결혼이나 동거를 허용하는 규칙을 시행했다. 이 할당분은 페미니즘이 "여성이 원하는 것을 다루는 데 그치지 않"고 더 나아가 "여성이 원하는 것을 변화시켜야 한다"는 '더 페미니스트'의 신념을 대변했다.[3] 1968년 보스턴을 기반으로 창설된 단체 '셀16'Cell 16은 성 분리주의를 실천하고 독신주의를 지키며, 가라테를 수련했다. 이 단체는 회원들에게 첫번째 과제로 발레리 솔라나스의 「SCUM 선언문」을 읽을 것을 주문했는데, 거기에는 다음과 같은 내용이 적혀 있다.

> 여성은 쉽게, 생각보다 훨씬 더 쉽게 자신의 성 충동을 조절하면서 완전히 차분하고 이성적이며 자유로울 수 있다. (…) 여성이 자신의 육체를 초월할 때 (…) 자아가 본인의 음경으로 이루어진 남성은 사라지게 된다.[4]

솔라나스를 따르던 셀16 창립자 록산 던바오티즈Roxanne Dunbar-Ortiz는 "성관계 장면을 끝까지 경험한 후에 반감을 느끼고 자발적 독신주의자가 되기로 선택한 사람이 가장 제정신인 사람"이라고 말했다.[5]

1960년대 후반과 1970년대 초반의 급진적 페미니스트들은 모두 섹스를 가부장제의 구성물로 보았지만, 일부는 처음부터 여성의 욕망이 자신들의 정치적 견해와 일치해야 한다는 생각에 반대했다. 앨리스 에컬스Alice Echols가 미국의 급진적 페미니즘을 연구해 집필한 『나쁜 여자 전성시대』*Daring to be Bad*(1989)에서 상세히 서술했듯이, 자칭 '친여성'pro-woman 페미니스트들은 남성과의 섹스 및 결혼을 가부장제의 세뇌 결과라기보다는 대다수 여성에게 정당한 욕구이자 정치적 힘을 얻는 수단, 혹은 생존을 위한 수단으로서 전략적으로 필요한 것이라고 보았다. 여성에게 필요한 것은 이성과의 결혼을 욕망한다는 착각에서 벗어나는 것이 아니라, 이성과의 결혼이 좀더 대등한 조건으로 재정립되는 것이었다.[6] 슐라미스 파이어스톤Shulamith Firestone과 엘런 윌리스가 1969년 결성한 급진적 페미니스트 조직 '레드스타킹스'Redstockings는 선언문에서 이렇게 주장했다. "여성의 종속은 세뇌나 어리석음, 정신질환의 결과가 아니라 남성이 매일 지속해서 가하는 압박의 결과다. 우리는 우리 자신을 바꿀 필요가 없다. 남성을 바꾸어야 한다."[7] 이어 레드스타킹스를 비롯해 친여성 페미니스트들은 '개인적 솔루셔니즘'을, 즉 '셀16'과 '더 페미니스트' 같은 조직의 분리주의적 실천에 혁명적인 가능성이 들어 있다는 생각을 거부해야 한다고 했다. 친여성 페미니스트들에게 이런 호전적 태도는 '진정한' 페미니스트 여성, 그리고 남성과의 관계에서 혁명적 대의를 저버리는 몽매한 여성이라는 잘못된 이분법을 전제로 삼고 있다. 친여성 페미니스트의 관점에서 모든 여성은 협상과 합의의 당사자였다. 진정한 해방을 위해 필요한 것은 개인적 변화가 아닌 구조적 변화였다. 보고에 따르면 어느 저명한 레드스타킹스 단원은 회의에서 다음과 같이 선언했다. "우리는 혁명이 일어나기 전에는 플랜테이션 농장을 떠나지 않을 것이다!"[8] (비유로 선택한 표현이 보여주듯 레드스타킹스는 대부분의 급진적 페미니스트 단체들과 마찬가지로 백인이 압도적 다수를 차지했다.)

*

친여성 페미니스트들은 안티섹스 페미니스트들이 가부장제를 종식시키려는 열망으로 여성의 섹슈얼리티를 부정하는 데 공모할 것을 우려했다. 근거 없는 걱정은 아니었다. 엘런 윌리스는 티그레이스 앳킨슨이 레드스타킹스 모임에 참석해 "매우 거만한 투로" 성적 욕망은 "모두 내 머릿속에만 존재했다"라고 했던 말을 기억한다.[9] 그러나 친여성 페미니스트들은 여성의 성적 욕망이라는 현실을 옹호하면서도 이성애의 한계를 넘어선 욕망의 정당성을 옹호하는 일에는 크게 관심이 없었다. 이들은 이성애자의 결혼을 실용적인 면에서 필요한 것이자 본질적으로 바람직한 것이라 여겼으며, 레즈비언들을 '성 전쟁터'에서 철수해 주류 여성을 소외시킨다는 명목으로 비난했다. 레드스타킹스에서 탈퇴한 어느 게이 여성은 이 단체가 "레즈비언에게는 그다지 친여성적이지 않았다"고 언급했다.[10]

*

동성애혐오 성향을 지닌 친여성 페미니스트들은 이례적으로 안티섹스 페미니스트들과 손을 잡았다. 그들은 '남성과 동일시하는' 레즈비언이 다른 여성들에게 성적 위협이 된다고 생각했다. 한편 레즈비언 페미니스트들은 자신들의 성 정체성과 정치적 관점이 양립할 수 있음을 소리 높여 주장하기 시작하면서, 레즈비어니즘을 타고난 성적 지향이 아닌 정치적 연대의 문제로 프레이밍하는 방식을 사용했다. 1971년 워싱턴 DC에서 조직된 급진적 레즈비언 집단 '더 퓨어리스'The Furies는 "레즈비어니즘은 성적 선호의 문제가 아니라 오히려 남성 우월주의를 무너뜨리기 위해 (…) 모든 여성이 해야 하는 정치적 선택의 하나"라고 선언했다.[11] 이에 안티섹스 페미니스트의 독신주의는 레즈비어니즘, 실은 매우 특정한 종류의 레즈비어니즘에 대한 논거로 그 용도가 변경되었다. 정치적 레즈비언들이 여성해방운동의 선봉으로 여겨지기 시작하자, 친여성 페미니스트들은 이전에 안티섹스 페미니스트들에게 그랬던 것처럼 저들이 정치적 대치보다는 개인적 변화에 더 관심이 많다고 비난했으며, 정치적 레즈비언들은 친여성 페미니스트들이 남성의 권력을 뒷받침해준다고 반박했다.

영국에서도 유사한 상황이 전개되었다. 1970년 옥스퍼드에 있는 러스킨 칼리지에서 제1회 '전국 여성해방운동 콘퍼런스'가 열렸다. 시작부터 영국의 제2물결 페미니즘은 지적으로도 정치적으로도 줄리엣 미첼Juliet Mitchell과 샐리 알렉산더Sally Alexander, 실라 로보섬Sheila Rowbotham 같은 사회주의 페미니스트들이 장악했다. 이들은 자본가의 착취에 대항하는 싸움을 여성해방의 핵심으로, 좌파 성향의 남성들을 (불완전하더라도) 중요한 동맹으로 여겼다. 일부 페미니스트는 이에 반대하며 이들과 분리된 여성 회관 및 단체를 세웠다. 그러나 사회주의 페미니스트들 그리고 자본주의가 아니라 남성을 근본적인 적으로 간주하는 다른 페미니스트들 사이에 뚜렷한 균열이 나타난 것은 1977년에 이르러서였다. 런던에서 열린 제9회 '전국 여성해방운동 콘퍼런스'에서 실라 제프리스는「혁명적 페미니즘의 필요성」이라는 논문을 발표했다. 제프리스는 자본가의 착취가 아니라 남성의 폭력이 여성 억압의 뿌리라는 점을 인식하지 못하고 개혁주의적 요구를 사회보장 보육제도처럼 만들고 있다며 사회주의 페미니스트들을 비난했다.[12] 제프리스는 "여성해방운동은 위협이고, 위협으로 인식되어야 한다"면서 이렇게 말했다. "나는 이 운동을 남성들이 커피를 타는 타파웨어 파티Tupperware party•처럼 재현하는 것이 과연 목적에 맞는지 모르겠다."[13] 영국의 몇몇 강경 페미니스트 단체는 제프리스에게 동의하며,「정치적 레즈비어니즘: 이성애 반대 사례」Political Lesbianism: The Case against Heterosexuality라는 소책자 발간으로 유명한 '리즈 혁명적 페미니스트 그룹'Leeds Revolutionary Feminist Group과 같은 분리주의 계파를 형성했다. 이듬해 버밍엄에서 열린 콘퍼런스에서 혁명적 페미니스트들은 "우리가 우리의 적인 가부장주의적 국가에, 즉 남성들에게 무언가 요구한다는 것은 우스꽝스러운 일"이라며 여성해방운동WLM이 앞선 콘퍼런스에서 약속했던 여섯개 요구 사항을 폐지하자고 제안했다.[14] 혁명적 페미니스트들은 이 제안이 고의로 본회의 안건에서 제외되었다고 주장했다. 그러다 마침내 이 제안이 발표되고 나자 사회주의 페미니스트들은 거세게 반발했으며, 혁명적 페미니스트들은 다른 발언자의 연설을 방해하고 노

• 플라스틱 주방용품 브랜드 타파웨어의 마케팅 전략으로, 여성 손님들을 초대해 커피를 즐기면서 타파웨어 제품을 구매하도록 유도하는 파티. 남성이 커피를 탐으로써 성별 분업을 전복한다는 의미가 있다.

래를 불렀다. 이어 남성의 성폭력이 '남성의 우월성'이나 계급적 억압 같은 사회적 병폐의 징후인가, 또 페미니스트들이 레즈비언 섹슈얼리티를 특별히 옹호해야 하는가를 놓고 두 분파 사이에 격렬한 언쟁이 일어났다. '전국 여성해방운동 콘퍼런스'는 10회째를 맞이한 버밍엄 콘퍼런스를 마지막으로 더는 열리지 않았다.[15]

여성해방운동이 1970년대를 지나 1980년대로 이어지면서 이런 싸움은 더 격렬해졌다. 1970년대 중반부터 미국의 안티섹스 페미니스트들과, 이들만큼은 아니지만 영국의 혁명적 페미니스트들은 점점 더 포르노그래피 문제에 집중하게 되었고, 일부 페미니스트는 포르노그래피를 가부장제의 상징물로 여기기 시작했다(페미니즘의 동성애혐오 경향을 견지하던 반포르노 페미니스트들은 전반적으로 레즈비언의 사도마조히즘을 가부장제 역학의 축약판이라 여기며 맹렬히 비난했다). 엘런 윌리스를 위시한 많은 페미니스트는 친여성 페미니스트들이 투쟁적 독신주의를 반대했던 것과 같은 이유, 다시 말해 여성의 섹슈얼리티 억압에 일조한다는 이유로 포르노 비판에 대한 집착을 문제적이라 여겼다. 그러나 또 많은 페미니스트가 대다수 여성에게 이상적인 상태를 일부일처의 이성 간 결혼으로 보는 친여성 노선과는 거리를 두고 싶어했다. 서로 대립하던 친여성 페미니즘과 안티섹스 페미니즘 사상 사이를 요리조리 피해 가면서 윌리스는 후에 '프로섹스' 혹은 '섹스에 긍정적인'sex-positive 페미니즘이라 불리게 될 사조의 발전에 앞장섰다. 1981년 발표한 고전적 에세이 「성욕의 지평선: 여성운동은 프로섹스를 지향하는가?」에서 윌리스는 친여성 페미니즘과 안티섹스 페미니즘 모두가 남성은 성관계를 원하고 여성은 그저 이를 참아낸다는 보수적인 관념을 강화했다고 보며, 이 관념의 "주요한 사회적 기능"이 침실 바깥(또는 골목길)에서 여성의 자율성을 축소하는 것이라고 주장했다. 윌리스는 이 두 형태의 페미니즘 모두 "여성에게 성적 쾌락 대신 가짜 도덕적 우월성을, 진짜 권력 대신 남성의 성적 자유에 대한 억제를 받아들일 것을 종용했다"고 썼다.[16] 동시대의 LGBT 권리 옹호 운동에서 영감을 받은 윌리스 등 프로섹스 페미니스트들은 여성이 그 자체로 성적 주체이며, 여성의 의사 표시('좋아' 혹은 '싫어'라고 말하기) 자체가 도덕적 판단을 결정한다고 주장했다.

윌리스 이후 프로섹스 페미니즘의 주장은 페미니즘이 교차성을 지향하는 쪽으로 방향을 전환한 데서 힘입은 바가 크다. 페미니스트들은 가부장제의 억압이 인종 및 계급을 통해 어떻게 굴절되는지를 염두에 둠으로써, 섹스 관련 정책을 비롯해 어떤 사안에 대한 보편적인 처방을 내리는 일을 꺼리게 됐다. 고용 평등 요구는 항상 남성과 함께 일해온 흑인 여성이나 노동계급 여성보다는 집안일에 충실하기를 요구받았던 중산층 백인 여성에게 더 큰 반향을 일으킬 것이다. 이와 유사하게 성적 자기대상화라는 것도 이것이 피부색 덕분에 이미 여성의 미적 패러다임에 부합하게 된 백인 여성에게 갖는 의미, 그리고 흑인 여성이나 갈색 인종 여성, 트랜스여성에게 갖는 의미가 서로 완전히 다를 수 있다. 교차성으로의 전환은 허위의식이라는 측면에서 사고하는 페미니스트들, 이를테면 '남성과 섹스하고 결혼하는 여성은 가부장제를 내면화한 꼴'이라는 관념을 가진 페미니스트들을 더욱 불편하게 만들기도 했다. 이제 중요한 것은 (이미 널리 퍼져 있는 생각인바) 여성들을 여성들의 언어로 받아들이는 일이다. 설령 어떤 여성이 포르노 업계에서 일하는 것이라든지 돈을 받고 남성과 섹스하는 것이라든지 강간 판타지에 동참하는 것이라든지 굽 높은 뾰족구두 신는 것을 좋아한다고 말하더라도, 심지어 이런 것을 좋아하는 데 그치지 않고 이런 행위가 페미니즘 실천의 하나로서 해방감을 느끼게 해준다고 말하더라도, 우리는 그 여성을 신뢰해야 한다는 게 많은 페미니스트의 생각이다. 한 여성이 자기 경험을 말할 때에는 이를 진실로 여길 만한 강력한 근거가 (설사 무효로 돌아갈망정) 우리에게 주어진다. 하지만 이는 인식론적인 주장이기만 한 것이 아니라, (어쩌면 가장 중요한 부분일 텐데) 윤리적인 주장이기도 하다. '자기기만'이라는 개념을 남발하는 페미니즘은 스스로가 해방시킨다고 여기는 대상을 도리어 지배하게 될 위험이 있기 때문이다.

*

「성욕의 지평선」에 담긴 윌리스의 주장은 지금까지도 인정받고 있다. 여성의 성적 욕망을 도덕적으로 가르치려 들지 않고, 이러한 욕망에 따른 행동을 도덕적으로 구속하는 것은 오로지 합의의 경계뿐이라고 주장하는 페미니즘이 1980년대 이후 주류를 점해왔다. 섹스란 더는 도덕적으로 문제적인 것도, 문제적이지 않은 것도 아니다. 그저 원하거나 원하지 않는 것일 뿐이다. 이런 의미에서 섹스에 관한 규범은 자본주의 시장 규범을 닮았다. 어떤 조건이 수요와 공급의 역학을 만들어내는지(왜 누군가는 성노동을 돈 주고 살 때 누군가는 성노동을 판매하게 되는지)가 아니라 오로지 구매자와 판매자 모두 교환조건에 동의했는지 여부만이 중요한 것이다. 그러나 섹스에 긍정적인 페미니즘을 자유주의에 귀속되었다고 예단하는 건 너무 쉬운 해석일 것이다. 페미니스트들과 게이 및 레즈비언 운동가들은 수 세대에 걸쳐 수치심과 낙인, 강압, 학대, 원치 않은 고통으로부터 자유로운 섹스를 위해 치열하게 싸워왔다. 그리고 이 프로젝트에 필수적이었던 것은 섹스를 외부에서 이해하는 데에는 한계가 있음을, 성행위가 공적인 관점에서는 파악할 수 없는 사적인 의미를 가질 수 있음을, 우리의 이해 범주를 벗어나더라도 특정 섹스를 괜찮다고 믿으며 받아들여야 할 때가 있음을 강조하는 일이었다. 페미니즘이 공적인 것과 사적인 것 사이의 자유주의적 구분에 의문을 제기할 뿐만 아니라 이를 요구하기도 하는 입장에 서게 된 것은 이런 과정을 겪은 뒤였다.

그러나 섹스 긍정주의와 자유주의는 우리 욕망의 형성에 관해 따져 묻지 않으려 한다는 점에서 서로 수렴하는 부분이 있으며, (고의는 아닐지언정) 이를 무마하는 건 정직하지 못한 태도일 것이다. 예를 들어 제3물결 페미니즘에 속하는 페미니스트들의 '성노동 또한 노동이며, 대다수 여성이 하는 하찮은 노동보다 더 나을 수 있다'는 말은 옳다. 그리고 '성노동자에게는 법적·물리적 보호와 안전 및 보안이 필요하지, 구조와 갱생이 필요하진 않다'는 말도 맞는다. 하지만 성노동이 어떤 일인지(어떤 신체적·정신적 행위가 사고팔리는가, 왜 성노동을 하는 사람은 여성이 압도적으로 많고 구매자는 남성이 압도적으로 많은가)를 이해하기 위해서는 분명 남성 욕망의 정치적 형성에 관해 무언가를 이야기해야 한다. 물론 이와 관련해 교육과 양육, 돌봄, 보살핌 등 여성이 맡은 다른 형태의 일에 대해서도 할 이야기가 있을 것이다. 성노동이 '단지 일'이라는 말은 남성의 일이든 여성의 일이든 모든 일이 결코 단지 일이기만 한 건 아님을 망각한 소리다. 그 일은 섹스화된 것이기도 하니까 말이다.

「성욕의 지평선」 결론부에서 윌리스는 "합의 상대는 자신의 성적 취향을 주장할 권리가 있으며, 권위주의적 도덕주의가 〔페미니즘에서〕 차지할 자리가 없음은 자명하다"라고 말한 뒤 다음과 같이 덧붙인다. "진정으로 급진적인 운동은 (…) 선택할 권리 너머를 보고, 근본적인 질문들에 계속 초점을 맞출 수 있어야 한다. 우리는 어째서 우리가 선택한 것을 선택했는가? 진짜 선택권이 주어진다면 무엇을 선택할 것인가?" 윌리스의 입장을 놓고 보면 매우 이례적인 반전처럼 보일 수 있는 견해다. 윌리스는 어떠한 성적 선호건 간에 도덕적 심문으로부터 보호받아야 할 고정된 요소로 간주해야 한다는 윤리적 주장을 펼친 후, '진정으로 급진적인' 페미니즘이 '권위주의적 도덕주의'라는 문제를 제기할 것이라고 말한다. 정말로 자유롭게 성적인 선택을 할 수 있다면 여성들은 어떤 선택을 할 것인가? 누군가는 윌리스가 한 손으로는 주고, 다른 손으로는 빼앗는다고 느낄지도 모른다. 그러나 어쩌면 윌리스는 양손 모두로 준 것일 수도 있다. 윌리스는 우리에게 말한다. 여기 페미니즘의 과제가 있다고. 성적 선택이 자유로워야 함을 중요하게 여기는 동시에, '안티섹스' 페미니스트들과 레즈비언 페미니스트들이 지적했듯 가부장제 아래에서 이러한 선택이 좀처럼 자유롭지 않은 이유를 알아야 한다고. 나는 우리 페미니스트들이 전자로 우르르 몰려가면서 후자를 잊어버릴 위험이 있다고 말하고 싶다.

*

합의를 섹스의 유일한 윤리적 제약으로 간주할 경우 우리는 이를테면 강간 판타지를 정치적 현실 반영이 아닌 원초적 충동의 발현으로 보는 입장, 곧 성적 선호를 자연스러운 것으로 받아들이는 입장을 취하도록 떠밀린다. 이는 비단 강간 판타지에만 국한되는 일이 아니다. '섹시한 금발의 헤픈 년'과 동아시아 여성이 성적으로 가장 끌리는 존재이며 상대적으로 흑인 여성 및 아시아 남성은 끌리지 않는다는 통념, 흑인 남성 섹슈얼리티에 대한 집착과 공포, 장애인과 트랜스젠더 및 비만한 사람을 향한 성적 혐오를 생각해보자. '끌림'—여기서 끌리는 몸이란 성적으로 이용 가능해 보이는 몸(이런 의미에서는 흑인 여성과 트랜스여성, 장애 여성 모두 지나치게 끌리는 존재로 받아들여진다)이라는 뜻이 아니라, 성관계 상대에게 지위를 부여하는 몸이라는 뜻이다—

을 둘러싼 이러한 사실들은 정치적인 문제다. 진정한 교차성 페미니즘이라면 이런 사실들을 진지하게 받아들일 것을 우리에게 요구해야 한다. 그러나 섹스 긍정주의자들은 양면성을 봐야 한다는 윌리스의 주장에서 벗어나, 그러한 사실을 이미 주어진 전정치적인 것으로 취급하면서 중립적인 사실로 만들려는 조짐을 보인다. 다시 말해 섹스를 긍정하는 시선은 여성혐오만이 아니라 인종차별과 장애인 차별, 트랜스젠더 혐오, 그리고 언뜻 무해해 보이는 '개인의 선호' 메커니즘을 통해 침실로 침투하는 여타 모든 억압적 시스템을 덮어줄 위험이 있는 것이다.

*

"그라인더Grindr•에 올라오는 아름다운 몸 이미지는 대부분 아시아 남성들이 얼굴을 가리고 올린 거야." 내 게이 친구가 한 말이다. 다음 날 나는 페이스북에서 그라인더가 「이게 뭐야?」'What the Flip?'라는 웹 시리즈를 시작했음을 알게 됐다. 첫번째 3분짜리 에피소드에서는 파란 머리의 아름다운 동아시아 남성과 잘생기고 멋지게 꾸민 백인 남성이 그라인더 프로필을 맞바꾼다. 결과는 예상했던 대로 암울하다. 아시아 남성의 프로필을 사용 중인 백인 남성에게 관심을 가지고 연락해 오는 사람은 거의 없고, 있다고 해도 자신이 '라이스 퀸'rice queen••이며 아시아 남성이 '삽입을 잘

• 게이와 바이섹슈얼 남성 및 트랜스남성을 위한 소셜 네트워킹 애플리케이션.
•• 아시아 남성에게 끌리는 비(非)아시아계 게이 남성.

받아들여서' 좋아한다고 소개하는 남성들이다. 이들의 메시지를 무시하면 욕설이 쏟아진다. 한편 동아시아 남성의 메시지함은 그를 흠모하는 사람들로 넘쳐난다. 이후 이 상황에 대해 백인 남성은 충격을 받았다고 말하고, 동아시아 남성은 쾌활하지만 체념한 모습을 보인다. "모든 사람의 취향에 맞진 않겠지만, 누군가는 당신을 좋아해줄 거예요." 백인 남성이 힘없는 목소리로 이렇게 말한다. 두 사람은 포옹을 하고 헤어진다. 다음 에피소드에서는 배우 라이언 고슬링을 닮은 근육질 남성이 예쁘장한 얼굴의 통통한 남성과 프로필을 맞바꾼다. 또 다른 에피소드에서는 여성적인 남성이 남성적인 남성과 프로필을 맞바꾼다. 결과는 모두가 예상하는 그대로다.[17]

「이게 뭐야?」의 명백한 아이러니는 그라인더가 그 본질상 이용자들로 하여금 조잡한 정체성의 표지에 따라 세상을 성적 대상인 사람과 아닌 사람으로 나누도록, 성적 '장애물'과 '필요조건'이라는 측면에서 생각하도록 부추긴다는 것이다. 이렇게 해서 그라인더는 우리의 성적 욕망을 추동하는 차별의 골을 더 깊게 할 뿐이다. 온라인 데이팅 앱은 (그리고 특히 얼굴과 키, 몸무게, 나이, 인종, 재치 있는 태그라인 같은 필수 요소로 매력을 뽑아내는 틴더Tinder와 그라인더의 추상화된 인터페이스는) 분명 현재 성행하는 섹슈얼리티에서 최악의 것을 취해 화면에 제도화했다.[18]

과연 「이게 뭐야?」에 나타나는 현상은 게이 특유의 문제일까? 그러니까 게이 남성 커뮤니티가 너무 피상적이고 파시즘적으로 신체를 재단하여 생기는 문제인 걸까? 내 주변 게이 남성들은 늘 이런 얘기를 하면서, 가해자건 피해자건(대다수는 본인이 양쪽 모두에 속한다고 생각한다) 하나같이 이 현상을 안 좋게 여긴다. 나는 잘 모르겠다. 범블Bumble이나 틴더처럼 이성애자들이 주로 이용하는 데이팅 앱이 이성애자 '커뮤니티'로 하여금 자체 내 성적 인종주의라든지 비만혐오를 직시하도록 권장하는 웹 시리즈를 선보인다는 게 상상이 가는가? 그런 일이 일어날 성싶지 않다면 이는 이성애자들 중엔 신체 파시스트 내지는 성적 인종주의자가 없기 때문이라서가 아니다. 그건 이성애자들, 아니 정확히 말하면 비장애인 백인 시스젠더 이성애자들이 스스로 성관계를 하는 방식에 어떤 문제가 있다는 생각을 별로 안 하기 때문인 것이다. 반면 게이 남성들은, 심지어 아름답고 부유하며 비장애인인 백인일지라도 우리가 누구와 어떻게 성관계를 갖느냐가 정치적인 문제임을 알고 있다.

물론 성적 선호를 정치적 심의 대상으로 삼기엔 현실적인 위험이 있다. 우리는 페미니즘이 여성비하나 내숭 또는 자기부정 없이 (즉 여성 개개인에게 '당신은 본인이 원하는 게 뭔지 잘 모르고 있다'라거나 '합의에 묶인 채로는 당신 본인이 사실상 원하는 바를 누릴 수 없다'라는 식으로 말하지 않고서) 욕망의 토대를 면밀히 들여다볼 수 있었으면 하고 바란다. 하지만 일부 페미니스트는 이것이 불가능하다고 여기는데, 왜냐하면 욕망에 대한 비평의 문을 활짝 열어놓는다 한들 필연적으로 권위주의적 도덕주의가 따라올 것이라 보기 때문이다(우리는 이런 페미니스트들이 주디스 슈클라Judith Shklar가 권위주의적 대안들에 대한 공포로 생겨난 자유주의, 즉 '공포의 자유주의' liberalism of fear를 주장했듯 일종의 '공포로 인한 섹스 긍정주의'를 옹호하는 주장을 펼친다고 생각할 수 있다).[19] 더욱이 욕망을 재정치화하는 데에는 성적 권리의식 담론을 부추길 위험도 존재한다. 성적으로 부당하게 주변화되거나 배제된 사람들에 대한 논의는 이들에겐 섹스할 권리가 있으며, 이들과의 섹스를 거부하는 사람은 이들의 권리를 침해하는 격이라는 견해로 이어질 수 있다. 그야말로 끔찍한 관점이다. 다른 누구와 성관계를 가질 의무는 아무에게도 없다. 이는 자명한 진리요, 엘리엇 로저를 순교자로 추앙하며 분노하는 수많은 인셀과 마찬가지로 로저 본인이 외면하려 한 진실이기도 하다. 레딧의 (지금은 사라지고 없는) 어느 그룹에 '인셀의 여성 강간은 합법이어야 한다'라는 제목의 게시글이 올라온 적이 있다. 해당 글에는 "굶주린 남성이 음식을 훔쳤다고 해서 꼭 감옥에 가야 하는 건 아니듯, 성적으로 굶주린 남성도 여성을 강간했다는 이유로 감옥에 가야 하는 건 아니다"라는 설명이 담겨 있었다. 역겹고 말도 안 되는 비유인 데다, 가부장제의 핵심에 있는 폭력적이고 잘못된 생각을 여실히 드러내는 글이다. 어떤 남성들(여기에는 익명의 토론장에서 본인의 절망감을 표출하는 일부 남성도 포함될 것이다)은 미심쩍은 정치적 이유로 성적 영역에서 배제되지만, 그 불행이 욕망을 빚어내는 시스템(자신과 타인)에 대한 분노가 아니라 본인들과의 섹스를 '거부하는' 여성에 대한 분노로 바뀌는 순간 이들은 선을 넘어 도덕적으로 추악하고 혼란스러운 지경에 이르고 만다.

리베카 솔닛Rebecca Solnit은 통찰력 있는 에세이 「남자들은 자꾸 내게 『롤리타』를 가르치려 든다」에서 "사람들이 당신에게 샌드위치를 나눠주고 싶어하지 않는 한 당신은 누군가와 샌드위치를 나누어 먹을 수 없"고, 마찬가지로 "사람들이 당신과 섹스하고 싶어하지 않는 한 당신은 누군가와 섹스할 수 없다"는 사실을 상기시켜준다.[20] 솔닛은 말한다. 남의 샌드위치를 한입 먹지 못하는 것이 "억압은 아니"라고. 그러나 이 비유는 설명만큼 간단하지 않다. 당신의 딸이 초등학교 수업을 마치고 집으로 돌아와, 다른 아이들이 자신만 빼고 서로 샌드위치를 나누어 먹었다는 이야기를 들려주었다고 가정해보자. 더 나아가 당신의 딸이 갈색 인종이거나 뚱뚱하거나 장애를 가졌거나 영어를 잘하지 못하고, 당신은 이것을 샌드위치를 나누어 먹지 못한 이유로 의심하고 있다고 해보자. 다른 아이들이 당신의 딸과 함께 나누어 먹을 의무가 없다는 말은, 그 말이 아무리 사실이라고 해도 상황을 이해시키기에는 순식간에 역부족이 되고 만다.

섹스는 샌드위치가 아니다. 당신의 딸이 (실제로는 누구도 시혜적인 성관계를 바라지 않듯이, 그리고 그 상대가 인종차별주의자나 트랜스젠더 혐오자이기는 더더욱 바라지 않듯이) 동정심 때문에 누군가 샌드위치를 나눠주는 건 원치 않는다 해도, 선생님이 다른 학생들에게 당신 딸과 샌드위치를 나눠 먹도록 권한다든지 학생들이 나서서 똑같이 나눠 먹는 방침을 정한다면 그걸 두고 강압적인 행위라 여기는 사람은 거의 없을 것이다. 그러나 시민들의 성적 선호와 실천에 대해 유사한 개입을 하는 국가가 있다면, 즉 성관계를 동등하게 '나누기'를 권하는 국가가 있다면 그곳은 어마어마하게 권위주의적인 국가로 간주될 것이다. (유토피아적 사회주의자 샤를 푸리에는 모든 남녀에게 연령이나 건강 상태에 상관없이 기본소득 보장과 비슷한 '성적 최저한도'sexual minimum 보장을 해줘야 한다고 제안했다. 푸리에는 성적 박탈이 제거되어야만 연인 관계가 진정으로 자유로워질 수 있다고 생각했다. 그는 이 사회보장 서비스를 "사랑보다 명예를 중시할 줄 아는, 성관계를 원하는 귀족"이 제공해야 한다고 말했다.)[21] 물론 어떤 개입이냐가 중요한 문제이긴 하다. 예를 들어 오래전부터 장애인 권리 운동가들은 학교에서 더 포괄적인 성교육을 실시해야 한다고 요구해왔고, 이들 중 다수는 광고와 언론에서 다양성을 보이도록 강제하는 규정을 환영할 것이다. 그러나 이런 조치가 우리의 성적 욕망을 바꾸고, 차별로부터 완전히 해방시키기에 충분하다고 여기는 건 순진해 빠진 생각이다. 한 무리의 아이들에게 샌드위치를 서로 사이좋게 나누어 먹으라고 요구하는 것은 타당할 수 있지만, 섹스에 대해서도 똑같은 요구를 할 수는 없다. 여기서 통했다고 저기서도 통하란 법은 없다. 섹스는 샌드위치가 아니며, 사실 다른 어떤 것과도 같지 않다. 정치적으로 이토록 분열되어 있으면서도 이만큼이나 침범할 수 없는 사적 영역은 달리 존재하지 않는다. 좋든 나쁘든 우리는 있는 그대로 섹스를 이해할 방법을 찾아야만 한다.

*

이 같은 쟁점은 동시대 페미니즘 내에서 트랜스여성과 관련해 활발히 논의되고 있다. 레즈비언 시스젠더 여성으로부터 곧잘 성적 배제를 겪는 이들 트랜스여성은 자신들을 진지하게 여성으로 간주해줄 것을 요구하고 있다. 트랜스젠더 포르노 배우이자 운동가인 드루 드보Drew DeVeaux는 이런 현상에 '속옷 천장'cotton ceiling이라는 이름을 붙였다(여기서 cotton 즉 면은 속옷을 의미하는데, 속옷에 면이 주로 사용되기 때문이다). 사실 많은 트랜스여성이 언급했듯 이는 매우 유감스러운 표현이다. '유리 천장'이라 함은 직장에서 여성의 승진할 권리가 침해당함을 의미하는 반면, '속옷 천장'은 누구도 제공할 의무가 없는 것에 접근하기 어려움을 의미하기 때문이다. 그러나 트랜스여성이나 장애 여성, 아시아 남성에게 단순히 '누구도 당신과 섹스할 의무가 없다'라고 말하는 것은 중요한 무언가를 회피하는 것이다. 섹스할 권리란 존재하지 않고, 사람은 누구나 자신이 원하는 것을 원할 권리가 있지만, 개인의 선호('음경 사절, 여자 같은 남자 사절, 뚱보 사절, 흑인 사절, 아랍인 사절, 아시아인 사절, 남자다운 남성 구함')가 정말 그저 개인적인 경우는 거의 없다.

2018년 잡지 『n+1』에 실린 글에서 페미니스트이며 트랜스젠더 이론가인 앤드리아 롱 추Andrea Long Chu는 성전환을 한다는 것은 통상적으로 생각되는 것과는 달리 "진정한 정체성이 아닌 욕망의 표현"이라고 주장한다. 그녀는 트랜스젠더가 되는 일이 "나는 누구인가가 아니라 무엇을 원하는가의 문제"라고 말한다. 그리고 계속해서 다음과 같이 이야기한다.

> 나는 험담과 칭찬을 듣고, 립스틱과 마스카라를 바르고, 영화를 보며 눈물을 흘리고, 누군가의 여자친구가 되고, 애인이 결제를 하게 두거나 가방을 들어달라고 하고, 은행원과 케이블 설치 기사의 우쭐대는 배려를 바라고, 멀리 사는 여성 친구와 전화로 친밀감을 나누고, 화장실에서 마치 예수처럼 양옆에 죄인을 둔 채 화장을 고치고, 성인용품을 사용하고, 뜨겁게 흥분하고, 부치에게 플러팅을 당하고, 어떤 레즈비언을 조심해야 하는지 같은 비밀스러운 지식을 얻고, 짧은 반바지와 비키니 상의, 온갖 원피스를 입고, 그리고, 맙소사, 가슴을 갖기 위해 성전환했다. 이제는 욕망의 진짜 문제가 보인다. 우리는 우리가 원해 마땅한 것들을 거의 원하지 않는다는 사실.[22]

추 자신도 잘 알고 있듯 이 선언은 반트랜스젠더 페미니스트들의 주장을 뒷받침해줄 위험이 있다. 즉 트랜스여성은 여성성을 전통적인 여자다움의 요소들과 동일시하고 융합하여 가부장제의 영향력을 강화한다는 주장 말이다. 많은 트랜스여성은 이런 비난에 맞서 트랜스젠더가 되는 것은 욕망보다는 정체성에 관한 일이라고, 여성이 되고 싶은 것이 아니라 이미 여성으로 존재하는 것에 관한 일이라고 주장하며 대응한다(일단 트랜스여성을 그저 여성으로 인지하게 되면 이들이 젠더 고정관념을 강화한다는 불평이 부당해 보이기 시작하는데, 시스젠더 여성의 '과도한 여성스러움'에 대한 불평이 훨씬 잦아들기 때문이다). 이에 반해 추는 지금으로서 부족한 무언가—형이상학적 '여성' 범주에 들어갈 수 있는 어떤 추상적인 자격이 아니라, 문화적으로 구성돼 있고 억압적이기도 한 '여성스러움'의 구체적·과시적인 요소들(짧은 반바지와 비키니 상의, 남자들의 '우쭐대는 배려')—를 채우려는 욕망이 트랜스여성을 구성하고 있다고 주장한다. 추가 보기에 트랜스여성이 정체성을 존중받는 것은 물론 물리적으로도 지원받을 수 있는 권리는, "욕망을 정치적 원칙에 맞추도록 강요해서는 안 된다"는 전제에 기초하고 있다. 그녀는 이것이 "정치적 레즈비어니즘의 실패에서 얻을 수 있는 진정한 교훈"이라고 말한다.[23] 다시 말해 진정으로 해방적인 페미니즘에 필요한 것은 욕망을 정치적으로 비판하려는 급진적 페미니스트의 야심을 완전히 몰아내는 일이라는 얘기다.

이 주장은 양날의 검이다. 만약 모든 욕망을 정치비평으로부터 반드시 보호해야 한다면 트랜스여성을 배제하고 소외시키는, 특정 종류의 신체에 대한 성욕만이 아니라 여성성 자체를 '잘못된' 부류의 여성과 공유하지 않으려는 욕망도 보호되어야 마땅하다. 추가 제시하듯, 정체성과 욕망을 이분법적으로 나누어 보는 관점은 그릇된 관점이다. 동성애가 선택이 아니라 타고나는 것(동성애자가 무엇을 원하는지가 아니라 누구인가의 문제)이라는 관념에 기초해 동성애자의 권리를 주장해서는 안 되는 만큼, 어떤 경우라도 그런 이분법에 기초해 트랜스젠더의 권리를 주장해서는 안 된다. 하지만 욕망에 대한 정치비평을 전적으로 거부하는 페미니즘은, 페미니즘을 가장 필요로 하는 여성들이 부당하게 겪는 배제와 잘못된 인식 앞에서 할 말이 별로 없을 것이다.

*

그렇다면 문제는, 이 양가적인 장소—아무도 다른 누구를 욕망할 의무가 없고 아무도 욕망의 대상이 될 권리가 없을뿐더러, 누가 욕망의 대상이 되고 누가 욕망의 대상이 안 되는지 자체가 정치적인 문제(곧잘 지배와 배제라는 보다 일반적인 패턴으로 답변되는 문제)로 받아들여지는 장소—에 어떻게 머무를 것이냐다. 성적 주변화에 대응할 때 남성들은 여성 신체에 대한 권리의식을 동반하는 경향이 있는 반면, 여성들은 보통 권리의식이 아닌 역량강화를 내세운다는 점은 놀랍진 않을지언정 주목할 만한 사실이다. 또 설령 여성들이 권리의식을 입에 올리는 경우가 있다 해도, 이때 말하는 권리란 존중받을 권리이지 타인의 신체에 대한 권리를 뜻하는 것이 아니다. 그렇긴 하지만 흑인 여성들, 비만 여성들, 장애 여성들 사이에 일어나는 급진적 자기애 운동은 우리에게 성적 선호란 완벽히 고정되어 있는 것이 아님을 깨닫게 한다. '흑인은 아름답다'와 '큰 것은 아름답다'라는 슬로건은 역량강화의 의미만을 담고 있는 것이 아니라, 우리 가치의 재평가를 제안하고 있는 것이기도 하다. 린디 웨스트Lindy West는 비만 여성 사진을 연구하면서 (한때 그녀에게 수치심과 자기혐오를 안겨주었던) 이러한 몸을 객관적으로 아름답게 여긴다는 것이 무엇일지 자문했다. 그녀는 이것이 이론의 문제가 아니라 지각의 문제라고 말하는데, 이는 곧 자신과 타인의 특정한 몸을 바라보는 방식이 바뀌면 혐오에서 흠모로 게슈탈트 전환이 일어난다는 뜻이다.[24] 급진적 자기애 운동이 던지는 질문은 '섹스할 권리라는 게 존재하느냐'(존재하지 않는다)가 아니라 '우리는 우리 욕망의 형태를 최선의 노력을 다해 바꿀 의무가 있느냐'다.[25]

이 질문을 진지하게 받아들이기 위해서는, 고정된 성적 선호라는 관념 자체가 형이상학적인 것이 아니라 정치적인 것이라는 사실을 인지해야 한다. 우리는 좋은 정치라는 문제와 마찬가지로 타인의 선호 역시 신성하게 취급한다. 우리는 사람들이 정말로 원하는 게 무엇인지, 혹은 이상화된 버전의 사람들이 원하는 게 무엇인지 이야기하는 걸 당연히도 조심스러워한다. 그리고 알다시피 이런 식으로 권위주의는 거짓을 퍼뜨린다. 섹스에 관한 한, 그러니까 진짜 욕망 내지는 이상적인 욕망을 부르짖으며 여성 및 게이 남성에 대한 강간을 오랫동안 은폐해온 역사가 있는 섹스에 관한 한 이는 대부분 진실이다. 그러나 엄연한 사실은 우리의 성적 선호가 때론 우리 자신의 의지에 따라 바뀔 수 있고 또 바뀐다는 것이다(자동적으로 바뀌는 건 아니지만, 바뀌는 게 영 불가능한 것도 아니다). 더욱이 수 세대에 걸쳐 게이 남성 및 여성이 증명해주듯, 성적 욕망이라는 게 우리가 인식하는 바와 늘 깔끔하게 맞아떨어지진 않는다. 욕망은 우리가 가보리라고는 상상도 해보지 못한 곳으로, 끌림이나 사랑을 느끼리라고는 전혀 생각지 못한 사람에게로 우리를 이끌며 놀라움을 선사할 수도 있다. 최선의 상황에서는 우리의 욕망이 정치에 따른 선택을 거부하고 스스로 선택할 수 있을 것이며, 이것이 우리가 생각하는 최선의 희망에 토대가 되어줄 것이다.[26]

누가 남성을 음해하는가

포르노를 말한다

섹스할 권리

욕망의 정치

학생과 잠자리하지 않기

섹스, 투옥주의, 자본주의

1. 나는 엘리엇 로저의 선언문이 인터넷에 등장한 뒤인 2014년 여름, 훗날 '섹스할 권리'라는 제목으로 발표될 에세이를 집필하기 시작했다. 나는 자기도취에 빠진 분노, 여성혐오와 계급에 기반한 권리의식, 인종화된 자기혐오가 기이하게 혼합된 로저의 글에 다른 사람들과 마찬가지로 충격을 받았다. 처음 떠오른 생각은 이 선언문을 그저 여성혐오와 계급차별, 인종차별 같은 정치적 병리 현상이 교차하고 뒤섞이는 문서로 취급하며 자세히 읽어보자는 것이었다. 그러나 이 글에 대한 논평이 쌓여갈수록 무엇보다 다른 페미니스트들이 이 글을 읽고 로저의 현상을 좀더 일반적으로 해석하는 방식에 관심이 가게 됐다.

2. 페미니스트들이 가진 가장 일반적인 견해는 로저가 여성혐오를 밑바탕에 깔고서 권리의식을 내세우는 전형적인 인물이라

는 것, 권리의식을 박탈당하면 필연적으로 폭력을 행사하는 부류라는 것이다. 이 견해는 확실히 옳은 것이기도 하거니와 주장할 만한 가치가 있었는데, 왜냐하면 많은 주류 논객이 로저를 여성혐오자로 보지 않으려 했기 때문이다. (이들 논객은 물었다. 여성의 사랑을 갈구했던 그가 어떻게 여성을 미워할 수 있었겠는가? 그리고 결과적으로 여성보다 남성을 더 많이 살해한 그의 무차별 살인을 어떻게 여성혐오를 바탕으로 한 폭력 행위라고 말할 수 있겠는가? 로저는 '인기녀'만큼 '인기남'도 싫어하지 않았던가?) 그럼에도 이런 반응에서 내가 놀랐던 부분은 인종, 내향적 성격, 전형적인 남성성 결여 때문에 성관계나 연애에서 주변화되어 있었다는 로저의 주장에 대한 명백한 무관심이었다. 로저의 자가진단이 잘못된 것이었음에는 의심의 여지가 없다. 적어도 로저의 과장된 자신감과 살기 가득한 분노에 비춰보면 그가 느낀 사회적 주변화라는 게 너무도 부풀려진 요인이었음을 알 수 있다. 그의 진단은 지독히 자기 편의에 따른 것이기도 했다. 그는 본인의 외로움은 애통해하면서도 흑인 남성보다는 자기가 섹스할 자격이 더 있다며 인종적 위계를 엄격히 구분했을 뿐만 아니라, 여성의 성적 매력에 대해서도 기꺼이 엄격한 위계를 세웠다('섹시한 금발의 헤픈 년'을 향한 페티시). 그러나 인종주의와 이성애자 남성성 규범이 자신을 비호감으로 규정했다는 로저의 진단은 원론상 틀렸다고 할 수가 없다. 인종주의와 이성애 규범성이 로맨스와 섹스의 영역으로까지 확장되는 건 사실이기 때문이다. 실로 그것들이 가장 깊게 뿌리를 내리는 곳은 '개인의 선호' 논리를 통해 보호받는 친밀한 관계의 영역이다. 페미니스트들은 이 점에 대해 할 말이 전혀 없었던 걸까?

3. 페미니스트들은 '이 질문을 숙고하는 것만으로도 강간범처럼 생각할 위험을 감수하는 것'이라고 말할지 모른다. 「섹스할 권리」 에세이가 처음 발표된 후 어느 페미니스트가 트위터에 글을 올렸다. "섹스할 권리가 있는가에 대한 논의를 이제 제발 그만하면 안 되나? 당연히 없다. 강간당하지 않을 권리는 있다. 논쟁은 이제 그만. 끝." 그녀는 "추가로 한마디 덧붙이자면"이라며 말을 이어갔다. "인생에서 원하는 것을 얼마나 얻을 수 있는가 하는 것이 (어떤 영역이든) 대개 운과 우연, 그리고 자신이 통제할 수 없는 특권과 성격의 문제라는 견해는 진부할 뿐이다."[1]

4. 섹스할 권리란 없다(달리 생각하고 있다면 그건 강간범이나 할 법한 생각이다). 그러나 우리가 누구를 욕망하고 사랑하는지(욕망하거나 사랑하지 않는지), 또 누가 우리를 욕망하고 사랑하는지(욕망하거나 사랑하지 않는지)가 우리 사회 현실의 가장 추한 측면 — 인종차별, 계급차별, 장애인 차별, 이성애 규범성 — 을 통해 형성된다는 관측이 과연 '진부할 뿐'인 걸까?

5. 보다 명백하고 공적인 차원의 억압, 그리고 동호회와 데이팅 앱, 침실, 학교 댄스파티를 포함해 억압을 가능케 하고 일부 구성하는 보다 은밀하고 사적인 메커니즘 사이의 분명한 연결점을 찾

아낸 유색인과 노동계급, 퀴어, 장애인에게 이는 새로운 소식일 것이다.

6. 내게는 아름답고 인기도 있지만, 자신이 흑인이라는 이유로 백인이 주를 이루는 학교에서 데이트 상대로는 "고려되지 않았다"고 말하는 친구가 있다.

7. 그것은 섹스를 원초적·전정치적으로 주어진 것이 아니라, 모든 걸 너무 쉽게 잘못된 방식으로 자연화한 정치의 결과로 볼 것을 오랫동안 요구해온 페미니스트들에게도 새로운 소식일 것이다. 우리의 과제는 억압에 따른 왜곡으로부터 섹스를 해방하는 것이지, 단순히 합의된(문제가 없는) 것과 합의되지 않은(문제가 있는) 것으로 섹스를 구분하는 게 아니다.

8. 실로 남성의 성적 권리의식—남성에게 섹스할 권리, 강제로 섹스할 수 있는 권리가 있다는 잘못된 확신—이란 정치가 성적 욕망을 형성하는 방식의 패러다임이 아니고서 무엇이겠는가? 섹스를 둘러싼 정치비평에 발을 들여놓지 않는다면 과연 우리가 여성 신체 일반에 대한 남성의 성적 권리의식에 맞설 수 있을까? '섹시한 금발의 헤픈 년'이라든지 동아시아 '섹스돌', 취약한 아동 신체에 대한 여성혐오적 페티시화에 맞설 수 있을까?

9. 억압에 따른 왜곡으로부터 섹스를 해방한다는 것은, 뭘 원하

든 누구를 원하든 그 욕망이 누구에게나 허용된다는 말과는 같지 않다. 전자는 급진적인 요구이고, 후자는 자유주의적인 요구다. 많은 다른 자유주의적 요구처럼 이 후자도 흔히 공동체의 강압적 권력에 대한 개인주의자들의 의심에서 촉발되곤 한다. 만약 내 욕망을 훈련해야 한다면 누가 그 일을 맡아줄 것인가? 그리고 내 욕망이 훈련을 거부한다면 그다음은 어떻게 될까?

10. 그런 걱정에 근거가 없다는 말이 아니다. 혼자 있기를 바란다고 해서 비뚤어진 사람이라고 말할 수는 없다.

11. 억압에 따른 왜곡으로부터 섹스를 해방해야 한다는 급진적 요구를 제대로 이해하지 않는다면, 욕망을 훈련하는 일은 불가능하다. "우리의 욕망이 정치에 따른 선택을 거부하고 스스로 선택할 수 있는 상황"이라는 구절을 쓸 당시 나는 정의의 요구에 규제받는 욕망을 상상한 것이 아니라, 부정의의 속박에서 자유로워진 욕망을 상상하고 있었다. 나는 우리가 우리 자신의 신체와 타인의 신체를 바라보고, 정치에서는 허락되지 않는 존경·감사·욕구의 느낌을 스스로에게 허한다면 어떤 일이 일어날지 묻고 있다. 여기에는 일종의 규율이 존재하는데, 그것은 우리가 태어날 때부터 들어온 목소리, 어떤 신체와 어떤 신체의 존재 방식이 가치 있는지/없는지를 우리에게 말해주는 목소리를 잠재울 것을 요구한다. 이때 훈련되는 것은 욕망 그 자체가 아니라 욕망을 가르치려 드는 정치 세력이다.

12. 내 에세이가 발표된 후 어느 게이 남성이 편지를 보내 14년간 함께 살아온 남편 이야기를 해주었다. 그의 남편은 몸집이 크고 뚱뚱한 사람으로, 그는 남편을 매우 사랑하며 만족스러운 성생활을 하고 있다고 설명했다. 그러면서도 그 남성은 "이게 말이 되는지 모르겠지만, 남편을 섹시하게 보려고 일부러 의식적으로 노력해야 했어요"라고 썼다. 또 계속해서 "우리를 흥분시키는 것과 흥분시키지 않는 것을 바꿀 순 없어도, 우리는 한편으로는 성적 흥분을 방해하는 요소를 제거하고, 다른 한편으로는 섹스하는 동안 우리 눈앞에서 벌어지는 일을 성애화하는 훈련을 할 수 있지요"라는 말을 덧붙였다.

13. 이것은 훈련 행위인가, 아니면 사랑의 행위인가?

14. 시인이자 페미니즘 이론가인 에이드리엔 리치Adrienne Rich는 1980년 집필한 고전적 에세이 「의무적 이성애와 레즈비언 존재」Compulsory Heterosexuality and Lesbian Existence에서 이성애가 인간 삶의 기본 형태이고, 레즈비어니즘은 기껏해야 성적 선호에 불과하며 최악의 경우 비정상적인 섹슈얼리티라는 (리치에 따르면 대다수 페미니스트가 받아들인) 생각을 비판한다.[2] 리치의 요지는 이성애란 '이성애자' 여성마저도 (정신적 내면화를 통해, 그리고 폭력적 강요를 통해) 자신이 진정으로 원하는 것을 저버리게 하는 방식으로 친밀함·호감·관계의 규제를 강요하는 정치 제도라는 것이다. 리

치는 이성애자 여성들이 다른 여성들과 경험했던 친밀함과 공모의 순간을 생각해보았으면, 그리고 남성을 위해 이 경험을 (미성숙하고 불충분한 것으로 간주하며) 옆으로 밀어놔야 한다고 느꼈던 일을 반성해보았으면 하고 바란다. 남성의 관심을 얻고자 처음으로 가장 친한 친구에게 등 돌렸던 때를 되돌아보라는 것. 이것이 리치가 이성애자 여성들에게 요구하는 바다. 과연 그 행동은 자연스러운 것이었을까? 불가피한 것이었나? 아니면 (여성의 욕망이 부재하는 상황 그리고 이와 더불어 남성이 여성의 신체·노동력·정신·마음에 더 이상 접근할 수 없게 되는 상황을 무엇보다 두려워하는) 남성 지배라는 하부구조가 당신에게 요구한 것이었나?

15. 당신이 다른 여성의 몸이나 얼굴, 매력, 여유로움, 탁월함에 느끼는 질투가 실은 질투가 아니라 욕망이라면?

16. 나는 자기 자신에게 이런 질문을 던지는 것이 "성적 선호란 완벽히 고정되어 있지 않음을 깨닫"는 길이라고 썼다. 하지만 어쩌면 그 '선호'라는 지점부터 의심해봐야 한다고 말하는 편이 더 나을지도 모르겠다.

17. 에이드리엔 리치는 이렇게 적고 있다. "여성에게 이성애가 '선호'가 아닌, 억지로 강요되고 관리되고 조직되고 선전되고 유지되어야 했던 무언가일 수 있음을 인정하는 일은, 자기 자신을

자유로운 '선천적' 이성애자로 여기는 사람에겐 엄청난 도전이다. 그러나 이성애를 하나의 제도로서 검토하지 못한다면 (…) 자본주의나 인종주의적 계층 시스템이 물리적 폭력과 허위의식 등의 다양한 힘으로 유지됨을 인정하는 데 실패하고 마는 셈이다. 이성애자로 정체화한 페미니스트들이 이성애가 여성의 '선호' 내지는 '선택'이라는 생각에 질문을 던지는 한걸음을 내딛기 위해서는 (그리고 이에 뒤따르는 지적·감정적 노동을 수행하기 위해서는) 특별한 용기가 필요할 것이다."[3]

18. 선호가 선천성과 자주성을 가진다는 주장은 정치적으로 유용하다. 동성애자 인권 운동에서 '이렇게 태어났다'는 생각이 얼마나 중요한지, 또는 트랜스젠더 인권 운동에서 '잘못된 몸에 갇혔다'는 생각이 얼마나 중요한지 생각해보라. 두 사고방식 모두 페미니즘의 구성주의적·반본질주의적 경향과 (그리고 많은 동성애자 및 트랜스젠더의 경험과) 마찰을 일으키지만, 선택은 비난할 수 있어도 타고난 기질은 비난할 수 없는 세상에서 이런 사고방식은 정치적으로 필수적이다. 정치적 주장은 흔히 변증법적이며, 규범적 영역에 대한 반응으로 이해하는 것이 가장 좋은데, 규범적 영역은 우리가 바라는 어떤 미래가 아니라 우리가 주장을 하는 그 순간에 이미 존재하기 때문이다.

19. 그러나 타고난 선호 이데올로기에도 한계가 있다. 2012년 당시 (지금은 정치인이기도 한) 배우 신시아 닉슨은 자신의 경우

동성애가 선택이었다고 말하면서 게이 및 레즈비언 운동가들과 불화를 겪었다. 닉슨은 말했다. “나는 스트레이트였고 게이였다. 그리고 게이가 더 낫다.” 어쩌면 이 ‘선택’이라는 말은 반동성애 운동가들의 계략에 놀아난 결과인지도, 또 어쩌면 지금도 놀아나고 있음을 보여주는 것인지도 모른다. 그러나 닉슨이 게이가 되기를 선택했다고(그녀가 더 가치 있고, 살 만하다고 생각하는 레즈비어니즘을 위해 남성과 이성애를 제쳐놓았다고) 해서 그녀가 게이가 아니게 되는가? (『애매성과 섹슈얼리티』에서 윌리엄 윌커슨William Wilkerson은 다음과 같이 썼다. “우리는 우리의 감정이 표출되기 전에 늘 거기 있었다고 생각하지만, 기억하는 바로 그 과정에서 우리의 기억이 이전의 감정들이 무엇이 되었는지에 비추어 그 감정들을 재구성한다는 사실을 잊는다.”)[4] 남성은 선택지에 들어 있지도 않은 여성도 많다. 이성애의 삶을 강요당하면 영구적으로 좌절감을 느낄 여성들이다. 그러나 이런 좌절감을 느끼지 않을 이성애자 여성이 있을까? 실비아 페데리치Silvia Federici는 동성애자 여성이 치르는 ‘고립과 배제’의 대가에 주목하면서 이성애자 여성을 대신해 묻는다. “그런데 우리는 정말로 남자들과의 관계를 감당할 수 있을까?”[5]

20. 리치와 페데리치의 견해를 진지하게 받아들이려면 ‘정치적’ 레즈비어니즘과 ‘진정한’ 레즈비어니즘이라는 진부한 페미니즘의 구분을 재고해야 한다(어느 레즈비언 철학자가 최근 내게 편지를 보내 “정치적 레즈비어니즘 (…) 현상을 인정하지만, 이

것과 욕망에 근거한 레즈비어니즘을 구별할 것"이라고 말했다). 물론 1970~80년대의 많은 페미니스트가 실제로 정치적인 이유에서 의식적으로 레즈비언의 삶을 선택했다. 그러나 (어떤 중요한 의미로) 정치적이지 않은 레즈비언 관계—이성애자 남성의 지배라는 각본을 넘어 여성들이 함께 가져갈 수 있는 바를 존중하자는 측면에서 그리 깊지 않은 관계—가 과연 얼마나 자주 존재할까? (이것이 여성들 간의 관계가 저 각본 밖에 온전히 존재할 수 있다는 뜻은 아니다.) 여성혐오자들은 레즈비언이란 그저 남자를 단념한 것뿐이라고 말하길 좋아한다. 그래서 그게 뭐 어떻단 소리인가?

21. 그 말이 맞는다면 정치적 레즈비어니즘은 어떤 의미에서 앤드리아 롱 추가 주장하듯 실패한 사상인 걸까?

22. 추는 어느 인터뷰에서 「섹스할 권리」에 대해 길게 자신의 견해를 밝혔다. 그녀는 내가 우려하는 현상을 인정한다. "확실히 '뚱보 사절, 여자 같은 남자 사절, 아시아인 사절' 같은 선호는 역사가 있고, 정치의 영향을 받으며, 정치적 과정으로 설명할 수 있습니다. 거기엔 제국주의와 백인 우월주의, 그리고 여성이라는 성별의 세계사적 패배가 있죠." 그러나 추는 우리가 이에 대해 무언가를 할 수 있거나 해야 한다는 생각에 단호히 저항한다. "저는 '자기 몸 긍정주의'body positivity를 참지 못하겠어요." 내가 린디 웨스트에 대해 논한 내용을 암시하며 그녀가 말했다. "이런 견해를 참

을 수가 없어요. 그냥 이 생각에 절대 반대합니다. 그건 훈계질이죠. 도덕주의적이지 않은 방식으로 사람들에게 당신의 욕망을 바꾸라고 말할 방법을 찾기란 정말 빌어먹을 정도로 어려워요."[6]

23. '사람들에게 욕망을 바꾸라고 말하는 것'과 '우리가 무엇을 원하고, 왜 원하며, 원하기 위해 원하는 것이 무엇인지 자문하는 것'은 아무런 차이가 없을까? 욕망을 바꾸는 일이 꼭 (계획적으로 우리의 욕망을 우리 정치의 연장선상에서 바꾸는) 규율적인 프로젝트여야만 할까? (우리의 욕망을 정치에서 자유롭게 해주는) 해방 프로젝트일 수는 없을까?

24. 1978년 오드리 로드Audre Lorde는 다음과 같이 썼다. "우리는 우리 안의 좋아를, 우리의 가장 깊은 열망을 두려워하라는 가르침을 받으며 자랐다. 그러나 일단 깨닫고 나면, 우리 미래를 향상시키지 못하는 것들은 그 힘을 잃고 바뀔 수 있다. 우리의 욕망은 그 욕망에 대한 두려움 때문에 의심스럽고도 어마무시한 것이 되는데, 진실을 억누르면 인내를 초월하는 힘이 주어지기 때문이다. 우리는 우리 안에 존재하는 왜곡을 뛰어넘어 성장할 수 없다는 두려움으로 인해 겉으로는 온순하고 충성스러우며 순종적인 모습이 된다."[7]

25. 어디까지가 도덕성에 대한 말하기이고 어디서부터가 훈계인가? 훈계하고 있다는 것은 적절한 도덕적 경계를 넘어 타인에

게 우리 '개인'의 선택과 관점을 그릇되게 강요하고 있다는 뜻이다. 침실에서는 윤리가 필요 없나? 동호회나 데이팅 앱, 학교 댄스파티는 어떤가? 샌드라 리 바트키Sandra Lee Bartky가 『여성성과 지배』(1990)에서 밝혔듯 정치가 이러한 장소에 속하지 않는다고 가정하는 것은 "섹슈얼리티에 대한 급진적 비판에 근본적으로 자유주의적인 반응을 보이는 것이며, 그래서 이 비판에 관여하는 데 완전히 실패"함을 의미한다.[8]

26. 추는 나와 의견을 달리하는 이유를 다음과 같이 설명한다. "저는 억압자의 욕망에 대한 도덕주의가 피억압자의 욕망에 대한 도덕주의를 위한 허울이 될 수 있다는 점을 우려하고 있어요." 나는 그녀의 견해를 욕망에 대한 정치비평이 백인 남성하고만 잠자리를 같이하려는 게이 남성, 피부색이 밝은 흑인 여성하고만 데이트하려는 흑인 남성, (추가 든 예로) 가부장주의적 여성성의 모든 요소를 원하는 트랜스여성 등 스스로 주변화된 사람들에게 너무 쉽게 불리하게 적용될 수 있다는 의미로 받아들였다. 그러나 여기에는 억압을 당하면 다른 누군가를 억압할 가능성에서 면제된다는, 억압자와 피억압자 사이의 잘못된 이분법이 전제돼 있다. 흑인 여성은 흑인 남성의 성적 인종주의에 대해 책임을 따질 권리가 없고, 백인 남성보다 흑인 남성에게 더 많은 것을 요구할 수 없는가? 만일 그러는 흑인 여성이 있다면 훈계를 한다는 이유로 비난받아야 하는가?

27. 욕망을 바꾸는 일에 대한 나의 이야기는 개인의 책임에 지나치게 초점을 맞춘다는 점에서 또 다른 의미의 훈계인가? 인종차별, 계급차별, 장애인 차별, 이성애 규범성. 이들은 구조적 문제이고, (우리도 배웠다시피) 구조적 해결책을 요구한다. 그건 확실히 맞는 말이다. 또 개인의 행동에 근시안적인 초점을 맞추는 것은 부르주아적 도덕성의 특징으로, 이 부르주아적 도덕성의 이데올로기적 기능 탓에 우리가 참여하는 더 광범위하고 부정의한 시스템에 주의를 기울이지 못하게 된다는 것 역시 분명 옳은 말이다(추의 표현을 빌리자면 개개인의 도덕성은 시스템상의 부정의를 키우는 유령회사 같은 역할을 할 수 있다). 그러나 문제가 구조에 있다고 해서 우리 개개인이 여기에 어떻게 연루되어 있는지, 이에 대해 무엇을 해야 하는지를 생각하지 않아도 된다는 말은 아니다.

28. 앞선 세대의 페미니스트들은 이를 잘 알고 있었다. 급진적 페미니스트들은 자신이 일하고 양육하고 언쟁하고 의사결정하고 생활하고 사랑하는 방식을 재고하지 않았는데, 그건 이들이 부르주아적 도덕주의자였기 때문이다.[9] 이들은 자기가 원하는 것의 구조적 본질이나 이것이 여성에게 부과하는 요구에 대해 혼란스러워하지 않았다. 페미니즘에 분리주의와 레즈비어니즘, 공유재산, 집단양육, 가족관계 해체, 여성성의 종말에 관한 논의가 필요한지를 놓고 '개인적인 것'의 얼마만큼을 '정치적인 것'으로 만드느냐 하는 문제로 의견이 분분하곤 했던 것은 사실이다. 또 너무 멀리 나가게 되면, 예시적 정치prefigurative politics(개개인에게 마치

다가올 세상에 이미 살고 있는 것처럼 행동할 것을 요구하는 정치)가 이에 순응하지 않는 이들을 소외시킬 뿐만 아니라, 순응하는 이들에겐 그 자체로 목적이 되어버리는 것 또한 사실이다. 최악의 경우 예시적 정치는 그 실천가들이 집단적·정치적 변화를 개별적·개인적 변화로 대체하도록 허락할 것이다. 달리 말하자면 예시적 정치가 곧 자유주의 정치가 된다는 얘기다. 하지만 예시를 거부하는 정치에서도 똑같은 일이 발생한다. '우리는 정치 세계를 변화시키고 싶지만, 우리 자신은 변하지 않을 것'이라는 말이 대체 무얼 뜻할까?

29. 그렇다면 이제 진짜 질문을 꺼낼 차례다. 우리는 어떻게 해야 성적 권리의식('섹스할 권리')의 여성혐오적 논리라든지, 해방하지 않고 훈육하는 도덕적 권위주의에 빠져들지 않으면서 섹스에 대한 정치비평에 참여할 수 있을까? 어떻게 해야 오드리 로드의 말처럼 우리 안의 왜곡을 두려워하지 않으면서 욕망을 해결할 수 있을까? 어떻게 해야 내면으로 돌아서지 않으면서, 정치적 프로젝트를 개인적인 것으로 바꾸지 않으면서 그리할 수 있을까? 이 질문에 대한 답은 실천적인 것으로서, 철학자들의 말처럼 사실을 아는 것이 아니라 방법을 아는 것의 문제다. 그리고 방법은 이론적 연구가 아니라 삶의 실험을 통해 찾을 수 있다.[10]

30. 「섹스할 권리」에서 나는 "'섹시한 금발의 헤픈 년'과 동아시아 여성이 성적으로 가장 끌리는 존재이며 상대적으로 흑인 여

성 및 아시아 남성은 꼴리지 않는다는 통념"에 대해 이야기했다. 어느 흑인 여성 독자가 트위터에 이를 비판하는 의견을 올렸다. "당신은 흑인 여성이 꼴리지 않는다는 걸 정치적 사실로 썼어요. 이 사실을 지지해줄 어떤 근거가 있는지요? 당신은 마치 금발 여성하고 섹스하는 것과 흑인 여성하고 섹스하는 것에 대해 사회가 보상하는 방식이 다르다는 점을 일반적인 꼴림과 하나로 합치고 있는 것 같네요."[11]

31. 내가 말한 '꼴림'과 '꼴리지 않음'은 전정치적인, 어떤 타고난 성적 매력도를 뜻하는 것이 아니다. 나는 성 정치 — 백인 여성을 갈색 인종 여성이나 흑인 여성 위에, 피부색이 밝은 갈색 인종 여성이나 흑인 여성을 피부색이 짙은 갈색 인종 여성이나 흑인 여성 위에 놓는 식으로 인종화된 위계를 강요하는 성 정치 — 를 통해 구성된 성적 매력도를 이야기하고 있다. (캐서린 매키넌이 말한 '강간하고 싶은 속성'rapeability처럼) '꼴림'fuckability은 정확히 "금발 여성하고 섹스하는 것과 흑인 여성하고 섹스하는 것에 대해 사회가 보상하는 방식이 다르다는 점"의 산물이다. "일반적인 꼴림"이 어떤 전정치적·전사회적인 성적 매력도를 의미하는 하는 것이라면 그런 건 존재하지 않는다. 비슷한 이치로 '일반적으로 강간하고 싶은 속성'도 존재하지 않는다. 어떤 여성의 신체는 강간하고 싶고 어떤 여성의 신체는 꼴리는 까닭은, 지배적인 문화 규범에 따라 그 신체가 그러한 지위를 부여받았기 때문이다. 이런 의미에서 꼴리는 몸이 강간하고 싶은 몸과 마찬가지로 하나

의 구성물임은 환원 불가능한 지점이다.

32. 그렇기는 해도 (그리고 나는 이것이야말로 해당 트윗이 하고자 했던 말이라 보는데) '꼴림'이라는 개념에는 환원적인 무언가가 존재한다. 갈색 인종 여성과 흑인 여성—특히 이들이 가난하거나 투옥되었거나 미등록 이민자일 경우—의 몸은 중요한 의미에서 최고로 꼴리는 몸이요, 백인 여성의 몸보다 훨씬 더 꼴리는 몸이다. 왜냐하면 이런 몸을 침해할 때는 처벌받을 일이나 뒷일을 걱정하지 않아도 되기 때문이다. 흑인 여성의 몸은 과잉 성욕의 몸, 남성의 성적 관심에 쉽게 응하고 이를 요구하는 몸으로 코드화되어 있고, 이에 접근하는 남성에게는 순결하고 순수하다고 여겨지는 백인 여성의 몸에 접근하는 남성보다 더 낮은 사회적 지위가 부여된다. (그 이면에는 흑인 여성의 신체에 대한 침해는 사회적으로 말하자면 완전한 침해가 아니라는 생각이 자리하고 있다. 연쇄 강간범인 전직 경찰 대니얼 홀츠클로Daniel Holtzclaw는 일련의 불쌍한 흑인 여성들을 희생양으로 삼았을 때 자신이 무슨 짓을 벌이고 있는지 알았다.) 참된 명제는, 모든 여성의 몸은 어떤 식으로든 최고로 꼴리는 몸이라는 것이다.

33. 꼴림은 더 공정하게 분배되어야 할 재화가 아니다. 전혀 아니다. 사회학자이자 게임비평가인 캐서린 크로스Katherine Cross는 다음과 같이 썼다. "아시아 여성은 일부 백인 남성의 성적 매력도 위계에서 정상에 자리하고 있다. 그러나 이런 여성들이 여기서

잃는 것은 무엇인가? 유순함이라는 숨 막히는 고정관념과 차별, 학대다. 이는 다른 누군가가 세운 위계에 속하면서 치러야 하는 대가다."[12]

34.「섹스할 권리」와 관련해 받은 이메일 중 (인종차별로 악명 높은 나라의 다문화 도시인) 시드니에 사는 남성이 보낸 이메일이 내 시선을 끌었다. 스리랑카에서 태어난 그는 백인 부모에게 입양되었다. 그가 말했다. "저는 당신의 논문을 뒷받침해주는, 자신의 피부색 때문에 거절당했다고 믿으며 불쌍한 영혼들을 학살한 혼합 인종 꼬마와 같은 사이코패스가 아니니 안심하세요. 저는 제 운명을 받아들이고 저의 짧은 생을 최선을 다해 살려고 노력할 만큼 충분히 이성적입니다." 그는 비백인 남성으로서 연애하기가 가슴 아플 정도로 힘들었다고 말했다. 데이팅 앱에서 아시아 여성 등의 프로필을 보면 선호 목록에 '백인' '백인 남성 외 사절' '인도인 사절'이라고 적혀 있다고 했다. 그는 '왜 필리핀 여자들은 백인 남자를 좋아하는가'라는 제목의 유튜브 동영상에 비판적인 글을 올린 적이 있었는데, 한 백인 여성이 "현실을 인정해. 진실은 고통스러운 법이지"라는 댓글을 달았다고 했다. 그는 자신이 엄청나게 외로웠고, 자신의 아시아인 친구들도 그랬으며, "누구도 나를 원하지 않을지도 모른다는 두려움을 떨치기 위해" 다양한 취미를 가졌다고 말했다. 그는 많은 "백인 남성과 소수민족 여성의 관계는 사랑임이 분명해요"라고 했지만, 일부는 "식민지 정복과 구제의 재연"이 아닌지 물었다. "만약에 그렇다면? 뭐,

그건 그들의 권리죠. 합의된 것이에요. 우리 같은 소수민족 남성은 그저 받아들여야 해요. 우리로도 만족스럽다면 그들은 우리와 함께하겠죠. 사랑은 정치적일 때조차 정밀검토를 면하죠." 그는 말했다. "저는 확실히 섹스할 권리가 있다고 느끼지 않고, 사랑할 권리가 있다고 생각하지도 않아요. 하지만 그렇다고 상처받지 않는 건 아니죠." 이어서 그는 "저는 상처받을 권리가 있는 것 같습니다"라고, 또 "소수민족 남성이 처한 상황을 인정하는 여성을 소수민족이든 아니든 많이 만나보지 못했어요. 이들은 그저 우리가 모두 뒤떨어졌다고 생각해요. 교양은 백인에게서만 찾아볼 수 있죠"라고 했다.

35. 2018년 미국 라디오 방송 NPR의 인터넷 팟캐스트 「인비시빌리아」Invisibilia의 공동 진행자 요웨이 쇼Yowei Shaw는 "백인 남성과 아시아 여성 커플 및 이들의 가족 이야기"를 들려달라고 공고했다.[13] 그녀는 "아시아 여성들의 내면에 백인 우월주의가 자리잡고 있다는 생각을 탐구하는 일"에 관심이 있다고 했다. 쇼가 말했다. "이런 질문을 생각해보았어요. 어떻게 문화 전체가 욕망처럼 매우 친밀하고 무의식적으로 보이는 것에 지문을 남길 수 있을까? 권력은 관계를 어떻게 형성할까? 성적 욕망을 다시 프로그래밍하는 일이 가능할까? 어떻게 할 수 있지? 이것이 사람들에게 요청해야 할 일인가?" 쇼는 이 주제가 "극도로 민감한 만큼 조심스럽고 신중하게 접근해야" 한다고 언급했다. 이후 그녀는 아시아계 미국인 여성들로부터 즉각적인 반발을 샀다. 저널리스

트 헤더 친Heather Chin이 트위터에 글을 올렸다. "맙소사. 레딧과 포챈4chan, 다른 AAPI• 남성 인셀 게시판에서 곧장 가져왔을 법한 이야기다."[14] 친은 '남성의 권리를 주장하는 아시아인'Men's Rights Asians, MRAsians, 즉 (성난 백인 남성angry white man••에서 착안해) 반인종주의를 내세우며, 백인 남성과 연애하고 결혼하는 아시아 여성을 향해 여성혐오적인 독설을 내뿜는 아시아 남성의 등장을 이야기하고 있었다.

36. 2018년 소설가 설레스트 응Celeste Ng은 잡지 『더 컷』에 「아시아 여성이 비아시아 남성과 결혼했다는 이유로 공격받을 때」라는 글을 실었다.[15] 이 글은 응이 받은 이메일로 시작하는데, 제목란에는 "저는 열렬한 팬이에요"라고 적혀 있었지만 이후로 다음과 같은 내용이 이어졌다고 한다. "당신의 내면화된 자기혐오로 인해 당신 아들이 정신질환에 걸리는 모습을 보는 것에 대해서요. 아시아인의 모습을 한 당신 아들은 엄마가 자신을 못생겼다고 생각한다는 마음을 품고 성장할 겁니다. 그리고 아빠와 잘 지내지 못할 거예요." 응이 트위터에 이 이메일을 공유하자 '백인 남성/아시아 여성'white male/Asian female, WMAF 관계를 이유로 비난의 표적이 되었던 다른 여성들이 앞에 나섰다. 작가인 크리스틴 탠Christine Tan은 "수많은 백인 개새끼와 변절한 아시아년을 죽이고 (…) 그

• Asian American/Pacific Islander. 아시아계 미국인 혹은 태평양 섬 주민.

•• 보수적인 성향의 백인 남성을 지칭하는 말로, 이들은 대개 여성과 소수자 집단, 진보주의에 적대감을 표시한다. 미국 대선 당시 트럼프를 지지한 남성을 일컫기도 한다.

자녀들의 머리를 콘크리트 도로에 박아버리겠다"라고 위협하는 이메일을 받았다. 응과 이야기를 나누었던 몇몇 아시아 여성은 그들의 혼합 인종 아들이 엘리엇 로저의 전철을 밟게 될 것이란 소리를 들었다.

37. 레딧의 하위 포럼인 r/AZNidentity(수만명 회원을 보유한 '모든 형태의 반아시아주의에 반대하는 (…) 범아시아 커뮤니티')는 많은 반WMAF 성향 사이버 폭력의 근원지다. 2016년 올라온 운영자 게시글에서 이 '범아시아' 포럼은 참여자들에게 "(자기혐오적이고 백인을 숭배하는 그런) 잘못된 아시아 여성을 지적하는 행동과 일반적으로 아시아 여성에게 계속해서 독설을 퍼붓는 행동"을 구별해야 한다고 했다.[16] 글은 계속 이어졌다. "아시아 여성을 비판하고 싶다면, 이들의 그릇된 행동을 막고 싶다면, 사회 역학과 이들을 어떻게 할 수 있는지에 대한 더 풍부한 시각을 가져야 한다. 그건 아무 문제 없다. (…) 하지만 몇몇 개인은 도가 지나치다." 그러나 거기엔 이런 말도 적혀 있다. "〔이 커뮤니티〕 아시아 여성들을 달래주려 굳이 애쓰진 않을 것이다. 또 이들이나 다른 누군가의 감정을 보호하기 위해 자기검열을 하지도 않을 것이다. (…) 우리는 아시아 여성들을 비판할 수 있다. 그들의 어리석음을 지적할 수 있다. 백인의 세뇌 공작에 굴복한 이들 (…) 우리 아시아인이 더 나은 삶을 살기를 바란다."

38. '범아시아' 포럼이 실제로는 아시아 남성을 위한 포럼이라

는 사실 말고도 놀라운 점은 많이 있다. 이곳에서는 (백인 우월주의를 실천하는) 아시아 여성이 모든 면에서 지배적인 아시아 계급이며, 아시아 남성이 그 피해자라는 견해가 당연하게 받아들여진다. 어쩌면 이는 사실일지도 모른다. 백인들은 (그리고 많은 세상 사람들은) 아시아 남성을 완전한 남성으로 생각하지 않는다. 그러나 이것이 (여느 인종의 남성들과 마찬가지로) 아시아 남성이 아시아 여성을 통제하고 착취하고 좌절시키고 구타하고 강간하는 행태를 막지는 못한다.

39. 백인 여성 또는 밝은 피부색의 흑인 여성을 선호하는 흑인 남성의 성적 인종주의를 꾸짖는 일은 대체로 흑인 여성의 몫이다. 여기서 우리는 상대적으로 지배적인 집단(흑인 남성)에 책임을 묻는 상대적으로 종속된 집단(흑인 여성)이 존재함을 알 수 있다. 그런데 이는 상대적으로 지배적인 집단(아시아 남성)이 상대적으로 종속된 집단(아시아 여성)을 책망하는 아시아인들의 일반적인 패턴과 상반된다. 흑인 공동체에서 성적 인종주의에 대항하는 투쟁이 성적 권리의식을 은폐하는 경우는 거의 없다. 흑인 여성은 자신을 욕망의 대상으로 삼아달라고 요구하지 않으면서 욕망의 정치적 형성을 이야기하는 방법을 알고 있다. 이성애자 아시아 남성을 포함해 이성애자 남성에게는 여성혐오와 권리의식, 신화적 '권리' 집행에 대한 유혹이 늘 상존한다.

40. 『n+1』에 실린, 찬사받아 마땅한 에세이를 통해 웨슬리 양

Wesley Yang은 버지니아 공대에서 대량 살상을 저지른 스물세살의 조승희 사진을 묘사한다. "당신과 닮은 얼굴이 보인다. 당신은 이 얼굴과 공통적으로 당신 자신에게 어떤 실존적 지식이 존재한다는 사실을 안다. 두 사람 모두 자신의 얼굴에 문화적 코드가 덧씌워지는 일이 어떤 것인지 알고 있다. 그리고 이것이 자신을 부끄럽고, 무력하고, 나약하게 만드는 코드라면, 당신은 호기심과 경계심이 뒤섞인 느낌으로 그 코드의 모든 가시적 반영에 정면으로 맞서게 된다. (…) 조승희의 얼굴이다. 완벽하게 평범한 한국인의 얼굴이다. 작고 말똥말똥한 눈과 갈색 피부, 작고 도톰한 입, 넓은 눈두덩이, 코 위에 삐딱하게 얹힌 안경. 분명 못생긴 얼굴이 아니다. 엉망으로 생기지 않았다. 그저 이 나라 여성들이 욕망을 느끼지 않는 얼굴일 뿐이다."[17] 2007년 4월 16일 반자동 권총 두자루로 무장한 조승희는 서른두명을 살해하고 열일곱명에게 부상을 입힌 후 스스로 머리를 쏘아 자살했다.

41. 10년 뒤 『에스콰이어』에 실린 (캐나다 심리학자이자 남성인권 운동의 영웅인) 조던 피터슨Jordan Peterson 관련 기사에서 양은 피터슨을 비판하는 사람들로부터 그를 옹호했다. "조던 피터슨에게 열광하는 젊은 남성들은 유행의 첨단을 걷는 사람들이 그를 경멸하는 모든 이유로 그에게 열광한다. 피터슨은 문화가 (…) 부정하고 싶어하는 무언가를 이들에게 선사한다. 그건 바로 목적의식이다. 위험과 모험, 신체적 도전, 무한 경쟁에 대한 이들 젊은이의 타고난 성향을 관료화된 포스트페미니즘 세계의 평화롭고 양성

적인 이상에 대한 부적응으로 규정해가는 어떤 세상에서, 그는 목적을 준다."[18] 나는 양에게 묻고 싶다. 조승희를 만든 것이 바로 이 '자연적인' 남성성 — 위험을 감수하고, 모험적이며, 경쟁적이고, 지배적인 성향을 타고난 남성성, 외톨이에다 마르고 여드름 난 동아시아 소년은 절대로 온전히 손에 넣을 수 없는 남성성 — 이라는 이데올로기 아니었던가?

42. 「도전! 슈퍼모델」 여섯번째 시즌에서 어느 한국계 미국인 참가자가 "이 분야에 아시아 모델이 충분하지 않"다며, "그 장벽을 무너뜨리고" 싶다고 했다. 그리고 잠시 뒤 그녀는 이렇게 선언했다. "아시아 남성에겐 관심이 없어요." (진행자인 타이라 뱅크스는 감탄스러울 정도로 빠르게 모순점을 지적했다. "앞서 '나는 아시아인이고, 강하고, 한국인'이라 말하더니 이제는 '한국 남자는 꺼져. 나는 백인 남자를 원해'라고 말하네요.") 오스트레일리아의 데이트 쇼 「테이크 미 아웃」Take Me Out의 한 회차에서 두 아시아 여성이 아시아 '독신남'을 거절한 이유를 설명했다. "제게는 '아시아인과 데이트하지 않기'라는 일종의 방침이 있어요. 당신은 제 남자 형제랑 좀 닮았어요." 이들 중 한명이 이렇게 말하자, 다른 한명도 동조했다. "미안해요, 제게도 '아시아인과 데이트하지 않기' 방침이 있어요. 남매로 오해받기 싫어요." 2018년 5월 남편이 백인인 아시아 여성이 인스타그램에 다음 글과 함께 본인과 아기 사진을 올렸다. "나는 항상 금발에 푸른 눈을 가진 아기를 갖길 꿈꿨는데, 사람들은 내게 농담하지 말라며 내가 뼛속까지

중국인이라고 말했다! 모두 잘 봐라, 내 아기는 하얀 피부에 푸른 눈을 가졌다." 요웨이 쇼의 팟캐스트 「인비시빌리아」 중 '매우 불쾌한 로맨틱 코미디' 편에는 젊은 아시아계 미국인 남성이 등장해, 열두살 때 그의 누이가 엄마에게 하는 말('아시아 남성은 매력이 없어서 절대로 데이트하지 않겠다')을 우연히 듣게 됐다고 설명한다.[19] 2015년 설레스트 응은 트위터에 이런 글을 올렸다. "솔직히 말해 나는 아시아 남성이 매력적으로 보이지 않는다(이들을 보면 내 사촌이 생각난다)."[20] 이후에 응은 해당 트윗이 개인의 생각일 뿐 아시아인 혐오의 표현이 아니라고 설명하며 사과했다. 본인이 아는 유일한 아시아 남성이 사촌인 탓에 아시아 남성에게서 매력을 느끼지 못했던 거라고 말이다.[21]

43. 『뉴욕 타임스』에 기고한 논평에서 오드리아 림Audrea Lim은 극보수주의 남성이 아시아계 미국인 여성과 연애하고 결혼하는 현상이 이상할 정도로 만연한 이유를 자세히 설명한다.[22] 림은 베트남계 미국인 여성 틸라 테킬라Tila Tequila가 리처드 스펜서Richard Spencer 주최의 백인 우월주의 콘퍼런스 시작 전 만찬 자리에서 나치식 경례를 하는 사진에 대해 논하며, 다음과 같이 썼다. 이 사진이 "백인들로 가득한 학교에서 흥미롭고, 침착하며, 사랑받는 사람이 되고 싶었던 열네살의 아시아 여자아이로 살아가야 했던 기억을 상기시켜주었다. 나는 다른 아시아 학생들, 특히 따분한 공붓벌레들과 거리를 둬야 한다는 사실을 본능적으로 깨달았다. 친구로부터 '너는 멋지니까' 아시아인이 아니라 백인이야,라는 말

을 들었을 때 내가 성공했음을 알았다."

44. 내게도 "(너는) 실은 백인이야"라고 농담하는 친구들이 있다. 어쩌면 이건 농담이 아닐지도 모른다.

45. 나는 어머니나 할머니, 고모가 결혼했던 남성과 같은 부류의 남성하고는 결혼하고 싶어하지 않는, 서구권에 사는 동남아시아 여성을 많이 안다. 아시아 남성들을 보며 자기 사촌을 떠올리게 된다는 말은 이들이 어떻게 양육되었는지 너무나 잘 알겠다는 의미일 때도 있다. 여기서 이런 질문을 해볼 수 있다. 아시아 여성에게도 이런 선택을 할 권리가 있지 않은가? 또 다른 질문. 왜 백인 남성들이 더 잘 양육되었다고 생각하는가? 교양은 백인의 전유물인가?

46. 나의 「섹스할 권리」 에세이를 두고 '젠더에 비판적인' 레즈비언 페미니스트들의 분노에 찬 트윗이 쏟아졌다. 「섹스할 권리」가 '속옷 천장'의 논리를 뒷받침한다는 이유에서였다. 내가 '속옷 천장' 개념이 배격해야 마땅한 성적 권리의식 논리에 속한다고 진단했음을 고려하면 여기서 사소한 아이러니를 발견할 수 있다. 나는 "'속옷 천장'은 누구도 제공할 의무가 없는 것에 접근하기 어려움을 의미"한다고 썼다. 이미 언급했듯 필요한 것은 권리의식이 아닌 역량강화와 존중에 대한 담론이다.

47. 일부 레즈비언 페미니스트들은 방침상 흑인과 잠자리하지 않는 백인 그리고 방침상 트랜스여성과 잠자리하지 않는 시스젠더 레즈비언 사이에 유사성이 있을 가능성에 반대한다(뭐, 일부 레즈비언 페미니스트는 이 유사성에 반대하며, 다른 일부는 성적 인종주의에 아무런 문제가 없다고 주장한다). 이들은 레즈비어니즘의 본질이 여성의 신체와 생식기를 가지고 태어난 사람들에게 선천적으로 끌리는 데 있다고 주장한다. 만약 그렇다면 성적 인종주의자와 트랜스젠더를 배제하는 레즈비언 사이에 유사성이 있을 수 없다. 전자는 정치적으로 의심스러운 선택을 한다면, 후자는 자연적이고 고정적인, 그래서 비난받을 수 없는 성향대로 행동하기 때문이다.

48. 나는 성적 지향을 이런 생식기(더군다나 날 때부터 가지고 태어난 생식기)로 환원하는 행태가 곤혹스럽다. 선천적으로 음경이나 질에 마음이 끌리는 사람이 있나? 아니면 (우리가 나중에 신체의 특정 부분과 연관시키게 되는) 신체적인 방식을 포함해 우리가 세상에 존재하는 방식에 먼저 끌리는가?

49. 질에 대한 혐오감을 거리낌 없이 표현하는 게이 남성을 생각해보자. 제왕절개 수술로 태어나서 어머니의 질에 닿아본 적이 없고, 이후로 단 한번도 질에 신체 접촉을 해본 적이 없는 게이 남성을 지칭하는 '플래티넘 스타 게이'Platinum Star Gay라는 관념을 생각해보자. 이것은 선천적인 것에 관한, 그래서 허용되는 혐오의

표현인가? 아니면 학습된, 의심스러운 여성혐오적 표현인가?

50. 『트랜스애드보케이트』와의 최근 인터뷰에서 크리스탄 윌리엄스Cristan Williams는 캐서린 매키넌에게 물었다. "여성이 해방되려면 먼저 '여성'을 분리된 생물학적 집단이라는 측면에서 정의할 필요가 있다며 열변을 토하는 사람들과 어떻게 함께 일하나요?" 매키넌이 답했다. "남성이 지배하는 사회는 여성을 줄곧 분리된 생물학적 집단으로 정의했습니다. 이것이 해방을 가져왔다면 우린 자유를 누리고 있겠죠."[23]

51. 이 얘기는 우리가 성적으로 끌리는 몸의 종류를 마음대로 바꿀 수 있다는 뜻이 아니다. 또 (일부 트랜스여성을 포함해) 일부 여성에겐 음경이 남성 권력과 폭력의 상징으로서, 욕망의 대상이 될 수 없음을 부정하는 것도 아니다. 어떤 의미에서 가장 중요한 질문은 이것이다. 음경을 가진 여성에 대한 성적 혐오를 설명하려면, 트랜스젠더에 대한 부당한 혐오 또는 남성에 대한 정당한 경계심을 동원하는 것이 최선일까? 그러나 트랜스젠더를 배제하는 페미니스트들이 꺼리는 구별이 바로 이것이다.

52. 2015년 사우스캐롤라이나주 찰스턴에 있는 흑인 교회에서 성경 공부 모임에 들어간 뒤 아홉명을 총으로 살해한 딜런 루프Dylann Roof는, 대학살을 저지르며 이렇게 공표했다. "당신들 모두가 우리 여성들을 강간하고 있기 때문에 나는 이 일을 해야만 한다."

53. 2017년 12월 7일 윌리엄 애치슨William Atchison은 자신이 다녔던 뉴멕시코의 고등학교에서 학생 두명을 총으로 쏘고 자살했다. 그의 신체 부검 결과, 몸에 나치의 상징인 하켄크로이츠와 'SS' '장벽을 세우자'BUILD WALL 'AMOG'Alpha Male of Group(우두머리 수컷 집단) 같은 상징과 문자가 있음이 밝혀졌다. 그는 온라인에서 '엘리엇 로저'라는 필명을 사용했다.

54. 2018년 밸런타인데이에 니컬러스 크루즈Nikolas Cruz가 플로리다주 파크랜드의 마조리 스톤먼 더글러스 고등학교에서 학생과 직원 열일곱명을 총으로 쏘아 살해했다. 소셜미디어에서 학교 총기 난사를 계획하는 환상을 품었던 백인 우월주의자이자 총기광(그리고 도널드 트럼프 지지자)이었던 크루즈는 여성을 싫어했다. 그는 전 여자친구를 스토킹하고, 그녀와 그녀의 새 남자친구를 죽이겠다고 협박하며 괴롭혔다. 유튜브 동영상 댓글에서 크루즈는 "엘리엇 로저를 잊지 않겠다"고 맹세했다.

55. 내 에세이가 처음 발표되고 한 달 뒤인 2018년 4월 23일, 스물다섯살의 알렉 미나시안Alek Minassian이 사람들로 붐비는 토론토 거리의 보도로 밴을 몰고 돌진하면서 열명이 사망했고 열여섯명 이상이 부상을 입었다. 이런 사건을 벌이기 전 미나시안은 페이스북에 다음과 같은 글을 올렸다. "인셀의 반란은 이미 시작되었다! 우리는 모든 인기남과 인기녀를 없앨 것이다! 최고의 신사 엘

리엇 로저 만세!"

56. 2018년 6월 28일 재러드 라모스Jarrod Ramos는 메릴랜드주에 있는 『캐피털』The Capital 신문 뉴스실에서 다섯명을 총으로 쏘아 살해했다. 그는 6년 전 『캐피털』을 상대로 명예훼손 소송을 제기했는데, 그가 고등학교 동창생을 괴롭혔다는 사실을 인정했다고 보도했다는 이유에서 였다. 라모스는 그 동창생과 페이스북 친구를 맺었고, 그녀에게 자신을 기억하는지 물었다. 그녀는 기억하지 못했다. 몇번의 메시지가 오간 후 라모스는 그녀가 자신의 메시지에 너무 느리게 반응한다고 느끼기 시작했다. 라모스는 그녀에게 자살하라고 말하고는 신변보호가 필요할 것이라고 경고했다.

57. 2018년 7월 18일 밤, 아이오와대학교 2학년생인 몰리 티베츠Mollie Tibbetts는 아이오와주 브루클린에 있는 집 근처에서 조깅을 하던 중 행방불명되었다. 감시카메라 영상에는 크리스티안 바헤나 리베라Cristhian Bahena Rivera라는 남성이 차를 타고 티베츠를 따라가는 모습이 담겨 있었다. 리베라는 결국 티베츠를 살해한 사실을 자백했고, 들판의 옥수수 껍질 아래에 묻어둔 그녀의 시신이 있는 곳으로 경찰을 데려갔다. 부검 기록표에는 사망 원인이 "다수의 예리한 흉기에 의한 손상"이라고 적혀 있다. 리베라는 열일곱살에 미국으로 이주해 온 멕시코계 농부였다. 도널드 트럼프는 티베츠 살해 사건을 언급하며 이렇게 주장했다. "멕시코 불법 이주자가 그녀를 살해했습니다. 우리는 장벽을 세워야 합니다. 이민

법을 수정해야 합니다. 국경법을 바꿔야 합니다."

58. 장벽이 있었으면 엘리엇 로저와 니컬러스 크루즈, 윌리엄 애치슨, 딜런 루프, 재러드 라모스가 살해한 서른아홉명의 죽음을 막을 수 있었을까?

59. 2018년 8월 16일 오클라호마주 루서에서 고등학교 조회 시간에 열네살 남학생이 10센티미터 접이식 칼로 같은 나이의 여학생을 조용히 반복적으로 찔러 그녀의 팔과 등 상부, 손목, 머리에 상처를 입혔다. 그 여학생은 그에게 "친구로서 좋아한다"며 연애하고 싶은 마음이 없다고 말한 적이 있다.

60. 2018년 11월 2일 제대군인이자 메릴랜드주 앤 아룬델 카운티 공립학교 제도에 소속되어 있던 마흔살의 전직 교사 스콧 바이얼Scott Beierle이 플로리다주 탤러해시에 있는 요가 학원에서 여섯명을 총으로 쏘았고, 이 중 두명이 사망했다. 유튜브 동영상에서 바이얼은 여성으로부터 성적으로 거부당하는 상황에 대해 불평했고, 엘리엇 로저를 향한 연민을 드러냈으며, 다른 인종 간의 관계가 가진 유해성에 분노하며 열변을 토했다. 그는 2012년과 2016년 여성의 엉덩이를 움켜잡은 혐의로 체포되었고, 여학생에게 '간지럼을 잘 타는지' 물어보고는 브래지어 아래의 배 부분을 만져 교사직에서 해고된 바 있었다.

61. 2020년 2월 19일 마흔세살의 토비아스 라첸Tobias Rathjen은 독일 하나우에 있는 물담배(시샤) 전문점 두곳에서 열네명을 총으로 쏘았고, 그 결과 아홉명이 사망했다. 그런 다음 라첸은 집으로 돌아가 어머니를 쏘고 자살했다. 라첸의 개인 웹사이트에 올라온 성명서에는 무슬림 국가 출신 이민자들을 전멸시켜야 한다는 내용이 담겨 있다. 급진주의를 연구하는 전문가는 그의 성명서가 "음모 이론과 인종주의, 인셀 사상의 매우 거친 혼합물"을 보여주고 있다고 말했다.

62. 2020년 2월 24일 익명의 열일곱살 남성이 토론토에 있는 마사지 스파에서 칼로 세명을 공격했고, 한 여성이 치명상을 입었다. 캐나다 당국은 용의자를 인셀과 연결시켰으며, 그에게 테러 혐의를 적용했다.

63. 2021년 3월 16일 조지아주 애틀랜타에 있는 마사지 스파에서 무차별 총격 사건이 발생해 여섯명의 동아시아계 여성을 비롯한 여덟명이 총에 맞아 사망했다. 총격 사건 이후 살인 혐의가 적용된 용의자 로버트 에런 롱Robert Aaron Long이 여성혐오나 인종차별적 적대감으로 사건을 저질렀는지에 대한 격렬한 논쟁이 뒤따랐다. 롱은 복음주의 기독교 시설에서 '치료'를 받았던 자신의 '성중독'을 언급하며, 마사지 스파를 공격해 다른 남성들에게 '도움'을 줄 수 있기를 바랐다고 설명했다. 롱의 행동이 인종과 무관하다고 생각하는 사람들은 반동아시아 인종주의가 동아시아 여성에

대한 성적 집착과 얽혀 있는 방식을 놓치고 있다.

64. '비자발적 독신주의자'라는 표현은 앨러너가 처음 사용했다. 그녀는 데이트를 한번도 해본 적이 없었고, 자신과 같은 외로운 처지의 사람들을 표현하는 적절한 용어를 만들고 싶었던 '따분하고 별난 여성'이었다. 1990년대 후반 캐나다 오타와에서 대학에 다니던 시절 앨러너는 '앨러너의 비자발적 독신주의 프로젝트' Alana's Involuntary Celibate Project라는 글로만 채워진 웹사이트를 만들었다. 이곳은 남녀노소, 동성애자, 이성애자를 위한 토론의 장이자 지지 공동체였으며, 회원들은 처음에 자신들을 '인브셀' invcel이라고 부르다가 어느 토론 참가자가 'v'를 빼자고 제안하면서 '인셀'이 되었다. 이들은 수줍음과 서투름, 우울함, 자기혐오를 다루는 방법에 관해 조언을 나눴다. 앨러너에 따르면 일부 남성이 여성을 물건인 듯 이야기하긴 했지만, 오늘날의 인셀 토론을 특징짓는 폭력적인 권리의식은 없었다고 한다. 결국 연애를 시작하게 된 앨러너는 운영자 자리를 다른 회원에게 넘기며 탈퇴했다. 그리고 20년 뒤에 『마더 존스』*Mother Jones*에 실린 엘리엇 로저 기사를 보고 나서야 인셀 운동이 어떻게 변했는지 알게 되었다. 오늘날 인셀은 여성 인셀, 즉 '펨셀' femcel이란 없다고 주장한다.

65. 앨러너의 이야기는 식물생리학자 아서 갤스턴 Arthur Galston을 떠올리게 한다. 그는 대학원생일 때 2,3,5-트리요오도벤조산을 사용해 콩의 성장을 촉진할 수 있다는 사실을 발견했다. 1943년

발표한 논문 「개화의 생리, 특히 콩의 꽃 피우기와 관련해」Physiology of flowering, with especial reference to floral initiation in soybeans의 한 각주에서 갤스턴은 트리요오도벤조산을 초과 사용하면 콩 식물의 잎이 떨어진다고 적었다. 미군은 이 내용에 주목했고, 1945년 비행기 살포용 고엽제로 사용하기 위해 2,4,5-트리요오도벤조산의 생산 및 실험에 착수했다. 만약 2차 세계대전이 끝나지 않았더라면 이 물질이 일본에서 사용되었을 것이다. 이 화학물질은 이후 미국이 베트남 전쟁 당시 450만 에이커 이상의 땅을 황폐화하는 데 사용한 고엽제 '에이전트 오렌지'Agent Orange의 기초가 되었다. 자신의 연구가 어떻게 활용되었는지 알게 된 갤스턴은 에이전트 오렌지를 군사 무기로 사용하는 일을 중단하라는 캠페인을 맹렬히 전개했다. 1971년 마침내 그는 이 무기의 사용을 금지하도록 닉슨을 설득하는 데 성공했다.

66. 토론토에서 밴 습격 사건이 발생하고 5일 뒤 앨러너는 '러브 낫 앵거'Love Not Anger(분노가 아닌 사랑)라는 웹사이트를 만들었다. 이 프로젝트는 '사랑에 목마른' 사람들에게 최상의 지원을 제공할 방법에 관한 연구를 수집하고 알렸다. 앨러너는 "외로움과 성차별과 여성혐오, 특권, 권리의식의 결합이 많은 남성을 자신들이 성적으로 이용 가능한 여성이 없다는 사실에 분노하게 만들었다"라고 썼다. 이 웹사이트는 2019년 11월 이후로 활동이 중단된 상태다. 앨러너는 "물러나 있는 것이 〔자신의〕 정신건강을 개선해주었다"고 말한다.

67. 곤란한 질문 하나. 섹스와 연애에서 주변화되는 것이 억압의 한 양상일 때는 언제이며, 그저 인생의 작은 비극 중 하나인 불운의 문제일 때는 언제인가? (내가 대학 1학년생일 때 심지어 후기자본주의적 유토피아에도 비통함이 존재한다고 말하면서 우리에게 엄청난 실망감을 안겨주었던 교수가 있었다.) 아름답지 않으면 억압받는 계급에 속하는가? 키가 작으면? 만성적 수줍음은 어떤가?

68. 우리는 누군가를 원하는 좋은 이유와 나쁜 이유를 구별함으로써 (억압이기도 하고 아니기도 한 '욕망의 대상이 되지 않는 상태'의 원인들 사이에) 이 선을 긋는 시도를 해볼 수 있다. 그러나 누군가를 욕망하는 좋은 이유란 무엇일까? 여성의 몸을 욕망하는 것이 아니라면 마음은 어떤가? 아름다운 영혼은? 아름다운 영혼을 우리가 결정할 수 있는가? 이게 중요한가? 그래야 하나?

69. 레딧의 r/trufemcels은 장기 연애를 원하나 대상을 찾지 못하는 여성을 지지해주는 토론장으로, 한번도 키스나 섹스를 해본 적 없고, 남자친구도 사귀어본 적 없는 이십대 후반 및 삼십대 여성이 주로 참여하고 있다. 여기서는 사랑하고 성관계를 갖기엔 너무 못생기거나 사회적으로 미숙하다고 주장하면서도 통념적으로 매력이 없거나 사회성이 부족하다고 여겨지는 여성에게 관심이 전혀 없는 인셀 남성의 위선에 관한 이야기가 반복해서 올

라온다(펨셀은 이런 남성들이 진짜 인셀이 아닌 자발적 독신주의자voluntary celibate, 즉 볼셀volcel이라고 말한다). 펨셀은 이런 남성 대다수가 진짜로 원하는 것이 사랑이나 성관계가 아니라 섹시한 백인 여성과 잠자리를 하면서 따라오는 지위라고 지적한다. 나는 어느 인셀 토론에서 인셀은 왜 지위가 높지 않은 여성에게 관심이 없는가를 논의할 때 누군가가 올린 다음과 같은 글을 보았다. "사람들이 실제 쓰레기와 섹스하고 싶어하지 않아서 기분이 상한 건가?"

70. '하이퍼가미'hypergamy•는 인셀과 MRA, 제비족, 조던 피터슨 신봉자들의 어휘 목록에서 중요한 자리를 차지하는 표현이다. 이들은 대다수 여성이 섹스하는 대상이 소수 남성에게 몰린다고 믿는다(피터슨의 말을 빌리자면 "여성은 자기와 지위가 같거나 자기보다 지위가 높은 지배계급과 짝을 짓는다면 남성은 자기와 지위가 같거나 자기보다 지위가 낮은 계급과 짝을 짓는다").[24] 어느 남성 중심적 반페미니스트 블로거는 하이퍼가미로 뒤에 남겨진 '베타 수컷'beta male••이란 "극도로 상승혼적인 성 시장에서 빚을 짊어지고 사는 중산층"이라고 설명하며 다음과 같이 말했다. 날씬하고 순수하며 여성적인 젊은 백인 여성의 세계로 진입하는 가격은 이들이 감당할 수 없을 정도로 치솟았다." 그는 또 이렇게 말했다. "섹스·연애·결혼의 불평등주의가 만성적으로 지속되는

• 여성이 자신보다 지위가 높은 남성과 결혼하는 것.

•• 우두머리 수컷(alpha male)과 상반되는 의미로, 소심하고 소극적이며 남성다움이 없는 남성을 가리킨다.

상황에서 성난 젊은 남성의 반란은 당연히 일어나게 되어 있다. 트럼프의 당선은 정당한 분노를 표출하는 젊은 남성의 혁명에서 최초로 발생한 기습 공격이었다. 트럼프가 낙선한다면 다음 공격은 호락호락하지 않을 것이다. 꼴통 진보주의자와 여성인권 운동가는 곧 진짜 비통함이 무엇인지 알게 될 것이다."[25]

71. 성난 인셀과 '성난 젊은 남성' 트럼프 지지자 간에는 유사점이 있다. 두 경우 모두 표면상으로는 불평등에 분노하고 있지만, 실제로는 백인 남성 특권이 상실될 위기에 분노하고 있다는 점이다. 우리는 이제 특정 트럼프 지지자들의 항의에 '왜 백인이 흑인이나 라틴계 사람들보다 별로 더 나을 게 없어야 하는가?'라는 뜻이 담겨 있음을 안다. 마찬가지로 인셀의 항의는 '왜 백인 남성이 낮은 지위의 여성, 즉 날씬하고 순수하며 여성적인 젊은 백인이 아닌 여성으로 만족해야 하는가?'다. 여기에 불평등이나 부당함에 대한 항의는 존재하지 않는다. 그저 당연히 자신들의 것이라고 믿는 권리의식의 상실에 대한 항의만 있을 뿐이다.

72. 더 나아가 두 경우(인종차별을 호소하는 트럼프 지지자와 인셀) 모두 이들이 믿는 현실에는 근거가 없다. 미국 백인은 흑인이나 라틴계 미국인보다 더 못하고 있지 않다. 진실은 반대다. 최악의 상황에 있는 백인이 절대적인 관점에서 전보다 더 나빠지더라도 (그리고 이런 관점에서 이들이 심각한 불만을 가질 만한 정당한 이유가 있더라도) 그렇다. (이것이 저소득 백인 지지자들

이 트럼프를 지지하게 된 동기에 대한, 이제는 지겹도록 익숙해진 논쟁의 근원이다. 그 동기는 바로 인종 간의 적대감이나 경제적 불안정이다. 완벽한 답—아마도 인종적 불안과 경제적 불안을 깔끔하게 구분하기를 거부하는 데서 시작해야 할 것이다—이 무엇이든 우리는 부유한 시골 사업가들이 트럼프의 든든한 후원자였고, 2016년과 2020년 대다수 고소득 유권자들이 그에게 투표했다는 사실을 기억해야 한다.)[26] 한편 소수의 남성이 여성 대부분의 성적 관심을 빨아들이는 가운데 다수의 남성은 성적으로 '굶주리고' 있다는 말은 사실이 아니다. 캐서린 크로스는 다음과 같이 썼다. "성적 매력도의 사회적 위계는 누가 성적으로 매력적인지 아닌지에 관한 이미지를 만든다. 이는 섹스를 하고 있느냐 없느냐와 절대적인 관련이 있지는 않다."[27]

73. 일반적으로(적어도 미국과 영국, 유럽, 일본에서) 젊은이들은 한 세대 전의 젊은이들보다 섹스 횟수가 줄었다.[28] 다수의 조사에 따르면 여성이 섹스하지 않을 가능성이 남성보다 훨씬 더 크며, 전해에 섹스 파트너가 두명 이상이었을 가능성은 남성이 더 높음을 보여준다. 미국 남성의 0.8퍼센트만이 2016년 열명 이상의 섹스 파트너가 있었다. 인기남은 극히 드물다. 성경험이 전혀 없고, 종교적 이유로 독신 상태인 것이 아닌 18세 이상의 이성애자 미국인 남성의 비율은 약 1.3퍼센트다. 이들 중 다수는 아직 연애 경험이 없으며, 실제로 부모와 함께 사는 십대 후반에서 이십대 초반의 젊은이다.[29]

74. 이번에도 역시 이 사실은 놀랍지 않다. 인셀은, 이들의 주장이 무엇이든, 불평등한 분배에 분노하는 것이 아니다. 성적 지위에 대한 권리의식의 (그릇된) 박탈감에 분노하고 있다.

75. 물론 인셀과 트럼프를 지지하는 성난 백인 남성의 유사점은 이것만이 아니다. 인셀과 제비족, MRA의 세상과 트럼프 당선을 도왔던 극우 단체들 사이엔 직접적인 연관성이 있다.[30] 남성 중심 웹사이트를 부채질하는 백인 남성의 불만 정치는 게이머게이트Gamergate와 레드 필Red Phill, 조던 피터슨에서부터 유나이트 더 라이트Unite the Right, 프라우드 보이스Proud Boys, 스리 퍼센터스Three Percenters까지 더 공공연한 민족주의적 불만의 정치로 가는 이념적이고 물질적인 통로의 역할을 했다. 2021년 1월 6일 발생한 미국 국회의사당 폭동에 가담한 혐의로 체포된 남성 두명은 '데이트 및 연애 전략가'이자 '여성 심리'에 능통한 패트릭 스테드먼Patrick Stedman과 "가치가 높은 여성을 얻을 수 있게 남성들을 도와준다"는 유튜브 방송을 운영하는 ('브래드 홀리데이'Brad Holiday라고 알려진) 새뮤얼 피셔Samuel Fisher였다. 국회의사당으로 쳐들어가기 두 달 전 스테드먼은 트위터에 "당신은 트럼프가 아니라 남성적인 에너지에 불만이 있는 것이다"라고 올렸다.[31]

76. 토론토 밴 습격 사건 이후 『뉴욕 타임스』의 보수적인 가톨릭 칼럼니스트 로스 다우타트는 「섹스의 재분배」라는 기사를 실

었다.[32] 이 기사는 "때때로 극단적이고 급진적이며 괴짜인 사람들이 존경스럽고 온건하고 정상인 사람들보다 세상을 더 명확하게 본다"라는 문장으로 시작한다. 다우타트는 이런 '뛰어난 괴짜' 중 한명이 조지메이슨대학교 경제학자 로빈 핸슨Robin Hanson이라고 말했다. 토론토 밴 습격 사건이 발생하고 얼마 지나지 않아 핸슨은 자신의 블로그에서 왜 진보주의자들은 부의 재분배에는 몰두하면서 성의 재분배에는 신경 쓰지 않는지 물었다. 이내 그에게 엄청난 비난이 쏟아졌다. 『슬레이트』*Slate*의 표제는 '로빈 핸슨은 미국에서 가장 소름 끼치는 경제학자인가?'였다. 그러나 부의 재분배에 반대하는 핸슨은 진보주의자들을 위선자로 몰았다. 그의 질문은 이렇다. 부의 불평등이 시정해야 하는 불공정이라면 왜 성 불평등은 그렇지 않은가?

77. 섹스의 '재분배'라는 생각에는 적어도 두가지 이유로 문제가 있다. 먼저 앞서 이미 언급했듯이 인셀은 성관계를 못 해서 화가 난 게 아니다. 본인의 성적 지위가 낮다고 여겨서 화가 난 것이다. 두번째로 '재분배'라는 표현은 매우 강압적으로 들린다.

78. 많은 페미니스트가 성을 재분배하자는 핸슨의 제안이 사실상 여성을 강간하자는 제안이라고 주장했다. 이에 핸슨은 성의 재분배를 가져오는 다른 방법들을 제안했다. 성경험이 없는 남성들에게 매춘부와 잘 수 있게 돈을 준다거나, 혼전 순결이라든지 조던 피터슨이 말했던 '강제적 일부일처제'의 전통적 규범을

권장하는 방법 등이다. 이런 제안들 또한 강간처럼 강압적이라는 점에서 모순적이다. 성을 파는 여성은 대체로 돈이 필요해서 파는 것이다. 성경험이 없는 남성에게 성관계에 지불할 돈을 주는 방법은 생계를 위해 성을 팔아야 하는 여성이 있음을 전제로 한다. (여성이) 혼전 순결과 강제적 일부일처제라는 전통적 규범을 다시 따르는 방법의 경우 이것이 강압적 강간과 얼마나 다른가?

79. 로리 페니Laurie Penny와 재클린 프리드먼Jaclyn Friedman 같은 일부 페미니스트 논평가는 다우타트와 핸슨을 향해 성의 분배는 여성을 물건으로 취급하는 것이라고 말했다.[33] 이런 페미니스트들은 이것이 성의 자본주의 논리를 강조할 뿐이며, 인셀 현상이 그 징후라고 주장했다. 리베카 솔닛이 말했듯 "성은 상품이고, 이 상품을 축적할수록 남성의 지위가 높아지며, 모든 남성에게는 축적할 권리가 있지만, 여성은 어떤 알 수 없는 방식으로 이 축적을 방해하고, 그래서 이들은 상품이며 적이다". 솔닛은 인셀이 "자신들의 낮은 지위에 분노하지만, 이 지위를 부여하고, 우리 모두를 고통스럽게 비인간화하는 방식으로 상품화하는 시스템에 의문을 품진 않는다"고 말한다.[34]

80. 인셀이 지위 — 지위 높은 여성과의 성관계가 부여하는 지위, 이들이 지위 높은 여성과 만나기 위해 갖춰야 한다고 생각하는 지위 — 를 갈망한다는 솔닛의 견해는 맞는다. 동시에 인셀은 성 상품화를 싫어하며, 이것에서 해방되기를 원한다. 이들은 성이

시장 논리의 지배를 받으며 높은 지위의 여성이 자신들과 기꺼이 친절하게 성관계하지 않는다는 생각을 싫어한다. 이것이 인셀 현상의 중심에 있는 까다로운 모순이다. 인셀은 자신을 패배자로 보는 성 시장에 반대하면서도 그 시장을 구성하는 위계에 집착한다.

81. 이 점에서 인셀은 병리적인 두 측면의 충돌을 보여준다. 한편에는 이른바 신자유주의라고 하는 것의 병리적인 측면이 있어서, 점점 더 많은 삶의 영역을 시장의 논리에 동화시키는 것이다. 다른 한편에는 가부장제의 병리적인 측면이 있는데, 이는 자본주의 사회에서 여성과 가정을 시장에서 벗어나는 피난처로, 얼마든지 받을 수 있는 돌봄과 사랑의 원천지로 보는 경향이 있다. 이런 식으로 가부장제는 '자발적인' 헌신이 젠더 교육과 결혼의 실질적 필요성, 암묵적 위협으로 여성에게 요구하는 모든 방식을 외면한다. 이 두 측면이 부딪친다고 해서 서로 도움이 되지 않는다거나, 유기적인 결합을 이루지 못한다는 뜻은 아니다. 셀마 제임스와 마리아로사 댈라 코스타Mariarosa Dalla Costa, 실비아 페데리치가 1970년대에 지적했듯이, 그리고 이후로 줄곧 낸시 프레이저Nancy Fraser가 주장했듯이 여성적 돌봄의 장소로서 집은 시장 논리의 강압에 지친 남성에게 정서적·성적 보상을 제공하면서 자본주의에 이바지한다.[35] 이에 따른 숨겨진 대가는 가부장주의적 가정의 강요로, 주로 여성이 부담한다. 인셀의 진짜 불만은, 여성이란 지위를 부여하는 상품이라고 주장하는 그들의 이데올로기가 뒷받침하는 바로 그 시스템에서 벗어나게 해줄 여성이 없다는 것이다.

82. 로스 다우타트가 『뉴욕 타임스』 기사에서 언급한 또 한명의 "극단적이고 급진적이며 괴짜"인 인물은 바로 나였다. 다우타트가 나를 이렇게 인정해주었지만, 나는 핸슨과 다르다. 나는 '섹스할 권리'가 있을지도 모른다고 제안하지 않았다. 그는 우리 둘의 글을 "후기 근대 성생활의 논리에 대한 반응"으로 보는데, 이는 "새로운 승자와 패자를 탄생"시키고 "낡은 위계를 대체할 새로운 위계"를 낳은 성 혁명을 의미한다. 다우타트는 나를 현재 상황에 대한 이상적인 페미니즘적 대응을 제시하는 사람으로, 핸슨을 자유지상주의적 기술 상거래(섹스로봇과 인스타 포르노의 시대)로 향하는 추세에 더 부합하는 해결책을 제공하는 사람으로 제대로 파악했다. 다우타트 본인은 그가 "대안적이고 부수적인 반응, (…) 다시 말해 널리 퍼진 고립과 불행, 메마름을 일부일처제와 정조의 미덕과 순결을 지키는 사람들에게 특별한 존경을 보이고 이를 유지하려는 과거의 생각들을 부활시키거나 채택해서 해결할 수 있을지도 모른다"고 말한 것을 더 선호한다.

83. 그러나 다우타트의 보수적이고 종교적으로 변화된 관점은 국가가 강요하는 섹스할 권리를 공인하자는 핸슨의 제안에 대한 진정한 대안이 아니다. 일부일처제, 이성애 규범성을 따르는 가족, 독신이라는 규범은 (인셀에게 정부 보조금을 주자는 핸슨의 제안처럼) 남성이 여성의 몸과 마음에 대한 접근을 보장받도록 설계된 가부장제 구조의 일부다. 페미니스트의 관점에서 남성의

성적 권리의식을 강요하는 주체가 국가인지 사회인지는 중요하지 않다. 그리고 진실은 언제나 둘 다이다.

84. 독신을 유지하는 사람에게 보내는 특별한 존경의 경우, 이 존경이 자신의 욕망을 혐오하도록 배운 동성애자에게 주는 위로상이 아니라면 나쁘지 않다.

85. 급진적 페미니스트들이 오랫동안 주장해왔듯 1960년대의 성 혁명이 우리를 부족한 존재로 만들었다는 다우타트의 말은 옳다. 그러나 그의 주장처럼 '새로운 승자와 패자' 또는 낡은 위계를 대체할 새로운 위계를 탄생시키지는 않았다.

86. 사실 성 혁명에서 주목할 점은 '바뀌지 않고 남아 있는 것이 얼마나 많은가'다(이것이 급진적 페미니스트 세대의 정치가 형성된 이유다). 싫다는 말이 여전히 실제로는 좋다는 의미인 여성과 그냥 좋다고 말하는 여성은 지금도 헤픈 년이다. 흑인 남성과 갈색 인종 남성은 여전히 강간범이고, 흑인 여성과 갈색 인종 여성 강간은 여전히 중요하게 여기지 않는다. 여자들은 여전히 이를 요구하고 있으며, 남자들은 여전히 이를 주는 법을 배워야 한다.

87. 그렇다면 성 혁명은 정확히 누구를 해방했는가?

88. 우리는 아직 자유로웠던 적이 없다.

누가 남성을 음해하는가

포르노를 말한다

섹스할 권리

욕망의 정치

학생과 잠자리하지 않기

섹스, 투옥주의, 자본주의

1992년 밀워키에 있는 위스콘신대학교의 저명한 영문학 및 비교문학 교수 제인 갤럽Jane Gallop이 자신의 두 여성 대학원생으로부터 성적 괴롭힘으로 신고를 당했다. 오랜 조사 끝에 대학 측은 갤럽이 이들 중 한 학생과 교직원과 학생 사이의 '합의된 성적 애정관계'를 금지하는 방침을 위반했다는 결론을 내렸다. 그녀는 가벼운 징계를 받았다. 5년 뒤 갤럽은 자신을 변호하는 내용의 책을 출간했다. 바로 『성적 괴롭힘으로 비난받은 페미니스트』*Feminist Accused of Sexual Harassment*다. 그렇다. 그녀는 술집에서 다른 대학원생들이 보는 앞에서 둘 중 한명과 진한 스킨십을 했다고 썼다. 또한 그녀는 콘퍼런스에서 대학원생들이 자신의 '성적 선호'에 맞는다고 발표한 일, 의도적으로 교수-학생 관계를 추파가 오가는 강렬한 성적 관계로 만든 일, 또 자신의 평생의 동반자가 된 남성을 만난 1982년 전까지 많은 대학원생 및 학부생과 잠자리를 같이한 일에 대해서도 썼다. 더 나아가 그녀는 이 모든 행위에 아무런 문제가 없다고 했다.

> 가장 강렬한 (그리고 내가 가장 생산적이라고 생각하는) 교수와 학생의 교육적 관계는 사실 '합의된 성적 애정 관계'다. 그리고 학교가 교수와 학생 사이의 성관계만이 아니라 '성적 애정 관계'마저 막는다면 캠퍼스 내에서 금지된 '합의된 성적 애정 관계'가 스스로 학습될지도 모른다.[1]

갤럽은 가르치는 행위가 이미 애정을 느끼는 성적인 관계의 이상적인 형태라고 제안한다. 그러니 이 관계를 육체적 성관계로 드러낼 수 있게 허용한다고 해서 무슨 해를 끼치겠는가? 갤럽은 학생과 교수의 성관계를 금하는 것은 성적으로 충만한 교육, 즉 최상의 교육을 금하는 것이라고 생각한다.

*

1980년대 초반에 미국 대학들은 교수와 제자 사이의 성관계를 말리거나 때때로 금지하기 시작했다. (미국 밖에서는 이런 금지 방침이 흔하지 않다. 내가 가르치는 옥스퍼드대학교 학칙에는 이런 조항이 있다. "대학이 교직원의 사생활을 규제하진 않지만, 자신의 책임 아래 있는 학생과 가까운 사적인 관계 또는 깊은 관계를 맺지 말 것을 강하게 권고하며, 이런 관계를 맺었을 때 따라

올 수 있는 복잡한 문제들에 대해 경고한다.") 미국에서는 1970~80년대 페미니스트들의 성적 괴롭힘 방지 캠페인 결과로 대학에 이런 학칙이 도입되었다. 1964년 미국 민권법이 통과되면서 '성별에 근거한' 고용차별을 불법으로 명시했으나 1960~70년대 여성들은 직장 내 성적 괴롭힘과 싸우면서 이 법을 도입하기 위해 악전고투했다. 판사들은 관례처럼 직장 내 성적 괴롭힘을 '개인적' 문제이거나 '성별에 근거한' 문제가 아니라, 자신의 상사와 성관계하고 싶지 않은 여성에서 보듯 다른 무언가에 근거한 차별이라고 판단했는데, 이는 성별 문제와는 다르게 차별금지법으로 보호받는 특성이 아니었다. (비슷한 논리를 이용해 어느 법원은, 치마를 입어야 한다는 복장 규정을 따르지 않았다는 이유로 여직원을 해고한 고용인의 손을 들어주었다. 그 직원이 성별에 근거해 차별받은 것이 아니라 '바지 정장을 좋아하는' 여성이라는 점에 근거해 차별받았다는 이유에서였다.)[2]

이 시대의 페미니스트들은, 지금은 많은 사람이 당연하게 여기는 것을 법원에 인지시키기 위해 싸웠다. 성적 괴롭힘은 단순히 개인의 문제 또는 젠더와 무관한 문제로 치부할 수 없을 뿐만 아니라 여성의 정치적 종속을 표출하고 강화한다. 1974년 미국 환경보호국 행정비서직에서 해고되었던 폴렛 반스Paulette Barnes는 얼마 안 가 전 고용인을 상대로 성차별 소송을 제기했다. 반스의 상사였던 더글러스 코스텔Douglas Costle은 반스가 그의 끈질긴 부적절한 성적 접촉을 거부하자 그녀를 해고했다. 이 사건은 기각되었지만, 재심을 위해 컬럼비아 자치구 상소 법원으로 보내졌다. 당시 예일대학교 법대생이었던 캐서린 매키넌은 훗날 자신의 획기적인 저서 『직장 여성의 성적 괴롭힘 문제』*The Sexual Harassment of Working Women*(1979)로 세상에 알려진 조사 보고서를 항소와 관련 있는 법률 사무원에게 슬쩍 넘겨주었다. 법원은 반스에게 일어난 일이 성차별에 해당하며, 따라서 민권법 제7조를 위반하는 것이라고 판결했다.[3]

몇년 뒤 진보적인 뉴헤이븐 법률회사New Haven Law Collective 창립자 중 한명이 된 매키넌은, 예일대 학생들이 학창 시절 성적 괴롭힘으로 고통받을 때 이를 방관했다며 대학을 상대로 소송을 제기했을 때 이들에게 도움을 주었다. 비록 학생들은 소송에서 패했지만, '알렉산더 대 예일'Alexander v. Yale(1980) 사례는 1972년의 교육 개정법 '타이틀 나인'에 따라 성차별에 해당한다는 사실을 규명한 것이었다. 이 판결은 전국의 대학들이 성적 괴롭힘 규정과 고충처리 절차를 마련하도록 이끌었다.

성적 괴롭힘은 법적 정의에 따르면 '원하지 않는' 성적 접근을 말한다. 이는 교수와 학생 사이의 합의된 관계는 포함하지 않는 것처럼 들린다. 그리고 실제로 초기 성적 괴롭힘 정책들은 이런 관계에 침묵했다. 그러나 1986년 미국 대법원은 합의가 성적 괴롭힘을 합리화해주지 않는다고 판결했다. 이 판결을 끌어낸 사건이 '메리터 저축은행 대 빈슨'Meritor Savings Bank v. Vinson이다. 미셸 빈슨Mechelle Vinson이라는 어느 젊은 여성은 은행에서 휴가를 '과도하게' 많이 썼다는 이유로 해고되었다. 빈슨의 상관인 시드니 테일러Sidney Taylor는 그녀가 4년 전 은행에 처음 입사하고 얼마 되지 않아 성관계를 요구하기 시작했다. 처음에 빈슨은 이를 거부했지만 결국 일자리를 잃을 것이 두려워 승낙할 수밖에 없었다. 빈슨은 테일러와의 성관계에 합의한 횟수를 대략 최대 50회 정도로 추산했고, 몇몇 경우에는 그가 강제로 자신을 강간했다고 증언했다. (앞서 폴렛 반스와 다른 주요한 성적 괴롭힘 사건의 피해 여성들처럼[4] 미셸 빈슨은 흑인이었다. 미국의 흑인 여성은 성적 괴롭힘과 이에 대한 법적 투쟁에서 가장 큰 타격을 받았다.) 법원은 상사의 성적 요구에 빈슨이 동의했다고 해서 그녀가 이를 달가워했다는 의미는 아니라고 지적했다. 빈슨은 자신이 거절했을 때 따라올 결과에 대한 두려움으로 동의한 것이었기 때문이다.

메리터 저축은행 사건의 논리를 대학으로 확장하면서 이제는 교수들이 합의된 성관계를 맺은 학생들을 성적으로 괴롭히고 있다고 주장할 수 있게 되었다. 이런 관계에 대한 학생의 동의는 진짜로 원해서가 아니라 두려움 때문에 한 표현일 수 있었다. 잠재적 책임을 걱정한 대학들은 1980년대에 성적 괴롭힘 정책을 교수와 학생 사이의 합의된 관계에도 적용하기 시작했다. 1989년에는 미국 대학의 대략 17퍼센트만이 합의된 관계에 관한 학칙을 갖고 있었지만, 2004년에는 이 수치가 57퍼센트로 증가했다.[5] 어느 조사에 따르면 2014년에는 이 수치가 84퍼센트까지 상승했다.[6] 학칙 또한 점점 더 엄격해지고 있다. 2010년 예일대학교는 미국 대학 중 교수와 학부생 사이의 관계를 전면 금지한 최초의 대학이 되었다. (예일대학교는 이전에는 교수진이 직접 가르치거나 가르칠 가능성이 있는 학생—학부생이건 대학원생이건—과 성관계를 갖는 행위를 금지한 바 있었다.[7] 이 학칙은 1997년 17세의 신입생과 수학 교수 사이의 합의된 성관계가 이 학생으로 하여금, 그녀의 말을 빌리자면 "배신"당하고 "이용"당했다는 기분이 들게 한 이후 제정되었다.)[8] 예일대가 전면 금지를 시행한 후 다른 많은 미국 대학도 재빠르게 뒤따랐다. 2020년 유니버시티 칼리지 런던은 영국 내에서 세번째로 교수-학생 관계를 금지하는 학칙을 채택한 대학이 됐다.[9] 대학들은 교수와 학생 사이의 권력 차이를 들어 이런 금지 방침을 정당화하며, 이 차이가 학생이 한 합의에 의구심을 품게 만든다고 말한다.[10]

교수와 학생 사이의 합의된 관계를 금지하기 위해 대학으로 성적 괴롭힘 정책을 확장한 조치는 여성해방운동의 유산이다. 그러나 이 확장이 시작되자마자 일부 페미니스트는 자신들의 원칙에 대한 심각한 배신이라며 맹비난했다. 이들은 여학생이 자신의 교수와 성관계하기로 합의할 수 있음을 부정하는 것이 '싫어는 좋다는 의미'라는 강간범의 논리를 '좋아는 싫다는 의미'라는 논리로 바꾼다고 주장했다. 여대생은 성인이 아닌가? 자신이 원하는 상대와 성관계할 권리가 없는 건가? 이런 정책은 여성의 성생활을 통제하는 데 혈안이었던, 재등장한 독실한 우파가 이용했던 것 아니었나? (앤 스니토Ann Snitow와 크리스틴 스탠셀Christine Stansell, 샤론 톰슨Sharon Thompson은 1981년 에이드리엔 리치에게 조심스럽게 비판적인 편지를 썼다. "이 레이건 대통령 시대에, 우리는 고결하고 도덕적인 성적 취향의 오래된 규범을 낭만적으로 그릴 여유가 없어요.")[11] 1980~90년대 일부 페미니스트도 이런 정책들이 막강한 교수 대 취약한 학생이라는 교육학의 계층적이고 그래서 반페미니즘적인 이해를 강화하는 방식에 반대했다. (예상대로 새로운 금지 정책에 반대하는 남성들은 이 정책이 개인의 자유를 고상한 방법으로 공격하고 있음을 보여주며, 하나의 악명 높은 사례로 젊은 여성들이 남성 교수에게 자신의 순결을 잃으면서 얻는 혜택을 무시한다고 불평했다.)[12] 그러나 지난 20년간 이런 주장은 큰 주목을 받지 못했고, 교수-학생 관계를 포괄적으로 금지하는 학칙에 반발하는 페미니스트는 거의 없었다.[13] 이는 권력의 큰 차이로 인해 굴절되는 성관계의 윤리에 페미니스트들이 깊이 우려하고 있었기 때문이다. 상대적 약자가 강자와의 성관계에 동의할 때 이 합의를 합의로 봐야 할까?

때때로 여학생들이 원하지 않는 성관계에 동의하는 경우가 있는데, 만약 거부하면 어떤 후환(낮은 학점이나 성의 없는 추천장, 담당 교수의 무시 등)이 있을지 두렵기 때문이다. 그러나 오히려 진심으로 바라서 교수와의 성관계에 동의하는 여학생도 많으며, 로맨틱하고 성적인 제안을 정말로 원하는 교수들도 있다. 교수와 학생 사이의 권력 차이가 진정한 합의를 불가능하게 한다는 주장은 여학생이 어린아이처럼 본질적으로 성관계에 동의할 줄 모르거나 교수의 현혹적인 힘에 이들이 속절없이 빠졌다고 보는 것이다. 그런데 그렇게까지 멋진 교수가 실제로 있던가?

그렇다고 해서 교수-학생 사이에 정말로 원해서 이루어진 성관계에 문제가 없다는 말이 아니다. 교수가 여학생의 열렬한 관심을 기쁘게 받아들이고, 여학생과 데이트하고, 성관계를 갖고,

자기 여자친구로 삼는 행위를 이전에도 여러번 했다고 상상해보자. 학생이 거절에 대한 두려움 없이 합의했다고 해서 정말로 여기에 아무런 문제가 없다고 말할 수 있는가? 뭔가 문제가 있다면, 그리고 그게 합의의 결여가 아니라면, 과연 그것은 무엇일까?

여학생과 잠자리를 같이하는 대신에 그녀를 가르쳐야 한다는 답변은 너무 뻔하고 재미없는가?

*

자신의 학생들이 제기한 성적 괴롭힘에 대한 불만에 제인 갤럽은 프로이트의 전이transference 개념을 이용해 공식적으로 반박했다. 전이란 환자가 무의식적으로 유년 시절에 자신에게 영향을 준 중요한 의미가 있는 인물(일반적으로 부모)과 관련된 감정을 분석자와 연관시키는 경향이다. 그리고 프로이트가 말한, 상대를 기쁘게 해주려는 아이의 헌신과 노력, 열망의 대상이 부모에게서 분석자로 옮겨 가는 '전이 사랑'transference-love이 가장 흔하게 나타나는 결과다. 갤럽은 전이가 '진정한 변화를 만드는 스승과의 모든 관계에서 필연적인 부분이다'라고 말한다.[14] 다시 말해 스승과 사랑에 빠지는 것은 교육이 잘 진행되고 있다는 신호다.

어쩌면 그럴지도 모른다. (중등교육 기관이나 대학교에서) 스승이 새로운 열망이나 꿈을 불어넣어 주어 교수가 되는 사람도 분명 많이 있다. 또 교편을 잡은 사람들은 유사한 열망을 불어넣어주는 학생뿐만 아니라 스승의 권위를 (엄청나게) 동경하기보다는 자신의 자주권을 심각하게 침해한다며 엄청난 적개심을 느끼는 학생들에게서도 전이와 같은 무언가를 인지하게 될 수 있다.[15] 그러나 갤럽은 분석자가 정신분석 대상자와 낭만적 또는 성적으로 얽히는 상황을 '절대적으로 금지'해야 한다는 프로이트의 주장을 간과했다.[16] 어느 독자가 표현했듯이 프로이트의 경우 "분석자는 반응하지만, 같은 식으로 반응하지 않는다".[17] 즉 분석자는 분석 대상자를 사랑이나 적대감을 가지고 대해서는 안 되며, 자신의 정서나 육체적 만족을 위한 수단으로 전이를 이용해서도 안 된다(프로이트는 분석자에게 "환자의 사랑은 분석적 상황에 의해 유발되었을 뿐 분석자가 매력적이어서가 아니라는 점"을 상기시켜준다).[18] 대신에 프로이트는 분석자가 치료 과정에서 전이를 치료 도구로 활용해야 한다고 조언한다. 숙련된 분석자는 대상자가 자신에게 작용하고 있는 전이에 집중하도록 유도한다. 또 프로이트는 전이 느낌이 억눌려 있던 감정을 투영하는 현상에 지나지 않는다고 대상자를 '설득하라'고(이 표현의 모호성에 대해서는 나중에 다시 이야기하겠다) 말한다. "이렇게 하면 전이는 가장 강력한 저항 무기에서 최상의 정신분석 치료 수단으로 바뀐다. (…) 분석 기술에서 가장 까다로우면서도 가장 중요한 부분이다."[19]

교수가 학생의 전이 사랑에 반응하지만, 같은 식으로 반응하지 않으면서 이를 교육과정에서 어떻게 유용하게 활용할 수 있을까? 여학생에게 자신을 향한 그녀의 열정이 투영의 한 형태라고, 즉 그녀가 정말로 바라는 것이 교수가 아니라 그가 대표하는 것이라고 '설득하는' 방법을 생각해볼 수 있다. 프로이트의 표현 방식에서 플라톤의 표현 방식으로 바꾸기 위해 교수는 학생의 성적 에너지를 자신에서 지식과 진실, 이해 같은 다른 적절한 대상으로 돌려야 한다. 프로이트처럼 플라톤도 교수와 학생 간의 성관계를 옹호하는 데 자주 언급되지만, 사실 소크라테스는 자신의 제자들과 잠자리를 하지 않았다(이들 중 몇몇은 명백한 불만을 가졌다). 실제로 플라톤의 『국가』에서 소크라테스는 "올바른 방식으로 사랑하고 사랑받고 싶다면" 철학자와 이들이 가르치는 어린 소년들 사이에 "성적 쾌락이 끼어들어서는 안 된다"고 말한다.[20] 나쁜 교수는 학생의 성적 에너지를 자신이 흡수한다. 프로이트가 언급했듯 "사랑을 아무리 소중히 여긴다고 해도" 훌륭한 교수는 자신의 학생을 "도울 기회를 더 소중히 여겨야 한다."[21]

치료사가 환자가 느끼는 전이가 자신을 향한 진짜 느낌이 아니라 그저 투영일 뿐이라고 환자를 '설득해야' 한다는 프로이트의 말은 정확히 어떤 의미인가? 분석자가 진실을 밝히거나 분석 대상자에게 이 느낌이 거짓이라고 설득해야 한다는 의미인가? 프로이트의 답은 이 둘 사이의 어딘가에 있다. 환자의 전이는 정말로 억압된 감정의 투영이고, 치료사는 상징으로서 사랑받는다. 그러나 이것이 환자의 사랑을 가짜로 만들지 않는데, 프로이트의 말마따나 투사가 "모든 사랑의 기본적인 특성"이기 때문이다.[22] 전이 사랑은 "아마도 일상적인 삶에서 나타나는 사랑보다 자유로움의 정도가 낮을 것이다. (…) 유아적 패턴에 대한 의존성을 더 명확하게 보여주고, 적응력 및 수정 능력이 떨어지지만, 이것이

다일 뿐 중요한 것은 아니다".[23] 교수를 향한 여학생의 사랑도 마찬가지일 것이다. 그녀가 남교수 자체가 아닌 그가 보여주는 것과 '정말로' 사랑에 빠졌다고 말할 수 있다. 그러나 누구나 이런 식으로 사랑에 빠지지 않던가? (프루스트는 말했다. "우리는 미소와 눈빛, 어깨와 사랑에 빠진다. 이것으로 충분하다. 그러다가 긴 시간 동안 희망이나 슬픔을 느끼면서 우리는 사람을 제작하고, 성격을 구성한다.")

교수를 향한 여학생의 열병과 타인을 향한 누군가의 열정 사이의 차이점은 종류가 아니라 정도다. 교수-학생 관계의 문제는 이들이 진정한 낭만적 사랑을 할 수 없다는 것이 아니다. 그러나 프로이트가 보여주었듯이 우리가 던져야 하는 질문은 '진정한' 낭만적 사랑이 교육학적 환경에서 가능한가가 아니라 진정한 교습이 가능한가이다.

또는 달리 표현하자면 교수는 교수로서 학생들에게 어떤 사랑을 보여주어야 하는가이다. 1999년 에세이 「자유 받아들이기: 영성과 해방」에서 벨 훅스는 교수들에게 "강의실에서 보는 이 낯선 학생들을, 이 타인들을 내가 어떻게 사랑할 수 있을까?"라고 물어보라고 지시한다.[24] 훅스가 말하고 있는 사랑은 독점하고 싶고 질투하는 두 연인 사이의 사랑이 아니다. 더 거리를 두고 관리되고 타인과 세상에 열려 있는 무언가다. 연인 사이의 사랑에 못지않은 사랑이다.

*

교수와 학생 사이에 힘의 차이가 존재한다는 말은 단순히 학생이 교수의 운명에 미치는 영향보다 교수가 학생의 인생에 미치는 영향이 더 크다는 의미가 아니다. 이런 식의 해석은 여학생이 실제로 남교수를 해고당하게 만들 수 있기 때문에 이들이 모든 힘을 가지고 있다는 반대 상황을 낳을 수 있다(이것이 데이비드 매밋의 희곡 『올리아나』의 줄거리다). 교수-학생 관계는 본질적으로 지식의 큰 비대칭성이라는 특징을 가지고 있다. 교수는 특정한 일들을 처리하는 방법을 이해하고 안다. 학생은 같은 일을 처리하는 방법을 이해하고 알기를 원한다. 이들의 관계에는 이 비대칭성이 줄어들 것이라는 약속이 내포되어 있다. 즉 교수는 학생에게 자신이 가진 힘을 나눠주고, 학생이 적어도 한가지 면에서 자신과 더 닮아가도록 도움을 준다. 교수가 학생의 지적인 힘을 향한 열망을 성적인 열쇠로 바꾸어 그녀가 자신을 성적 욕망의 대상으로 생각할 수 있게 해줄 때 (또는 더 심각하게 그 대상이 될 때) 그는 그녀의 교수로서 실패한 것이다.

다음은 학생 시절, 교수와 사귀었던 여성의 설명이다.

> 오랫동안 저는 어리석고 굴욕적이며 수치스러운 기분을 느꼈어요. 그의 많은 동료 교수들이 제가 그를 위해 어떤 심부름까지 했는지 알고 있었죠. (…) 이들은 제 교수이기도 했고, 이들 앞에서 제가 느낀 수치심은 엄청났어요. 사실을 알고 있는 학생들은 저를 조롱했어요.

그를 향한 제 감정적 애착으로 스스로 생각하는 능력이 없고 명령에 따라 주인을 지키는 '모 교수의 핏불테리어'라는 별명을 얻었죠.[25]

교수와 학생의 관계가 바뀌었다. 원래는 여학생의 필요를 채워주는 관계였다. 그러나 이제는 교수 남자친구의 눈에 그녀가 (심부름하고 그의 자부심을 충족시키며) 그의 필요를 채워준다. 또 전반적으로 학교에서 그녀를 바라보는 눈도 (또는 그녀의 생각에, 그러나 이 생각이 틀렸을까?) 바뀐다. 그녀는 다른 교수들을 더는 그녀의 스승으로 대할 수 없다. 이제 이들은 남자친구의 (비판적인) 동료다. 그녀는 여전히 수업을 들을 수 있지만, 그녀를 학생으로 볼 수 있을까? 그녀가 학교를 그만둔다고 할 때 우리는 이 결정에 놀랄까?

『성적 괴롭힘으로 비난받은 페미니스트』가 출간되고 서던캘리포니아대학교 영어학 교수인 제임스 킨케이드James Kincaid는 『크리티컬 인콰이어리』에 실린 논문에서 성적 괴롭힘으로 비난을 받는 갤럽을 옹호했는데, 그의 관점에서 '재미'가 빠진 비난이었다.[26] 킨케이드는 이전 학기에 학생에게서 받은 편지로 옹호를 시작했다.

킨케이드 교수님께

지금까지 이런 적은 한번도 없었는데, 제 룸메이트가 계속 부추기는 바람에 이 편지를 보냅니다. 그녀는 제게 교수님께 말할 마음이 있으면 그렇게 하라고 해요. 저는 교수님의 수업과 교수님이 학생들에게 설명해주는 방식이 정말 좋아요. 제 말은, 시를 읽어도 무슨 의미인지 전혀 이해하지 못했는데, 교수님이 설명을 시작하자 이해가 됐다는 뜻이에요. 교수님이 가르치는 방식은, 학식은 더 많을지라도 가르치는 일에는 소질이 없는 영어학부의 다른 교수님들과 달라요. 제 말 뜻이 뭔지 아시리라 믿어요. 낭만주의 시인들이 포프 같은 17세기 시인들과 다르게 감정을 글로 옮겼다고 말씀하셨을 때 저는 곧바로 무슨 뜻인지 이해했어요. 저도 많은 감정을 품고 있어요. 물론 시인이라고 말할 수는 없지만요. 하하. 어쨌든 저는 그저 감사하다는 말을 드리고 싶었고, 앞으로도 이를 계속해주시길 바라요. 저는 이게 정말 좋거든요.

킨케이드는 이 편지를 추파를 던지고 관계를 시작하고 유혹하는 내용으로 이해한다.

서명이 없고 진심을 담은 이 편지는 진정한 욕망을 표출한다. (…) 나를 흠모하는 학생은 내가 이를 계속해주기를 바라는데, 그 또는 그녀가 이를 좋아하기 때문이다. 그리고 그 또는 그녀는 내가 좋아해주기를 바라는 마음으로 이 편지를 내게 보냈다. 나는 이 편지가 마음에 들고, 그 또는 그녀는 이 사실이 마음에 들고, 우리는 함께 이를 지속할 것이다. 우리 두 사람 모두 상대를 좋아하고, 상대가 좋아해주는 상황이, 그리고 앞으로도 계속 좋아해주는 상황이 즐겁기 때문이다. 누구도 결승선에 도착하지 않고, 누구에게도 권한이 없으며, 누구도 희생당하지 않는다. 내 지각 있는 학생과 내가 편지를 쓰는 일을 넘어 이 모두를 실질적인 관계로 만든다면 이는 내가 무언가를 주고 그 또는 그녀가 받거나 그 반대이기 때문이 아니다. 우리가 이를 좋아하고 계속하고 싶기 때문이다. 육체관계는 발전이 아닌 그저 차이일 것이다.

해석하고 타인이 해석하도록 가르치는 일이 직업인 킨케이드는 여기서 일종의 '비뚤어진' 정신분석학적 해석을 풍자적으로 설명하고 있다. 만약 그 계기가 젊은 여성에게서 받은, 킨케이드의 말처럼, '진심을 담은' 편지가 아니었다면 그렇다는 얘기다. (킨케이드는 학생의 성별이 모호함—"그 또는 그녀"—을 강조한다. 그러나 편지의 어조나 기숙사 룸메이트의 성별을 보건대 젊은 여성이 보낸 것이라는 사실을 알 수 있다. 킨케이드는 어째서 이 편지와 자신의 응답이 성별과 무관하다는 듯 행동하는 걸까?)

현 상황에서 킨케이드의 편지 해석은 일종의 남용이다. 그는 다정하고 진솔한 감정 표출을 포르노화한다. 이 학생은 처음으로 시의 의미를 이해했고, 자신이 가르침을 받은 모든 교수 중 유일하게 시가 어떤 의미인지 알게 해준 킨케이드를 우러러보았다. 그러나 킨케이드는 이 모든 내용은 무시한 채 "앞으로도 이를 계속해주시기를 바라요. 저는 이게 정말 좋거든요"라는 마지막 문장에만 초점을 맞추고, 이를 노골적인 성적 말장난으로 바꾸어놓는다. 그는 자신의 학생에게 관심을 보이고, 그녀는 이를 즐기며 단지 재미있다는 이유로 무한정 계속하고 싶어한다.

그러나 학생이 편지에 쓴 의미는 이것이 아니다. 학생이 그에게 '이를 계속해주시기를 바라요'라고 한 의미는 즐거워서도 있겠지만, 그보다는 그녀가 시의 의미를 이해하는 데 도움이 되기 때문이다(즉 가르치는 일을 계속해달라는 의미다). "제 말은, 시를 읽어도 무슨 의미인지 전혀 이해하지 못했는데, 교수님이 설명을 시작하자 이해가 됐다는 뜻이에요"라는 문장을 보면 알 수 있다. 그녀는 시를 이해하는 능력을 원하는 것이지 교수가 이 능력을 발휘하는 모습을 바라보는 기쁨을 원하는 것이 아니다. 킨케이드는 학생의 열망에 성적인 측면이 있다고 주장하며 본인과 학생이 "편지를 쓰는 일을 넘어 이 모두를 실질적인 관계로 만드는" 상상 속의 미래에 대해 "누구에게도 권한이 없으며, 누구도 희생당하지 않는다"고 말한다.

『아이를 사랑하는 사람: 성적 대상인 아이와 빅토리아 시대의 문화』*Child-Loving: The Erotic Child and Victorian Culture*의 저자인 킨케이드와 그 학생 사이에 과연 힘의 차이가 존재하지 않을까? 누가 누구에게 학점을 주고, 누가 누구에게 추천장을 써주는가 등 (재미없는) 제도상 힘의 차이는 차치하더라도 둘 사이에는 다른 힘의 차이가 존재한다. 먼저 지력의 차이가 있다. 킨케이드는 독서를 의미 있게 만드는 방법을 안다. 학생은 이 힘이 부족하고, 이를 가지고 싶어한다. 학생의 지적 수준이 정교하지 않다는 사실이 킨케이드가 편지를 해석한 글에서 특히 걸리는 점이다. 그가 그녀를 '지각 있는'이라고 한 부분은 그녀가 원하는 것이, 즉 자신이 가진 학식이 마치 그녀에게 있기라도 한 것처럼 말하면서 교활하고 잔인하게 느껴진다. 실제로 킨케이드는 그녀가 『크리티컬 인콰이어리』를 읽는 사람이 아니라고 확신하기 때문에 그녀의 허락 없이 편지를 인용했을 것이다. 그런데 만약 그녀가 읽는다면? 자신의 젊은 시절의 진심이 성적 트로피처럼 전시되는 모습을 보고 어떤 기분이 들까?

두번째는 시만이 아니라 학생을 해석하는 킨케이드의 힘이다. 이는 일종의 추상적인 힘이다. 진실을 밝히는 힘만이 아니라 만들어 내는 힘이다. 그는 학생의 편지에 성적인 의도가 숨겨져 있다고, 근본적으로 달성하고자 하는 목표가 성관계이며 성관계가 '이 모두를 실질적인 것으로 만드는' 것일 뿐이라고 말한다. 킨케이드가 작품 속의 진실을 밝혀준다고 믿는 학생 본인에게 이 해석을 들려주면 무슨 일이 일어날까? 킨케이드에게 그녀의 편지가 어떤 의미에서 성적인 내용을 담고 있다는 주장을 사실로 만드는 힘이 있는가?

킨케이드는 비록 감추어져 있기는 하지만 그녀의 편지가 실제로 성적인 의미를 담고 있다고 항의할지도 모른다. 편지에 욕망의 표현이 전혀 없지 않다고, "지금까지 이런 적은 한번도 없었는데"처럼 마치 사랑의 고백으로 들리는 문장으로 시작한다고 주장할지도 모른다. 학생은 "저도 많은 감정을 품고 있어요"라고 했고, 곧바로 어색함을 표현한다("하하"). 킨케이드는 특별하다("다른 교수님들과 달라요"). 강요나 협박을 하거나 보상을 주지 않고도 자신이 원한다면 학생과 잠자리를 할 수 있었을 것이라는 킨케이드의 암시가 맞을 수도 있다. 어쩌면 그는 그녀에게 워즈워스의 시 몇편을 읽어주고, 그녀를 '지각 있다'라고 말하며 침대로 데려가기만 하면 되었을지도 모른다. 그래서? 킨케이드가 의도적으로 둘 사이의 상호작용을 성적으로 만들고 있지 않다고 정말로 믿겠는가? 그저 학생의 바람에 소극적으로 따르고 있을 뿐이라고?

물론 편지 한통으로 누군가의 마음을 읽기란 어렵다. 어쩌면 이 학생은 그저 킨케이드를 존경하고 그처럼 되고 싶은 것인지도 모른다. 또는 자신이 무엇을 원하는지 모를 수도 있다. 킨케이드처럼 되고 싶은 것인지, 아니면 킨케이드를 갖고 싶은 것인지. 또는 둘 다이거나, 자신이 킨케이드처럼 되는 길은 그를 갖는 것이라고 여길지도 모른다. 절대로 킨케이드처럼 될 수 없다고 믿으며 차선책으로 그를 가질 수 있기를 갈망하는지도 모른다. 심지어 단순히 킨케이드와 성관계하고 싶은 것일 수도 있다. 시에 관한 모든 이야기는 그저 유혹하기 위한 방책이었을 수 있다. 이런 다양한 가능성 중 어느 것이 맞든, 킨케이드는 학생이 자신과의 성관계에 합의하도록 유도할 수 있을지도 모른다. 학생이 자신의 욕망이 무엇인지 잘 모를 경우(킨케이드처럼 되고 싶은 것인가 아니면 킨케이드를 갖고 싶은 것인가?) 교수가 이를 두번째 방향으로 이끌고 가는 일은 너무 쉽다. 마찬가지로 학생이 자신의 교수와 잠자리를 하는 것이 그 교수처럼 되는 수단이라고, 또는 이미 그와 동등한 수준임을 보여주는 것이라고(그가 나를 원하는 것을 보니 나는 뛰어난 것이 분명해) (잘못) 생각하는 경우도 그렇다. 학생의 바람이 교수처럼 되는 것이 분명할 때도 교수가 그녀가 바라는 것이 실제로는 자신이라고 또는 자신과 같이 자는 것이 자신과 같아지는 방법이라고 학생을 설득하기란 어렵지 않다. (낭만주의 시인들의 '감정'을 직접 경험해보는 것보다 이를 더 잘 이해하는 방법이 어디에 있겠는가?)

학생이 무슨 마음이었든 교수로서 킨케이드는 학생의 열망을 자신이 아닌 올바른 대상으로, 즉 그녀의 지력을 강화하는 방향으로 향하도록 지도하는 일에 초점을 맞춰야 한다. 학생이 이미 이를 원하고 있다면 킨케이드가 할 일은 그저 약간의 자제력을 발휘하고, 배움에 대한 열망을 드러내는 진정한 표현을 성과 결부시키지 말아야 한다. 학생이 자신의 열망에 확신이 없거나 혼란스러워하면 킨케이드는 한발 더 나아가 분명한 경계선을 긋고, 학생의 열망을 올바른 방향으로 인도해주어야 한다. 프로이트는 정신분석에서 환자에게 그녀가 전이를 경험하고 있음을 일깨워주면서 이를 명확하게 해야 한다고 생각한다. 교육학적 문맥에서는 이런 접근법을 사용하기 매우 까다롭다(모든 교수와 학생 간의 관계는 친밀감을 바탕으로 하지만, 교수는 학생의 관심을 알아차릴 수 있다고 해도 알아서는 안 된다). 그러나 학생이 자신의 에너지를 사용하는 방향을 바꾸는 더 절묘한 방법들이 있는데, 침착하게 한걸음 물러서거나 관심을 사람에게서 발상과 교재, 관점으로 돌리는 방법을 예로 들 수 있다. 킨케이드는 이를 시도조차 하지 않으면서 학생의 칭찬을 받는 좋은 선생이 되지 못한다.

교수는 학생들이 자신에게 욕망을 품게 허락하거나 그렇게 만들려는 유혹을 물리쳐야 한다. 나는 가르치는 일이 자아도취적 만족감에서 완전히 자유로울 수 있고, 그래야만 한다고 말하고 있지 않다. 그러나 학생들과 거리를 두면서 자신이 이들에게 불을 붙인 욕망을 즐기는 것과 자신이 그 대상이 되는 것 사이에는 차이가 있다. 이런 종류의 나르시시즘은 좋은 교육의 적이다. 성애화sexualization가 가장 명백한 적이지만, 다른 형태로 나타날 수도 있다. 2018년 뉴욕대학교 독일 문학 및 비교문학 교수인 아비탈 로넬Avital Ronell은 대학원생에게 성적 괴롭힘을 자행해 교수직에서 파면되었다. 이 사례에서 놀라운 점은 로넬이 저질렀다는 학대 중 사실상 성적 학대는 거의 없었다는 사실이다. 로넬은 그에게 수없이 많은 시간을 그녀와 함께 보내거나 통화를 하도록, "그녀가 원하고 필요로 하는 것을 중심으로 삶을 계획"하도록, "친구나 가족과 거리를 두고", 뉴욕을 떠나지 말기를 요구했다. 로넬이 그를 만지지 않고 성적으로 노골적인 메시지를 보내지 않았다면 뉴욕대학교는 아마도 그녀가 '타이틀 나인'을 위반했다는 사실을 발견하지 못했을 수도 있다. 그러나 로넬이 계속 자신의 자아도취적 욕구를 충족하려고 학생을 이용하는 한, 교수로서는 자신의 의무를 다하지 못했을 것이다. 여기서 우리는 학교의 성적 괴롭힘 학칙의 한가지 한계를 보게 된다. 이 학칙은 잘해봐야 좋은 교습이 지독히 실패하는 상황을 막아줄 뿐 우리에게 잘 가르치는 방법은 가르쳐주지 않는다.

*

앞서 나는 킨케이드가 편지를 쓴 학생에 대해 이야기하면서 왜 그 사람이 여성일 수도, 남성일 수도 있다는 듯이 행동하는지 물었다. 그는 무엇을 마주하고 싶지 않은 것일까? 가장 분명한 점은 그가 실제로 서술하고 있는 상황(연상의 남교수와 젊은 여학생)이 가장 흔한 형태의 교수와 학생 관계라는 것이다. 킨케이드는 우리가 그의 관계가 진부하다고 여기기를 바라지 않는다. 또 이 진부함을 뒷받침하는 성별의 역학에 대해 생각해보기를 원하지 않을지도 (또는 자신도 알지 못하는지도) 모른다. 나는 지배하는 남성이 섹시하고, 종속되는 여성이 섹시하다고 사회화하는 방식만을 말하고 있지 않다. 또 여학생과의 성관계를 체력과 멋진 외모가 지능보다 더 높게 평가되는 청소년기에 받은 고통에 대한 지연된 보상이라고 보는 일부 남교수들이 성적 권리의식과 지적 나르시시즘을 혼합하는 방식을 이야기하는 것도 아니다. 나는 가장 중요한, 여성이 자신이 흠모하는 남성을 향한 감정을 이해하기 위해 사회화되는 방식을 말하고 있다.

에이드리엔 리치는 '의무적 이성애' 제도라는 정치 구조를 설명했는데, 이는 이성애자나 동성애자나 할 것 없이 모든 여성이 가부장제에 부합하는 방식으로 다른 여성과의 관계를 규제하도록 강요한다.[27] 이 제도의 메커니즘 중 하나는 여성들에게 자신이 흠모하는 여성에 대해 어떻게 느껴야 한다거나 자신의 감정을 어떻게 이해해야 하는지를 암묵적으로 지시하는 것이다. 욕망이 아니라 질투를 느끼는 것이 맞아. 그 여성처럼 되기를 바라야 해. 절대로 그저 그녀를 원하는 것이어서는 안 돼. 그러나 관심이 가는 남성에 대해서는 반대로 지시한다. 그를 원하는 것이 틀림없어. 그처럼 되고 싶어하는 것일 리 없어.

교수가 된 여성의 이야기를 들려주거나 이들에게 이야기하는 레지나 바레카Regina Barreca는 묻는다. "어떤 시점에서 (…) 우리 각자에게 교수와 잠자리를 하고 싶은 것이 아니라 교수가 되고 싶은지를 깨닫는 순간이 왔는가?"[28] 바레카는 대다수 여성의 머릿속에는 (남성) 교수를 보며 피어오른 욕망을 교수에 대한 욕망으로 이해하라는 설정값이 이미 정해져 있다고 주장한다. 교수가 되고 싶은 여성이라면 반드시 극복해야 하는 생각이다. 한편 남학생들은 사회화된 대로 자신과 남교수를 연관짓는다. 바로 그들처럼 되기를 바라는 것이다(그리고 정점에 이르면 이들을 파괴하고 대체하기를 바라는 것이다. 초자연적 내용을 그리는 드라마의 소스다). 여성과 남성이 교수를 매력적인 대상이 아니라 경쟁 상대로 볼 가능성의 차이는 어떤 자연스럽고 원시적인 기질의 차이에서 생긴 결과가 아니다. 성별에 따른 사회화의 결과다.

명확하게 해보자. 여교수가 남학생이나 여학생과 같이 자거나, 남교수가 남학생과 같이 자는 일은 교육학에서 실패나 다름없다.[29] 그러나 교수와 학생의 합의된 성관계에 대한 윤리적 판단은 남교수가 여학생과 잠자리하는 상황이 일반적임을 생각하지 않으면 아주 중대한 무언가를 놓치게 된다. 이런 경우들, 즉 교수-학생의 합의된 성관계의 가장 실질적인 사례들에서 교수는 그저 학생의 성적 에너지가 적절한 대상으로 향하도록 인도하지 못했다는 이유로 실패하는 것이 아니다. 여성이 가부장제 아래에서 특정한 방식으로 사회화된 (즉 가부장제에 이바지하는 방식으로 사회화된) 사실을 이용하는 유혹에 저항하는 데 실패하는 것이다. 그리고 이에 못지않게 남성과 여성이 교육의 혜택을 동등하게 받지 못하게 만들면서 이를 양분으로 삼아 성장하는 바로 그 성별의 역학 관계를 재생산한다는 점이 중요하다.

에이드리엔 리치는 1978년의 어느 강연에서 여학생을 가르치는 교수들에게 자신이 '남녀공학'에 대한 '오해의 소지가 있는 개념'이라고 표현한 것에 대해 이야기했다. 그건 바로 "여성과 남성이 같은 교실에 앉아 같은 강의를 듣고, 같은 책을 읽고, 같은 실험실 실험을 하고 있으므로 이들은 동등한 교육을 받고 있다"는 생각이었다.[30] 여성은 남성과 동등한 조건으로 교실에 들어가거나 존재하지 않는다. 여성은 지적 능력이 뒤떨어진다고 여겨지고, 위험을 되도록 감수하지 말고 큰 야망을 품지 말라고 종용받고, 멘토의 조언과 도움을 제대로 받지 못하며, 자신감이 높거나 스스로를 진지하게 생각할 필요 없다는 생각을 주입받고, 성적 의무를 다해야 하며 자신의 가치는 남성의 성적 관심을 끄는 능력에 달려있다고 배운다. 또 학자나 지식인이 아니라 돌보는 사람과 어머니, 다정한 아내로 육성되었다. 리치는 묻는다. "내가 여성이고 강간당할 수 있기 때문에 밤늦게 도서관에서 집으로 걸어오는 길이 위험하다면, 어떻게 도서관에 앉아 작업하며 자신감 있고 활력 넘친다고 느낄 수 있겠는가?"[31] 우리도 같은 맥락에서 비슷한 질문을 할 수 있다. 내 교수가 나를 (오직) 가르칠 학생으로만이 아니라 (또한) 성관계할 몸으로도 본다는 사실을 안다면 내가 어떻게 강의실에서 자신감 있고 활력 넘친다고 느낄 수 있겠는가?

초기 직장 내 성적 괴롭힘과 관련해 페미니즘 이론가들은 이런 괴롭힘이 여성의 삶에 끼친 피해가 그저 우발적 사고가 아니었다고, 남성의 특정 행동 패턴에 대한 여성의 부정적인 심리적 반응의 문제가 아니라고 주장했다. 오히려 이런 식으로 여성에게 해를 가하는, 여성으로서 그리고 노동자로서 이들의 종속적 역할을 감시하고 강요하는 성적 괴롭힘의 기능이 문제였다.[32] 남교수가 여학생에게 성적으로 접근하는 일반적인 관행의 기능이 아무리 무의식적이라고 해도 여성에게 대학에서 이들의 적합한 위치를 명심하게 만들기 위한 것이라고 생각한다면 지나치게 부풀린 해석일까? 여성이 학생이나 예비 교수의 역할이 아닌 성관계 상대, 애교를 부리는 여자친구, 정서적 돌보미, 아내, 비서의 역할을 수행하기 위해 대학 입학이 허락된다는 생각은 어떤가? 이런 관행이 교육의 실패만이 아니라 성별에 따른 가부장제 규범의 강요를 대변한다고 생각한다면 과장일까?

매우 명석한 학자인 내 친구는 남성 동료에게 대학이나 대학원에서 남성 멘토 중 아무나 자기 무릎에 손을 얹기만 했어도 자신은 '파멸됐을' 것이라고 설명한 적이 있었다. 이 동료는 깜짝 놀랐다. 그는 이런 행동이 기분 나쁘고 잘못된 것이며 성적 괴롭힘이라고 인식하고 있었다. 그런데 이런 사소한 행동이 누군가를 파멸까지 시킬 수 있다고? 내 친구가 그에게 설명했다. 당신은 누군가의 지적 자존감이 남성의 인정을 받느냐에 따라 불안정하게 결정된다는 게 어떤 기분인지 모른다고.

*

「에로스, 에로티시즘 그리고 교육학적 과정」에서 벨 훅스는 신임 교수 시절에 자신이 겪은 경험을 들려준다. "누구도 가르치는 일과 관련해서 몸에 관해 이야기하지 않는다. 강의실에서 몸으로 무엇을 했을까?"[33] 교수들은 대개 자신의 몸과 학생의 몸으로 해야 하거나 해서는 안 되는 일을 이야기하지 않는다. 이를 논의해야 할 때가 있다면 거의 언제나 걱정이 많은 관리자의 주도로 마련된 의무적인 성적 괴롭힘 방지 훈련이라는 형태를 띠고 이루어진다. 교육학적 관계에 관한 특별하거나 특정한 것과 관련이 거의 없는 훈련으로 일터에서 얻은 교훈을 교실로 옮겨 오지만, 가르치는 일에 고유한 위험과 책임이 따른다는 특성은 전혀 고려하지 않는다.

때때로 이런 대화는 비공식적인 자리에서 이루어진다. 젊은 법대 교수인 내 친구가 최근 내게 자신이 가르치는 대학생들과 체육관을 함께 이용하는 상황의 불편함을 들려주었다. 그는 자신이 "당연히 그들에게 몸이 아예 존재하지 않는 듯이 행동하는" 동안 이들은 자신의 몸을 마음껏 볼 수 있었다고 말했다. 나는 그가 '당연히'라고 말한 부분이 마음에 든다. 그는 학생들을 어느 정도 잠재적인 성적 파트너로 여기면 좋은 교수가 될 수 없다는 점을 자명한 사실로 받아들이고 있었다.[34]

그러나 이를 자명한 사실로 생각하지 않는 사람도 많고, 이로 인해 때때로 가혹한 결과를 마주하게 되기도 한다. 내 또 다른 친구가 대학원생일 때의 일화를 들려주었다. 그는 자신이 가르치는 몇몇 여학생이 반바지나 치마를 입고 수업에 들어가면 그가 자신들의 다리를 쳐다본다고 불평한다는 사실을 알고 몹시 당혹했다. 누구도 남성인 내 친구에게 가부장제 아래에서 가르치는 일이 무엇을 의미하는지 알려주지 않았다. 그가 그저 시선이 '자연스럽게' 향하도록 놔두고, 학생과의 대화와 상호작용이 '자연스럽게' 진행되는 대로 놔두었다면 그는 자신의 여학생들을 남학생들과 동등한 관계로 대하는 데 실패했을 것이다. 누구도 그에게 '자연스럽게' 행해지는 행동을 멈추지 않는 한 강의실에서 여성들을 온전히 학생으로서 대하지 않고, 소비할 몸으로, 받아야 할 상으로, 감정의 저장소로 취급하게 될 수 있다고 말해주지 않았다. 더 나아가 처음부터 불평등한 환경에서 성장한 여학생들이 이에 동조할 수도 있다고도 말해주지 않았다. 그 결과 그가 가르쳤던 젊은 여학생들은 낙심했다. 그러나 자신의 교수들이 가르치는 법을 가르쳐주지 못한 내 친구도 마찬가지였다.

2019년 대니엘 브래드퍼드Danielle Bradford는 자신이 최근 졸업한 케임브리지대학교를 상대로 영국 평등법을 위반했다며 소송을 걸었다. 그녀는 대학원생 강사로부터 지속적인 성적 괴롭힘을 당했다는 자신의 불만을 대학이 엉망으로 처리했다고 주장했다. 대학은 브래드퍼드의 불만을 인정했지만, 고작 취한 조치라고는 먼저 이 강사에게 브래드퍼드에게 사과 편지를 작성하게 하고, 다음으로 그녀와 더 이상의 접촉을 못 하게 막는 것뿐이었다. 대학은 (가해자가 아닌) 브래드퍼드가 특정 대학 건물들에 출입하지 못하게 제한하면서 부분적으로 이 조건을 충족했다. 한편 이 강사는 계속해서 대학생들을 가르쳤다. 브래드퍼드는 트위터에 대학이 그녀의 가해자에게 가르치는 훈련을 받으라고 명하지 않았다고 불평했다. 브래드퍼드의 사건은 앤 올리바리우스Ann Olivarius가 운영하는 법률사무소가 담당했다. 그녀는 예일대학교 학생이던 1977년 성적 괴롭힘에 대한 불만을 제대로 처리하지 못했다며 대학을 고소했던 여성 중 한명이었다. 이 소송은 미국 대학에서 성적 괴롭힘 규제의 새로운 시대를 여는 데 일조했다. 그러나 당시는 교수의 성 윤리에 대한 논의가 제대로 이뤄지지 않던 때였다. 브래드퍼드의 소송이 과연 차이를 만들어낼 수 있을까?

이 점에서 대학 교육계와 심리치료 업계의 차이가 뚜렷하다. 치료사 훈련의 핵심은 전이를 예상하고 조정하는 법을 배우는 것이고, 환자의 욕망에 같은 반응을 보이지 말라고 강조한다. 대학 교수들은 이런 훈련을 받지 않는다. 적어도 미국에서는 대학원생과 조교수가 어떤 종류의 교육 훈련도 거의 받지 않는다. 그러나 내게는 훈련의 차이가 치료와 교육 사이의 근본적인 차이를 설명하지 못하는 것처럼 보인다. 두 경우 모두 필요와 신뢰에 비대칭적 관계가 존재한다. 두 경우 모두 강렬한 감정이 생겨날 수 있고, 성관계가 그 분야가 실천하고자 하는 목적을 훼손한다. 치료사-환자의 성관계는 허용되지 않지만, 교수-학생의 성관계를 허용해주는 대학 교육이 가진 뚜렷하게 다른 점은 존재하지 않는다. 그렇다면 앞의 차이는 역사의 우발적 사건들의 상관관계일까? 프로이트는 20세기 초에 정신분석학의 성 윤리에 대해 사려 깊지만 명확하게 집필하면서 이후 거의 모든 심리치료 학교의 원칙과 규범을 정립했다. 그러나 교육학계에는 프로이트 같은 사람이 없었다. 아마도 가장 비슷하다고 볼 수 있는 인물이 플라톤일 텐데, 그의 견해는 잘못 해석되는 경우가 너무 많다.

어쩌면 아직 늦지 않은지도 모른다. 대학에서 성에 대한 규제가 증가하는 상황은 교수들이 교육학적 실천의 목표와 이를 달성하는 데 적합한 행동 규범에 대해 생각해보는 기회를 만들어 준다. 교수들에게는 이를 진지하게 받아들일 만한 강한 동기가 존재한다. 이들이 스스로를 규제하지 않으면 상부의 규제를 받게 되고, 여기에 수반하는 결과가 있기 때문이다(이미 이런 사례들이 존재한다). 상의하달식 규제는 교육의 윤리적·정신적 복잡성을 고려하지 않을 가능성이 있다. 대신에 문제가 생길 경우를 대비하려는 관리자의 바람과 일터를 거울로 삼아 교실을 보려는 법의 성향을 반영할 것이다. 법이 치료사-환자 관계를 규제할 때면 거의 언제나 치료사들이 인정한 조건에 따라 그렇게 한다는 점이 놀랍다. 치료사로서 치료사가 자신의 환자에게 제공해야 할 의무가 있는 조건이다. 무엇이 교수가 관리자와 법이 단지 합의와 강압, 이해충돌이라는 익숙한 측면에서뿐만이 아니라 선생으로서 대학교수가 학생에게 해주어야 하는 의무라는 측면에서 생각해보도록 이끄는가? 무엇이 우리가 교육에서 성 윤리를 정립하게 하는가?

*

자신의 교수에게 푹 빠져서 그를 뒤쫓고, 그가 관심을 보이자 뛸 듯이 기뻐하며 그와 성관계를 하고 데이트를 하다가 종국에는 자신 이전에 이미 그를 거쳐 간 수많은 학생이 있었으며, 그와의 관계가 자신의 특별함이 아닌 그의 허영심을 보여주고 있음을 깨달은 여학생이 있다고 상상해보자. 다음에 무슨 일이 일어날까? 그녀는 배신감과 수치심에 더는 그의 수업을 듣거나 그의 학과(그녀의 학과)에 시간을 쏟을 수 없다. 그의 동료(그녀의 교수) 중 누가 자신들의 관계를 알고 있을지, 그리고 자신에 대해 안 좋은 인상을 품고 있지는 않을지 걱정이다. 또 자신의 좋은 성적이 그와의 관계로 얻어진 것은 아닌지 (당연히) 의심하게 된다. 이제 이것이 많은 여성이 그리고 극소수의 남성만이 겪는 경험임을 알게 되었다. 더 나아가 어떤 자연스럽게 성별에 따라 나누어진 분업이 아니라 남성과 여성에게 주어지는, 남성은 불균형적으로 큰 혜택을 보고 여성은 불균형적으로 큰 손해를 입는 심리성적psychosexual 질서 때문임도 알게 되었다. 내 생각은 이렇다. 우리의 상상 속의 이 젊은 여성은 교수에게 분명히 성적 괴롭힘을 당하지 않았다. 그러나 그녀는 '성별에 근거한' 교육의 혜택을 거부당하지 않았나?

교수-학생의 합의된 관계가 성적 괴롭힘에 해당하지 않아도 여전히 성차별로 간주할 가능성이 있다. 이런 관계는 대개 (예상대로 그리고 심각하게) 여성의 교육에 해를 가한다.[35] 그리고 성별에 근거해 그렇게 한다. 지금까지 법적으로 성차별이란 '성별에 근거한' 차별로 여성과 남성을 다르게 대우하는 것이었다. 여학생과만 성관계를 가지는 남교수는 분명 자신의 여학생과 남학생을 다르게 대우하고 있다. 남학생과만 성관계를 가지는 남교수나 여교수도 마찬가지다. 양성애는 이런 성차별의 이해에 문제를 가져온다. (상관이 여성과 남성 부하 모두에게 추근거린다면 성차별이 아닌가?) 이것이 '성별에 근거한' 차별의 의미를 기존과는 다르게 이해해야 하는 한가지 이유다. 캐서린 매키넌과 린 파얼리Lin Farley, 그리고 다른 성적 괴롭힘 이론의 페미니스트 개척자들은 성차별의 본질이 차별 대우가 아니라 불평등을 재생산하는 대우에 있다고 본다. 자신의 여성 비서에게 추근대는 상관을 예로 들어보자. 문제는 이 상관이 남성 부하에게는 추근거리지 않는다는 것이 아니라 원하지 않는 성적 접근이, 맥키넌의 표현을 빌리자면, '남성과 비교해 여성의 사회적 불평등을 표현하고 강화한다'는 것이다.[36]

교수-학생의 합의된 관계에도 같은 말을 적용할 수 있을까? 어쩌면 학생과 잠자리를 하지만 학생이라는 신분에 전혀 신경 쓰지 않는 남교수가 있을지도 모른다. 어쩌면. 그렇다고 해도 교수-학생의 역학 관계가 일상의 이성애적 욕망을 성적으로 강조하는 상황이 더 전형적이라고 정말로 믿지 않을 수 있는가? 나는 대학생일 때 자신의 교수와 관계를 시작해서 졸업 후에도 몇년 동안 관계를 지속했던 어느 여성을 안다. 마침내 교수와 이별했을 때 그 여성은 "대학 새내기와 데이트하고 싶어하는 성인 남성에게는 무언가가 있다"고 설명했다. 나는 그 '무언가'가 성적 지배에 대한 투자라고 생각한다.

교수-학생 관계가 무엇을 나타내는가의 질문은 차치하고 이들이 무엇을 생산해내는가를 말하기란 어렵지 않다. 이들은 보편적은 아니더라고 종종 여성의 교육을 중단시키는 방식으로 해를 끼친다. 수업에 들어가지 못하고, 학교생활에 적합하지 않다고 확신하게 되고, 대학이나 대학원을 중퇴하는 여성들에게는 분명한 사실이다. 자신의 지적 능력이 감퇴했다는 느낌을 받고, 다른 남교수가 자신의 생각에 관심을 보일 때 의심을 품으며, 성공하더라고 자신의 공이 다른 누군가나 무언가의 덕분으로 여겨질까 봐 걱정하는 여성들에게도 마찬가지다. 때로는 이런 관계를 원하는 사람들도 존재한다. 그렇다고 이런 관계를 덜 차별적이라고 말할 수 있을까?

*

내 말이 훈계처럼 들리는가? 교수-학생 성관계에 대한 문화적 흥미에는 이를 규제하려는 바람을 의심하게 만드는 호색적인 무언가가 있다.[37] 특히 성에 관한 한 일탈은 규제의 근거가 되지 않는다. 그러나 차별은 근거를 제공해줄 가능성이 있다. 중요한 점은 관계에 가담하는 학생의 (일반적으로 여성의) 삶에, 그리고 여성의 삶과 미래에 교수-학생 관계가 미치는 영향이다. 진실을 말하자면 가부장제 아래에서 여성은 대학을 포함해 어디서든 '성별에 근거한' 차별의 대상이다. 어떻게 그렇지 않을 수 있겠는가? 페미니스트들이 생각해봐야 할 질문은 '어떤 형태의 불평등을 다루기 위해 법을 이용할 것인가' 그리고 '오직 사회적 변화의 힘에만 영향을 받기 쉬운 불평등의 형태는 무엇인가'다.

교육 개정법 '타이틀 나인'과 이것이 만들어낸 성적 괴롭힘 정책은 적어도 공식적으로는 대학 캠퍼스를 여성들에게 더 평등하고 공평하며 공정하게 만들려는 의도를 가진 규제 수단이다. 그러나 부분적으로 이들은 다른 측면에서 캠퍼스를 덜 공평하고 공정하게 만들었다. 이는 많은 페미니스트가 인정하기를 꺼리는 사실이다. 때때로 이 불공정의 희생자는 여성이다. 합의 관계 학칙이 미국 대학에서 최초로 등장하고 다음 해인 1984년 법원은 자신이 가르치지 않는 여성 신입생과 연애를 한 행위에 대해 루이지애나주립대학교 대학원생 크리스틴 내라곤Kristine Naragon의 처벌을 인정했다.[38] 당시에 루이지애나주립대학교는 이런 관계를 공식적으로 금하지 않았지만, 내라곤은 학부모들이 레즈비언 관계에 대해 지속적으로 불만을 제기하자 처벌을 받았다. 같은 학부의 남교수는 자신이 학점을 매기는 여학생과 불륜을 저질렀지만 어떠한 처벌도 받지 않았다.

교육 개정법 '타이틀 나인'을 집행하는 시민권 사무국은 이 법의 위반 혐의에 대한 인종 통계를 계산하지 않는다. 대학의 '타이틀 나인' 관리자들은 성별에 근거한 차별로부터 학생들을 보호하는 책임을 맡고 있지만, 인종이나 섹슈얼리티, 이민자 신분, 계급에 근거한 차별은 아니다. 그러므로 '타이틀 나인'은 콜레이트대학교에서 소수집단에 속하는 흑인 학생들이 불균형적으로 많이 성폭력 비난의 대상이 된 것에 신경 쓰지 않는다. 그리고 다른 곳에서 이런 일이 발생하고 있는지에 대한 법적 기록이 남아 있지 않다.[39] 하버드 로스쿨 교수인 재닛 핼리는 유색인 남성과 미등록 이민자, 트랜스젠더 학생을 향한 불공평한 비난을 포함해 대학 성적 괴롭힘 학칙의 눈에 보이지 않는 대가를 기록하며 많은 세월을 보냈다. 그녀는 묻는다. "대규모 투옥이나 출입국 관리, 트랜스젠더 긍정주의trans-positivity가 주된 정책일 때, 그리고 '타이틀 나인' 아래 이들에 대한 공정성 유지를 적극적으로 거부할 때 좌파가 이런 사람들에게 어떻게 관심을 기울일 수 있겠는가?"[40]

우리는 질문해야 한다. 교수-학생 관계를 법적으로 성차별로 (그래서 '타이틀 나인' 위반으로) 인정하면 대학을 모든 여성과 퀴어, 이민자, 비정규직 노동자, 유색인에게 공정한 장으로 만들 수 있는가? 아니면 정당한 법 절차의 더 큰 실패로 이어질까? 그 자체로 이미 불공정하지만 이미 소외된 사람들을 불균형적으로 많이 표적으로 삼아 두배로 더 불공정하게 만들면서? 여성을 보호한다는 핑계를 대고 여성을 통제하려고 혈안이 된 문화 보수주의자들의 영향력을 의도하지 않게 강화할까? 학문의 자유를 억압하는 수단으로 사용될까? 이것이 대학 성적 괴롭힘 학칙의 궁극적인 귀류법으로, 필요하다면 페미니스트들이 진정으로 제정신이 아님을 보여 주는 (그것이 거짓이라고 해도) 분명한 신호로 보일까?

성적 괴롭힘 관련 법의 역사는 젠더 정의를 위해 법을 동원한 이야기다. 그러나 법의 한계를 지적하는 역사이기도 하다. 그 한계가 (법이 문화를 인도하려는 노력을 중단하고, 대신에 초조해하며 기다려야 하는 지점이) 정확히 어디인지는 원칙이 아니라 정치의 문제다.

*

나는 2012년 이 에세이를 쓰기 시작했다. 예일대학교에서 학사학위를 취득한 뒤 5년, 교수-학생 성관계 전면 금지를 시행한 뒤 2년이 지났을 때의 일이다. 당시 나는 철학을 전공하는 대학원생이었다. 철학은 성적 괴롭힘과 교수-학생의 합의된 관계의 부당함에 지분을 갖고 있는 학문이다. 지금도 그렇지만 당시에 나는 교수가 제자와 성관계하거나 데이트해도 되느냐의 문제에 철학가들의 사고가 얼마나 제한적인지를 알고 충격을 받았다. 우생학 및 고문의 윤리 문제를 놓고(당신이 상상했을 문제들은 더 명확했다) 힘들게 씨름했던 사람들 입에서 나오는 말이 어떻게 교수-학생 성관계가 합의된 경우라면 괜찮다는 것일 수 있을까?

많은 철학자가 자신들의 마음에 드는 곳에 존재하는 복잡성만 보려고 한다. 철학은 남성이 지배적인 분야다. 이들 중에는 여성 앞에서 무력하다고 느끼거나 (또는 역사적으로 느꼈거나) 정당한 보상을 받는 방법으로 자신의 전문적 지위를 이용해 성관계를 가지는 남성도 있다. 나는 익명의 철학 블로그를 읽은 적이 있다. 여기서 어느 철학자(나는 이 사람이 여성이라고는 상상이 가지 않는다)가 교수가 학생에게 성관계하자는 제안과 그녀에게 테니스를 함께 치자는 제안 사이에 왜 차이가 있어야 하냐고 묻는 글을 올렸다. 왜인가? 프랑스 철학자 미셸 르 되프Michèle Le Dœuff는 "당신이 여성이고 철학자라면 자신에게 무슨 일이 일어나고 있는지를 이해하기 위해 페미니스트가 되는 것이 도움이 된다"라고 썼다.[41]

대학원생으로서 나는 여기서 내가 설명하려고 노력하는 것처럼 내 분야의 남성들에게 합의의 결여가 문제 있는 성관계의 유일한 지표가 아님을, 합의된 관계도 조직적으로 해를 입힐 수 있음을, 교육환경에서의 관계는 인간으로서 우리가 서로에게 지고 있는 책임을 넘어서는 특정한 책임을 동반할 수 있음을 설명하고 싶었다. 나는 이들에게 교육이 성적으로 가득 찬 경험이거나 그럴 가능성이 있기 때문에 성적 특성을 부여하는 것이 해가 될 수 있다고 설명하고 싶었다. 또 제자와의 성관계를 자제하는 것이 학생을 아이 취급하는 것과 같지 않다고 설명하고 싶었다.

현재 교수가 된 나는 이런 주장 가운데 일부가 예전처럼 나를 사로잡지 못한다는 사실을 인정한다. 이들이 틀려서가 아니라(여전히 맞는다고 생각한다) 어떤 의미에서 더는 필요하지 않다고 느끼기 때문이다. 교수로서 나는 내 학부생들이, 그리고 어떤 경우에는 대학원생들이 성숙하고 지능적이며 자율적이지만 중요한 의미에서 여전히 아이들이라고 본다. 나는 이들의 법적 지위 또는 인지적·도덕적 수준을 의미하는 것이 아니다. 이들은 합의 능력을 완전히 갖추었고, 내게 내 인생을 결정할 권리가 있듯이 이들도 자신들의 인생을 결정할 권리가 있다. 그저 내 학생들이 아직 매우 어리다는 말이다. 나는 이들 나이였을 때 내가 얼마나 어린지 몰랐다. 나를 완전히 발달한 지능을 가진 사람으로(나는 내가 정말 그렇다고 믿었다) 대우해줄 정도로 친절했던 교수들에게조차 내가 얼마나 어려 보일지 몰랐다. 내 학생들과는 다른 방식으로 성인이 된, 이들 또래의 사람들은 숱하게 많으며, 이들 중 대다수는 대학에 다니지 않고 앞으로도 다닐 일이 없다. 학생들이 어린 이유는 내가 교편을 잡고 있는 종류의 기관들과 관련이 많은데, 이 기관들은 학생들의 계급과 인종 덕분에 이들 또래의 많은 젊은이가 지나치게 빠르게 어른이 될 것을 요구받는 가운데 어린 상태를 더 유지할 수 있는 젊은이로 가득하다.

학부생이든 대학원생이든 내 학생들의 어림은 이들이 성인과 아이 사이의 학생으로서 존재하는 특이한 공간과도 관련이 아주 많다. 이들의 삶은 강렬하고 혼란스러우며 짜릿하다. 또한 개방적이고 아직은 많은 부분 형태가 잡혀 있지 않다. 때때로 이들을 부러워하지 않기란 어렵다. 일부 교수는 학생들에게 자신을 동화시키려는 유혹을 뿌리치기 어려워한다. 그러나 내게는 일반적인 도덕적 교훈에서가 아니라 가르쳐야 하는 대상의 일부인 과거의 나 자신과 대면하는 순간에 요구되는 것이라는 특정한 의미에서, 이들로부터 거리를 두고 물러나 이들이 계속 나아가도록 놔두어야 한다는 것이 명백해 보인다. 제인 톰킨스는 『학교에서의 삶』(1996)에서 이렇게 말한다. "강의실에서, 학생들의 얼굴과 몸에서 삶이 바로 내 앞에 존재한다. 이들은 삶이고, 나는 우리가 우리 삶을 나누고, 강의가 계속되는 동안 함께 무언가를 만들고, 이것으로 충분하기를 바란다."[42]

새로 부임한 교수로서 보낸 첫주에 나는 같은 학부 교수들 및 대학원생들과 함께하는 식사 자리에 참석했다. 나는 교수들 대다수보다 대학원생들과 나이가 더 비슷했고, 이들과 함께 편안하고 즐거운 시간을 보냈던 일을 기억한다. 식사를 마치고도 와인을 계속 마셨고, 모두가 얼큰하게 취했을 때 학과장이 내게 오늘 밤은 이만 끝내야겠다고 말했다. 그는 두 대학원생이 테이블을 가로지르며 시끄럽고 거칠게 장난치는 모습을 바라보면서 웃었다. "저들이 서로를 깔고 앉기 시작하면 집에 가야 할 때가 된 것이라네." 그 말이 옳았다. 나는 그를 따라 밖으로 나왔고, 내 학생들이 계속 나아가도록 놔두었다.[43]

누가 남성을 음해하는가

포르노를 말한다

섹스할 권리

욕망의 정치

학생과 잠자리하지 않기

섹스, 투옥주의, 자본주의

내 지인인 어느 흑인 교수는 학생들에게 '승리했을 때의 계획을 세우고 있어야 한다'고 즐겨 말한다. 페미니스트들은 승리했을 때 무엇을 해야 하는가? 이 질문이 지나치게 가정적이라고 받아들이는 사람이 많다. 이들은 페미니스트들이 힘이 없다고, 상대적으로 힘이 없는 자리에서 "힘 있는 자들에게 사실을 전한다"고 말한다. 그러나 마음에 들건 안 들건 일부 페미니스트는 상당히 큰 힘을 가지고 있다. 대학 및 직장 내 성적 괴롭힘 정책과 다수의 세계 비정부기구의 우선순위, 여성의 처우 개선에 대한 국내법과 국제법을 수립하는 데 중추적인 역할을 했던 페미니스트들을 예로 들 수 있다. 정치 지도자나 CEO로서 기존의 권력 체계로 들어간 자칭 페미니스트들도 마찬가지다. 의도하지 않았다고 해도 자신의 목표가 정치적 우파의 목표와 수렴되는 페미니스트들도 있다. 1970~80년대의 반포르노 및 반성매매 페미니스트들과 오늘날 트랜스젠더 배제를 주장하는 페미니스트들이 그 예다. 또 소셜미디어를 통해 성적으로 학대하는 남성의 행태에 대중의 관심을 유도했던 페미니스트들도 있다. 분명한 점은 힘을 가진 이런 페미니스트들 거의 모두가 부유하고, 보통은 서구권 나라의 백인들이라는 것이다. 이런 의미에서 페미니즘은 자기 계층 내에서 세상의 불평등을 재생산했다. 대다수 여성(북반구 선진국의 노동계급과 이민자 여성, 남반구의 가난한 갈색 인종 및 흑인 여성)이 상대적으로 힘이 없다는 사실은 일부 페미니스트가 상당한 권력을 행사한다는 사실을 부정하는 이유가 되지 못한다. 이들은 이 힘으로 무엇을 해야 할까?

2019년 9월에 『가디언』은 독일 쾰른에서 정부가 후원하는 '드라이브스루 성매매 업소'의 등장에 관한 기사를 실었다.

> 그 결과는 도시 외곽에 위치한 일종의 성매매 드라이브스루다. 고객들은 차를 타고 일방통행로를 따라 성노동자들의 접대를 받을 수 있는 약 8100제곱미터의 야외 공간으로 들어간다. 거래가 성사되면 성노동자와 고객은 준전용 주차 구역으로 이동한다. 안전을 위해 각각의 구역은 필요한 경우 성노동자가 쉽게 도망칠 수 있게 운전자석 문은 열지 못하고 조수석 문은 열 수 있게 설계되어 있다. 그리고 도움을 요청할 수 있는 비상 버튼이 있다. 사회복지사들이 현장에 배치되어 있고, 몸을 따뜻하게 하고 편의시설을 이용할 수 있는 휴식 공간이 제공된다.[1]

*

캐런 잉갈라 스미스Karen Ingala Smith는 런던에 거점을 두고 활동하는 니아nia의 CEO로, 이 단체는 "여성과 아동에 대한 폭력을 종식하기 위해" 설립된 자선단체다. 그녀는 이 기사를 트위터에 올리고 다음과 같은 논평을 달았다. "내 눈에는 자동차를 타고 들어가는 이런 성매매 업소의 이미지들이 가축우리나 차고와 너무나 닮아 보이고, 매춘 여성의 인격 말살의 전형적인 예로 보인다."[2] 여성 폭력을 종식하는 데 힘쓰는 다른 영국 자선단체인 '메이킹 허스토리'Making Herstory는 트위터에 "학대와 빈곤, 인신매매 피해자들에게 쉽게 접근할 수 있게 보호해주는 모든 것, 맞죠?"라는 글을 올렸다.[3] 이 기사와 함께 실린 사진(색색의 금속 칸막이를 설치해 자동차 크기의 공간들로 나눈 커다란 나무 창고 사진)은 페미니스트들의 감정을 자극한다. 이 건물의 기능이 상징하는 바는 명확하다. 여성이 남성에게 제공하는 익명성이 보장된 관례화된 성 접대다. 비상 버튼과 탈출 경로는 고객 중 일부가 폭력적임을 솔직히 인정하는 꼴이다. 이 건물은 남녀 관계의 현실에 대해 페미니스트들이 혐오하는 모든 것을 나타낸다. 남성의 신체적·성적·경제적 지배를 증언해주는 건축물이다.

그러나 우리가 이 사진을 (남녀 관계 현실의 상징이 아니라 이에 대한 실용적인 대응이라는 측면에서) 다르게 해석한다면 특정 부류의 여성들을 위해 세상을 더욱 살 만한 곳으로 만들려고 하는 욕구를 감지할 수 있다. 오늘날 경제 상황에서 수많은 여성이 성매매를 강요받고, 오늘날 사상적 조건 아래 많은 남성이 이를 소비한다는 사실을 받아들이고 나면 남는 가장 중요한 질문은 이것이다. 이 거래에서 여성의 역할을 강화하기 위해 우리가 할 수 있는 일은 무엇인가? 쾰른의 성노동자인 니콜 슐체Nicole Schulze는 『가디언』에 다음과 같이 말했다. "저는 모든 도시에 성노동자들이 일하고 쉴 수 있는 안전한 장소가 마련되어야 한다고 생각해요. 모든 도시에 있어야 하는 이유는 성매매가 이뤄지지 않는 도시가 없기 때문이죠."

성매매에 관한 페미니즘 논의에는 이 두 관점, 즉 성매매의 상징적 힘과 성매매의 현실 사이의 갈등이 아주 흔히 나타난다. 상징적 관점에서는 성매매가 가부장제 아래에서 여성이 처한 상황을 가장 잘 보여준다고 여긴다. 대가를 지불하고 성을 사는 남성이 남성 지배의 완벽한 본보기라면, 성노동자 여성은 여성의 종속된 지위의 완벽한 본보기다. 불평등하고 흔히 폭력을 수반하는 성관계 거래는 더 일반적인 남녀 간 성적 관계의 현실을 대변한다. 이런 관점에서는 모든 여성의 이익을 위해 성노동자를 구조하고, 성 구매자를 처벌하며, 성관계 거래를 중단해야 한다.

반성매매 페미니스트들은 이에 대한 해결책이 성매매 범죄화라고 제안한다. 성을 구매하고 때때로 파는 행위도 불법으로 규정하는 것이다. 그러나 성매매 범죄화는 전반적으로 성노동자들을 '구조'해주기는커녕 도와주지도 못한다. 성노동자들이 오래전부터 이야기해왔기 때문에 우리는 성매매의 법적 규제가 이들의 삶을 실제로 더 어렵고 위험하며 폭력적이고 위태롭게 만든다는 사실을 안다.[4] 대부분의 미국 지역에서처럼 성매매를 범죄화하면 성 구매자와 경찰이 성노동자들을 강간해도 처벌받지 않는다. 영국에서처럼 성매매가 부분적으로 합법화되면 안전을 위해 함께 일하는 여성들은 '성매매 업소 관리'로 체포되고, 이들이 이민자라면 강제 추방당한다. 독일과 네덜란드에서처럼 성매매가 합법이지만 국가의 강력한 통제를 받는다면 남성 성매매 업주와 성매매 업소 관리자가 떼돈을 버는 가운데 면허 취득 요건을 충족하지 못하는 여성은 인신매매와 강제 성매매에 취약한 어두운 범죄 계층으로 들어가게 된다. '북유럽 모델'에서처럼 성을 파는 행위는 불법이 아니지만 사는 행위는 불법일 때 성 구매자는 성노동자들과의 거래에 대한 사생활 보호 강화를 요구하면서 여성들이 같은 액수의 돈을 벌기 위해 더 큰 위험을 감수해야 한다.[5] 이런 성매매 범죄화 제도는 성노동자들의 형편을 더 좋게 만들어주지 않는다.

반성매매 페미니스트들(캐서린 매키넌, 앤드리아 드워킨, 수전 브라운밀러, 캐슬린 배리Kathleen Barry, 줄리 빈델Julie Bindel, 실라 제프리스 등)이 상징 정치를 하고 있다는 말이 아니다. 이와는 거리가 멀다. 대다수 반성매매 페미니스트들은 성매매의 암울한 현실을 분명하게 인식하고 우려한다. (나는 '대다수' 반성매매 페미니스트들이라고 말했는데, 일부는 성노동자의 안녕에 관심이 없다고 스스로 인정하기 때문이다. 예를 들어 줄리 버칠Julie Burchill은 "성 전쟁에서 승리할 때 모든 여성을 끔찍하게 배신한 협력자로서 성노동자를 총살해야 한다"고 말했다.)[6] 동시에 성노동자들은 반성매매 노력이 자신들의 삶을 개선이 아닌 악화시킨다고 주장한다.

우리가 할 수 있는 일은 무엇일까?

반성매매 페미니스트들은 성노동자에 대한 이들의 진심 어린 걱정이 역설적이게도 이들의 말을 듣기 거부하는 움직임으로 끝나는 성매매 범죄화에 어떤 정서적인 투자를 하는가? 몰리 스미스Molly Smith와 주노 맥Juno Mac은 성노동자들의 권리를 강력히 옹호하는 『매춘부의 반발』(2018) 집필을 시작했을 무렵, 다른 성노동자들과 상당 부분 페미니스트들이 쓴 반성매매 글의 역사에 대해 이야기를 나누는 독서 모임을 결성했다. '여성 페미니스트들에게' 이들은 다음과 같이 썼다.

> 매춘부는 대개 가부장제 안에서 모든 여성에게 안겨주는 트라우마를 대변한다. 여성의 고통과 이들이 겪는 폭력의 궁극적인 상징이다. 그래서 고객은 모든 폭력적인 남성의 상징이 된다. 그는 전형적인 포식자, 여성을 향한 완전한 폭력의 화신이다. 우리는 이런 관점에 깊이 공감한다. 우리의 삶도 남성의 폭력에 의해 형성되었고, 이 트라우마를 상징하는 남성을 벌하고 싶은 정치적 욕구를 이해한다. (…) 그리고 물론 성매매를 심각하게 불평등한 거래로 간주하는 북유럽 모델 지지자들의 생각은 맞다. 가부장제에 더해 백인 우월주의와 빈곤, 식민주의로 인해 상흔이 남은 거래다. 여러모로 이런 거대한 힘의 차이의 살아있는 화신인 남성을 범인으로 취급하는 것은 직감적으로 옳아 보인다.[7]

스미스와 맥은 (개인으로서 그러나 또 모든 폭력적인 남성의 대표자로서) 성을 사는 남성을 처벌하고 싶은 바람이 성노동자들의 삶을 더 힘들게 만드는 페미니즘의 모순을 설명해준다고 본다. 두 사람은 이 바람을 이해한다. 이들은 성 구매자들이 '여러모로' 가부장제를 적절히 상징한다는 점을 부인하지 않는다. 그러나 남성을 처벌하고 싶은 바람을 충족시키는 것과 살기 위해 성을 파는 여성들에게 힘을 실어주는 것 사이에서 선택해야 한다고 주장한다. 다시 말해 남성을 벌하면서 얻는 정신적 만족, 또는 어쩌면 도덕적 만족은 여성의, 특히 흔히 가장 불안정한 삶을 사는 여성의 희생으로만 얻을 수 있다. 보통 자신들은 성매매업에 종사하지 않는 반성매매 페미니스트들은 선택할 필요가 없다는 환상을 붙들고 있다. 즉 가부장주의적 권리의식에 탐닉하는 남성의 처벌과 최악의 상황에 놓인 여성의 복지를 만족스럽게 융합할 수 있다고 믿는다. 이들은 막스 베버의 경고를 잊었다. 그는 정치 행위는 '모든 폭력 행위에 도사리고 있는 악마 같은 힘과 관계를 맺는' 것이라고 했다.[8] 남성의 처벌과 자신의 생존 사이에서 성노동자 당사자들이 무엇을 선택할지는 너무나 분명하다.

물론 상징주의는 중요하다. 가부장제는 신체만이 아니라, 말과 몸짓으로 확립된다. 그러나 상징주의가 요구하는 것은 대금을 지불하고, 자녀들에게 음식을 제공하며, 때로는 성을 사는 남성에게 폭행을 당하는 실제 여성들의 요구와 마찰을 빚을 수 있다. 이런 여성들이 폭행당했을 때 이들은 의지할 곳이 있을까? 아니면 폭력적인 남성과 폐쇄된 공간에 갇혀 상징의 전쟁에서 소리 없는 희생양이 될까?

*

어쩌면 나는 지나치게 단순화하고 있는지도 모른다. 나는 반성매매 페미니스트들이 성 구매 남성의 처벌에 상징적으로 투자하면서 성 구매 남성의 처벌과 이를 파는 여성의 여건 개선 사이에서 선택해야 한다는 사실을 인정하지 못하고 있다고 생각한다. 이는 부인할 수 없는 사실이다. 그러나 이런 페미니스트들은 자신이 성노동자의 권리를 옹호하는 사람들이 외면하는 다른 똑같이 실질적인 선택에 고민하고 있다고 반박할 수 있다. 현재 성을 파는 여성들의 삶을 개선하는 일과 더는 성을 사고팔지 않는 세상을 만드는 일 사이의 선택 말이다. 몇년 전 프랑스의 반성매매 활동가들이 성 구매 처벌법을 실행하는 캠페인을 성공적으로 펼쳤다. 고객을 범죄자로 취급하는 것이 성매매 여성들을 더 취약하게 만드는 것은 아닌지 물었을 때 캠페인 참가자 한명이 말했다. "물론 그렇죠! 저는 이를 인정하는 데 주저하지 않아요. 하지만 노예제 폐지를 생각해보세요. 일부 기존 노예들의 삶을 악화시켰죠. 우리는 미래를 생각해야 해요!"[9]

반성매매 페미니스트들은 자신들을 '폐지론자'라고 부르면서 노예제도에 반대한 역사적 캠페인을 의도적으로 언급한다. 성노동자들은 성매매를 노예를 재산으로 여기는 제도와 엮으려는 시도뿐만 아니라 노예제 금지처럼 성매매 금지가 진정으로 이를 근절하는 과정이라는 생각에도 반대한다. 성매매 범죄화는 (그것이 부분적이든 전적이든) 실제로 성매매를 절대로 없애지 못한다. 성매매는 모든 법적 제도 아래에서 성행했다. 차이점이 있다면, 성을 사고파는 조건 그리고 특히 고객과 종사자가 국가의 강압적 권력의 통제를 받는 대상인지 여부다. 여성들이 대금을 지불하고 자녀들에게 음식을 제공할 수 있고, 성매매가 다른 대안들보다 더 낫고, 여성의 종속이 에로틱하게 느껴지는 한 성매매는 없어지지 않는다. 성매매 범죄화는 이런 의미에서 상징적인 폐지다. 법으로는 성매매가 사라지지만, 현실에서는 그렇지 않다. 2018년 스페인 법원은 반성매매 페미니스트들의 강력한 압박에 성노동자 노동조합 조례를 무효로 만들었다. 성매매가 노동이 아니라는 이유에서였다. 이 판결은 '상류층 신사 클럽', 즉 거의 언제나 남성이 운영하는 성매매 업소에서 일하는 여성에게는 적용되지 않는다. 남성이 아닌 자신을 위해 일하고 싶은 스페인의 성노동자들은 노동법의 보호를 받지 못하고, 국가 연금이나 사회보장을 받을 수 없으며, 모호한 공공 안전법으로 인해 관례처럼 경찰로부터 벌금을 부과받는다. 이제 이들은 노동조합을 결성할 수 없다. 이 캠페인을 주도했던 스페인의 반성매매 페미니스트들의 구호는 #SoyAbolicionista(나는 폐지론자다)이다. 그런데 이들이 정확히 무엇을 폐지했단 말인가?

성노동자들과 대다수 반성매매 페미니스트들이 확고하게 동의하는 문제, 즉 임신중지에 관한 논쟁에는 성매매의 상징적 폐지를 위해 노력하는 사람과 성노동자들의 당면한 삶을 개선하기 위해 노력하는 사람들 사이에서 볼 수 있는 대립과 놀라울 정도로 유사한 대립이 존재한다. 페미니스트들은 오래전부터 임신중지를 범죄화한다고 임신중지가 줄어들지 않으며, 오히려 이로 인해 사망하는 여성이 증가한다는 사실을 임신중지 반대자들에게 설명하기 위해 노력해왔다.[10] 임신중지를 폐지하기 위해 진짜로 취해야 할 행동은 (금욕을 기반으로 하지 않는) 성교육과 효과적이고 안전하며 손쉬운 피임, 국가가 보장하는 육아 휴직, 보편적 보육과 산모 건강 관리에 대한 막대한 투자다. 물론 일부 임신중지 반대자들은 실제로 임신중지를 원하는 여성들이 죽기를 바란다. 『애틀랜틱』*Atlantic* 기자였던 케빈 윌리엄슨Kevin Williamson은 "낙태를 교수형까지 포함해 다른 범죄와 마찬가지로 취급하는 데 완전히 동의한다"라고 썼다.[11] 그러나 임신중지에 반대하는 대다수 사람들의 말을 그대로 믿는다면, 이들의 관심은 여성의 처벌이 아닌 태아의 보호다. '태아'가 보호가 필요한 계층을 대변한다고 생각하든 아니든 임신중지 범죄화가 이 목적을 달성하는 데 도움이 되지 않음은 상당히 분명하다. 그렇다면 임신중지 반대주의자도 의도적이지는 않다고 해도 임신중지 종식이 아니라 법적 고발이 목표인 상징 정치를 하고 있다고 말할 수 있다.

성매매를 비범죄화하는 것이 더 나을까? 현재 성노동자들의 여건 개선이 아니라(여기서 비범죄화에 찬성하는 주장이 명백해진다), 성매매 근절을 위해서? 그러나 성매매를 비범죄화한 국가들에서 심지어 이 업계 종사자들의 여건이 개선되었음에도 성매매 산업의 규모는 크게 줄어들지 않았다.[12]

스미스와 맥은 '폐지론자'라는 명칭이 비범죄화 지지론자에게 어울린다고 주장하는데, 성노동자를 (비난이나 구원이 아닌 법적 보호가 필요하다는 점에서) 정치적으로 노동자로 인정해야만 이들이 원하지 않는 성관계를 거부하는 힘을 얻을 수 있기 때문이다.[13] 여기서 이들은 1970년대 초반에 셀마 제임스Selma James와 마리아로사 달라 코스타Mariarosa Dalla Costa가 시작한 '가사노동 임금'Wages for Housework 캠페인과 맥락을 같이하며 무언가를 '노동'이라 부르는 것이 그 일을 거부하기 위한 첫 단계라고 주장한 마르크스주의 페미니스트 실비아 페데리치를 언급했다.[14] 페데리치는 임금을 받지 않는 여성의 재생산 노동이 자본주의 생산의 필수 전제조건이라는 인식을 심어주면서, 가사노동에 대한 임금은 여성이 "우리 본성의 표현으로서의 그런 노동을 거부하게끔, 그리하여 (…) 자본이 우리를 위해 만들어낸 바로 그 여성의 역할을 거부하게끔" 해준다고 주장했다.[15] 임금 요구는 가사노동이 여성이 해야 하는 당연한 일(타고난 여성성의 표현)이라는 환상을 파괴하며, 이로써 "우리에게 더 호의적이고, 그 결과 〔노동〕계급의 통합에 더 유리한 쪽으로 자본이 사회관계를 재구성하도록 압박한다".[16] 앤절라 데이비스는 『여성, 인종, 계급』에서 가사노동 임금이 수많은 노동계급 여성의 삶을 미미하게 개선해줄지는 몰라도 그 대가로 가사노동자라는 이들의 역할이 더욱 공고해진다고 주장하면서 페데리치와 다른 가사노동 임금 캠페인 페미니스트들의 주장에 반박한다.[17] 데이비스는 "여성 청소부, 가사 도우미, 하녀. 이들은 가사노동에 대한 임금을 받는 것이 무슨 의미인지를 다른 누구보다도 더 잘 아는 여성들이다"라고 썼다.[18] 그녀는 가사노동에 대한 임금이 노동자 계급 여성들의 사회적 지위를 높여주지 않을뿐더러

이들에게 "심리적 해방감"을 주지도 않는다고 말했다.[19] 대신에 "가사 노예제도를 더욱 정당화했다".[20] 데이비스는 물었다. 가사 노동 임금이 정말로 "여성해방을 위한 구체적인 전략인가?"[21]

더 넓은 정치적 시각으로 본 페데리치와 데이비스 사이의 논쟁은 어떤 요구가 진정으로 혁명적이고 어떤 요구가 단지 개혁에 불과한가와 관련이 있다. 즉 무엇이 지배 체제를 무효화하는 토대 마련을 요구하고, 무엇이 그저 가장 극심한 증상을 완화하면서 이 체제의 지배력 확보를 요구하는가이다. 페데리치는 가사 노동을 위한 임금을 혁명적인 요구로 보는데, 이것이 자본주의와 성차별주의에 반대하는 투쟁에서 여성의 영향력을 강화하고, 다시 사회적 생산과 재생산 과정에서 더 큰 집단적 통제권을 여성에게 부여하기 때문이다. 또 이것이 '어떤 것'(돈)만이 아니라 더 나아가 사회적 관계를 재구성하는 힘에 대한 요구라고 말한다. 여기서 페데리치는 「개혁과 혁명」Reform and Revolution(1967)이라는 에세이를 집필한 프랑스 철학자 앙드레 고르츠André Gorz를 넌지시 언급하는데, 그는 개혁주의자들에게 다음과 같이 썼다.

> 그 개혁 조치에서 위태로운 것은 그저 (임금과 공공 편의시설, 연금 등) 어떤 '것들'에 지나지 않는다. 이는 국가가 높은 곳에서부터 여기저기 흩어져 있고 생산력이 없는 개인에게 나누어주는 것들이다.

반대로 혁명적 사회주의자들에게 "각각의 부분적인 개선, 요구되는 각각의 개혁은 세계적인 변화를 일으키는 것이 목표인 보편적인 프로젝트로 명확하게 표현되어야 한다".[22] 데이비스는 고르츠의 견지에서 가사노동 임금 캠페인이 근본적이고 개혁적일 뿐이라고 생각한다. 가정주부에게 임금을 주는 것이 이들의 억압적인 삶을 조금 더 견딜 수 있게 해주면서 성차별주의와 자본주의에 힘을 실어준다고 주장한다. 데이비스의 관점에서 진정한 혁명적 요구는 "여성 개인의 개인적 의무로서의 집안일을 폐지"하는 것으로, 다시 말해 보육과 요리, 청소의 사회화다.[23]

성매매 논의에서 이와 유사한 대립이 존재한다. 성매매에 반대하는 페미니스트와 비범죄화에 찬성하는 페미니스트는 모두 자신들의 목표가 성매매를 양산하는 제도를 전복하는 것이라고 말하고, 그래서 누가 자신을 '폐지론자'라고 부를 자격이 있는가를 놓고 언쟁이 벌어진다. 스미스와 맥 같은 비범죄화 지지자들은 성노동자들의 노동력 강화가 이들 삶을 더욱 살기 좋게 만들어주는 데서 끝나지 않고, 이들에게 생존을 위해 더는 성을 팔지 않아도 되게끔 경제적·사회적 관계의 재구성을 요구할 수 있는 더 큰 힘을 준다고 주장한다. 이런 관점에서 보면 이들의 주장이 혁명적인 정치다. 그러나 반성매매 페미니스트들 관점에서 비범죄화는 기껏해야 개혁적인 조치에 불과하다. 가부장제와 성의 신자유주의적 상업화 모두를 뒷받침해주는 동시에 성노동자들의 삶을 아주 조금 개선해주는 것이 전부다.

누가 옳은 것일까? 솔직히 말해 판단하기 어렵다. 고르츠가 썼듯이 "어떤 개혁이든 (…) 그 혁명적 중요성이 사라지고 자본주의에 재흡수될 수 있다".[24] 어쩌면 급진적인 지지자들의 의도에도 성매매 비범죄화가 장기적으로 자본주의 사회에서 성매매의 자리를 안정시킬지도 모른다. 또 어쩌면 성노동자를 다른 노동자처럼 노동자로 인정해주면 비범죄화가 이들의 잠재적 반항성을 강화하기보다는 잠재울지도 모른다.[25] 어쩌면 그렇다는 말이다. 한편 성노동자와 이들의 고객을 투옥하면 결과적으로 성매매가 종식된다고 생각할 이유가 별로 없다(지금까지 확실히 그렇게 되지 않았다). 그러나 비범죄화가 성매매 여성의 삶을 향상시켜준다고 생각할 이유는 충분하다. 이런 관점에서 범죄화의 선택은 모든 여성의 개념상의 해방을 위한 추정적 수단으로써 실제 여성들의 삶을 궁핍하게 만든다. 이는 반성매매 페미니즘 논리의 깊은 곳에서 상징 정치에 대한 투자를 또다시 드러낸 선택이다.

그러나 순전히 논의를 위해 다음과 같은 상황을 가정해보자. 현재 성매매 여성들의 여건을 개선하는 일과 성매매가 사라진 미래를 앞당기는 일 사이에서 비극적인 선택을 해야 한다는 사실을 알고 있었다면? 페미니스트로서 우리가 이 사실을 정말로 알았다면 앞으로 어떻게 해야 할까? 흑인 레즈비언 페미니스트 단체인 '콤바히 리버 콜렉티브'는 1977년 4월 성명을 발표하며 자신들의 정치적 방법론을 다음과 같이 설명했다.

> 우리는 정치를 실천할 때 목적이 수단을 항상 정당화한다고 믿지 않는다. '올바른' 정치적 목표를 달성한다는 명목으로 수많은 반동적이고 파괴적인 행위들이 행해졌다. 우리는 페미니스트로서 정치라는 이름으로 사람들의 삶을 엉망으로 만들고 싶지 않다.[26]

이 (정치적 목적을 위한 수단으로 사람들의 삶을 '엉망으로 만들지' 않는) 기본 원칙은 현재의 사람들의 삶을 개선하는 것과 더 나은 미래를 위해 현 상태를 유지하는 것 사이의 모든 선택이 전자를 위하는 방향으로 이루어져야 한다는 의미를 담고 있다. 많은, 어쩌면 대다수 반성매매 페미니스트들은 범죄화가 성매매 폐지를 보장함과 동시에 성노동자들을 도울 수 있다는 꿈같은 주장을 하며 자신들이 이런 선택에 직면해 있음을 부정하고 있다. 그러나 선택해야 한다고 생각하는 반성매매 페미니스트들이 분명히 존재하고, 만약 이 선택이 남성을 처벌하는 정신적 만족을 얻고, 법적으로 성매매를 상징적으로 삭제하고, 가부장제 없는 세상을 가속하거나 그런 세상을 상상하는 것을 의미한다면 성노동자들의 삶이 더 비참해진들 이를 감수할 준비가 되어 있다. 이런 페미니스트들은 성매매 여성들을 가부장제 협력자로 몰아세우며 총살하려는 생각은 하지 않을 수 있지만, 어떤 식으로든 이들의 삶을 엉망으로 만드는 데 일말의 망설임도 없다.

*

2007년 사회학자 엘리자베스 번스타인Elizabeth Bernstein은 성평등을 달성하기 위해 국가의 강압적인 권력에 기대는 정치를 묘사하며 여성을 대상으로 한 범죄에 대한 수감률을 높이자는 의미로 '투옥 페미니즘'carceral feminism이라는 용어를 처음 사용했다.[27] 지난 50년간 성매매와 가정폭력, 강간 범죄자들을 투옥해야 한다는 생각이 대다수 국가에서 점점 더 상식처럼 받아들여졌다. 문제는 성매매라는 특정 사례가 보여 주듯이 투옥 '해결책'이 이미 최악의 상황에 처한 여성의 삶을 더욱 힘들게 만드는 경향이 있다는 점이다. 투옥 페미니즘이 폭력으로 가장 고통받는 여성(가난한 여성, 이민자 여성, 유색인 여성, 낮은 계층의 여성)과 한배를 타고 있는 남성을 상대로 국가가 강압적인 권력을 휘두를 수 있게 해주기 때문이다. 동시에 이런 접근법은 범죄 대부분의 근원이 되고, 특정 집단의 여성들이 특히 여성 폭력에 취약하게 만드는 빈곤·인종차별·사회계급 등의 사회적 현실을 다루지 못한다.

2006년 브라질에서 남편의 지속적인 구타와 두번의 살해 시도에서 살아남은 여성의 이름을 딴 '마리아 다 페냐'Maria da Penha 법안이 통과되었다. 이 여성은 남편의 살해 시도로 하반신이 마비되었는데, 브라질 법원에서 남편이 재판을 받고 유죄판결이 날 때까지 무려 20년이라는 세월이 걸렸다. 이 새로운 법이 통과되는 데엔 페미니스트 단체의 캠페인이 큰 역할을 했으며, 이 법에 따라 가정폭력 가해자에 대한 의무적 징역형이 도입되고, 가정폭력 사건 재판을 위한 특별 법원이 신설됐다. 그러나 일부 브라질 학자는 마리아 다 페냐 법으로 가정폭력 신고가 감소하게 됐다고 지적한다. 이는 새로운 법의 도입으로 가정폭력 사건이 줄어들어서가 아니라, 가정폭력으로 가장 고통받는 가난한 브라질 여성들이 더는 경찰에 도움을 요청할 수 없다고 느끼기 때문이다. 이들은 배우자가 열악한 환경의 감옥에 가고 나면 국가의 재정적 지원이 없는

상태에서 홀로 가정을 돌봐야 하는 상황을 두려워한다.[28]

일부 미국 페미니스트는 1980년대부터 '의무적 체포' 정책 채택을 요구하는 캠페인을 성공적으로 진행했는데, 이에 따라 경찰은 가정폭력 신고를 받고 출동할 때마다 가해자를 체포해야 한다. 그리고 많은 흑인 및 라틴계 페미니스트가 예측했듯 이런 정책으로 유색인 여성에 대한 가정폭력 발생률이 증가했다.[29] 체포되었다 풀려나 보복성 폭행을 가하는 일이 (흑인 및 라틴계 공동체를 괴롭히는 요인들인) 빈곤과 실업, 마약 사용, 음주와 연관이 있음을 보여주는 수많은 연구도 존재한다.[30] 밀워키에서 진행한 1992년의 어느 연구는 체포 의무 정책이 백인 직장인 남성이 저지르는 폭력은 감소시키는 반면, 흑인 무직 남성이 저지르는 폭력은 증가시킨다는 사실을 발견했다. "밀워키 같은 도시에서 흑인이 백인보다 적정한 근사치로 세배 정도 많이 체포된다면, 체포 의무 정책을 전면적으로 시행할 경우 주로 흑인 여성을 대상으로 하는 5409건의 폭력 행위를 대가로 치르면서 주로 백인 여성을 대상으로 하는 2504건의 폭력 행위를 예방할 수 있다."[31] 실제로 전 세계적으로 남성의 무직은 여성을 대상으로 하는 가정폭력과 연관이 있다.[32] 그러나 가난하고 학대받는 여성들은 대개 남편의 취업이라든지, 남편을 떠날 때 필요한 자금 지원을 국가에 기대할 수 없다. 남편의 구속 요청 말고는 다른 방도가 없는 셈인데, 당연히 다수가 이렇게 하기를 꺼린다. 더욱이 이런 여성들이 국가에 도움을 요청했다가 처벌받는 경우도 있다. 미국에서는 의무적 '쌍방 체포' 정책에 따라 유색인 여성이 (학대자 대신 또는

학대자와 함께) 체포되는 경우가 흔히 발생한다.[33]

*

1984년 벨 훅스는 여성이 공통으로 가지고 있다고 말할 수 있는 것에만 초점을 맞추는 여성해방운동의 경향에 관해 썼다.

> 공통된 억압이라는 생각을 알려준 일치와 공감을 향한 욕구는 연대를 구축하는 방향으로 나아가는 것이었지만, "자신을 억압하는 것을 중심으로 구성하라" 같은 구호는 많은 특권층 여성이 자신의 사회적 지위와 여성 대중의 사회적 지위 사이의 차이를 무시할 수 있는 핑계를 제공했다. 이는 인종적·계급적 특권의 표시로 (…) 중산층 백인 여성은 페미니스트 운동의 초점을 자기들 이익에 주로 맞추게끔 하고, 자신들의 상태를 '억압'과 동일시하게 해주는 공통성이라는 듣기 좋은 말을 가져다 붙일 수 있었다.[34]

표면적으로 '공통된 억압'이라는 개념은 보편적인 여성의 연대를 약속하는 의미를 담고 있다. 부유한 여성과 가난한 여성, 시민과 난민, 백인 여성과 흑인 또는 갈색 인종 여성, 상류계급 여성과 달리트 여성 할 것 없이 모든 여성은 자신의 성별로 인해 억압받으며, 이 점이 여성들의 공감적·전략적 동맹의 토대가 될 것이다. 그러나 모든 여성이 같은 피해를 보지는 않는다. 부나 인종, 시민 지위, 계급 덕분에 보호받는 여성들이 존재한다. 반면 이런 것으로 인해 고통받는 여성들도 존재하고, 이들이 가장 가혹한 피해를 받는다. 성적 억압만을 다루는 페미니즘은, 성별이 그저 자신들을 곤경에 빠뜨리는 한 원인일 뿐인 여성들에게 그다지 유용하지 않은 전략을 추구한다. 벨 훅스는 공통된 억압에 반대하는 집회의 외침이 최악의 상황에 놓인 여성들의 억압을 단순히 무시하는 수준을 넘어 보장해준다고 지적한다.

성평등을 이루기 위해 가해자를 투옥해야 한다는 접근법은 인종 같은 요인으로 복잡해질 일이 없는 '공통된 억압'의 '순수한' 사례에 해당하는 여성을 전제로 하는 경향이 있다. 성매매 범죄화가 성매매 여성에게 도움이 된다는 믿음은 그 여성에게 다른 선택권이 있다는 가정을 밑바탕에 깔고 있다. 즉 이들의 근본적인 문제는 말하자면 빈곤이나 이민법이 아니라 성매매에 있다는 것이다. 이와 마찬가지로 투옥이 가정폭력을 근절하는 방법이라는 믿음도 가정폭력을 저지르는 남성과 공동 운명체인 여성을, 즉 자신을 구타하는 남성에게 재정적으로 의존할 수밖에 없는 여성이나 자신과 한 공동체에 속한 남성이 경찰서나 법원, 감옥에서 어떤 취급을 받는지에 크게 영향을 받는 여성을 고려하지 않는다.

또 투옥 방식은 체포되어 감옥에 보내져 성 학대와 폭행, 굴욕, 강제 불임수술을 당하고 자녀와 떨어져야만 하는 전 세계 50만명 이상의 여성을 등한시한다. 전 세계의 투옥된 여성의 30퍼센트를 차지하는 미국에서(이에 반해 중국은 15퍼센트, 러시아는 7.5퍼센트다) 여성의 투옥률은 최근 수십년간 남성보다 두배 증가했다.[35] 불균형적으로 치우친 여성의 빈곤은 이들이 재판 전 구류 기간에 보석금을 내고 풀려나오기 힘들고, 이는 자신의 주 보호자와 분리된 아이들의 수가 증가한다는 의미다. 미국 감옥에 수감된 여성의 80퍼센트가 자녀를 둔 엄마들이다.[36] 여성 투옥률이 미국과 비슷한 유일한 국가인 태국에서는 여성 수감자의 80퍼센트가 폭력과 상관없는 약물 관련 범죄자다.[37] 영국 내무부는 얄스우드Yarl's Wood 이민자 수용소에서 단식투쟁 중인 억류자들에게 이들의 항의가 추방을 앞당길 수 있다고 경고했는데, 이곳은 여성들을 무기한으로 붙잡아둘 수 있는 곳이다.[38] 전 세계에서 투옥된 여성들은 대부분 가난하고, 교육받지 못했으며, 폭력에 연루된 배경을 가지고 있다. 많은 주류 페미니스트가 이들을 거의 언급하지 않는 점은 놀랍지 않다. 이는 그들 자신이 투옥 제도와 관련이 있기 때문이다.

*

페미니스트들이 (경찰들이 거리를 순찰하고 남성들을 감옥에 보내는) 투옥 해결책을 받아들일 때 이는 지배 계급이 범죄 대부분의 가장 심각한 원인이 되는 빈곤과 인종 지배, 국경, 계급 제도 같은 문제의 해결을 거부할 수 있게 해준다.[39] 이런 요인들과 이에 따른 결과(주택과 의료 서비스, 교육, 보육, 양질의 일자리 부족 등)가 여성을 더욱 불행하게 만든다는 점에서 이들은 여성 불평등의 가장 심각한 원인이기도 하다. 전 세계적으로 대다수 여성은 가난하고, 가장 가난한 사람은 여성이다. 이것이 '공통의 억압'에 맞서 투쟁하는 페미니즘이 모든 여성의 평등과 존엄성을 위해 싸우는 페미니즘과 다른 길을 가는 이유다. 여성에 대한 공통의 억압에 초점을 맞추는 페미니즘은 대다수 여성을 가장 비참하게 만드는 요인들은 다루지 않은 채 기존의 불평등 구조에서 성평등을 이루는 방법을 찾는다.

투옥주의carceralism로의 방향 전환은 1970년대 이후로 페미니즘 내에서 일어난 더 광범위한 주안점의 변화의 일부로서 사회경제적 삶의 전환에서 탈피해 기존의 자본주의 구조에서 여성의 평등을 획득하는 방향으로 나아가는 것을 말한다. 수전 왓킨스Susan Watkins가 2018년 『뉴 레프트 리뷰』에서 지적했듯이 1960~70년대 영어권 세계의 급진적 여성해방 운동가들은 동시대의 사회민주주의 유럽과 탈식민지화하는 제3세계 사람들처럼 성 불평등만이 아니라 인종과 계급 불평등을 낳는 사회질서를 바꾸는 일에도 관심을 가졌다.[40] 이들은 보편적인 보육과 의료, 교육 서비스, 출산을 스스로 결정할 권리와 이성애자로 구성된 핵가족의 종말, 부의 재분배와 노동조합의 권리, 무임금 가사노동에 대한 임금 지급, 생산수단의 민주적 소유권을 요구했다. 1974년 '뉴욕 래디컬 페미니스트'New York Radical Feminists는 『강간: 최초의 여성용 자료집』을 출간했는데, 여기서 다음과 같이 밝히고 있다. "강간이 법질서의 문제가 아님을 분명히 해야 한다. 여성은 거세나 사형을 요구하는 것이 아니다. (…) 우리는 강간 법을 더 가혹하게 만들고 싶지 않다."[41] 이들은 강간이 "가족과 경제 체제, 남녀 심리의 변화로 성 착취"를 "상상할 수 없게" 되었을 때만 근절될 수 있다고 말했다. 또 강간은 "개혁이 아닌 혁명이 필요한 문제"라고 지적했다.[42]

그러나 이런 변화의 요구는 미국에서 왓킨스의 '반차별' 패러다임에 곧 자리를 내주었는데, 이에 따르면 여성의 진짜 문제는 직장에서 남성과 동등한 대우를 받지 못한다는 점이었다. 베티 프리단Betty Friedan이 설립한 전미여성연맹National Organisation for Women은 "미국의 주류 사회에 여성이 온전히 진입할 수 있게" 해야 한다고 했다.[43] 이런 종류의 페미니즘은 이미 미국 자본주의의 수혜자인 여성들에게 알맞았고, 지금도 다르지 않다. 이들은 따분한 집안일에서 벗어나 의사와 변호사, 은행가, 학자가 된, 대다수가 백인인 부유한 여성들이다. 또 왓킨스의 말에 따르면 반차별 패러다임에서 가난한 사람들이 공개적으로 인종적·경제적 평등을 외치는 이른바 '깜둥이 문제'에 대한 해결책을 찾은 미국 우파에게도 알맞았다. 우파의 관점에서 '문제'는 어떻게 평등을 이루어낼 것인가가 아니라 공산주의와 반식민주의에 맞서 싸우는 동안 어떻게 국제적 망신을 피할 수 있느냐였다.[44] 닉슨 행정부는 일부 흑인 남녀가 전문직을 가진 중산층으로 편입할 수 있게 해주면서 흑인 인구를 양분하기 시작했다. 닉슨의 표현을 빌려 '흑인 자본주의자' 계층과 마약과 범죄, '복지 여왕'과의 일련의 전쟁을 통해 앞으로 수십 년 동안 처벌을 받게 될 두번째로 큰 흑인 최하위 계층이 있다(또 이런 전쟁은 이후 전개될 '테러와의 전쟁'처럼, 백인의 빈곤에 대한 책임을 뒤집어썼던 이민자들을 상대로도 벌어졌다). 전략은 투옥이었고, 덕분에 미국은 세계에서 수감 인구가 가장 많은 나라가 되었다.[45] 이와 동시에 1970년대 중반부터 계속된 '반차별' 페미니즘은 대다수가 백인 전문직 여성으로 이루어진 새로운 권력 계층과 자녀 양육 및 집 청소 일을 맡게 된, 대다수가 비백인이고 이민자 여성인 가난한 계층 사이의 분열을 가져왔다.[46]

초기 미국 여성해방운동의 페미니스트들은 유럽 및 제3세계 페미니스트들처럼 전반적으로 강압적인 국가 기관에 기대어 여성 폭력을 해결하려고 하지 않았다. 국가권력에 회의적이었던 이들은 자신들만의 사설 성폭력 센터와 가정폭력 피해자 보호소, 임신중지 지지 네트워크를 설립해 운영했다.[47] 그러나 1980년대의 주류 페미니스트들은 가정폭력과 성매매, 포르노그래피, 강간 문제를 다루기 위해 '법질서'를 완전히 수용했다. 왜 이런 변화가 일어났을까? 이는 이 시기에 미국에서 일어났던 더 광범위한 변화를 일부 반영했는데, 이 당시에는 범죄가 사회가 가진 병적 측면이라기보다는 개인적 결함이라는 개인주의 이데올로기를 받아들였고, 폭력 범죄에 대한 걱정이 증가했다.[48] 1984년 로널드 레이건은 진보주의자들이 "개인의 비행이 (…) 언제나 물질적 재화의 부족이나 혜택을 받지 못하는 환경, 열악한 사회경제적 조건으로 인해 발생했다"는 거짓말로 미국을 팔아넘겼다고 불평했다. 그는 말했다. "처벌받지 않고 동료 시민을 희생시킬 권리가 있다고 생각하는 상습 범죄자들과 전문 범죄자들이 (…) 새로운 특권 계층으로 등장한 일은 놀랍지 않습니다."[49] 1989년 당시 뉴욕의 플레이보이이자 부동산 거물이었던 도널드 트럼프는 『뉴욕 타임스』를 포함해 네 개의 뉴욕 신문에 전면 광고를 냈는데, 센트럴 파크에서 여성을 강간한 혐의로 엉뚱하게 체포된 흑인 청소년 네명과 라틴계 청소년 한명의 사형을 요구하는 광고였다(이 광고는 국가 폭력을 과장되고 요란스럽게 기념한다는 점에서 지극히 트럼프다움을 보여주는 가운데 트럼프의 정책이 더 깊은 미국 투옥주의의 역사적인 맥락에서 형성되었음을 상기해주는 역할도 한다).

페미니즘이 투옥주의로 노선을 변경하는 과정은 미국의 물질적·이념적 상황의 변화와 맞물린다.[50] 이 시기의 미국 페미니스트들은 의도했든 하지 않았든 투옥 국가의 성장을 적극적으로 조장하기도 했다.[51] 주류 페미니즘으로서의 정당성을 인정받고 재정을 지원받을 방법을 찾으면서 일부 페미니스트는 (상담가, 피해자 변호사, 프로젝트 관리자 등) 직업적으로 '반폭력' 전문가가 되었고, 베스 리치Beth Richie가 말했듯 제도 변화의 행위자가 아닌 제도의 옹호자가 되었다.[52] 동시에 페미니스트 변호사들은 여성폭력을 법과 법 집행의 문제로 재정립하는 데 앞장섰다.[53] 1976년의 '브루노 대 코드'Bruno v. Codd 집단소송에서 구타당한 여성이 경찰의 도움을 받을 권리가 있다는 주장이 나왔다. 페미니스트들은 2년 뒤에 '아내 학대'에 관한 연방 인권위원회 청문회에 참여했는데, 이 청문회는 의무적 체포 요건을 포함해 정부의 구타 방지 계획의 기반을 마련했다. 1980년대에 페미니스트들은 포르노 제작자들에게 불리한 법안 도입을 위해 공화당과 손을 잡았고,[54] 사회적으로 아동 성 학대에 대한 두려움이 퍼지며 무고한 보육시설 종사자들을 감옥에 보내는 일에 가담했으며,[55] 청소년을 포함한 성범죄자 명부 작성을 지지했고,[56] 강화된 법을 통해 성매매를

'폐지'하는 캠페인을 시작했다.[57] 1994년 빌 클린턴은 (당시 상원 의원이었던 조 바이든이 공동 발의한 법안인) 여성을 대상으로 한 폭력 범죄의 수사와 기소에 16억 달러를 지원하는 '여성 폭력 방지법'Violence Against Women Act에 서명했다. 이 법안을 작성하고 통과시키는 일에 중추적인 역할을 했던 미국 페미니스트들은 크게 기뻐했다. 이 법은 초당파적인 '폭력 범죄 단속 및 법 집행법'Violent Crime Control and Law Enforcement Act의 일부로 사형에 해당하는 새로운 범죄 60가지를 추가하고, 교도소의 교육 프로그램에 지원하는 연방 기금을 없앴다. 클린턴은 2년 뒤에 "지금까지 우리가 알고 있던 복지를 끝내겠다"는 선거공약을 이행하면서 가난한 여성과 그 자녀들을 폭력에 더욱 취약하게 만들었다. 가정폭력에 대한 '구속에 찬성하는' 법으로 가난한 남녀의 수감률이 증가했다.

이 모든 상황에는 냉전의 종식과 제3세계의 부채 증가로 인한 미국의 패권 시대가 열린 배경이 있었다. '세계' 페미니즘은 독특한 미국적 성격을 띠었다.[58] 경제 정의가 이루어져야 여성이 해방될 수 있다는 세계 질서를 확립하려는 사회주의자와 반식민지 페미니스트들의 야망은 세계의 여성을 미국이 지휘하는 자본주의 경제에 편입시키려는 새로운 우선 과제에 밀려났다. 서구 국가의 정부와 비정부 기구, 민간 재단은 여성의 교육과 건강에 투자했지만, 이 동화정책 프로젝트에서 가장 중요한 도구는 소액금융이었다. 세상의 가난한 여성들에 대한 신용 확대였다. 그러나 이 계획은 가난한 여성들이 자신들에게 (수도와 전기, 위생 등) 더 많은 공공재 지원이 필요하다고 한 말은 고려하지 않았다

(1984년 인도의 페미니스트 데바키 자인Devaki Jain은 "경제 발전, 이 마법 같은 해결책은 … 여성의 최악의 적이 되었다"고 경고했다). 대신에 해외 민간 대출기관을 통해 20퍼센트의 금리로 소액 대출을 해주면서 여성의 역량을 강화할 수 있다고 생각했다. 가난한 여성들은 융자가 가능해졌고, 투옥 국가의 '보호'도 받을 수 있게 되었다. 4차 유엔 세계여성회의에서 189개국이 채택한 1995년 '베이징 행동강령'Beijing Platform은 여성 폭력을 열두개의 중대한 관심 영역의 하나로 지정했다. 이 강령은 국가에 "모든 폭력 형태의 대상인 여성과 소녀들에게 가해진 잘못을 처벌하고 바로잡기 위해 (…) 형사와 민사, 노동, 행정 제재"를 가하고 "폭력 예방과 범죄자 기소"를 위한 법 제정을 요구했다.[59]

베이징 행동강령은 국가가 성차별적 관행을 없애고, 여성들이 생계 수단을 가질 수 있게 조치를 취하도록 종용도 했지만, 세계의 여성인권 활동가들은 계속해서 여성 폭력에 대한 투옥적 해결책에 집중했다.[60] 이들은 여성 폭력을 국제 인권 문제로 규정함으로써 서구의 군사 개입을 지원하기도 했다.[61] 로라 부시는 남편인 조지 부시가 아프가니스탄을 침공하며 '테러와의 전쟁'을 시작한 직후인 2001년 11월 라디오 연설을 통해 "테러와의 싸움은 여성의 권리와 존엄성을 위한 싸움이기도 하다"고 설명했다.[62] 그녀는 미국이 아프가니스탄을 여성에게 세계 최악의 국가 중 하나로 만든 역사적 역할은 언급하지 않았다.[63] 이 현실은 오늘날까지도 유지되고 있다.[64] 미국 역사상 최장기간의 전쟁을 포함해 수십년에 걸친 외국의 군사 개입으로 경제가 악화된 아프가니스탄에서 국민의 삶은 기록상 다른 어떤 나라 국민의 삶보다 더 절망적이다.[65] 여성들이 치르는 대가는 불균형적으로 크다. 아프가니스탄 여성의 90퍼센트가 가정폭력을 경험했고, 자살한 사람의 80퍼센트가 여성이다.[66]

어떤 면에서 세계의 일부 여성을 위해 수십년에 걸쳐 여건을 개선하려고 했던 노력(더 큰 법적 권리와 고등 교육, 엘리트 직업, 선거 정치 및 미디어 분야에서의 더 커진 대표성, 재생산 건강 서비스에 대한 접근성 향상, 여성이 남성과 동등하다는 인식을 가진 정중한 사회에 대한 광범위한 동의, 남성들 사이에서 성별의 제약에 의문을 제기하려는 의지의 증가, 비지배적인 섹슈얼리티에 대한 수용 증가)이 다른 형태의 불평등, 특히 전반적인 경제적 불평등을 증가시켰다는 사실은 페미니스트들을 곤혹스럽게 하기에 충분하다. 여성의 삶이 개선되지 않았거나 이를 얻기 위해 많은 어려움을 극복해야 할 필요가 없었다는 말이 아니다. 또는 부유한 여성만 혜택을 본다는 말도 아니다. 이는 사실이 아니다. 인도의 가난한 여성의 남편은 자신이 아내를 구타할 자격이 없음을 알아야 한다. 아내는 법정에 설 수 있어야 한다. 그럭저럭 모은 학비로 딸을 대학에 보낼 수 있어야 하며, 딸은 자신이 원하는 사람과 자유롭게 사랑할 수 있어야 한다. 그러나 이 여성에게는 자신과 가족의 생존을 보장하는 수단도 있어야 한다. 땅과 물, 식량에 더해 안전과 결속, 공동체가 필요하다. 한동안 세계에서 가장 강력한 페미니즘 형태였던 미국 페미니즘의 역사는 국가권력과 궁극적으로는 초국가적 권력을 휘두르며 엄청난 영향력을 행사한 여성의 (일부 여성의) 역사다. 이와 동시에 여성의 힘을 자신들의 존속에 이바지하는 방식으로, 궁극적으로는 지배계급에 위협이 되지 않는 방식으로 바꾼 자본주의 국가의 역사이기도 하다.

*

가장 최근에 미국 페미니즘의 전환점이 된 2017년 미투운동은 거의 모든 직장 여성이 성적 표현과 모욕, 더듬기, 추행, 방해 공작 등의 성적 괴롭힘을 경험했다는 간단한 사실에서 동력을 얻었다. 소셜미디어에서 미국을 시작으로 전 세계로 퍼져나가면서 여성들은 다른 여성의 고백에서 자신의 이야기를 보았다. 줄리엣 미첼이 1971년에 말했듯 "여성들이 자신의 사생활에서 어떤 불특정한 불만을 느끼며 운동에 뛰어들"고 그러다가 "개인적 딜레마라고 생각했던 불만이 사회적 현상이고 그래서 정치적 문제임을 알게 된다".[67] 지켜본 많은 남성이 자신이 목격한 장면에 놀랐다. 그러나 거의 즉각적으로 보편적 구호로서 '#미투'의 한계가 드러나기 시작했다. 이 구호는 10년 전에 흑인 반폭력 민권운동가인 타라나 버크Tarana Burke에 의해 탄생했다. 흑인 여성들은 자신들이 오래전부터 성적 괴롭힘에 항의했을 때는 외면하더니 지금에 와서 백인 여성들과 한편에 서달라고 하자 분개했다. 배우 로즈 맥고완이 자신의 트위터에 하비 와인스틴에게 강간당한 사실을 폭로한 글을 게시한 후 계정이 정지되자 알리사 밀라노와 다른 백인 여성들은 여성들에게 해시태그 #WomenBoycottTwitter(여성들, 트위터 보이콧하다)를 달고 트위터 접속을 거부하자고 촉구했다. 에이바 듀버네이와 록산 게이를 비롯한 많은 유명 흑인 여성은 백인 여성들이 자신들 입맛에 맞는 문제에만 관심을 둔다고 비난했다.[68] 미디어 컨설턴트이자 #OscarsSoWhite(오스카는 너무 하얗다) 운동을 시작한 에이프릴 레인April Reign은 『뉴욕 타임스』에서 이렇게 말했다. "로즈 맥고완을 지지한다면, 그리고 이는 아주 훌륭한 일이지만, 전반에 걸쳐 일관성을 유지해야 합니다. 모든 여성이 모든 여성과 함께해야 하죠."[69]

그러나 대규모 여성운동인 미투운동이 가진 문제는 우려와 분노가 인종을 뛰어넘어 '일관성'을 가지지 못하는 것만이 아니다. 근본적인 문제는 이런 운동이 보편적으로 여성이 공통으로 가지고 있는 것에 근거해야 한다는 전제다. 성적 괴롭힘은 직장 여성들이 경험하는 현실이다. 그러나 많은 여성이 직장생활에서 겪는 최악의 문제는 성적 괴롭힘만이 아니다. 로즈 맥고완 같은 부유한 백인 여성이나 에이바 듀버네이와 록산 게이 같은 유명한 흑인 여성이 처한 상황은 할리우드에서 화장실을 청소하는 가난한 이민자 여성이 처한 상황과 매우 큰 차이가 있으며, 이 후자의 여성들이 당하는 성적 괴롭힘은 불안정한 저임금 일자리의 비참함을 강조할 뿐이다. 할리우드 배우들의 미투운동 덕분에 이런 여성들이 이제는 성적 괴롭힘을 당했을 때 '타임스업 법률 변호 기금'Time's Up Legal Defense Fund에 도움을 요청해 소송을 제기할 수 있게 되었다. 그런데 학대하는 배우자에게서 벗어나기 위해 돈이 필요하거나, 자녀가 아파서 병원에 가야 하거나, 이민국에서 서류를 요청할 때는 누구에게 도움을 청해야 하나?[70] 성적 괴롭힘이 용인되어야 하고, 고용주가 소송을 당해서는 안 되며, 성적 괴롭힘에 관한 법률이 가난한 여성을 포함해 직장 여성에게 별로 도움이 되지 않았다고 믿는 페미니스트는 많지 않다.[71] 그러나 나쁜 남성의 처벌이 주된 목적인 페미니즘 정치는 여성 대부분을 자유롭지 못하게 만드는 문제를 덮으면서 모든 여성을 해방하는 페미니즘이 절대로 될 수 없다.

*

#미투 페미니스트들은 대체로 국가의 강압적인 공권력에 큰 믿음을 가지고 있는 것처럼 보인다. 이들은 브록 터너에게 내려진 성폭행에 대한 비교적 가벼운 형량에 항의했고, 래리 나사르Larry Nassar의 재판에서 판사가 그가 감옥에서 강간당하기를 바라는 듯한 희망을 드러냈을 때 환호했으며, 하비 와인스틴의 판결이 나오자 의기양양해졌다. 이들은 법과 대학 캠퍼스 모두에서 성적 합의의 개념이 더 엄격해져야 한다는 주장을 옹호하고, 이를 비판하는 사람들을 강간 옹호론자로 매도했다. 이런 페미니스트들을 비난하기란 어렵다. 남성은 수 세기 동안 여성을 폭행하고 비하했을 뿐더러, 강압적인 국가 기관을 이용해 그렇게 할 권리까지 행사했다. 여성들이 분노를 표출하고 복수하기 위해 이 같은 힘을 일부라도 휘둘러야 할 때가 되지 않았나?

일단 투옥 장치에 시동이 걸리고 나면 이후부터는 누구를 제거할지 가려서 선택할 수 없다. 페미니즘이 투옥주의를 수용하면 싫든 좋든 정치적으로 물질적 불평등을 생각하지 못하게 막는 기능을 하는 제도를 두둔해주게 된다.[72] 선택의 어려움이 없다는 말이 아니다. 폭력적인 구매자가 체포되기를 바라는 성노동자들이 존재하듯이 학대하는 배우자가 감옥에 가는 모습을 보고 싶어하는 가난한 여성들도 존재한다. 투옥주의에 반대하는 사람 중 일부는 처벌을 받아 마땅한 사람은 없으며, 폭력이 더 큰 폭력으로 이어져서는 안 된다고 생각한다. 그러나 페미니스트가 성인이어야 할 필요는 없다. 이들은 현실주의자여야 한다. 내 생각은 그렇다. 처벌받아 마땅한 남성들도 존재할지 모른다. 그러나 페미니스트들은 더 강력한 치안 활동과 더 많은 감옥을 요구하면서 자신들이 무엇을 시작하고 있으며 누구에게 저항하고 있는지를 반드시 질문해봐야 한다.[73]

*

2020년 5월 미니애폴리스 경찰의 과잉 진압으로 사망한 조지 플로이드George Floyd 사건으로 촉발된 '흑인의 목숨도 소중하다'Black Lives Matter 운동에 미디어의 관심이 새롭게 쏠렸다. 이 현상으로 많은 사람이 처음으로 경찰과 이들이 포함된 더 광범위한 투옥 제도가 근본적으로 축소나 폐지될 수 있다는 생각을 가지게 되었다. '경찰 재정 지원을 철회하라'는 외침은 국가의 강력한 공권력으로 통제되지 않는 사회를 상상하지 못하는 페미니스트들을 포함해 많은 사람을 당혹스럽게 만들었다. 경찰이 아니면 누가 치안을 유지한다는 말인가? 이 질문에는 경찰과 감옥이 법질서를 유지하는 데 필요하고, 불법 처형과 불법 감금, 강제 자궁 절제술, 성폭력과 같은 범죄는 일부 사람들을 대하는 과정에서 예외적이지 일반적인 일이 아니라는 가정이 깔려있다. 그리고 물론 가난한 사람과 유색인, 이민자들이 받는 부당한 처우에도 법질서가 적절하게 존재한다고 믿는 사람들이 있다. 이들이 더 나은 대우를 받을 자격이 없거나, 이들이 받는 부당한 처우가 질서 있는 사회를 만들기 위해 치르는 합당한 대가라고 생각한다.

"경찰이 아니면 누가 치안을 유지한단 말인가?" 이 질문은 투옥 폐지론에 대한 오해를 드러낸다. 대다수 폐지론자(폐지론을 주장하는 페미니스트 가운데 가장 두드러진 인물은 앤절라 데이비스와 루스 윌슨 길모어Ruth Wilson Gilmore다)는 당연히 사회 주변부에서 살아가는 사람들의 분노를 그냥 표출하게 해주어야 한다고 제안하지 않는다. 이들은 투옥 관행이 공급을 관리하는 역할을 대신한다고 본다. 즉 "범죄화와 감옥"이 "사회문제에 대한 포괄적인 해결책" 역할을 한다는 것이다.[74] 1971년 6월 데이비스는 흑인 운동가들이 무장하는 데 도움을 준 혐의로 마린 카운티 교도소에 수감되어 재판을 기다리면서 "이런 억압에 의존해야 하는 필요성은 심각한 사회적 위기, 제도의 붕괴를 반영한다"고 썼다.[75] 사회적 위기를 해결하기 위해 경찰과 감옥에 의존하는 대신에 이 위기에 정면으로 맞닥뜨리면 어땠을까? 법학자 제임스 포먼 주니어James Forman Jr.가 말했듯 폐지론은 우리에게 "감옥 없는 세상을 상상하게 한 다음에 (…) 이런 세상을 만들기 위해 노력하라고 요구한다".[76] 이를 위해 무엇이 필요할까? 범죄화가 폭력을 줄이기보다는 오히려 악화시킨다고 알려진 마약 사용과 성매매 같은 활동의 비범죄화가 필요하다.[77] 생존형 범죄(식량 절도나 국경 횡단, 노숙)가 불필요하도록 경제 관계의 구조조정이 필요하다. (조지 플로이드는 담배를 사기 위해 위조지폐를 사용한 후 살해되었다. 그는 얼마 전 실직한 상태였다.) 충족되지 않으면 인간관계에서 발생하는 폭력을 양산하는 욕구를 채워주기 위해 사회적·정치적 합의 마련이 필요하다. 이런 욕구에는 공영 주택과 의료 서비스, 교육, 보육, 민주적인 직장의 괜찮은 일자리, 기본소득 보장, 지역사회의 지출과 우선순위를 지방에서 관리하는 민주주의적 권한, 여가와 놀이, 사교모임을 위한 공간, 깨끗한 공기와 물 등이 있다. 그리고 가능한 한 회복과 조정을 추구하는 사법제도의 확립도 필요하다. 길모어는 폐지란 "그저 없는 것이 아니"라며 이렇게 말했다. "폐지는 다른 방식으로 영위됐던 육체적이고 물질적인 사회적 삶이 현존하는 것이다."[78]

투옥 폐지론은 투옥주의가 인종주의적 자본주의의 상실을 감추는 역할을 하고, 사회적·경제적 관계의 변화가 최소한 부분적으로는 투옥 국가의 존재 이유와 필요성을 훼손할 것이라고 본다. 그러니 '경찰 재정 지원을 철회하라'는 외침에는 부자로부터 가난한 사람에게로 부와 권력을 대규모로 재분배해야 한다는 요구가 내포되어 있다. 초기 여성해방운동의 급진적인 페미니스트들처럼 '흑인의 삶을 위한 운동'Movement for Black Lives에 참여하고 조직하는 사람들은 다른 사람들의 조건에 따라 만들어진 제도에서 자신들의 자리를 찾는 일에는 관심이 거의 없다. (그러나 이들의 많은 '동맹'도 마찬가지라고는 말할 수 없다.) 이들의 2016년 성명 '흑인의 삶을 위한 비전'A Vision for Black Lives에는 "모두를 위한 경제 정의와 흑인 공동체가 그저 접근 권한이 아닌 집단적 소유권을 갖도록 보장하기 위한 경제 재건"과 함께 투옥 기관에의 투자 철회와 교육과 의료에의 투자를 포함해 여섯개의 요구사항이 들어 있다. 이 지점에서 이 성명서는 1969년 경찰과 FBI에 의해 암살당한 흑표범당 당원 프레드 햄프턴Fred Hampton을 떠올리게 한다. "우리는 불로 불과 싸우는 것이 최선이라고 생각하지 않는다. 물로 불과 싸우는 것이 최선이다. (…) 우리는 흑인 자본주의를 가지고 자본주의와 싸우지 않고, 사회주의로 싸울 것이다."[79]

그러니 흑인의 삶을 위한 운동은 (특히 마르크스주의 정치이론가 아돌프 리드Adolph Reed 같은) 일부 좌파 비평가들이 주장하듯이 소수의 운 좋은 승자와 다수의 패자가 존재하는, 주도권을 쥐고 있는 자본주의 질서에 흑인이 포함되기를 바라는 운동이다.[80] 리드는 진정한 평등이 아닌 그와 월터 벤 마이클스Walter Benn Michaels의 표현대로 '비례적 불평등'proportional inequality을 추구하는 반인종주의적 접근법에, 다시 말해 모든 수준의 경제 체제에서 유색인이 인구에서 차지하는 비율에 비례해 대표하는 방식에 반대한다.[81] 페미니즘과 마찬가지로 반인종차별주의도 자본주의에 부합하는 형태가 될 수 있고 흔히 그렇게 된다는 리드의 견해는 틀리지 않았다. 역사적으로 자본주의는 인종과 계급 제도, 성별에 따른 계층의 생성에 다양한 방식으로 의존해왔다. 예를 들면 착취당하는 백인 남성노동자에게 자신이 아내와 동료 흑인 노동자보다 우월하다는 확신을 심어주며 불만을 잠재웠다. 그러나 자본주의는 반차별주의 논리의 도움도 많이 받는다. 성차별과 인종차별, 이민자 차별은 능력주의에 따른 원활한 기능을 방해하면서 가장 재능 있는 노동자의 능력을 잠재적으로 빼앗는다. 차별금지조치는 노동시장의 효율성을 높이며, 생존을 위해 노동력을 팔아야 하는 사람들도 있다는 근본 논리는 건드리지 않는다. 조지 플로이드 살해 사건 이후에 구글과 아마존, 트위터, 나이키의 CEO들은 모두 직원들에게 미국 노예해방일을 기리자고 요청했다. 이날은 6월June 19일Nineteenth로 '준틴스'Juneteenth라 불린다. 아마존 CEO 제프 베이조스는 직원들에게 이날 잡힌 모든 회의를 취소하라고 종용했다. 그러나 이는 질책을 받을까 봐 항상 두려워하면서 업무 시간에 화장실도 못 가면서 일하고, 반복적 긴장 장애를 앓는 아마존의 물류창고 직원들에게는 별로 도움이 되지 않았다.

리드와 다른 '정체성 정치' 좌파 비평가들은 비례적 불평등이 반인종차별 정치가 열망할 수 있는 최선이라고 생각하는 경향이 있다.[82] 이 생각이 맞는다면 미국은 (그리고 인종적으로 계층화된 다른 사회들도) 끝장날지도 모른다. 미국에서 역사적으로 대규모 노동운동이 발생하지 않은 이유는 계층적 적대감의 역사적 산물인 인종주의 및 원주민 보호주의와 관련이 많다.[83] W.E.B. 듀보이스가 저서 『미국 흑인의 재건』(1935)에 썼듯이 백인의 인종적 우월주의는 자본주의 아래에서 백인 노동자들이 점점 더 궁핍해지는 상황을 '보상'해주는 역할을 하며 노동계급의 인종을 초월한 결속을 불가능하게 만들었다.[84] 미국에서 가난한 백인을 소외시키고 멸시해서는 노동운동이 성공할 수 없음은 불 보듯 뻔하다. 그러나 이런 운동이 자본주의와 인종주의, 외국인 혐오증이 뒤얽히면서 삶이 직접적으로 타격을 받는 이들의 수가 늘어나는, 점점 커지는 비백인이나 이민자 노동계급에 호소하지 않고서는 (이들이 이 운동을 시작하지 않는 한) 성공할 수 없다는 사실 역시 사실이다.[85] 이들이 점점 더 많이 노동계급으로 편입되고, 그래서 이들에게 '계급'의 힘이 '인종'의 작용과 경험적으로 분리될 수 없기 때문만은 아니다.[86] 더욱 심하게 파괴된 이들의 삶이 가장 혁명적인 변화를 요구하고 있기 때문이다.

리드 같은 이론가들은 다인종적이고 친이민적인 노동계급 정치를 탄생시키는 방식이 아닌 모든 가난한 미국인의 '공통된 억압'에, 즉 좁은 의미로 이들을 착취하는 자본주의에 초점을 맞춤으로써 이 딜레마를 해결할 수 있다고 생각한다. 그러나 벨 훅스가 백인 페미니즘에 관해 이야기했듯이 이 접근법은 최악의 상황에 놓인 사람들에게 가해지는 억압을 은폐할 뿐만 아니라 이를 영구화할 수도 있다. 더 나아가 흰 피부와 '토종'이라는 지위에 정신적 우월성을 부여해 가난한 백인들이 이민자 및 유색인 노동자들을 향해 반감을 품게 만드는 한, (미국과 영국에서 발생한 최근 사건들이 보여주듯이) 인종차별과 외국인 혐오증과 맞서는 대립이 장기화되면서 가난한 백인도 불행해질 수밖에 없다.[87] 제임스 볼드윈James Baldwin은 1970년 감옥에 수감되어 있던 앤절라 데이비스에게 보낸 서신에서 다음과 같이 한탄했다.

> 이 광활한 곳에서 살고 있는 수백만명의 사람 중 소수만이 당신에게 예정된 운명이 (…) 자신들도 막 잡아 삼키려 하고 있음을 알고 있어요. 이 나라를 지배하는 세력에게 백인의 목숨은 흑인의 목숨보다 더 성스럽지 않죠. (…) 미국은 자신의 형제가 모두 백인일 뿐만 아니라 백인이 모두 자신의 형제라고 착각하고 있어요.[88]

그러므로 질문은 '반인종주의 운동이 과연 필요한 만큼 반자본주의적일 수 있을까?'가 아니다. 우리는 이렇게 물어야 한다. '노동운동이 반인종주의적이 되지 않을 수 있을까?' 페미니즘과 반자본주의 사이의 관계에서도 마찬가지다. 1970년대의 마르크스주의 페미니스트들은 자본주의가 가정에서의 여성 무임금 노동에 기초한다고 지적한다. 이들은 노동계급 여성들이 남성 노동자를 출산하고, 입을 옷과 먹을 음식을 제공해줄 뿐만 아니라 이들의 무너진 자존심을 달래주고, 불만을 들어주고, 이들이 소외감을 주는 노동에서 벗어나 휴식을 취할 수 있는 가정을 꾸린다고 말했다.[89] 선진 자본주의 국가들에서 여성의 일, 즉 (청소와 간호, 먹이기, 육아, 어린이 교육, 노인 돌보기 같은) 사회적 돌봄 활동이 이제는 점점 더 많이 사고팔리는 중이다. 저임금을 받는 여성들이 새로운 노동계급의 얼굴이 되고 있으며, 이들은 이 계층의 가장 희망적인 저항 운동의 중심에 있다.[90] 코로나19는 자급자족하는 핵가족의 가부장제 이데올로기가 어떻게 여성만이 아니라 남성마저도 현대 자본주의가 가진 모순인 '필수적인' 동시에 일회용으로 여겨지는 삶에 옭아매는지를 적나라하게 보여주었다.[91] 이는 특정 페미니스트들이 오랫동안 고수해온 주장을, 즉 사회적 재생산이라는 일은 사회의 일이어야 한다는 주장을 많은 사람에게 명백하게 했다. 문제는 페미니즘이 노동운동이 될 수 있느냐가 아니라 노동운동이 페미니즘을 제외한 모든 것이 될 수 있느냐다.

노동운동이 반드시 페미니즘적이고 반인종주의적이어야 한다는 말은 자본가가 페미니즘적·반인종주의적 에너지를 흡수할 수 있고, 실제로 흡수했음을 부정하는 것이 아니다. 자본가의 재능을, 즉 문화의 변화에 따라 목적을 바꾸고 재구성하는 능력을 과소평가하는 것은 실수다. 보편적 기본소득 같은 심지어 '순수하게' 반자본주의적인 요구도 마찬가지다. 이 제안은 다수의 사회주의자가 제시했으나, 이에 관심을 가진 존재는 이를 기술이 부추긴, 적절한 임금과 중간 수준의 기술이 필요한 일자리가 사라지는 현상에 대한 저항을 잠잠하게 만드는 수단으로 보는 실리콘밸리의 억만장자들이다.[92] 1973년 '노팅힐 여성해방 워크숍 단체'Notting Hill Women's Liberation Workshop Group은 셀마 제임스Selma James가 1년 전에 발표한 요구 성명서에 대해 "우리가 최종적으로 얻고자 하는 것에 대한 성명이 아니"라고 설명했다. 또 이런 요구가 "이상적인 사회를 만드는 계획"이 아니며, 그래서 이를 충족시킨다고 해서 사회가 "압박을 멈추진 않을 것"이라고 말했다. 이 요구는 그저 "자본가가 원하는 것에 대항하고 우리가 원하는 것을 얻기 위한 힘"으로 작용하기 위한 것이었다. "궁극적으로 받아들일 수 없는 유일한 요구는 자본주의의 종말을 요구하는 무장한 사람들이다."[93] 흡수한 요소에 영향받지 않거나 개혁이 아닌 혁명을 보장하는 정치 강령을 미리 정할 수 없다. 무슨 일이 일어나는지 보고 다음 행동을 계획할 수 있을 뿐이다. 우리는 전략적·감정적으로 깊은 애착을 느끼는 생각과 행동 방식을 버릴 준비가 되어 있어야 한다. 이런 의미에서 과거에 대한 향수는 진정한 해방을 이루려는 정치를 방해하는 장벽이다. 이는 페미니즘에서도 예외가 아니다.

*

그렇다면 강간범들은 어떤가?

이것이 투옥주의에 비판적인 사람들을 결정적으로 무너뜨리는 반박이다. 확실히 강간범의 예는 폐지론이 실행 불가능한 이상임을 보여준다. 가부장주의적 처벌 관행을 비판하는 페미니스트가 어떻게 강간범이 재판에서 유죄판결을 받고 수감되기를 요구할 수 있을까?

투옥에 반대하는 사람 일부는 국가의 비투옥적 조치를 통해, 가장 명백한 방식으로 경제적·정치적 의사결정의 급진적인 민주화를 통해 해결할 수 있는 사회문제의 산물이라는 주장으로 이 도전적인 질문에 답한다. 그러나 이는 경제적·정치적 압박에 대한 가부장제의 압박을 줄이는 실수를 범한다. 성폭행은 실제로 일정 부분 이런 것들로 인해 발생한다. 인종 지배와 경제 불평등,

미숙한 민주주의는 모두 높은 성폭행 비율을 예측하게 해주는 변수들이다.[94] 특히 산업화와 저임금으로 촉발된 남성성의 위기는 여성을 성폭력에 더욱 취약하게 만든다. 그러나 일거리가 부족하고 희망이 없는 남성들이 여성들에게 공격적인 태도를 취하는 이유는 경제력이 높아진다고 사라지지 않는다. 현 경제 체제에 앞서 젠더 관계 문제들이 이미 존재했다. 경제 관계 측면으로만 자본에 대해 비판한다면 결코 성폭력을 완전히 설명하거나 바로잡을 수 없다. 자본에 대한 온전한 비판은 여성 종속을 비판의 올바른 대상인 (경제적인 측면은 물론 사회적·생태학적·정신적 측면 등도 포함하는) 더욱 광범위한 자본주의 체제의 본질적인 측면으로 보아야 한다.[95] 그렇지 않으면 반자본주의 정치는 여성을 이들에게는, 캐서린 매키넌이 적절하게 표현했듯이, "미개한 상태에 더욱 가까운" 시민사회에 넘겨버릴 위험이 있다.[96]

그렇다면 강간범들은 어떤가? 이 질문은 때로 비장의 카드가 된다. 그러나 사실 폐지론을 주장하는 페미니스트들이 할 말이 많은 질문이다. 이들은 다음 질문을 던지면서 시작한다. 어떤 강간범을 말하는가? 과도한 공권력을 휘두르게 된 후로 미국에서 경찰에게 가장 흔하게 제기되는 불만이 성범죄다. 2005년에서 2013년 사이에 경찰관 405명이 강제강간으로, 219명이 강제 남색 행위로 체포되었다.[97] 영국의 잉글랜드와 웨일스에서 2012년과 2018년 사이에 경찰관을 고발한 성범죄 건수는 1500건이었다.[98] 영국 정부는 2021년 3월 한 경찰관이 젊은 여성을 납치하고 살해한 혐의로 기소되었을 때 '경계 프로젝트'Project Vigilance의 일환으로서 사복 경찰관들이 술집과 클럽 폐점 시간에 순찰을 시작하는 대응책을 발표했다. 2014년 인도에서는 남편의 석방을 요청하기 위해 경찰서에 갔던 한 여성이 네명의 경찰관에게 집단 강간을 당했다.[99] 폐지론을 지지하는 페미니즘 이론가들과 실천가들(흔히 가난한 유색인 여성)은 강압적인 국가 기관에 기대지 않고 성폭력을 포함해 인간관계에서 발생하는 폭력을 관리하기 위해 민주적이고 지역사회에 기반한 제도를 다양한 장소에 만들고 있다. 이들은 남성에게 책임을 묻는 새로운 방법을 모색하는 동시에, 국가가 자신들을 대우하는 방식을 자신들을 향한 폭력의 구실로 이용해서는 안 된다고 주장한다.[100] 다양한 성공을 거둔 이런 프로젝트는 대단히 힘든 일로 증명되었는데, 정확히 폭력에 가장 취약한 여성들에게 이를 종식하는 데 필요한 제도를 만들 것을 요구했기 때문이다. 이들이 다른 형태의 국가권력(투옥주의가 아닌 사회주의)으로부터 지원을 받았다면 이런 프로젝트를 진행하기 훨씬 더 수월했을 것임은 의심의 여지가 없다. 소득과 주거, 보육의 보장은 세계의 가난한 여성들이 자신이 속한 공동체를 더 안전하고 정의롭게 만드는 방법을, 아들과 남자 형제, 남자친구, 남편에게 여성과 평등하게 사는 것이 어떤 의미인지를 가르치는 방법을 자유롭게 생각할 수 있게 해줄 것이다. 그러나 여지껏 법이 해내지 못했고, 내가 보기에는 법으로 할 수 없는 일, 즉 여성들에게 남녀 간 관계 맺기의 가장 기본 조건을 바꾸도록 요구하는 것은 대단히 어려운 일이다.

*

무력無力에는 역설적인 점이 있다. 집단화하고 연계하고 대변하면서 무력은 힘을 얻을 수 있다. 이것 자체는 나쁜 일이 아니다. 그러나 새로운 권력에는 새로운 어려움과 책임이 따라온다. 특히 새롭고 더 나은 무언가를 만들겠다는 약속을 통해 권력을 획득하려는 사람들은 이를 명심해야 한다. 페미니스트들이 권력을 포기할 필요는 없지만(어떤 경우라도 그러기에는 너무 늦었다), 권력이 손안에 있을 때 무엇을 해야 할지에 대한 계획을 세워야 한다. 권력을 가진 페미니스트들이 너무 자주 자신들이 폭력에 연루되어 있음을 부정하고, 타인을 돕거나 해를 끼치는 일 사이, 상징주의와 그 효력 사이, 처벌과 해방 사이에서 마치 어려운 선택이란 존재하지 않는다는 듯이 행동한다.

권력을 가진 사람들이 이를 어떻게 행사해야 하는지 가장 모르는 경우가 흔하다. 그렇다고 이것이 적어도 페미니스트들에게는 절망의 원인이 될 필요가 없다. 페미니즘은 집합적 운동이다. 이 안에는 권력을 잡지 못한 사람들이, 즉 아직 승리하지 못한 사람들과 승리가 생존을 의미하는 사람들이 항상 존재했고, 지금도 존재하고 있다. 권력의 끝자락에 있는 이런 여성들을 나머지 사람들이 돌아보고 지속해서 돌봐야 한다.

감사의 말

먼저 내가 이런 책을 쓰고 싶어한다는 걸 나에 앞서 알아준 카롤리나 서턴, 이 책에 생명을 불어넣어 준 담당 편집자 알렉시스 커슈바움과 밋지 에인절에게 깊은 감사의 마음을 전한다.

나의 글쓰기에 처음으로 집을 마련해주고 특히 「섹스할 권리」에 집을 제공해준 메리케이 윌머스("섹스는 『런던 리뷰 오브 북스』에 실을 단편 주제로 절대 과하지 않습니다"), 내 스물여섯번째 생일 이틀 뒤 내게 글을 써야 한다고 말해준 대담하고 현명하며 친절한 친구 캐서린 런델, 이 책에 수록된 에세이 몇편을 본인들 집에서 쓰게 해준 케이티 제민더 그리고 로빈 비어스테트와 피터 메이어, 동지애를 가지고 비평을 해준 테드 퍼틱, 꼼꼼한 사실관계 확인 그 이상을 해준 데니스 저우, 원고 준비를 도와준 제자 심플 라즈라와 로버트 치아, 막바지에 매우 사려 깊고 주의 깊게 원고를 읽어준 수전 브리슨, 옥스퍼드대학교와 유니버시티 칼리지 런던에서 내가 가르쳤던, 이 책에 담긴 이야기를 일부 제공해준 많은 학생에게 무한한 감사를 전한다.

나는 옥스퍼드대학교 정치철학과 동료들에게, 또 제2의 고향 그 이상이 되어준 학장과 교수 및 교직원들에게 갚을 수 없을 만큼 큰 신세를 졌다.

내가 놀라움을 안길 수 있게 해주고 또 내게 놀라움을 선사해준 부모님 치트라와 아난드, 내 편이 되어준 자매 스베타, 또한 사나와 심란, 조, 내게 많은 기대를 해준 조부모 암마마와 파투마, 피난처가 되어준 고모 라디와 삼촌 라메시, 지지를 보내준 사촌 마두, 변치 않는 친절을 보여준 신디, 다년간 너그러움을 베풀어준 딕과 맨디 러셀, 언제나 나를 응원해주는 대녀 클리오, 그리고 나의 전부인 구스에게 사랑과 고마움을 전한다.

우정은 놀라움을 주는 기적이다. 이 책에 관해 이야기를 나눠주고 집필 과정에서 지지를 보내준 앨릭스 콜, 앨리스 스폴스, 암브로지오 체사레비앙키, 암루 알카디, 커밀라 두비니, 캣 노마일, 세실 파브르, 채스 타일러, 크리스천 나카라도, 클레어 버철, 크레시 세인트 오빈, 대니얼 로스차일드, 대니 그로스먼, 대니 루벤스, 에드 홀링스워스, 일라이 섀커, 에마 호건, 파비엔 헤스, 파질라트 아슬람, 프레드 윌멋스미스, 헨리크 이삭손, 허마이어니 호비, 제인 프리드먼, 조애나 빅스, 조너선 깅거리치, 조니 야커, 저스틴 자렘비, 케이트 손더스헤이스팅스, 리즈 채터지, 마르셀 프시무진스키, 메리 웰즐리, 매슈 캠벨, 맷 놋, 머브 엠레, 미라 베인, 닉 메이어, 오시 존스, 폴 로지, 필리파 헤더링턴, 폴리 러셀, 롭 심슨,

샤냐 보고예비치, 스티브 로즈, 타비사 골드스타브, 톰 애덤스, 비크롬 마투르, 제이네프 파무크에게 사랑과 고마움을 전한다.

마지막으로 내 원고를 가까이에서 읽어준 다음 세분에게 내 심장이 멎을 만큼 특별한 사랑과 감사의 마음을 남겨둔다.

폴 마이어스커프는 편집자 떠받들기를 싫어하지만 그는 떠받들어질 자격이 있는 사람이며, 그건 이 책 편집에만 국한되는 얘기가 아니다. 나의 애정을 받아준 그에게 감사한다.

대니얼라 도버는 나의 눈부신 친구이자, 자유로 향하는 길을 함께 걷는 동반자다.

소피 스미스는 나만큼이나 이 책에 진심인 사람이다. 나는 이 경험이, 눈앞의 이 불길한 징조가 (…) 내 옆에 용감하게 서 있는 여자아이 말고는 어느 누구와도 공유할 수 없는 것임을 알 수 있었다. 여자아이는 한치의 망설임도 없이 말했다. "계속해." 델포이의 무녀가 지닌 객관성과 진실함을 갖춘 사람은 정말로 그 여자아이였던 것이다. 하지만 그 그림을 보고 있던 사람, 그 글을 읽고 있던 사람, 내면의 통찰력을 부여받은 사람은 (…) 나였다. 혹은 어떤 의미에서 우리는 그걸 함께 '보고' 있었다. 인정하건대 그 여자아이가 없었다면 나는 계속할 수 없었으리라. (H.D.)•

• 힐다 둘리틀 『프로이트에 대한 헌사』(*Tribute to Freud*, 1956)에 나오는 대목이다.

해제

성적 욕망의 훈육, 혹은 해방

이연숙(리타)

갓 스무살이 되어 법정 미성년자 딱지를 떼자마자 내가 한 일은 '미유넷'과 같은 성인 레즈비언 커뮤니티에 가입하는 일이었다. 지금은 사라진 '미유넷'에서는 레즈비언 친구와 애인을 찾는 공개 구인 게시판은 물론이고, 에로틱한 '썰'과 소설을 연재할 수 있는 게시판, 그야말로 '아무 말'이나 할 수 있었던 자유게시판을 포함한 여러 메뉴가 있었다. 그중 자유게시판은 다른 모든 인터넷 커뮤니티와 마찬가지로 온갖 종류의 '진지한 헛소리'들로 넘쳐났다. 그럼에도 불구하고 단지 언급되었다는 이유만으로 지탄의 대상이 되는 몇개의 단어가 있었다. 예상하시겠지만, 하나는 '화류계'다. 다른 하나는? 물론 '트랜스젠더'다. 그렇다면 '남자'는? 내가 기억하는 한, '남자'는 레즈비언 커뮤니티를 위협할만한 논쟁거리가 못 되었다. '여성의 몸과 영혼으로서, 여성의 몸과 영혼을 사랑하는 존재'인 레즈비언의 순결한 정의에 흠집을 내려는

'화류계'와 '트랜스젠더'만이 중대한 문제가 될 뿐.

이들에 대한 레즈비언들의 관심은 대단한 것이어서, 하루가 멀다 하고 이런 내용의 게시물이 올라왔다. "혹시 화류계 만나본 적 있는 사람? 지금 만나는 사람이 화류계 같은데, 아무래도 속고 있는 것 같아." 또는, "만약에 트랜스젠더가 너네한테 사귀자고 하면 어떡할 거야?" 등등. 이런 종류의 게시물들은 언제나 제지 없이 혐오의 댓글들로 과포화된 상태였다. 자기가 너무 매력적이어서 혹시라도 지나가던 트랜스젠더에게 원치 않는 구애를 받게 될까봐 걱정하는 대다수의 레즈비언들은, 왜 자신이 그와 사귈 수 없는지—즉, 섹스할 수 없는지를 설명할 기회를 절대로 놓치고 싶지 않은 것처럼 보였다. 이 대목에서 우리는 '미유넷'이 존속하는 동안 레즈비언들의 머릿속에서 몇백번, 몇천번이나 고백하고 차이는 역할을 맡은 가상의 트랜스젠더들을 떠올려볼 수 있을 것이다.

트랜스젠더 '문제'에 '공정'하게 굴기 위해 애쓰는 소수의 레즈비언들조차 가상의 트랜스젠더들에게 '죄송하게도' 퇴짜를 놓았다. 그들은 퇴짜의 이유를 '개인적인 취향'으로 일축하곤 했다. 이 '개인적인 취향'이라는 깔때기 속으로 트랜스젠더에 대한 폭력과 차별의 역사는 물론이고 혐오표현으로 범벅이 된 댓글들마저 순식간에 빨려 들어가 오간 데 없이 사라졌다. 모두가 그 해법에 만족하는 것처럼 보였다. 적극적인 차별 행위와 '취향이 아니라서 사귈 수 없는 것'은 다른 문제니까. 이처럼 '개인적인 취향'이라는 대답은 더 이상의 질문을 원천 차단한다. 레즈비언 커뮤니티 내에서 '개인적인 취향'이 절대적이고 궁극적인 심급인 까닭은 간단하다. 그들에게 '개인적인 취향'은, 세상이 강제하는 이성애적 욕망과 관계의 모범을 적극적으로 거부하며 지켜낸 유일한 사유지私有地이기 때문이다. 그렇기에 이들은 자기가 어떤 대상을 욕망하는지 — 심지어 그 대상의 머리카락 길이까지 구체적으로 — 잘 안다.

이런 관점에서 보자면 특정한 대상(요컨대, '생물학적 여성')에 대한 이들의 욕망은 '레즈비언'이라는 정체성의 '배꼽'Omphalos, 즉 신성불가침한 근원에 위치하는 것 같다. 따라서 트랜스젠더에 대한 개인적인 '불호'를 비판하는 일은 최소한 레즈비언 커뮤니티 내에서는 그들의 정체성에 반하는 공격으로 여겨진다. '개인적인 취향'은 경제적인 방패다. 단 여섯 글자로써, 자신이 레즈비언인 이유는 '자연'과 '본능'에 이끌려 여성을 성적 대상으로 느끼기 때문이며, 이것은 전략적이거나 정치적인 선택의 차원에서 고려될 수 없으며, 무엇보다 자신에게는 트랜스젠더'까지' 사랑할 의무도 책임도 없다는 메시지를 압축적으로 전달할 수 있기 때문이다.

그러나 정말로 '개인적인 취향'을 공공의 안건에 올릴 수는 없는가? 레즈비언들이 이성애 중심적인 세상으로부터 받는 고초를 참작해, 이들의 '개인적인 취향'은 '묻지도 따지지도 말고' 존중되어야만 하나? 대상이 동성이라는 사실만 제외하고는 '정상적'인 규범으로부터 그다지 일탈한 것도 아닌 이들의 '개인적인 취향'은, 분명 정치적으로 '문제적'questioning이지 않나? 젠더와 섹스는 물론이고 기실 우리 삶에서 이름을 가진 모든 것이 이미 사회적인 구성물이라고 전제할 때, 우리의 정체성과 우리 자신의 것이라고 믿고 있는 우리의 욕망 역시 지극히 '우연적인 토대'에 의존하고 있는 것 아닌가? 만약 무엇도 '타고날' 수 없는 거라면, 우리는 보다 적극적으로 누구를 '원할지' 선택할 수 있지 않을까? 더 나아가, 누구도 이런 전체주의적인 사고실험이 실현되기를 원하지는 않겠지만, 어쩌면 우리 각자에게는 '더' 소외된 대상들을 향하도록 우리 자신의 욕망을 공평하게 재분배해야 할 '책임'과 '의무'가 있지 않을까? 나는 바로 이런 구체적인 상황들 속에서, 『섹스할 권리』가 제기하는 질문의 치명성을 이해한다.

이런 예시는 어쩌면 '일반적인' 국내 독자들에게는 낯선 것일 수도 있겠다. 국내의 레즈비언 커뮤니티 내에서의 트랜스젠더 차별은, 남성 권력에 의한 여성혐오와 차별의 일상성에 비하면 특수한 현상처럼 간주되기 때문이다. 그러나 정말 그런가? 최근 10년간의 국내 페미니즘과 서구 페미니즘의 동향에서 광범위하게 포착되는 현상이 '개인적인 취향'을 가장한 혐오감의 표출이라는 사실을 고려하자면, 딱히 그렇지도 않은 것 같다. 나는 지금 특정 페미니스트 진영 내에서 발견되는 특정 대상을 향한 혐오만을 암시하고 있지 않다. 주로 하위문화 내에서 자신의 '문제적인' 취향을 방어하기 위해 사용되던, '취향이니까 존중해주시죠'라는 한때의 유행어는 이제 '진보'를 자처하는 개인의 의식 수준에서조차 반박 불가능한 권리처럼 작동하고 있다. 선택의 자유가 곧 개인의 권리라 믿는 자유주의적 태도는 우파와 좌파, '교차페미'(교차성 페미니스트)와 '랟펨'(래디컬 페미니스트)를 막론

하고 널리 퍼진, 일종의 시대적인 정서로 자리 잡았다. 이러한 태도는 좋아하는 것을 좋아할 자유는 물론이고 싫어하는 것을 싫어할 자유 역시 존중할 것을 요구한다. 그러나 어디까지가 개인적인 호오好惡의 표시이며, 어디까지가 기존 기득권의 규범을 따를 뿐인 내면화된 '정상성' 추구와 (자기)혐오로 인한 폭력인가? 만약 이들을 각자로부터 정확하게 분리해낼 수 없다면, 우리는 바로 이 모호한 지점에서부터 질문을 시작할 수 있지 않을까? 이처럼 스리나바산은 『섹스할 권리』를 통해 지금까지 '존중'이라는 이름의 침묵을 요구해온 '개인적인 (성적) 취향'이라는 논쟁적인 '사유지'에 기꺼이 발을 들인다.

37세라는 약관의 나이에 옥스퍼드대학교 석좌교수가 된 아미아 스리나바산의 첫 단독 저서 『섹스할 권리』는, 2021년 출간과 동시에 '#MeToo(미투)운동' 이후 페미니즘의 방향성을 찾는 이들에게 명실상부한 필독서로 등극했다. 2006년 유색인 성폭력 피해자들을 위해 타라나 버크가 창시한 것으로 알려져 있는 미투운동은, 2017년 영화제작자 하비 와인스틴에 대한 (주로 백인) 여성배우들의 연쇄 성폭력 고발로 인해 비로소 대중화된 페미니스트 액티비즘의 일종이다. 역설적이게도 미투운동이라는 거대한 '스캔들'에 힘입어, 지난 5년간 서구 페미니즘은 또 한 차례의 부흥기를 맞이한 것처럼 보인다. 남성 권력자의 은근한 또는 노골적인 성적인 요구에 대해 상대적으로 '취약한' 조건과 위치에 놓인 여성의 '동의'를 어떻게 해석해야 할 것이며, 아무리 불완전하다고 할지라도 만약 '동의'가 아니라면 도대체 무엇으로 여성의 성적 자율권을 확보할 수 있을지에 대한 격렬한 논쟁은, 지난 한 세기 동안 서구 페미니즘의 역사와 교훈을 짚어보게 만든다. 어떤 이들은 미투운동의 충격 속에서 실질적으로 여성의 권리 신장에 어떤 기여도 하지 못한 페미니즘의 처참한 실패를 본다. 지금까지 쿨하고, 나쁘고, '성적으로 활발한' 여성상을 성 해방의 모범으로 내세워온 자유주의 페미니스트들이 현재의 페미니즘을 퇴보시켰다는 것이다. 지난 수십년간 그러한 페미니스트들이 해온 일은 성적 자율권이라는 환상을 부추기며 여성들로 하여금 남성들에게 자발적으로 종속되도록 만든 것뿐이라는 것이 이들의 입장이다. 특히 영국을 비롯한 몇몇 국가에서, 이러한 입장을 견지하는 페미니즘은 대부분 트랜스젠더에 대한 적극적인 배제와 적대를 동반한다. 다른 한편, 어떤 이들은 인종/지역/계급/섹슈얼리티/퀴어/장애와 같이 '덜 중요'하다고 여겨지는 주제를 이론과 비평, 운동과 실천의 중심에 놓은 이전 세대 페미니즘의 기획을 결코 '퇴보'라고 생각하지 않는다. 이들은 오히려 미투운동의 중심에서 백인-이성애자-부르주아 페미니즘을 발견한다. 이들에게는 그것이 곧 자유주의 페미니즘의 정의다.

이처럼 팽팽한 대립각을 세우는 두 입장을 국내 페미니즘의 용어로 아주 거칠게 요약하자면, 각각 '랟펨'과 '교차페미'가 될 것이다. 주지하다시피 국내에서는 2015년을 기점으로 소위 '메갈리아'라 불리는 인터넷 커뮤니티를 매개 삼아 페미니스트로 '각성'한 이들이 폭발적으로 증가했다. '디지털 네이티브'digital native라 불리는 세대인 이들은, 서구 페미니즘의 미투운동과 마찬가지로 인터넷 액티비즘을 새로운 페미니스트 운동의 방법론으로 제시했다. 이 같은 운동의 과정 속에서 이전 세대 페미니스트들을 포함해 소위 '넷페미'들은 크게 '랟펨'과 '교차페미'로 분열되었다. '생물학적 여성'을 페미니즘의 주체이자 궁극적으로 해방되어야 할 최후의 피억압 계급으로 보는 '랟펨'과, 인종/계급/섹슈얼리티와 같은 '억압의 다양한 축axis'을 고려해 피억압 계급의 외연을 확장할 것을 강조하는 '교차페미'의 입장은 결코 만날 수 없는 양 극단에 위치하고 있는 것처럼 보인다. 두 입장이 각자의 맥락과 관계 속에서 고립되어 생산적인 갈등을 빚지 못하는 것은 분명 페미니즘 전체의 관점에서 큰 손실일 것이다. 그러나 어느 하나를 '버리고 가는' 대신, 두 입장 모두를 취할 수 있다면 어떨까? 스리니바산의 『섹스할 권리』는 특히 1970~80년대 서구 페미니즘의 '성 전쟁'Sex War에서 벌어졌던 논쟁들의 맥락을 따라 짚으며, 놀랍게도 '랟펨'과 '교차페미'의 두 입장을 모두 안고 교착상태를 돌파하려 시도한다.

이처럼 보기 드문 야심을 보여주는 『섹스할 권리』는, 유감스럽게도 페미니즘 입문서로 추천할 만한 책은 아니다. 만약 입문서가 복잡한 현상을 단순한 방식으로 설명하는 책을 뜻한다면 말이다. 포르노, '인셀'incel, '자연스러운' 것으로 가정되는 성적 취향, 투옥주의, 인종차별과 같은 일견 자극적인 주제를 다루는 그의 에세이는 비약도 빈틈도 없는 논리로 무장하고 있다. 복잡한 현상을 복잡한 방식으로 설명하기를 주저하지 않는 그의 우직함은, 특정 페미니즘에 대한 지지나 반대 따위의 노골적인 입장으로 쉽게 축소되지 않는다. 그렇기에 『섹스할 권리』로부터 다급히 결론을 찾고자 하거나, 곧바로 현실에 적용시킬 수 있다는 의미에서 페미니스트 '전술'을 발견하고자 한다면 곧 실망스러운 결과로 이어질 것이다.

그는 '미투운동 이후'라는 특수한 담론의 시공간 속에서 양 극단으로 가정된 대립적인 입장들을 경합시키고, 독자들로 하여금 그러한 경합이 이루어지는 일종의 '중립지대'에 머물도록 한다. 요컨대 그가 던지는 질문은 이런 식이다. 포르노는 우리의 성적 해방에 있어 나쁜가, 또는 유용한가? 강간범에게 더욱 엄중한 처벌을 해야 하는가, 또는 그러지 말아야 하는가? 여성에게 '동의'란 온전하고 자율적인 선택인가, 또는 단지 '백인적인' 것인가? 마지막으로, 누군가에게 섹스할 권리라는 것이 있을 수 있는가, 또는 없는가? (물론 예외적으로, 그는 마지막 질문에 대해서는 딱 잘라 '없다'고 대답한다.) 논의가 전개되는 방식에 있어서, 「섹스할 권리」를 포함한 그의 에세이들은 극단적인 두 질문 사이를 왕복하며 '또는'이라는 골치 아픈 숨 고르기의 휴지休止, pause 상태를 활성화한다. 그는 '또는'의 연쇄 속에서 섣불리 단언하는 대신 숙고하고, 나아가는 대신 배회한다.

일시적으로 무장 해제된 페미니즘의 '중립지대'로서, 『섹스할 권리』는 (대중 지향의 페미니즘 저서들에서 흔히 발견되는) 냉소주의와 '좌파 멜랑콜리'적인 회의주의 역시 단호하게 배격한다. 그가 제시하는 놀랍도록 다양하고 절망적인 예시 속에서 우리가 발견할 수 있는 것은 보이는 그대로의 복잡함, 즉 성적 차이뿐만 아니라 인종, 지역, 계급과 같은 억압의 조건들이 한 인간을, 한 사건을 해석하고 판단하는 것을 복잡하게 만든다는 사실이다. 이 같은 그의 객관적이고 분석적인 서술 방식은 누군가에겐 따분하게 느껴질지도 모르겠다. 바로잡을 만한 틀린 말은 없지만 매력적인 오답도 없는 '모범 답안'처럼 말이다. 그러나 그가 신중하게 설치해둔 단서들을 따라가다보면, 우리 사고의 지평은 깜짝 놀랄 만큼 급진적으로 확장된다. 그가 바라는 것은 단지 숙고하고, 배회하는 것을 넘어서, 지금까지 우리가 원한다고 믿어왔던 것들로부터 '진정한' 욕망을 해방시킬 수 있도록 다름 아닌 우리 자신을 '재교육'하는 일이다. 이는 우리의 욕망을 일정한 방향으로 제한하는 "인종차별, 계급차별, 장애인 차별, 이성애 규범성"과 같은 "구조적 문제"에 대응해 "구조적 해결책"을 요구하는 일, 그 이상이다(177면).

정치적 이념과 성적 욕망을 통합하려 시도했던 '분리주의 레즈비어니즘'과 같은 '예시적 정치'의 실패를 지나치게 두려워한 나머지, 자신의 욕망을 진지한 숙고의 대상으로 삼기를 거부하는 이들을 향해 그는 수사적으로 묻는다. "'우리는 정치 세계를 변화시키고 싶지만, 우리 자신은 변하지 않을 것'이라는 말이 대체 무얼 뜻할까?"(178면) 그는 바로 이 "해방 프로젝트"를 통해 "우리가 우리 자신의 신체와 타인의 신체를 바라보고, 정치에서는 허락되지 않는 존경·감사·욕구의 느낌을 스스로에게 허한다면 어떤 일이 일어날지"(169면) 떠올려보도록 촉구한다. 그가 포르노에 가지는 견해와 마찬가지로, 정치로부터 욕망을 해방시키는 '재교육'

은 단순히 원해본 적 없는 누군가를 성적 대상으로 선택하거나 페티시화fetishization하는 적극적인 성적 실천만을 의미하지 않는다. 그것은 "새로운 의미와 새로운 형식"을 낳는 성적 상상력(130면)을 탐구하고, 우리가 "무엇을 원하고, 왜 원하며, 원하기 위해 원하는 것이 무엇인지 자문하는"(175면) 지극히 반성적인 과정이자, 사랑하는 누군가를 위해 눈앞에서 일어나는 일을 "성애화"하도록 스스로를 가르치는(170면) 삶 속 사랑의 실천을 의미한다. 이미 익숙한 성적 취향을 '재교육'하기란 직관을 거스르는 불편한 작업이다. 더구나 세간에서 이미 '일탈적인' 성적 취향으로 다뤄지는 '퀴어'한 욕망에 대한 '재교육'은 어쩌면 그들의 도덕적 초자아를 강화시키는 효과를 가져올 수 있다. 트랜스젠더 이론가 앤드리아 롱 추가 그의 기획에 대해 "시스템상의 부정의를 키우는 유령회사 같은 역할"(177면)이 될 수 있다고 경고한 것은 이런 까닭일 것이다. 또한 리사 두건Lisa Duggan을 비롯한 퀴어 페미니스트 비평가들이 지적하듯, 『섹스할 권리』에 비중 있게 등장하는 '퀴어'해 보이는 예시들에 비해, (성적) 욕망을 둘러싼 퀴어 이론과 비평의 유산이 본문 속에서 거의 드러나지 않는 것도 사실이다. 그럼에도 불구하고 아미나 스리니바산의 『섹스할 권리』가 제기하는 질문은, 자신의 삶을 통해 개인적인 것이 곧 정치적인 것임을 아는 페미니스트들로 하여금 세계와 '개인적인 (성적) 취향'이 맺는 관계를 결코 이전과 같게 볼 수 없게 해줄 것이다.

주

들어가며

1 Judith Butler, *Gender Trouble: Feminism and the Subversion of Identity* (Routledge 2010 [1990]), 10면 참고.

2 Simone de Beauvoir, *The Second Sex*, trans. Constance Borde and Sheila Malovany-Chevallier (Vintage 2011 [1949]), 765-66면.

3 이 같은 최근 진전 상황에 관한 논의는 Veronica Gago, *Feminist International: How to Change Everything*, trans. Liz Mason-Deese (Verso 2020) 참고.

4 David R. Roediger, *The Wages of Whiteness: Race and the Making of the American Working Class* (Verso 2007 [1991]), x면.

5 Bernice Johnson Reagon, 'Coalition Politics: Turning the Century' [1981], in *Home Girls: A Black Feminist Anthology*, ed. Barbara Smith (Kitchen Table: Women of Color Press 1983): 356-68면, 359면.

누가 남성을 음해하는가

1 Liz Kelly, Jo Lovett and Linda Regan, 'A gap or a chasm?: Attrition in reported rape cases', Home Office Research Study 293 (2005): http://webarchive.nationalarchives.gov.uk/20100418065544/homeoffice.gov.uk/rds/pdfs05/hors293.pdf, 50면. 이 연

구, 그리고 앞으로 논할 국가면죄명부는 샌드라 뉴먼의 다음 글을 통해 주목하게 된 것이다. Sandra Newman, 'What kind of person makes false rape accusations?', *Quartz* (11 May 2017): https://qz.com/980766/the-truth-about-false-rape-accusations. 국가면죄명부를 이용하는 데 조언을 해준 뉴먼에게 감사한다.

2 Kelly et al., 'A gap or a chasm?', 47면. 해당 연구에 따르면 8퍼센트 이상일 때조차 "이 연구에서 인터뷰한 경찰의 허위 신고 추정치를 상당히 밑도는 수준이다"(같은 글 xi면).

3 Federal Bureau of Investigations, *Crime in the United States 1996, Section II: Crime Index Offenses Reported* (1997): https://ucr.fbi.gov/crime-in-the-u.s/1996/96sec2.pdf, 24면.

4 Bruce Gross, 'False Rape Allegations: An Assault on Justice', *The Forensic Examiner*, vol. 18, no. 1 (2009): 66-70면, 66면; 그리고 Kelly et al., 'A gap or a chasm?'. 내무부 보고서에서는 "피해자와 가해자의 친분이 높을수록 허위로 지정될 가능성이 줄어든다"는 결론을 내렸다(48면). 아울러 인터뷰에 응한 몇몇 경찰관은 가해자를 알고 있는 여성을 개인적으로 불신하는 경향이 있음을 털어놓았다.

5 Joanna Jolly, 'Does India have a problem with false rape claims?', *BBC News* (8 February 2017): https://www.bbc.co.uk/news/magazine-38796457.

6 Indian Ministry of Health and Family Welfare, 'National Family Health Survey (NFHS-4)' (2015-2016): https://dhsprogram.com/pubs/pdf/FR339/FR339.pdf, 568면.

7 Newman, 'What kind of person makes false rape accusations?'.

8 영국의 잉글랜드와 웨일스에서만 매년 16~59세 남성 가운데 대략 1만 2000명이 강간이나 강간미수, 성기가 삽입되는 성폭행을 경험한다(Home Office and the Office for National Statistics, 'An Overview of Sexual Offending in England and Wales' (2013): https://www.gov.uk/government/statistics/an-overview-of-sexual-offending-in-england-and-wales). 대량 투옥으로 미국은 남성 강간율이 여성 강간율에 맞먹을 수 있는 유일한 국가가 되었다(Christopher Glazek, 'Raise the Crime Rate', *n+1* [Winter 2012]: https://nplusonemag.com/issue-13/politics/raise-the-crime-rate; 그리고 Jill Filipovic, 'Is the US the only country where more men are raped than women?', *Guardian* [21 February 2012]: https://www.theguardian.

com/commentisfree/cifamerica/2012/feb/21/us-more-men-raped-than-women).

9 'The National Registry of Exonerations', *The National Registry of Exonerations*: https://www.law.umich.edu/special/exoneration/Pages/about.aspx. 잘못된 판결에 대한 신뢰할 만한 추정치는 얻기 어려운데, 일반적으로 기껏해야 정밀성이 많이 떨어지는 잘못된 판결의 대용물인 면죄율을 기반으로 하기 때문이다. 무죄 데이터에서 잘못된 유죄판결 비율을 추정하는 복잡성에 대해서는 다음을 참고. Jon B. Gould and Richard A. Leo, 'One Hundred Years Later: Wrongful Convictions After a Century of Research', *Journal of Criminal Law and Criminology*, vol. 100, no. 3 (2010): 825-68면. 버지니아주의 성폭행 관련 사례에 대한 잘못된 판결 비율이 11.6퍼센트에 달한다고 추정하는 최근 연구는 다음을 참고. Kelly Walsh, Jeanette Hussemann, Abigail Flynn, Jennifer Yahner and Laura Golian, 'Estimating the Prevalence of Wrongful Convictions', *Office of Justice Programs' National Criminal Justice Reference Service* (2017): https://www.ncjrs.gov/pdffiles1/nij/grants/251115.pdf.

10 'The National Registry of Exonerations'.

11 'Perpetrators of Sexual Violence: Statistics', *RAINN*: https://www.rainn.org/statistics/perpetrators-sexual-violence.

12 Samuel R. Gross, Maurice Possley and Klara Stephens, 'Race and Wrongful Convictions in the United States', *National Registry of Exonerations* (2017): http://www.law.umich.edu/special/exoneration/Documents/Race_and_Wrongful_Convictions.pdf, iii면.

13 Bernadette Rabuy and Daniel Kopf, 'Prisons of Poverty: Uncovering the pre-incarceration incomes of the imprisoned', *Prison Policy Initiative* (9 July 2015): https://www.prisonpolicy.org/reports/income.html.

14 Mia Bay, 'Introduction', in Ida B. Wells, *The Light of Truth*, ed. Mia Bay (Penguin Classics 2014): xix-xxi면, xxv면에서 인용.

15 Ida B. Wells, 'A Red Record. Tabulated Statistics and Alleged Causes of Lynchings in the United States, 1892-1893-1894' [1895], in Wells, *The Light of Truth*: 220-312면.

16 Sheila Weller, 'How Author Timothy Tyson Found the Woman at the Center of

the Emmett Till Case', *Vanity Fair* (26 January 2017): https://www.vanityfair.com/news/2017/01/how-authortimothy-tyson-found-the-woman-at-the center-of-the-emmett-tillcase.

17 식민지의 맥락에서 허위 강간 고소에 관한 논의는 다음을 참고. Amirah Inglis, *The White Women's Protection Ordinance: Sexual Anxiety and Politics in Papua* (Chatto and Windus 1975); Norman Etherington, 'Natal's Black Rape Scare of the 1870s', *Journal of Southern African Studies*, vol. 15, no. 1 (1988): 36-53면; John Pape, 'Black and White: The "Perils of Sex" in Colonial Zimbabwe', *Journal of Southern African Studies*, vol. 16, no. 4 (1990): 699-720면; Vron Ware, *Beyond the Pale: White Women, Racism and History* (Verso 1992); Jenny Sharpe, *A llegories of Empire: The Figure of Woman in the Colonial Text* (University of Minnesota Press 1993); Alison Blunt, 'Embodying war: British women and domestic defi lement in the Indian "Mutiny", 1857-8', *Journal of Historical Geography*, vol. 26, no. 3 (2000): 403-28면; David M. Anderson, 'Sexual Threat and Settler Society: "Black Perils" in Kenya, *c.* 1907-30', *The Journal of Imperial and Commonwealth History*, vol. 38, no. 1 (2010): 47-74면; 그리고 David Sheen, 'Israel weaponizes rape culture against Palestinians', *The Electronic Intifada* (31 January 2017): https://electronicintifada.net/content/israel-weaponizes-rape-culture-against-palestinians/19386.

18 미국의 흑인 남성은 백인 남성보다 잘못된 유죄판결을 받을 가능성이 일곱배나 높다(Gross et al., 'Race and Wrongful Convictions', 4면). 평균적으로 흑인 남성은 동일한 죄에 대해 백인 남성보다 20퍼센트 더 긴 형을 선고받는다(Joe Palazzolo, 'Racial Gap in Men's Sentencing', *The Wall Street Journal* [14 February 2013]: https://www.wsj.com/articles/SB10001424127887324432004578304463789858002). 청소년 사법제도 아래에서 흑인 여아는 다른 인종의 여아보다 더 엄격한 형을 선고받는다(Kimberlé Williams Crenshaw, Priscilla Ocen and Jyoti Nanda, 'Black Girls Matter: Pushed Out, Overpoliced and Underprotected', *African American Policy Forum* [2015]: https://www.atlanticphilanthropies.org/wp-content/uploads/2015/09/BlackGirlsMatter_Report.pdf, 6면). 흑인 남아는 백인 남아보다 정학을 당하는 사례가 세배 더 많고, 흑인 여아는 백인 여아보다 여섯배 더 많다(같은 글 16면). 흑인이 도시 인구의 27퍼센트를 이루는 도시 뉴욕에

서 경찰이 멈춰 세운 모든 여성의 53.4퍼센트가 흑인이고, 모든 남성의 55.7퍼센트가 흑인이다(Kimberlé Williams Crenshaw, Andrea J. Ritchie, Rachel Anspach, Rachel Gilmer and Luke Harris, 'Say Her Name: Resisting Police Brutality Against Black Women', *African American Policy Forum* [2015]: https://www.aapf.org/sayhername, 5면). 흑인 남성은 일생에 걸쳐 경찰에 의해 살해될 가능성이 백인 남성보다 2.5배 더 높고, 흑인 여성은 백인 여성보다 1.4배 더 높다(Frank Edwards, Hedwig Lee and Michael Esposito, 'Risk of being killed by police use of force in the United States by age, race-ethnicity, and sex', *Proceedings of the National Academy of Sciences of the United States of America*, vol. 116, no. 34 [2019]: 16793-98면).

19 흑인 남성이 브렛 캐버노에 동조하는 현상에 관한 논의는 Jemele Hill, 'What the Black Men Who Identify With Brett Kavanaugh Are Missing', *The Atlantic* (12 October 2018): https://www.theatlantic.com/ideas/archive/2018/10/why-black-men-relate-brett-kavanaugh/572776 참고.

20 Dan A. Turner, 'Letter from Brock Turner's Father' (2016): https://www.stanforddaily.com/2016/06/08/the-full-letterread-by-brock-turners-father-at-his-sentencing-hearing.

21 'Brett Kavanaugh's Opening Statement: Full Transcript', *New York Times* (26 September 2018): https://www.nytimes.com/2018/09/26/us/politics/read-brett-kavanaughs-completeopening-statement.html.

22 Kate Kelly and David Enrich, 'Kavanaugh's Yearbook Page Is "Horrible, Hurtful" to a Woman It Named', *New York Times* (24 September 2018): https://www.nytimes.com/2018/09/24/business/brett-kavanaugh-yearbook-renate.html.

23 Mollie Hemingway and Carrie Severino, 'Christine Blasey Ford's Father Supported Brett Kavanaugh's Confirmation', *The Federalist* (12 September 2019): https://thefederalist.com/2019/09/12/christine-blasey-fords-father-supported-brett-kavanaughs-confi rmation.

24 가령 JoAnn Wypijewski, 'What We Don't Talk About When We Talk About #MeToo', *The Nation* (22 February 2018): https://www.thenation.com/ar ticle/archive/what-we-dont-talk-about-when-we-talk-about-metoo 참고.

25 Emily Yoffe, 'The Uncomfortable Truth about Campus Rape Policy', *The Atlantic* (6 September 2017): https://www.theatlantic.com/education/archive/2017/09/the-uncomfortable-truth-about-campus-rape-policy/538974.

26 Shulamith Firestone, *The Dialectic of Sex* (Verso 2015 [1970]).

27 Angela Y. Davis, *Women, Race & Class* (Penguin Modern Classics 2019 [1981]), 163면.

28 Libby Purves, 'Indian women need a cultural earthquake', *The Times* (31 December 2012): https://www.thetimes.co.uk/article/indian-women-need-a-cultural-earthquake-mtgbgxd3mvd.

29 아메리카 토착민 및 선주민 여성에 대한 '강간 불능성' 신화는 다음을 참고. Andrea Smith, *Conquest: Sexual Violence and American Indian Genocide* (South End Press 2005); Jacki Thompson Rand, *Kiowa Humanity and the Invasion of the State* (University of Nebraska Press 2008); 그리고 Maya Seshia, 'Naming Systemic Violence in Winnipeg's Street Sex Trade', *Canadian Journal of Urban Research*, vol. 19, no. 1 (2010): 1-17면. 남아프리카에서 일어난 동일한 현상에 관해서는 다음을 참고. Pumla Dineo Gqola, *Rape: A South African Nightmare* (MF Books Joburg 2015); 그리고 Rebecca Helman, 'Mapping the unrapeability of white and black womxn', *Agenda: Empowering women for gender equality*, vol. 32, no. 4 (2018): 10-21면. 오스트레일리아의 경우는 다음을 참고. Ann McGrath, '"Black Velvet": Aboriginal women and their relations with white men in the Northern Territory 1910-0', in *So Much Hard Work: Women and Prostitution in Australian History*, ed. Kay Daniels (Fontana Books 1984): 233-97면; Greta Bird and Pat O'Malley, 'Kooris, Internal Colonialism, and Social Justice', *Social Justice*, vol. 16, no. 3 (1989): 35-50면; Larissa Behrendt, 'Consent in a (Neo)Colonial Society: Aboriginal Women as Sexual and Legal "Other"', *Australian Feminist Studies*, vol. 15, no. 33 (2000): 353-67면; 그리고 Corrinne Tayce Sullivan, 'Indigenous Australian women's colonial sexual intimacies: positioning indigenous women's agency', *Culture, Health & Sexuality*, vol. 20, no. 4 (2018): 397-410면. 역사학자 패멀라 스컬리는 "역사 편찬의 흥미로운 특징"이 다음과 같다고 언급했다. "저자들은 일반적으로 식민주의가 백인 남성이 흑인 여성을 일상적으로 강간하게 허

용하는 환경을 만든 방식보다 백인 여성을 흑인 강간범의 희생자로 보는 불확실한 신화에 더 관심을 가졌다." Pamela Scully, 'Rape, Race, and Colonial Culture: The Sexual Politics of Identity in the Nineteenth-Century Cape Colony, South Africa', *The American Historical Review*, vol. 100, no. 2 (1995): 335-59면, 337면.

30 Scully, 'Rape, Race, and Colonial Culture', 335면과 그다음 면.

31 Carolyn M. West and Kalimah Johnson, 'Sexual Violence in the Lives of African American Women', *National Online Resource Center on Violence Against Women* (2013): https://vawnet.org/sites/default/files/materials/files/2016-09/AR_SVAAWomenRevised.pdf, 2면.

32 Joanna Bourke, *Rape: A History from 1860 to the Present Day* (Virago 2007), 77면.

33 Rebecca Epstein, Jamilia J. Blake and Thalia Gonzalez, 'Girlhood Interrupted: The Erasure of Black Girls' Childhood', *Georgetown Center on Poverty and Inequality* (2017): https://ssrn.com/abstract=3000695.

34 Kimberlé Williams Crenshaw, 'I Believe I Can Lie', *The Baffler* (17 January 2019): https://thebaffler.com/latest/i-believe-i-can-liecrenshaw.

35 미국에서 비히스패닉계 흑인 여성의 약 41.2퍼센트가 평생 친밀한 관계의 파트너로부터 신체적 폭력을 경험하는 것으로 추정되며, 이 비율은 비히스패닉계 백인 여성의 30.5퍼센트라는 수치와 비교된다. 아메리카 토착민 여성은 51.7퍼센트, 히스패닉계 여성은 29.7퍼센트다(Matthew J. Breiding, Sharon G. Smith, Kathleen C. Basile, Mikel L. Walters, Jieru Chen and Melissa T. Merrick, 'Prevalence and Characteristics of Sexual Violence, Stalking, and Intimate Partner Violence Victimization —National Intimate Partner and Sexual Violence Survey, United States, 2011', *Center for Disease Control and Prevention: Morbidity and Mortality Weekly Report*, vol. 63, no. 8 [2014]: https://www.cdc.gov/mmwr/preview/mmwrhtml/ss6308a1.htm, table 7). 미국에서 흑인 여성이 살해당하는 비율은 백인 여성의 세배에 달한다(Emiko Petrosky, Janet M. Blair, Carter J. Betz, Katherine A. Fowler, Shane P.D. Jack and Bridget H. Lyons, 'Racial and Ethnic Diff erences in Homicides of Adult Women and the Role of Intimate Partner Violence —United States, 2003-2014', *Morbidity and Mortality Weekly Report*, vol. 66, no. 28 [2017]: 741-46면, 742면).

36 Beth E. Richie, *Arrested Justice: Black Women, Violence, and America's Prison Nation* (NYU Press 2012).

37 Shatema Threadcraft, 'North American Necropolitics and Gender: On #BlackLives Matter and Black Femicide', *South Atlantic Quarterly*, vol. 116, no. 3 (2017): 553-79면, 574면.

38 같은 글 566면.

39 Joe Coscarelli, 'R. Kelly Faces a #MeToo Reckoning as Time's Up Backs a Protest', *New York Times* (1 May 2018): https://www.nytimes.com/2018/05/01/arts/music/r-kelly-timesup-metoomuterkelly.html.

40 R. 켈리의 음악 협업자였던 '찬스 더 래퍼'는「서바이빙 R. 켈리」에서 자신이 고소인의 이야기를 믿지 않았던 까닭은 "이들이 흑인 여성이기 때문"이었음을 인정했다. 'Chance the Rapper Apologizes for Working With R. Kelly', *NBC Chicago* (8 January 2019): https://www.nbcchicago.com/news/local/Chance-the-Rapper-Apologizes-for-Working-With-R-Kelly-504063131.html.

41 Alan Blinder, 'Was That Ralph Northam in Blackface? An Inquiry Ends Without Answers', *New York Times* (22 May 2019): https://www.nytimes.com/2019/05/22/us/ralph-northam-blackfacephoto.html.

42 'Virginia's Justin Fairfax Compared Himself To Lynching Victims In An Impromptu Address', *YouTube* (25 February 2019): https://www.youtube.com/watch?v=ZTaTssa2d8E.

43 Anubha Bhonsle, 'Indian Army, Rape Us', Outlook (10 February 2016): https://www.outlookindia.com/website/story/indian-army-rape-us/296634. 이 사건과 그 놀라운 여파에 내가 관심을 갖게 해준 더바 미트라(Durba Mitra)에게 감사한다.

44 식민지 및 후기 식민지 시대 인도의 사회 형성에서 하류계급의 '성적으로 일탈적인' 여성의 역할에 대해서는 Durba Mitra, *Indian Sex Life: Sexuality and the Colonial Origins of Modern Social Thought* (Princeton University Press 2020) 참고.

45 'Hathras case: A woman repeatedly reported rape. Why are police denying it?', *BBC News* (10 October 2020): https://www.bbc.co.uk/news/world-asia-india-54444939.

46 Adrija Bose, '"Why Should I be Punished?": Punita Devi, Wife of Nirbhaya

Convict, Fears Future of "Shame"', *News 18* (19 March 2020): https://www.news18.com/news/buzz/why-should-i-bepunished-punita-devi-wife-of-nirbhaya-convict-fears-future-ofshame-delhi-gangrape-2543091.html.

47 같은 글. 인도 페미니스트들이 조티 싱 집단 강간에 보인 (대부분 투옥을 주장하는) 반응과 이들이 마르크스주의 페미니스트들로부터 받은 비판은 Prabha Kotiswaran, 'Governance Feminism in the Postcolony: Reforming India's Rape Laws', in Janet Halley, Prabha Kotiswaran, Rachel Rebouché and Hila Shamir, *Governance Feminism: An Introduction* (University of Minnesota Press 2018): 75-148면 참고. 성폭력과 관련해 투옥을 주장하는 반응에 대한 비판으로는 이 책의 「섹스, 투옥주의, 자본주의」 참고.

48 Claudia Jones, 'An End to the Neglect of the Problems of the Negro Woman!' [1949], in *Claudia Jones: Beyond Containment*, ed. Carole Boyce Davies (Ayebia Clarke Publishing 2011): 74-86면; Frances M. Beal, 'Double Jeopardy: To Be Black and Female' [1969], *Meridians: feminism, race, transnationalism*, vol. 8, no. 2 (2008): 166-76면; Enriqueta Longeaux y Vásquez, 'The Mexican-American Woman', in *Sisterhood is Powerful: An Anthology of Writings from the Women's Liberation Movement*, ed. Robin Morgan (Vintage 1970): 379-84면; Selma James, *Sex, Race and Class* (Falling Wall Press 1975); The Combahee River Collective, 'A Black Feminist Statement' [1977], in *Home Girls: A Black Feminist Anthology*, ed. Barbara Smith (Kitchen Table: Women of Color Press 1983): 272-92면; Lorraine Bethel and Barbara Smith, eds, *Conditions: Five: The Black Women's Issue* (1979); Davis, *Women, Race & Class*; Cherríe Moraga and Gloria E. Anzaldúa, eds, *This Bridge Called My Back: Writings by Radical Women of Color* (Persephone Press 1981); bell hooks, *Ain't I a Woman? Black women and feminism* (South End Press 1981); bell hooks, *Feminist Theory: From Margin to Center* (Routledge 1984); 그리고Kimberlé Crenshaw, 'Demarginalizing the Intersection of Race and Sex: A Black Feminist Critique of Antidiscrimination Doctrine, Feminist Theory and Antiracist Politics', *University of Chicago Legal Forum*, vol. 1989, no. 1 (1989): 139-67면.

49 이 현상에 대한 더 자세한 사항은 이 책 「섹스, 투옥주의, 자본주의」 참고.

50 Ida B. Wells, 'Southern Horrors: Lynch Laws in All Its Phases' [1892], in *Southern*

Horrors and Other Writings: The Anti-Lynching Campaign of Ida B. Wells, 1892-1900, ed. Jacqueline Jones Royster (Bedford Books 1997): 49-72면, 59면.

51 Jia Tolentino, 'Jian Ghomeshi, John Hockenberry, and the Laws of Patriarchal Physics', *New Yorker* (17 September 2018): https://www.newyorker.com/culture/cultural-comment/jian-ghomeshi-johnhockenberry-and-the-laws-of-patriarchal-physics.

52 Patrick Smith and Amber Jamieson, 'Louis C.K. Mocks Parkland Shooting Survivors, Asian Men, And Nonbinary Teens In Leaked Audio', *BuzzFeed News* (31 December 2018): https://www.buzzfeednews.com/article/patricksmith/louis-ck-mocks-parkland-shooting-survivors-asian-men-and.

53 한편 아마존은 C.K.의 행동에 직접적인 조치를 취한 유일한 TV 쇼인 「티그 노타로」(Tig Notaro)와 디아블로 코디(Diablo Cody)의 훌륭하고 감동적인 「원 미시시피」(One Mississippi)를 두 시즌 후에 취소했다. C.K.는 이 쇼의 책임 프로듀서였다.

54 Glenn Whipp, 'A year after #MeToo upended the status quo, the accused are attempting comebacks —but not offering apologies', *Los Angeles Times* (5 October 2018): https://www.latimes.com/entertainment/la-ca-mn-me-too-men-apology-20181005-story.html.

55 John Hockenberry, 'Exile', *Harper's* (October 2018): https://harpers.org/archive/2018/10/exile-4.

56 Kevin Spacey (@KevinSpacey), *Twitter* (30 October 2017): https://twitter.com/KevinSpacey/status/924848412842971136.

57 Kevin Spacey, 'Let Me Be Frank', *YouTube* (24 December 2018): www.youtube.com/watch?v=JZveA-NAIDI.

58 Michelle Goldberg, 'The Shame of the MeToo Men', *New York Times* (14 September 2018): https://www.nytimes.com/2018/09/14/opinion/columnists/metoo-movement-franken-hockenberry-macdonald.html.

59 Catharine A. MacKinnon, *Toward a Feminist Theory of the State* (Harvard University Press 1991 [1989]), 180면.

60 *R v. Cogan and Leak* (1976) QB 217.

61 리크는 강간 방조죄로 유죄판결을 받았으나, 법의 관점에서 강간은 시도되지도 발생하지도 않았다. 그는 아내를 강간한 혐의로 기소되지 않았다. 1991년에서야 상원은 '부부 강간 예외' 조항을 없앴다.

62 Melena Ryzik, Cara Buckley and Jodi Kantor, 'Louis C.K. Is Accused by 5 Women of Sexual Misconduct', *New York Times* (9 November 2017): https://www.nytimes.com/2017/11/09/arts/television/louis-ck-sexual-misconduct.html.

63 'The Reckoning: Women and Power in the Workplace', *New York Times Magazine* (13 December 2017): https://www.nytimes.com/interactive/2017/12/13/magazine/the-reckoning-women-and-power-inthe-workplace.html.

64 최근 『뉴욕 리뷰 오브 북스』 편집자로 지명된 이언 부루마(Ian Buruma)는 2018년 지안 고메시의 개인적 에세이를 지면에 실어주었다('Reflections from a Hashtag', *New York Review of Books* [11 October 2018]: https://www.nybooks.com/articles/2018/10/11/reflections-hashtag). 고메시는 성폭행 명목으로 여러 여성에게 고소당한 뒤 2014년 CBC 라디오에서 해고된 바 있었다. 해당 에세이는 왜곡된 자기면죄부에 지나지 않았는데, 그를 고소한 여성 중 한 명이 고메시가 그녀에게 사과하기로 동의한 후에야 고소를 취하했다는 이야기는 언급하지 않았다. 나를 포함한 페미니스트들은 트위터에 고메시의 글을 실은 부루마의 결정에 혐오감을 드러내는 메시지를 올렸다. 얼마 가지 않아 부루마는 해고되었다. 『뉴욕 타임스』에 실린 그의 해고 기사에는 내가 올린 트위터 메시지 화면이 포함되어 있었다. 나는 마음이 불편했다. 한편으로는 부루마가 편집자로서 형편없는 판단을 했고, 내가 들은 내용과 이후에 보고된 사실을 기반으로 그가 오랫동안 이 잡지사에서 근무했던 높은 직급의 여성들을 포함한 직원들의 반대에도 자기 생각을 밀어붙였다고 생각했다. 나는 이것이 그가 해고된 이유이기를, 무능한 편집자에 독재적인 상관이어서 그의 직원들에 의해 쫓겨났기를 바란다. 그러나 만약 부루마 본인의 주장처럼 (나를 포함한) '소셜미디어 마피아'가 『뉴욕 리뷰 오브 북스』 이사회에 영향력을 행사하면서 그가 사임할 수밖에 없었다면? 편집자가 트위터에서 사람들의 분노를 샀다고 해도 이것이, 비록 그 분노가 정당하다고 할지라도 그를 해고할 타당한 이유가 될 수 없다. 소셜미디어에서 사람들을 화나게 만들지 않는 일은 훌륭한 편집자의 역할에 속하지 않는다. 이는 이것이 훌륭한 학자의 역할에 속하지 않는 것과 같다. 수많은 사람을 분노하게 만

들기도 하는 페미니스트들은 진실을 추구하는 기관들, 즉 문학 잡지사나 대학이 자신들의 존재를 대중의 승인에 의존해서는 안 된다고 앞장서서 주장해야 한다.

65 Complaint, *Bonsu v. University of Massachusetts — Amherst*, Civil Action No. 3:15-cv-30172-MGM (District of Massachusetts, Sept. 25, 2015), 9면.

66 Yoffe, 'The Uncomfortable Truth'.

67 Complaint, *Bonsu v. Univ. of Mass.*, 10면.

68 같은 글.

69 매사추세츠주는 지금까지도 강간을 합의('긍정적' 합의 여부)가 아닌 물리력과 위협이라는 측면에서 규정하는 미국의 주 가운데 하나다. 따라서 강간은 가해자가 "강제적으로 상대의 의사에 반해 복종하게 만들거나 신체적 상해를 가하는 위협으로 복종하게 만든 사람과 성관계 또는 부자연스러운 성관계를 갖는 것"을 말한다. Mass. Gen. Law 265, §22 참고.

70 Yoffe, 'The Uncomfortable Truth'.

71 Jacob Gersen and Jeannie Suk, 'The Sex Bureaucracy', *California Law Review*, vol. 104, no. 4 (2016): 881-948면. 또한 다음을 참고. Janet Halley, 'Trading the Megaphone for the Gavel in Title IX Enforcement', *Harvard Law Review Forum*, vol. 128 (2015): 103-17면; Janet Halley, 'The Move to Affirmative Consent', *Signs*, vol. 42, no. 1 (2016): 257-79면; Laura Kipnis, *Unwanted Advances: Sexual Paranoia Comes to Campus* (HarperCollins 2017); Elizabeth Bartholet, Nancy Gertner, Janet Halley and Jeannie Suk Gersen, 'Fairness For All Students Under Title IX', *Digital Access to Scholarship at Harvard* (21 August 2017): http://nrs.harvard.edu/urn-3:HUL.InstRepos:33789434; 그리고 Wesley Yang, 'The Revolt of the Feminist Law Profs: Jeannie Suk Gersen and the fight to save Title IX from itself', *The Chronicle of Higher Education* (7 August 2019): https://www.chronicle.com/article/the-revolt-of-the-feminist-law-profs.

72 Gersen and Suk, 'The Sex Bureaucracy', 946면, 강조는 필자.

73 루스 베이더 긴즈버그(Ruth Bader Ginsburg)는 "고발당한 사람에게 공정한 청문 기회를 주지 않는 일부 대학의 행동 수칙에 대한 비판"은 옳으며, "모든 사람은 공정한 심리를 받을 자격이 있다"고 말했다. Jeffrey Rosen, 'Ruth Bader Ginsburg Opens Up About #MeToo, Voting Rights, and Millennials', *The Atlantic*

(15 February 2018): https://www.theatlantic.com/politics/archive/2018/02/ruth-bader-ginsburg-opens-up-about-metoo-voting-rights-and-millenials/553409.

74 Gersen and Suk, 'The Sex Bureaucracy', 946면.

75 「강간 재정의」에서 매키넌은 "젠더는 이것이 권력의 형태로 이용되고, 성적 상호작용에서 강압적인 형태로 사용될 때 성관계를 강간으로 만드는 불평등 목록에 포함된다"고 썼다. Catharine A. MacKinnon, 'Rape Redefined', *Harvard Law & Policy Review*, vol. 10, no. 2 (2016): 431-77면, 469면.

76 Cal. Educ. Code §67386. 캘리포니아주에서 제리 브라운이 대규모 투옥의 성장에 기여한 역할에 관해서는 Ruth Wilson Gilmore, *Golden Gulag: Prisons, Surplus, Crisis, and Opposition in Globalizing California* (University of California Press 2007) 참고.

77 Ezra Klein, '"Yes Means Yes" is a terrible law, and I completely support it', *Vox* (13 October 2014): https://www.vox.com/2014/10/13/6966847/yes-means-yes-is-a-terrible-billand-i-completely-support-it.

78 MacKinnon, 'Rape Redefined', 454면. 합의 패러다임의 한계에 관한 논의는 Linda Martín Alcoff, *Rape and Resistance* (Polity 2018); 그리고 Joseph J. Fischel, *Screw Consent: A Better Politics of Sexual Justice* (University of California Press 2019) 참고.

79 뉴저지주: "성폭행 추정 피해자의 합의가 실효성을 인정받기 위해서는 피고인이 '긍정적이고 자유로운 상태에서 허락을 (…)' 받았다는 사실을 입증해야 한다"(*State v. Cuni*, 733 A.2d 414, 159 N.J. 584 [1999], 424면). 오클라호마주: "'합의'라는 용어는 언제든지 취소할 수 있는 성적 만남 가운데 특정한 성행위를 할 때 긍정적이고 명확하며 자발적인 동의를 의미한다"(Okla. Stat. 21 §113). 위스콘신주: "'합의'는 성관계나 성적 접촉에 대해 자유롭게 동의함을 나타내는, 사전 동의를 할 수 있는 사람의 말이나 명시적인 행위를 의미한다"(Wis. Stat. § 940.225[4]).

80 Complaint, *Bonsu v. Univ. of Mass.*, 10면.

81 Tolentino, 'Jian Ghomeshi, John Hockenberry, and the Laws of Patriarchal Physics'.

82 Jian Ghomeshi, 'Reflections from a Hashtag'.

83 Goldberg, 'The Shame of the MeToo Men'.

포르노를 말한다

1 실제 명칭은 다소 덜 도발적인 '학자와 페미니스트 IX: 섹슈얼리티 정치를 향해'(The Scholar and the Feminist IX: Towards a Politics of Sexuality)였다.

2 *Diary of a Conference on Sexuality* (1982): http://www.darkmatterarchives.net/wp-content/uploads/2011/12/Diary-of-a-Conference-on-Sexuality.pdf, 38면.

3 Lorna Norman Bracewell, 'Beyond Barnard: Liberalism, Antipornography Feminism, and the Sex Wars', *Signs*, vol. 42, no. 1 (2016): 23-48면, 23면.

4 *Diary of a Conference on Sexuality*, 72면.

5 Alice Echols, 'Retrospective: Tangled Up in Pleasure and Danger', *Signs*, vol. 42, no. 1 (2016): 11-22면, 12면.

6 Rachel Corbman, 'The Scholars and the Feminists: The Barnard Sex Conference and the History of the Institutionalization of Feminism', *Feminist Formations*, vol. 27, no. 3 (2015): 49-80면, 59면.

7 Coalition for a Feminist Sexuality and against Sadomasochism, [The Barnard Leaflet], *Feminist Studies*, vol. 9, no. 1 (1983): 180-82면에 재수록.

8 *Diary of a Conference on Sexuality*, 72면.

9 Gayle Rubin, 'Blood Under the Bridge: Reflections on "Thinking Sex"', *GLQ: A Journal of Lesbian and Gay Studies*, vol. 17, no. 1 (2011): 15-48면, 26-27면.

10 Elizabeth Wilson, 'The Context of "Between Pleasure and Danger": The Barnard Conference on Sexuality', *Feminist Review*, vol. 13, no. 1 (1983): 35-41면, 40면.

11 같은 글 35면.

12 Rubin, 'Blood Under the Bridge', 34면.

13 예를 들어 실라 제프리스의 글 'Let us be free to debate transgenderism without being accused of "hate speech"', *Guardian* (29 May 2012): https://www.theguardian.com/commentisfree/2012/may/29/transgenderism-hate-speech 참고.

14 Rubin, 'Blood Under the Bridge', 16면.

15 전 세계 인구의 약 절반에게는 아주 흔하고 즉각적인 사용이 가능하다. 나머지 절반은 인터넷에 접속할 수 없다. 중국과 인도는 세계에서 인터넷 사용자 수가

가장 많지만, 각각 인구의 54퍼센트와 30퍼센트만이 인터넷 접속이 가능하다. 아프가니스탄의 경우 이 수치가 10퍼센트이며, 콩고는 6퍼센트다. Max Roser, Hannah Ritchie and Esteban Ortiz-Ospina, 'Internet', *Our World in Data* (2017): https://ourworldindata.org/internet.

16 Alice Echols, *Daring to Be Bad: Radical Feminism in America 1967-1975* (University of Minnesota Press 2011 [1989]), 361면 주석 7번; Bracewell, 'Beyond Barnard', 29-30면 주석 19번; 그리고 Robin Morgan, 'Goodbye to All That' [1970], in *The Sixties Papers: Documents of a Rebellious Decade*, ed. Judith Clavir Albert and Stewart Edward Albert (Praeger 1984): 509-16면.

17 Andrea Dworkin, 'Suffering and Speech', in *In Harm's Way: The Pornography Civil Rights Hearings*, eds Catharine A. MacKinnon and Andrea Dworkin (Harvard University Press 1997): 25-36면, 28면; 그리고 Bracewell, 'Beyond Barnard', 28-30면.

18 Robin Morgan, 'Theory and Practice: Pornography and Rape' [1974], in *Take Back the Night: Women on Pornography*, ed. Laura Lederer (William Morrow and Company 1980): 134-47면, 139면.

19 Rubin, 'Blood under the Bridge', 29-30면.

20 Georgia Dullea, 'In Feminists' Antipornography Drive, 42d Street Is the Target', *New York Times* (6 July 1979): https://www.nytimes.com/1979/07/06/archives/in-feminists-antipornography-drive-42d-street-is-the-target.html.

21 같은 글.

22 Morgan, 'Theory and Practice', 139면.

23 Catharine A. MacKinnon, *Only Words* (Harvard University Press 1996 [1993]), 21-22면.

24 As quoted in Patricia Hill Collins, *Black Feminist Thought* (Routledge 1991 [1990]), 168면.

25 같은 책 167-68면.

26 Ann Snitow, Christine Stansell and Sharon Thompson, eds, *Powers of Desire: The Politics of Sexuality* (Monthly Review Press 1983), 460면. 이 인용구는 엘런 윌리스(Ellen Willis)의 에세이 「페미니즘, 도덕주의 그리고 포르노그래피」(Feminism,

Moralism, and Pornography) 첫머리에 실린 편집자들의 글에서 가져왔다.

27 MacKinnon, *Only Words*, 19-20면.

28 Michael Castleman, 'Surprising New Data from the World's Most Popular Porn Site', *Psychology Today* (15 March 2018): https://www.psychologytoday.com/us/blog/all-about-sex/201803/surprising-new-data-the-world-s-most-popular-porn-site.

29 Gert Martin Hald, Neil M. Malamuth and Carlin Yuen, 'Pornography and Attitudes Supporting Violence Against Women: Revisiting the Relationship in Nonexperimental Studies', *Aggressive Behavior*, vol. 36, no. 1 (2010): 14-20면, 18면.

30 같은 글.

31 Paul J. Wright and Michelle Funk, 'Pornography Consumption and Opposition to Affi rmative Action for Women: A Prospective Study', *Psychology of Women Quarterly*, vol. 38, no. 2 (2014): 208-21면.

32 Elizabeth Oddone-Paolucci, Mark Genius and Claudio Violato, 'A Meta-Analysis of the Published Research on the Effects of Pornography', in *The Changing Family and Child Development* (Ashgate 2000): 48-59면.

33 Neil M. Malamuth, Tamara Addison and Mary Koss, 'Pornography and Sexual Aggression: Are There Reliable Effects and Can We Understand Them?', *Annual Review of Sex Research*, vol. 11, no. 1 (2000): 26-91면.

34 Joetta L. Carr and Karen M. VanDeusen, 'Risk Factors for Male Sexual Aggression on College Campuses', *Journal of Family Violence*, vol. 19, no. 5 (2004): 279-89면.

35 Matthew W. Brosi, John D. Foubert, R. Sean Bannon and Gabriel Yandell, 'Effects of Sorority Members' Pornography Use on Bystander Intervention in a Sexual Assault Situation and Rape Myth Acceptance', *Oracle: The Research Journal of the Association of Fraternity/Sorority Advisors*, vol. 6, no. 2 (2011): 26-35면.

36 'Study exposes secret world of porn addiction', *University of Sydney* (10 May 2012): http://sydney.edu.au/news/84.html?newscategoryid=1&newsstoryid=9176.

37 Gustavo S. Mesch, 'Social Bonds and Internet Pornographic Exposure Among Adolescents', *Journal of Adolescence*, vol. 32, no. 3 (2009): 601-18면.

38 Jon Ronson, 'The Butterfly Effect', *Audible* (2017): www.jonronson.com/butterfly.

html, episode 4: 'Children'.

39 Maddy Coy, Liz Kelly, Fiona Elvines, Maria Garner and Ava Kanyeredzi, '"Sex without consent, I suppose that is rape": How Young People in England Understand Sexual Consent', *Office of the Children's Commissioner* (2013): https://www.childrenscommissioner.gov.uk/report/sex-without-consent-i-suppose-that-isrape. 레이 랭턴은 이 연구에 대해, 그리고 이 연구가 「포르노그래피는 법과 같은가?」('Is Pornography Like The Law?', in *Beyond Speech: Pornography and Analytic Feminist Philosophy*, ed. Mari Mikkola [Oxford University Press 2017]: 23-38면)를 둘러싼 페미니즘계의 포르노 논쟁에 미치는 영향에 대해 논의한다.

40 Rae Langton, 'Speech Acts and Unspeakable Acts', *Philosophy and Public Affairs*, vol. 22, no. 4 (1993): 293-330면, 311면.

41 Stoya, 'Feminism and Me', *Vice* (15 August 2013): https://www.vice.com/en/article/bn5gmz/stoya-feminism-and-me.

42 Stoya, 'Can There Be Good Porn?', *New York Times* (4 March 2018): https://www.nytimes.com/2018/03/04/opinion/stoyagood-porn.html.

43 Peggy Orenstein, *Girls & Sex: Navigating the Complicated New Landscape* (OneWorld 2016), 7-8면.

44 2005년과 2008년 사이에 미국 내 이성애자 학부생을 대상으로 진행한 어느 대규모 연구를 통해 연구자들은 첫 만남에서 단독으로 오럴섹스를 받은 남성이 55퍼센트인 반면 여성은 19퍼센트밖에 되지 않음을 발견했다. 또 첫 만남에서 오르가슴을 경험한 남성이 여성보다 세배 더 많음을 발견했다. 여성 학부생이 남성 상대만큼 79퍼센트 자주 오르가슴을 경험하는 관계에서는 이 격차가 좁혀지지만 크게 줄어들지는 않는다. Elizabeth A. Armstrong, Paula England and Alison C.K. Fogarty, 'Orgasm in College Hookups and Relationships', in *Families as They Really Are*, 2nd edition, ed. Barbara J. Risman and Virginia E. Rutter (W.W. Norton 2015), 280-96면.

45 Nancy Bauer, 'Pornutopia', *n+1* (Winter 2007): https://nplusonemag.com/issue-5/essays/pornutopia.

46 이 인터뷰의 일부는 폴리 러셀(Polly Russell)의 「끝나지 않은 일」(Unfinished Business) 팟캐스트 시리즈에 등장한다. *British Library* (2020): https://www.bl.uk

/podcasts, series 2, episode 2: 'The Politics of Pleasure'.

47 Zoë Heller, '"Hot" Sex & Young Girls', *New York Review of Books* (18 August 2016): https://www.nybooks.com/articles/2016/08/18/hot-sex-young-girls.

48 Vincent Canby, 'What Are We To Think of "Deep Throat"?', *New York Times* (21 January 1973): https://www.nytimes.com/1973/01/21/archives/what-are-we-to-think-of-deep-throat-what-to-think-of-deep-throat.html.

49 Stuart Taylor Jr., 'Pornography Foes Lose New Weapon in Supreme Court', *New York Times* (25 February 1986): https://www.nytimes.com/1986/02/25/us/pornography-foes-lose-new-weapon-in-supreme-court.html, 강조는 필자.

50 *R.A.V. v. City of St. Paul, Minnesota*, 505 U.S. 377 (1992).

51 St. Paul Bias-Motivated Crime Ordinance, St. Paul, Minn. Legis. Code §292.02 (1990).

52 MacKinnon, *Only Words*, 12면.

53 *R. v. Butler* (1992) 1 S.C.R. 452.

54 MacKinnon, *Only Words*, 103면.

55 *R v. Scythes* (1993) OJ 537. Becki L. Ross, '"It's Merely Designed for Sexual Arousal": Interrogating the Indefensibility of Lesbian Smut' [1997], in *Feminism and Pornography*, ed. Drucilla Cornell (Oxford University Press 2007 [2000]): 264-317면, 264면과 그다음 면 참고. 버틀러의 훌륭한 변론은 Ann Scales, 'Avoiding Constitutional Depression: Bad Attitudes and the Fate of *Butler*' [1994], in *Feminism and Pornography*, ed. Drucilla Cornell (Oxford University Press 2007 [2000]): 318-44면 참고.

56 Jeffrey Toobin, 'X-Rated', *New Yorker* (3 October 1994): 70-78면.

57 Ellen Willis, 'Feminism, Moralism, and Pornography' [1979], in *Powers of Desire: The Politics of Sexuality*, ed. Ann Snitow, Christine Stansell and Sharon Thompson (Monthly Review Press 1983): 460-67면, 464면.

58 Bracewell, 'Beyond Barnard', 35면 주석 29번.

59 'Attorney General's Commission on Pornography: Final Report', *U.S. Department of Justice* (1986), vol. 1, 78면.

60 Morgan, 'Theory and Practice', 137면.

61 Christopher Hooton, 'A long list of sex acts just got banned in UK porn', *Independent* (2 December 2014): https://www.independent.co.uk/news/uk/a-long-list-of-sex-acts-just-got-banned-in-uk-porn-9897174.html.

62 Frankie Miren, 'British BDSM Enthusiasts Say Goodbye to Their Favorite Homegrown Porn', *Vice* (1 December 2014): https://www.vice.com/en_uk/article/nnqybz/the-end-of-uk-bdsm-282.

63 Tracy McVeigh, 'Can Iceland lead the way towards a ban on violent online pornography?', *Observer* (16 February 2013): https://www.theguardian.com/world/2013/feb/16/iceland-online-pornography.

64 Katrien Jacobs, 'Internationalizing Porn Studies', *Porn Studies*, vol. 1, no. 1-2 (2014): 114-19면, 117면.

65 'UK's controversial "porn blocker" plan dropped', *BBC News* (16 October 2019): https://www.bbc.co.uk/news/technology-50073102.

66 Tom Crewe, 'The p-p-porn ban', *London Review of Books* (4 April 2019): https://www.lrb.co.uk/the-paper/v41/n07/tom-crewe/short-cuts.

67 Ryan Thorneycroft, 'If not a fist, then what about a stump? Ableism and heteronormativity within Australia's porn regulations', *Porn Studies*, vol. 7, no. 2 (2020): 152-67면.

68 Anirban K. Baishya and Darshana S. Mini, 'Translating Porn Studies: Lessons from the Vernacular', *Porn Studies*, vol. 7, no. 1 (2020): 2-12면, 3면.

69 Pornhub Insights, 'The 2019 Year in Review', Pornhub (11 December 2019): www.pornhub.com/insights/2019-year-in-review

70 Joe Pinsker, 'The Hidden Economics of Porn', *The Atlantic* (4 April 2016): https://www.theatlantic.com/business/archive/2016/04/pornography-industry-economics-tarrant/476580.

71 Jon Millward, 'Deep Inside: A Study of 10,000 Porn Stars and Their Careers', *Jon Millward: Data Journalist* (14 February 2013): https://jonmillward.com/blog/studies/deep-inside-a-study-of-10000-porn-stars; 그리고 Shira Tarrant, *The Pornography Industry: What Everyone Needs to Know* (Oxford University Press 2016), 51면.

72 Gabrielle Drolet, 'The Year Sex Work Came Home', *New York Times* (10 April 2020): https://www.nytimes.com/2020/04/10/style/camsoda-onlyfans-streaming-sex-coronavirus.html.

73 Blake Montgomery (@blakersdozen), *Twitter* (31 March 2020): https://twitter.com/blakersdozen/status/1245072167689060353.

74 Nana Baah, 'This Adult Site Is Offering Ex-McDonald's Employees Camming Work', *Vice* (24 March 2020): https://www.vice.com/en_uk/article/dygjvm/mcdonalds-workers-coronavirus-employment.

75 'SRE — the evidence', *Sex Education Forum* (1 January 2015): http://www.sexeducationforum.org.uk/resources/evidence/sre-evidence.

76 'Statutory RSE: Are teachers in England prepared?', *Sex Education Forum* (2018): https://www.sexeducationforum.org.uk/resources/evidence/statutory-rse-are-teachers-england-prepared.

77 'Give parents the right to opt their child out of Relationship and Sex Education', *Petitions: UK Government and Parliament* (2019): https://petition.parliament.uk/petitions/235053.

78 'Sex and HIV Education', *Guttmacher Institute* (1 January 2021): https://www.guttmacher.org/state-policy/explore/sex-and-hiv-education.

79 'Abstinence Education Programs: Definition, Funding, and Impact on Teen Sexual Behavior', *Kaiser Family Foundation* (1 June 2018): https://www.kff.org/womens-health-policy/fact-sheet/abstinence-education-programs-definition-funding-and-impact-on-teen-sexual-behavior.

80 Sex Education Forum, 'SRE — the evidence'.

81 'International technical guidance on sexuality education', *United National Educational, Scientific and Cultural Organization (UNESCO)*, rev. ed. (2018): https://www.unaids.org/sites/default/files/media_asset/ITGSE_en.pdf, 23면.

82 Laura Mulvey, 'Visual Pleasure and Narrative Cinema', *Screen*, vol. 16, no. 3 (1975): 6-18면, 12면.

83 Linda Williams, *Hard Core: Power, Pleasure, and the 'Frenzy of the Visible'* (University of California Press 1999 [1989]), 93면에서 인용.

84 같은 책 291면에서 인용.

85 Willis, 'Feminism, Moralism, and Pornography', 464면.

86 Parveen Adams, 'Per Os(cillation)', *Camera Obscura*, vol. 6, no. 2 (1988): 7-29면 참고.

87 Jennifer C. Nash, 'Strange Bedfellows: Black Feminism and Antipornography Feminism', *Social Text*, vol. 26, no. 4 (2008): 51-76면, 67면. 또한 Jennifer C. Nash, *The Black Body in Ecstasy: Reading Race, Reading Pornography* (Duke University Press 2014) 참고.

88 Leslie Green, 'Pornographies', *Journal of Political Philosophy*, vol. 8, no. 1 (2000): 27-52면, 47면.

89 Pornhub Insights, '2017 Year in Review', *Pornhub* (9 January 2018): https://www.pornhub.com/insights/2017-year-in-review.

90 Pinsker, 'The Hidden Economics of Porn'.

91 Candida Royalle, 'Porn in the USA' [1993], in *Feminism and Pornography*, ed. Drucilla Cornell (Oxford University Press 2007 [2000]): 540-50면, 547면.

92 Marianna Manson and Erika Lust, 'Feminist Porn Pioneer Erika Lust on the Cultural Cornerstones of Her Career', *Phoenix* (31 May 2018): https://www.phoenixmag.co.uk/article/feminist-porn-pioneer-erika-lust-on-the-cultural-cornerstones-of-her-career.

93 일본의 법은 포르노에서 모든 성기를 모자이크 처리하도록 규정하고 있는데, 이에 따른 의도하지 않은 결과 가운데 하나가 수위 높고 공격적인 형태의 포르노물이 확산되는 것이었다. 강간 포르노와 아동 포르노 애니메이션은 합법이다.

94 Alexandra Hambleton, 'When Women Watch: The Subversive Potential of Female-Friendly Pornography in Japan', *Porn Studies*, vol. 3, no. 4 (2016): 427-42면.

95 Andrea Dworkin, *Intercourse* (Basic Books 2007 [1987]), 60-61면.

섹스할 권리

1 Catharine A. MacKinnon, 'Sexuality, Pornography, and Method: "Pleasure under Patriarchy"', *Ethics*, vol. 99, no. 2 (1989): 314-46면, 319-20면.

2 같은 글 324면.

3 Quoted in Alice Echols, *Daring to Be Bad: Radical Feminism in America 1967-1975* (University of Minnesota Press 2011 [1989]), 171면, 강조는 필자.

4 Valerie Solanas, *SCUM Manifesto* (Verso 2015 [1967]), 61면.

5 Echols, *Daring to be Bad*, 164면에서 인용.

6 같은 책 chapter 4.

7 'Redstockings Manifesto' [1969], in *Sisterhood is Powerful: An Anthology of Writings from the Women's Liberation Movement*, ed. Robin Morgan (Vintage 1970): 533-36면, 534면.

8 Echols, *Daring to be Bad*, 146면.

9 같은 책.

10 같은 책 213면. 이 여성은 중요한 레즈비언 페미니스트이자 조직가인 리타 메이 브라운(Rita Mae Brown)이었다.

11 같은 책 232면.

12 Sheila Jeffreys, 'The Need for Revolutionary Feminism', *Scarlet Woman*, issue 5 (1977): 10-12면.

13 같은 글 11면.

14 Jeska Rees, 'A Look Back at Anger: the Women's Liberation Movement in 1978', *Women's History Review*, vol. 19, no. 3 (2010): 337-56면, 347면.

15 영국 여성해방운동(WLM)의 역사에 관한 논의는 다음을 참고. Beverley Bryan, Stella Dadzie and Suzanne Scafe, *The Heart of the Race: Black Women's Lives in Britain* (Virago 1985); Anna Coote and Beatrix Campbell, *Sweet Freedom: The Struggle for Women's Liberation* (Picador 1982); Michelene Wandor, *Once a Feminist: Stories of a Generation* (Virago 1990); Jeska Rees, 'A Look Back at Anger'; Martin Pugh, *Women and the Women's Movement in Britain since 1914* (Palgrave 2015 [1992]); Margaretta Jolly, *Sisterhood and After: An Oral History of the UK Women's Liberation Movement, 1968-present* (Oxford University Press 2019).

16 Ellen Willis, 'Lust Horizons: Is the Women's Movement Pro-Sex?' [1981], in *No More Nice Girls: Countercultural Essays* (University of Minnesota Press 2012

[1992]): 3-14면, 6-7면.

17 게이 및 바이섹슈얼 남성의 성적 인종주의에 관해서는 다음을 참고. Denton Callander, Martin Holt and Christy E. Newman, 'Just a Preference: Racialised Language in the Sex-Seeking Profiles of Gay and Bisexual men', *Culture, Health & Sexuality*, vol. 14, no. 9 (2012): 1049-63면; Denton Callander, Christy E. Newman and Martin Holt, 'Is Sexual Racism *Really* Racism? Distinguishing Attitudes Towards Sexual Racism and Generic Racism Among Gay and Bisexual Men', *Archives of Sexual Behavior*, vol. 14, no. 7 (2015): 1991-2000면. 게이 남성들 간의 성적 인종주의가 (훨씬 보기 드문) 게이 여성들 간의 성적 인종주의 현상과 어떻게 비교되는지에 관해서는 Russell K. Robinson and David M. Frost, 'LGBT Equality and Sexual Racism', *Fordham Law Review*, vol. 86, issue 6 (2018): 2739-54면 참고. 로빈슨과 프로스트는 성적 인종주의가 단순히 어떤 파트너를 선호하는가를 넘어서서 확장되는 방식을 지적한다. "유색인 남성은 인종에 대한 성적으로 정형화된 역할에 충실할 때만 매력적으로 느껴질 수 있다. (…) 다양한 인종의 게이 남성은 인종을 남성에게 '톱' 또는 '보텀'이라는 꼬리표를 붙이는 요소로 본다. 흑인 남성이 (남성다움과 연관이 있는) 삽입 혹은 '톱' 역할을 상징하는 존재로 여겨진다면, 아시아인 남성은 (상대적으로 여성스럽다고 간주되는) 수용 혹은 '보텀' 역할을 맡는 존재로 여겨진다. 이에 반해 백인 남성은 인종에 대한 고정관념에 제약을 받지 않은 채 자신이 원하는 역할(톱이나 보텀, 다양한 체위)을 맡을 수 있다." 'LGBT Equality and Sexual Racism', 2745면.

18 내가 아는 트랜스젠더 철학자는 내 의견에 반대하며, 이들에게 그라인더 앱과 다른 데이팅 앱은 성적인 관계와 로맨틱한 관계에서 해방감을 느끼게 해주는 경험이었고 새로운 매력과 애정의 가능성을 열어주었다고 했다.

19 Judith N. Shklar, 'The Liberalism of Fear', in *Liberalism and the Moral Life*, ed. Nancy L. Rosenblum (Harvard University Press 1989): 21-38면.

20 Rebecca Solnit, 'Men Explain Lolita to Me', *Literary Hub* (17 December 2015): https://lithub.com/men-explain-lolita-to-me.

21 Jonathan Beecher, 'Parody and Liberation in *The New Amorous World* of Charles Fourier', *History Workshop Journal*, vol. 20, no. 1 (1985): 125-33면, 127면에서 인용. 또한 Jonathan Beecher, *Charles Fourier: The Visionary and His World*

(University of California Press 1986), chapter 15 참고.

22 Andrea Long Chu, 'On Liking Women', *n+1* (Winter 2018): https://nplusonemag.com/issue-30/essays/on-liking-women.

23 같은 글.

24 Lindy West, *Shrill: Notes From a Loud Woman* (Quercus 2016), 76-77면.

25 관련 논의는 다음을 참고. Ann J. Cahill, 'Sexual Desire, Inequality, and the Possibility of Transformation', in *Body Aesthetics*, ed. Sherri Irvin (Oxford University Press 2016): 281-91면; Sonu Bedi, 'Sexual Racism: Intimacy as a Matter of Justice', *The Journal of Politics*, vol. 77, no. 4 (2015): 998-1011면; Robin Zheng, 'Why Yellow Fever Isn't Flattering: A Case Against Racial Fetishes', *Journal of the American Philosophical Association*, vol. 2, no. 3 (2016): 400-19면; 그리고 Uku Tooming, 'Active Desire', *Philosophical Psychology*, vol. 32, no. 6 (2019): 945-68면.

26 이 에세이는 『런던 리뷰 오브 북스』(*London Review of Books*, vol. 40, no. 6 [22 March 2018])에 처음 실린 글을 바탕으로 했다. 이 책에 개정된 판본으로 수록할 수 있게 해준 『런던 리뷰 오브 북스』 편집부에 감사한다.

욕망의 정치

1 Kate Manne (@kate_manne), *Twitter* (25 August 2018): https://twitter.com/kate_manne/status/1033420304830349314.

2 Adrienne Rich, 'Compulsory Heterosexuality and Lesbian Existence' [1980], in *Journal of Women's History*, vol. 15, no. 3 (2003): 11-48면.

3 같은 글 26-27면.

4 William S. Wilkerson, *Ambiguity and Sexuality: A Theory of Sexual Identity* (Palgrave Macmillan 2007), 49면.

5 Silvia Federici, 'Wages Against Housework' [1975], in *Revolution at Point Zero: Housework, Reproduction, and Feminist Struggle* (PM Press 2012): 15-22면, 22면.

6 Andrea Long Chu and Anastasia Berg, 'Wanting Bad Things: Andrea Long Chu Responds to Amia Srinivasan', *The Point* (18 July 2018): https://thepointmag.com/2018/dialogue/wanting-bad-thingsandrea-long-chu-responds-amia-srinivasan.

7 Audre Lorde, 'Uses of the Erotic: The Erotic as Power' [1978], in *Sister Outsider*

(Crossing Press 1984): 53–59면, 57–58면.

8 Sandra Lee Bartky, *Femininity and Domination: Studies in the Phenomenology of Oppression* (Routledge 1990), 50면. 또한 Ann J. Cahill, 'Sexual Desire, Inequality, and the Possibility of Transformation', in *Body Aesthetics*, ed. Sherri Irvin (Oxford University Press 2016): 281–91면, 286면 참고.

9 이런 문제를 비롯해 많은 관련 이슈에 대해 재고해볼 것을 요청하는 동시대 페미니즘 텍스트는 Sophie Lewis, *Full Surrogacy Now: Feminism Against Family* (Verso 2019) 참고. 신자유주의를 뒤집기 위한 전략으로서 핵가족에 대한 페미니스트 및 퀴어의 도전이 가진 중요성은 Melinda Cooper, *Family Values: Between Neoliberalism and the New Social Conservatism* (Zone Books 2017) 참고.

10 '삶의 실험' 개념은 John Stuart Mill, 'On Liberty', in *On Liberty, Utilitarianism, and Other Essays*, ed. Mark Philp and Frederick Rosen (Oxford World Classics 2015 [1859]): 1–112면, 56면과 그다음 면 참고. 또한 Sara Ahmed, *Living a Feminist Life* (Duke University Press 2017) 참고.

11 Sekai Farai (@SekaiFarai), *Twitter* (17 March 2018): https://twitter.com/SekaiFarai/status/975026817550770177.

12 Katherine Cross (@Quinnae_Moon), *Twitter* (3 May 2018): https://twitter.com/Quinnae_Moon/status/992216016708165632.

13 Yowei Shaw (u/believetheunit), 'NPR reporter looking to speak with asian women about internalized racism in dating', *Reddit* (6 June 2018): https://www.reddit.com/r/asiantwoX/comments/8p3p7t/npr_reporter_looking_to_speak_with_asian_women.

14 Heather J. Chin (@HeatherJChin), *Twitter* (8 June 2018): https://twitter.com/HeatherJChin/status/1005103359114784769. 이후 친은 자신의 입장을 누그러뜨렸다. 친은 이렇게 쓴다. "나는 더는 [요웨이 쇼의] (…) 이야기를 (…) 경계하지 않는다. 이야기를 들려달라는 그녀의 공고는 관심과 미묘한 차이에 주목하고 + 나는 아시아계 혼혈 미국인 [여성과 이야기를 나눈] 후에 영향을 받으리라고 생각지 않았다. 나는 첫걸음이 필요함을 깨달았고, 요웨이와 함께하고 NRP의 기록을 [가진] 자들보다 누가 더 잘 다룰 수 있겠는가?" Heather J. Chin (@HeatherJChin), *Twitter* (9 June 2018): https://twitter.com/HeatherJChin/

status/1005403920037015552.

15 Celeste Ng, 'When Asian Women Are Harassed for Marrying Non-Asian Men', *The Cut* (12 October 2018): https://www.thecut.com/2018/10/when-asian-women-are-harassed-for-marrying-nonasian-men.html.

16 Anon. (u/aznidentity), 'Sub's Take on AF', *Reddit* (15 April 2016): https://www.reddit.com/r/aznidentity/comments/4eu80f/the_subs_take_on_af.

17 Wesley Yang, 'The Face of Seung-Hui Cho', *n+1* (Winter 2008): https://nplusonemag.com/issue-6/essays/face-seung-hui-cho.

18 Wesley Yang, 'The Passion of Jordan Peterson', *Esquire* (1 May 2018): https://www.esquire.com/news-politics/a19834137/jordan-peterson-interview.

19 Yowei Shaw and Kia Miakka Natisse, 'A Very Offensive Rom-Com' (2019), NPR's *Invisibilia*: https://www.npr.org/programs/invisibilia/710046991/a-very-offensive-rom-com.

20 Celeste Ng (@pronounced_ing), *Twitter* (2 June 2015): https://twitter.com/pronounced_ing/status/605922260298264576.

21 Celeste Ng (@pronounced_ing), *Twitter* (17 March 2018): https://twitter.com/pronounced_ing/status/975043293242421254.

22 Audrea Lim, 'The Alt-Right's Asian Fetish', *New York Times* (6 January 2018): https://www.nytimes.com/2018/01/06/opinion/sunday/alt-right-asian-fetish.html.

23 Cristan Williams and Catharine A. MacKinnon, 'Sex, Gender, and Sexuality: The TransAdvocate Interviews Catharine A. MacKinnon', *The TransAdvocate* (7 April 2015): https://www.transadvocate.com/sex-gender-and-sexuality-the-transadvocate-interviews-catharine-a-mackinnon_n_15037.htm.

24 Jordan Peterson, 'Biblical Series IV: Adam and Eve: Self-Consciousness, Evil, and Death', *The Jordan B. Peterson Podcast* (2017): https://www.jordanbpeterson.com/transcripts/biblical-series-iv.

25 'Technology And Female Hypergamy, And The Inegalitarian Consequences', *Château Heartiste* (4 January 2018): https://heartiste.org/2018/01/04/technology-and-female-hypergamy-and-the-inegalitarian-consequences.

26 해당 이슈와 관련해 영리함이 돋보이는 논의는 Mike Davis, 'Trench Warfare:

Notes on the 2020 Election', *New Left Review*, no. 126 (Nov/Dec 2020): https://newleftreview.org/issues/ii126/articles/mike-davis-trench-warfare 참고.

27 Katherine Cross (@Quinnae_Moon), *Twitter* (3 May 2018): https://twitter.com/Quinnae_Moon/status/992216016708165632?s=20.

28 Kate Julian, 'Why Are Young People Having So Little Sex?', *The Atlantic* (December 2018): https://www.theatlantic.com/magazine/archive/2018/12/the-sex-recession/573949.

29 Simon Dedeo, 'Hypergamy, Incels, and Reality', *Axiom of Chance* (15 November 2018): http://simondedeo.com/?p=221.

30 여성혐오와 극우의 관계에 관해서는 다음을 참고. Michael Kimmel, *Angry White Men: American Masculinity at the End of an Era* (Nation Books 2013); Kyle Wagner, 'The Future Of The Culture Wars Is Here, And It's Gamergate', *Deadspin* (14 October 2014): https://deadspin.com/the-future-of-the-culture-wars-is-here-and-its-gamerga-1646145844; Cara Daggett, 'Petro-masculinity: Fossil Fuels and Authoritarian Desire', *Millennium*, vol. 47, no. 1 (2018): 25-44면; Bonnie Honig, 'The Trump Doctrine and the Gender Politics of Power', *Boston Review* (17 July 2018): http://bostonreview.net/politics/bonnie-honig-trump-doctrine-and-gender-politics-power; Matthew N. Lyons, *Insurgent Supremacists: The U.S. Far Right's Challenge to State and Empire* (PM Press and Kersplebedeb 2018); Aja Romano, 'How the alt-right's sexism lures men into white supremacy', *Vox* (26 April 2018): https://www.vox.com/culture/2016/12/14/13576192/alt-right-sexism-recruitment; Ashley Mattheis, 'Understanding Digital Hate Culture', *CARR: Centre for the Analysis of the Radical Right* (19 August 2019): https://www.radicalrightanalysis.com/2019/08/19/understanding-digital-hate-culture; Alexandra Minna Stern, *Proud Boys and the White Ethnostate: How the Alt-Right is Warping the American Imagination* (Beacon Press 2019); Agniezska Graff, Ratna Kapur and Suzanna Danuta Walters, eds, *Signs*, vol. 44, no. 3, 'Gender and the Rise of the Global Right' (2019)에 실린 에세이들; Kristin Kobes Du Mez, *Jesus and John Wayne: How White Evangelicals Corrupted a Faith and Fractured a Nation* (Liveright 2020); 그리고 Talia Lavin, *Culture Warlords: My Journey Into the Dark*

Web of White Supremacy (Hachette 2020).

31 Patrick Stedman (@Pat_Stedman), *Twitter* (30 October 2020): https://twitter.com/Pat_Stedman/status/1322359911871819778.

32 Ross Douthat, 'The Redistribution of Sex', *New York Times* (2 May 2018): https://www.nytimes.com/2018/05/02/opinion/incels-sex-robots-redistribution.html.

33 Meghan Murphy, 'Ross Douthat revealed the hypocrisy in liberal feminist ideology, and they're pissed', *Feminist Currents* (4 May 2018): https://www.feministcurrent.com/2018/05/04/ross-douthat-revealed-hypocrisy-liberal-feminist-ideology-theyre-pissed.

34 Rebecca Solnit, 'A broken idea of sex is flourishing. Blame capitalism', *Guardian* (12 May 2018): www.theguardian.com/comment isfree/2018/may/12/sex-capitalism-incel-movement-misogyny-feminism. 1911년 알렉산드라 콜론타이는 "경쟁 사회에서, 생존 싸움이 치열하고 모두가 이익과 경력, 빵 껍질을 얻기 위해 경쟁하는 사회에서 많은 것을 요구하고 섬세한 에로스를 숭배할 자리는 존재하지 않는다"고 경고했다. Alexandra Kollontai, 'Love and the New Morality', in *Sexual Relations and the Class Struggle / Love and the New Morality*, trans. Alix Holt (Falling Wall Press 1972), 20면.

35 Mariarosa Dalla Costa and Selma James, 'Women and the Subversion of the Community' [1971], in *The Power of Women and the Subversion of the Community* (Falling Wall Press 1975 [1972]): 21-56면; Mariarosa Dalla Costa, 'A General Strike' [1974], in *All Work and No Pay: Women, Housework, and the Wages Due*, ed. Wendy Edmond and Suzie Fleming (Power of Women Collective and the Falling Wall Press 1975): 125-27면; Federici, 'Wages Against Housework'; Nancy Fraser, 'Behind Marx's Hidden Abode', *New Left Review*, issue 86 (March-April 2014): 55-72면; Nancy Fraser, 'Contradictions of Capital and Care', *New Left Review*, issue 100 (July-August 2016): 99-117면. 신자유주의적 자본주의와 핵가족의 관계에 관해서는 Melinda Cooper, *Family Values* 참고.

학생과 잠자리하지 않기

1 Jane Gallop, *Feminist Accused of Sexual Harassment* (Duke University Press 1997),

57면.

2 *Lanigan v. Bartlett & Co. Grain*, 466 F. Supp. 1388 (W.D. Mo. 1979), 1391면.

3 이 사건을 담당했던 판사 세 사람 중 한 명은 조지 매키넌(George MacKinnon)으로, 보수적인 공화당원이자 캐서린 매키넌의 아버지였다. 그는 판결문에 다음과 같은 견해를 적었다. "성적인 접근이 본질적으로 모욕적이지 않을 수도 있으며, 고용 기회 균등법은 이런 접근을 억제하는 어떠한 정책도 도출할 수 없다. 우리는 누구에게도 도움이 되지 않는 인종적 모욕이나 혼란스러운 노동조합 인가증이 아닌 어느 정도 정상적이고 예상 가능한 사회적 패턴을 염려하며 여기에 있다. 경각심을 불러일으키는 것은 관습 자체가 아니라 관습의 남용이다." 자식이 제 아버지를 설득할 수 있는 건 이 정도뿐일 것이다.

4 흑인 여성 사무원이 백인 감독관을 고소한 사례로는 *Miller v. Bank of America*, 418 F. Supp. 233 (N.D. Cal. 1976), 흑인 여성 부지배인이 백인 남성 고용주를 고소한 사례로는 *Munford v. James T. Barnes & Co.*, 441 F. Supp. 459 (E.D. Mich. 1977) 참고. *Alexander v. Yale*, 459 F. Supp. 1 (D.Conn. 1979), 631 F.2d 178 (2nd Cir. 1980)의 핵심 고소인인 패멀라 프라이스(Pamela Price)도 흑인이었다.

5 Eileen Sullivan, 'Perceptions of Consensual Amorous Relationship Polices (CARPs)', *Journal of College and Character*, vol. 5, no. 8 (2004).

6 Tara N. Richards, Courtney Crittenden, Tammy S. Garland and Karen McGuffee, 'An Exploration of Policies Governing Faculty-to-Student Consensual Sexual Relationships on University Campuses: Current Strategies and Future Directions', *Journal of College Student Development*, vol. 55, no. 4 (2014): 337-52면, 342면.

7 Margaret H. Mack, 'Regulating Sexual Relationships Between Faculty and Students', *Michigan Journal of Gender & Law*, vol. 6, no. 1 (1999): 79-112면, 91면.

8 Jeffrey Toobin, 'The Trouble with Sex', *New Yorker* (9 February 1998): 48-55면, 54면. 투빈은 수학 교수 제이 조겐슨(Jay Jorgenson) 등의 사람들이 "본인들 경력이 망가졌음을 (…) 예상할 수 있다"고 한탄한다. 조겐슨은 현재 시티 칼리지 오브 뉴욕에서 종신 교수로 재직 중이다.

9 David Batty and Rachel Hall, 'UCL to ban intimate relationships between staff and their students', *Guardian* (20 February 2020): https://www.theguardian.com/education/2020/feb/20/ucl-to-ban-intimate-relationships-between-staff-and-

students-univesities. 나는 이 에세이의 한 버전을 정책이 바뀌기 불과 몇주 전 유니버시티 칼리지 런던 철학과의 '해리엇과 헬렌 기념 강연'(Harriet and Helen Memorial Lecture)으로 제공했다.

10 교수-학생 관계 규정을 옹호하는 근거는 다음을 참고. Phyllis Coleman, 'Sex in Power Dependency Relationships: Taking Unfair Advantage of the "Fair" Sex', *Albany Law Review*, vol. 53, no. 1 (1988): 95-142면, 95-96면; Peter DeChiara, 'The need for universities to have rules on consensual sexual relationships between faculty members and students', *Columbia Journal of Law and Social Problems*, vol. 21, no. 2 (1988): 137-62면, 142면; 그리고 Billie Wright Dziech and Linda Weiner, *The Lecherous Professor: Sexual Harassment On Campus* (University of Illinois Press 1990 [1984]).

11 Adrienne Rich, 'Compulsory Heterosexuality and Lesbian Existence' [1980], in *Journal of Women's History*, vol. 15, no. 3 (2003): 11-48면, 38면.

12 Jack Hitt, Joan Blythe, John Boswell, Leon Botstein and William Kerrigan, 'New Rules About Sex on Campus', *Harper's* (September 1993): 33-42면, 35-36면.

13 여기서 주목할 만한 예외는 Laura Kipnis, *Unwanted Advances: Sexual Paranoia Comes to Campus* (HarperCollins 2017).

14 Gallop, *Feminist Accused of Sexual Harassment*, 56면.

15 코리 로빈은 『고등교육 연대기』의 한 에세이에서 교육학이 가진 성적인 측면에 열을 올리는 사람들은 나처럼 거의 언제나 명문대 인문학 교수들이라고 지적했다. 즉 자아 개념을 낭만적으로 그리고, "돈 있는 사람과의 쉬운 관계"에서 공유하는 법을 아는 종류의 학생들과 강렬한 사제관계를 맺기 위해 공간과 시간을 제공하며, 이런 개념이 지속될 수 있게 해주는 기관(명문대)에서 일하는 부류의 사람들(인문학 교수)을 말한다. 따라서 "성적인 교수에 대한 감춰진 진짜 이야기는 성관계가 아니라 계급"이라고 로빈은 말한다. Corey Robin, 'The Erotic Professor', *The Chronicle of Higher Education* (13 May 2018): https://www.chronicle.com/article/the-erotic-professor. 나는 로빈의 비평에 뜨끔함을 느낀다. 여기서 내가 전제로 하는 교육학의 그림은 엘리트주의적이다. 교수들이 관료주의적인 행정 처리나 어마어마한 수업량에 완전히 고갈되지 않고, 학생들이 재정이나 이민자 신분 문제로 걱정하지 않는다고 가정한 그림이다. 로빈처럼 내

정치적 약속은 이런 교육이 엘리트주의적일 필요가 없으며, "하버드대학교를 무너뜨리는 것이 목표가 아닌 브루클린대학교를 키우는 것이어야 한다"는 생각을 의미한다(같은 글). 그러나 이것이 말로 하기는 쉬우며, "민주화를 공고히 하는 데 필요한 물리적 조건과 교수-학생 비율"이 모든 교육 수준에서 경제적·사회적 자원의 과감한 재분배를 요구한다는 점에 대한 그의 지적은 옳다.

16 Sigmund Freud, 'Further Recommendations in the Technique of Psycho-Analysis: Observations on Transference-Love' [1915], in *Freud's Technique Papers*, trans. Joan Riviere and ed. Stephen Ellman (Other Press 2002): 65-80면, 79면.

17 Chris Higgins, 'Transference Love from the Couch to the Classroom: A Psychoanalytic Perspective on the Ethics of Teacher-Student Romance', in *Philosophy of Education* (Philosophy of Education Society 1998): 357-65면, 363면.

18 Freud, 'Further Recommendations in the Technique of Psycho-Analysis', 67면.

19 Sigmund Freud, *An Autobiographical Study*, trans. James Strachey (Hogarth Press and The Institute of Psycho-Analysis 1950 [1925]), 77면.

20 Plato, *Republic*, trans. G.M.A. Grube and ed. C.D.C. Reeve (Hackett 1991), 403b면.

21 Freud, 'Further Recommendations in the Technique of Psycho-Analysis', 79면.

22 같은 글 76면.

23 같은 글 76-77면.

24 bell hooks, 'Embracing Freedom: Spirituality and Liberation', in *The Heart of Learning: Spirituality in Education*, ed. Steven Glazer (Tarcher/Putnam 1999), 125면.

25 Leslie Irvine, 'A "Consensual" Relationship' [1997], Carol Sanger, 'The Erotics of Torts', *Michigan Law Review*, vol. 96, no. 6 (1998): 1852-83면, 1875면에서 인용.

26 James R. Kincaid, '*Pouvoir, Félicité, Jane, et Moi* (Power, Bliss, Jane, and Me)', *Critical Inquiry*, vol. 25, no. 3 (1999): 610-16면, 613면.

27 Rich, 'Compulsory Heterosexuality and Lesbian Existence'.

28 Regina Barreca, 'Contraband Appetites: Wit, Rage, and Romance in the Classroom', in *The Erotics of Instruction*, ed. Regina Barreca and Deborah Denenholz Morse (University Press of New England 1997), 2면. Sanger, 'The Erotics of Torts', 1874면에서 인용.

29 게이 교수와 학생 사이의 전이를 관리하는 특히 까다로운 문제에 관해서는

Michele Aina Barale, 'The Romance of Class and Queers: Academic Erotic Zones', in *Tilting the Tower*, ed. Linda Garber (Routledge 1994): 16-24면 참고. 또한 bell hooks, 'Eros, Eroticism and the Pedagogical Process', *Cultural Studies*, vol. 7, no. 1 (1993): 58-64면 참고.

30 Adrienne Rich, 'Taking Women Students Seriously' [1978], in *On Lies, Secrets, and Silence: Selected Prose, 1966-1978* (Virago 1984 [1980]): 237-45면, 241면.

31 같은 글 242면.

32 Lin Farley, *Sexual Shakedown: The Sexual Harassment Of Women On The Job* (McGraw-Hill 1978); 그리고 Reva B. Siegel, 'Introduction: A Short History of Sexual Harassment', in *Directions in Sexual Harassment Law*, eds Catharine A. MacKinnon and Reva B. Siegel (Yale University Press 2004): 1-39면.

33 bell hooks, 'Eros, Eroticism and the Pedagogical Process', 58면.

34 내 친구는 이렇게 말할 때 우리가 학생들이 능력이 다르고, 인종적으로 다르게 분류되며, 생식 주기에서 수행하는 역할이 각기 다른 신체를 가졌다는 사실을 무시해야 함을 (내가 이렇게 의미하지 않는 것처럼) 의미하지 않았다. 그의 (또 나의) 요점은 학생들을 성적으로 이용 가능한 신체를 가진 존재로 취급하는 일에 관한 것이다.

35 이런 피해에 관한 논의는 다음을 참고. Caroline Forell, 'What's Wrong with Faculty-Student Sex? The Law School Context', *Journal of Legal Education*, vol. 47, no. 1 (1997): 47-72면; Sanger, 'The Erotics of Torts'; 그리고 Mack, 'Regulating Sexual Relationships Between Faculty and Students', section II.

36 Catharine A. MacKinnon, *Sexual Harassment of Working Women: A Case of Sex Discrimination* (Yale University Press 1979), 174면. 또한 Farley, *Sexual Shakedown* 참고.

37 교수-학생 관계에 대한 최근의 문화적 묘사에 대한 조사는 William Deresiewicz, 'Love on Campus', *The American Scholar* (1 June 2007): https://theamericanscholar.org/love-on-campus 참고.

38 *Naragon v. Wharton*, 737 F.2d 1403 (5th Cir. 1984).

39 Lara Bazelon, 'I'm a Democrat and a Feminist. And I Support Betsy DeVos's Title IX Reforms.', *New York Times* (4 December 2018): https://www.nytimes.

com/2018/12/04/opinion/-title-ix-devos-democrat-feminist.html.

40 같은 글. 또한 Janet Halley, 'Trading the Megaphone for the Gavel in Title IX Enforcement', *Harvard Law Review Forum*, vol. 128 (2015): 103-17면 참고.

41 Michèle Le Doeuff, *Hipparchia's Choice: An Essay Concerning Women, Philosophy, etc.*, trans. Trista Selous (Columbia University Press 2007 [1989]), 28면.

42 Jane Tompkins, *A Life in School: What the Teacher Learned* (Addison-Wesley 1996), 143면.

43 이 에세이는 Amia Srinivasan, 'Sex as a Pedagogical Failure', *Yale Law Journal*, vol. 129, no. 4 (2020): 1100-46면을 바탕으로 한 것이다. 『예일 법학 저널』 편집부에 감사한다. 관련 논의는 다음을 참고. Sanger, 'The Erotics of Torts'; Mack, 'Regulating Sexual Relationships Between Faculty and Students'; Higgins, 'Transference Love from the Couch to the Classroom'; 그리고 Forell, 'What's Wrong with Faculty-Student Sex?'.

섹스, 투옥주의, 자본주의

1 Nate Berg, 'Drive-thru brothels: why cities are building "sexual infrastructure"', *Guardian* (2 September 2019): https://www.theguardian.com/cities/2019/sep/02/drivethru-brothels-why-cities-are-building-sexual-infrastructure.

2 Karen Ingala Smith (@K_IngalaSmith), *Twitter* (2 September 2019): https://twitter.com/K_IngalaSmith/status/1168471738604228608.

3 Making Herstory (@MakeHerstory1), *Twitter* (2 September 2019): https://twitter.com/MakeHerstory1/status/1168527528186785794.

4 가령 다음을 참고. Claude Jaget, ed., *Prostitutes: Our Life* (Falling Wall Press 1980); International Committee for Prostitutes' Rights, 'World Charter for Prostitutes Rights: February 1985, Amsterdam', *Social Text*, no. 37 (1993): 183-85면; Gail Pheterson, ed., *A Vindication of The Rights of Whores* (Seal Press 1989); Durbar Mahila Samanwaya Committee, 'Sex Workers' Manifesto: First National Conference of Sex Workers in India' [1997], *Global Network of Sex Work Projects* (2011): https://www.nswp.org/resource/sex-workers-manifesto-first-national-conference-sex-workers-india; European Conference on Sex Work, Human Rights, Labour and

Migration, 'Sex Workers in Europe Manifesto', *International Committee on the Rights of Sex Workers in Europe* (2005): https://www.sexworkeurope.org/resources/sex-workers-europe-manifesto; Melinda Chateauvert, *Sex Workers Unite: A History of the Movement from Stonewall to SlutWalk* (Beacon Press 2014); Melissa Gira Grant, *Playing the Whore: The Work of Sex Work* (Verso 2014); Chi Adanna Mgbako, *To Live Freely in This World: Sex Worker Activism in Africa* (NYU Press 2016); Juno Mac and Molly Smith, *Revolting Prostitutes* (Verso 2018); Kay Kassirer, ed., *A Whore's Manifesto: An Anthology of Writing and Artwork by Sex Workers* (Thorntree Press 2019); 그리고 Cassandra Troyan, *Freedom & Prostitution* (The Elephants 2020). 또한 Lucy Platt, Pippa Grenfell, Rebecca Meiksin, Jocelyn Elmes, Susan G. Sherman, Teela Sanders, Peninah Mwangi and Anna-Louise Crago, 'Associations between sex work laws and sex workers' health: A systematic review and meta-analysis of quantitative and qualitative studies', *PLoS Medicine*, vol. 15, no. 12 (2018): 1-54면 참고.

5 이런 다양한 법 제도가 성노동자들에게 어떻게 영향을 미치는지에 대한 더 자세한 논의는 Mac and Smith, *Revolting Prostitutes* 참고.

6 Julie Burchill, *Damaged Gods: Cults and Heroes Reappraised* (Century 1986), 9면. 이어서 버칠은 이렇게 말한다. "레즈비언들이 1980년대 성매매 로비 활동에서 그토록 많은 강경한 목소리를 내는 것도 놀랍지 않다. 레즈비언들은 이성애를 혐오하며, 나쁜 이성애 관계에 도움을 주는 것이 있다면 바로 매춘이다"(9면).

7 Mac and Smith, *Revolting Prostitutes*, 141면.

8 Max Weber, 'Politics as a Vocation' [1919], in *Max Weber: The Vocation Lectures*, trans. Rodney Livingstone and ed. David Owen and Tracy B. Strong (Hackett 2004): 32-94면, 90면.

9 Valeria Costa-Kostritsky, 'The Dominique Strauss-Kahn courtroom drama has put prostitution on trial', *New Statesman* (20 February 2015): https://www.newstatesman.com/world-affairs/2015/02/dominique-strauss-kahn-courtroom-drama-has-put-prostitutiontrial.

10 Gilda Sedgh, Jonathan Bearak, Susheela Singh, Akinrinola Bankole, Anna Popinchalk, Bela Ganatra, Clémentine Rossier, Caitlin Gerdts, Özge Tunçalp,

Brooke Ronald Johnson Jr., Heidi Bart Johnston and Leontine Alkema, 'Abortion incidence between 1990 and 2014: global, regional, and subregional levels and trends', *The Lancet*, vol. 388, no. 10041 (2016): 258-67면, 265면.

11 Anna North, 'Plenty of conservatives really do believe women should be executed for having abortions', *Vox* (5 April 2018): https://www.vox.com/2018/4/5/17202182/the-atlantic-kevin-williamson-twitter-abortion-death-penalty.

12 성매매 완전 비범죄화에 가장 근접한 지역으로 오스트레일리아 뉴사우스웨일스주(1995)와 뉴질랜드(2003)를 들 수 있다. 2008년 뉴질랜드 법률의 공식적인 검토 결과 성매매 산업 규모가 증가하지 않았고(또 어떤 감소의 기미가 보이지 않았고), '관리받는' 성매매에서 여성이 홀로 또는 집단으로 하는 성매매로 전환되었으며, 성노동자들이 더 적극적으로 자신들에게 행해진 범죄를 신고했고, 성매매를 위한 인신매매가 증가하지 않았으며, 거의 모든 성노동자들이 자신의 노동권과 법적 권리가 강화되었다고 느꼈다. 'Report of the Prostitution Law Review Committee on the Operation of the Prostitution Reform Act 2003', *New Zealand Ministry of Justice* (2008): https://prostitutescollective.net/wp-content/uploads/2016/10/report-of-the-nz-prostitution-law-committee-2008.pdf. 성매매가 합법이기는 하지만 완전히 비범죄화하진 않은 독일과 네덜란드 같은 국가에서 합법화의 혜택은 주로 성매매 업소의 남성 관리자와 고객이 받고, 많은 (특히 '불법') 성노동자들의 삶은 결국 더 나빠지며 인신매매 비율도 증가한다. 더 많은 정보는 Mac and Smith, *Revolting Prostitutes*, chapter 7 참고.

13 뉴질랜드에서 성매매를 비범죄화한 이후 뉴질랜드의 성노동자들은 고객을 더 잘 거절할 수 있다고 느낀다. 'Report of the Prostitution Law Review Committee', 195면 참고.

14 Silvia Federici, 'Wages Against Housework' [1975], in *Revolution at Point Zero: Housework, Reproduction, and Feminist Struggle* (PM Press 2012): 15-22면, 19면. 가사노동 임금 캠페인에 관해서는 다음을 참고. Wendy Edmond and Suzie Fleming, eds, *All Work and No Pay: Women, Housework, and the Wages Due* (Power of Women Collective and the Falling Wall Press 1975); Silvia Federici and Arlen Austin, eds, *The New York Wages for Housework Committee, 1972-1977: History, Theory, and Documents* (Autonomedia 2017); Beth Capper and Arlen Austin,

'"Wages for housework means wages against heterosexuality": On the Archives of Black Women for Wages for Housework, and the Wages Due Lesbians', *GLQ: A Journal of Lesbian and Gay Studies*, vol. 24, no. 4 (2018): 445–66면; Louise Toupin, *Wages for Housework: A History of an International Feminist Movement, 1972-77* (Pluto Press 2018); 그리고 Kirsten Swinth, *Feminism's Forgotten Fight* (Harvard University Press 2018), chapter 4.

15 Federici, 'Wages Against Housework', 18면.

16 같은 글 19면. 가사노동 임금 캠페인에서 '요구'의 역할에 관해서는 Kathi Weeks, *The Problem with Work: Feminism, Marxism, Antiwork Politics, and Postwork Imaginaries* (Duke University Press 2011), chapter 3 참고.

17 Angela Y. Davis, *Women, Race & Class* (Penguin Modern Classics 2019 [1981]), chapter 13.

18 같은 책 213면.

19 같은 책 218면.

20 같은 책 213면.

21 같은 책 216면.

22 André Gorz, 'Reform and Revolution' [1967], trans. Ben Brewster, *Socialist Register*, vol. 5 (1968): 111–43면, 124면. 또한 André Gorz, *A Strategy for Labor: A Radical Proposal*, trans. Martin Nicolaus and Victoria Ortiz (Beacon Press 1967) 참고.

23 Davis, *Women, Race & Class*, 219면, 강조는 필자.

24 Gorz, 'Reform and Revolution', 125면.

25 미국의 무정부주의자이자 성노동자인 소냐 아라곤은 이런 걱정을 강력하게 표출했다. "주류 성노동자 권리 운동에서 비범죄화에 초점을 두면 이 일을 다른 노동과 같은 위치에 놓게, 즉 입법기관이 남겨준 노동자의 권리를 쟁취하기 위한 투쟁이 필요하게 만든다. 이 나라 노동자들은 형편없는 대우를 받는다. 실업률이 증가하고 임대료를 감당하기 힘든 현실이 갈수록 더욱 분명해진다. 내가 노동 계층의 입장에 서지 않는다는 말이 아니다(물론 나는 이들과 입장을 같이 한다). 그러나 나는 우리의 최종 목표를 국가가 전문성을 인정한 직업에 흡수되는 것으로 보지 않는다. M.E. 오브라이언은 이렇게 썼다. "혁명 활동을 통해 자신들을 쉽게 처분할 수 있다는 생각과 고립되기를 거부할 때 쓰레기 같은 인간들

과 그 친구들은 노동의 존엄성이 아닌 우리 삶의 무조건적 가치를 기반으로 공산주의를 향해 나아간다." 나는 매춘부와 우리 친구들에 대해서도 마찬가지이기를 원한다. 성매매를 노동으로 요구하는 프로젝트에서 나오는 것은 어떤 모습일까? 범죄의 정치로 들어가는 것은? 나는 우리의 범죄 가능성을 포기하고 싶지 않다. 나는 지하세계의 채권과 공모자, 신발 상자 안에 숨겨놓은 돈이 국가의 적들에게, 즉 처음부터 대상에 포함되지 않기 때문에 지원금을 받는 일은 일어나지 않을 사람들에게 재분배되기를 원한다." Sonya Aragon, 'Whores at the End of the World', *n+1* (30 April 2020): https://nplusonemag.com/online-only/online-only/whores-at-the-end-of-the-world.

26 The Combahee River Collective, 'A Black Feminist Statement' [1977], in *Home Girls: A Black Feminist Anthology*, ed. Barbara Smith (Kitchen Table: Women of Color Press 1983): 272-92면, 281면.

27 Elizabeth Bernstein, 'The Sexual Politics of the "New Abolitionism"', *differences*, vol. 18, no. 3 (2007): 128-51면.

28 Silvia de Aquino, 'Organizing to Monitor Implementation of the Maria da Penha Law in Brazil', in *Feminist Activism, Women's Rights, and Legal Reform*, ed. Mulki Al Sharmani (Zed 2013), 177-203면. 또한 Susan Watkins, 'Which Feminisms?', *New Left Review*, issue 109 (January-February 2018): 5-76면, 51면 참고.

29 Michelle S. Jacobs, 'The Violent State: Black Women's Invisible Struggle Against Police Violence', *William & Mary Journal of Race, Gender, and Social Justice*, vol. 24, no. 1 (2017): 39-100면, 84-87면.

30 같은 글 87면.

31 Aya Gruber, *The Feminist War on Crime: The Unexpected Role of Women's Liberation in Mass Incarceration* (University of California Press 2020), 58면.

32 Sonia Bhalotra, Uma Kambhampati, Samantha Rawlings and Zahra Siddique, 'Intimate Partner Violence: The Influence of Job Opportunities for Men and Women', *The World Bank Economic Review* (2019): 1-19면.

33 Jacobs, 'The Violent State', 88-90면.

34 bell hooks, *Feminist Theory: From Margin to Center* (Routledge 1984), 6면.

35 Roy Walmsley, 'World Female Imprisonment', 3rd edition. *World Prison Brief*:

https://www.prisonstudies.org/sites/default/files/resources/downloads/world_female_imprisonment_list_third_edition_0.pdf; 그리고 Wendy Sawyer, 'The Gender Divide: Tracking Women's State Prison Growth', *Prison Policy Initiative* (2018): https://www.prisonpolicy.org/reports/women_overtime.html.

36 Aleks Kajstura, 'Women's Mass Incarceration: The Whole Pie 2019', *Prison Policy Initiative* (29 October 2019): https://www.prisonpolicy.org/reports/pie2019women.html.

37 Carla Boonkong and Pranee O'Connor, 'Thailand jails more women than any other country in the world over pink yaba pills and ongoing drug arrests', *Thai Examiner* (4 January 2019): https://www.thaiexaminer.com/thai-news-foreigners/2019/01/04/thai-women-prison-in-thailand-world-no1-country-drug-users-war-on-drugs.

38 'Yarl's Wood Centre: Home Office letter to protesters attacked', *BBC News* (6 March 2018): https://www.bbc.co.uk/news/uk-england-beds-bucks-herts-43306966.

39 빈곤과 범죄의 관계에 대해서는 John Clegg and Adaner Usmani, 'The Economic Origins of Mass Incarceration', *Catalyst*, vol. 3, no. 3 (2019): https://catalyst-journal.com/vol3/no3/the-economic-origins-of-mass-incarceration 참고. 신자유주의 전략으로서 투옥주의에 관해서는 Loïc Wacquant, *Punishing the Poor: The Neoliberal Government of Social Insecurity* (Duke University Press 2009) 참고. 유럽의 긴축정책과 여성을 대상으로 하는 폭력의 관계에 관해서는 Anna Elomäki, 'The Price of Austerity: The Impact on Women's Rights and Gender Equality in Europe', *European Women's Lobby* (2012): https://www.womenlobby.org/IMG/pdf/the_price_of_austerity_-_web_edition.pdf, 10면 참고.

40 Watkins, 'Which Feminisms?'. 제3세계 페미니즘의 기원과 전개에 관한 대표적인 설명은 Kumari Jayawardena, *Feminism and Nationalism in the Third World* (Verso 2016 [1986]) 참고.

41 New York Radical Feminists, *Rape: The First Sourcebook for Women*, ed. Noreen Connell and Cassandra Wilson (New American Library 1974), 125면.

42 같은 책 250면.

43 Watkins, 'Which Feminisms?', 12면.

44 같은 글 16면과 그다음 면.

45 1982년과 2000년 사이에 수감 인구가 500퍼센트 증가한 캘리포니아주의 대량 투옥 발달에 관한 권위 있고 뛰어난 사례연구 Ruth Wilson Gilmore, *Golden Gulag: Prisons, Surplus, Crisis, and Opposition in Globalizing California* (University of California Press 2007) 참고. 감옥과 수감률의 증가는 (길모어의 연구가 명확히 보여주듯) 많은 부분 중앙정부가 주도하지 않았으며, 인종화된 징벌 프로젝트에 의해서만 동기 부여되지 않았음에 주목할 필요가 있다. 흑인이 미국의 수감 제도를 불균형적으로 대표하는 가운데, 수감자 대다수가 흑인인 것은 아니라는 점에도 주목해야 한다. 수감 인구 가운데 40퍼센트가 (총인구의 13퍼센트를 차지하는) 흑인이고, 39퍼센트가 (총인구의 64퍼센트인) 백인이며, 19퍼센트는 (총인구의 16퍼센트인) 라틴계다. Wendy Sawyer and Peter Wagner, 'Mass Incarceration: The Whole Pie 2020', *Prison Policy Initiative* (24 March 2020): https://www.prisonpolicy.org/reports/pie2020.html. 미국의 대량 투옥 시기에 백인에 대한 흑인의 (불균형적으로 높은) 수감률은 변화가 없었지만, 중산층에 대한 빈곤층의 수감률은 아주 많이 증가했다.

46 미국에서 가사 도우미의 정치적·경제적 권리를 쟁취하기 위한 싸움에 관해서는 *National Domestic Workers Alliance* (2020): https://www.domesticworkers.org 참고.

47 이탈리아의 자율주의적 마르크스주의 전통을 바탕으로 이야기하는 페데리치를 예로 들 수 있다. "우리가 원하는 대로 어린이집을 만든 다음에 국가에 비용 부담을 요구하는 것과 아이를 국가에 맡기고 하루에 다섯시간이 아닌 열다섯시간 동안 관리해달라고 요구하는 것은 매우 다른 일이다. 우리가 (혼자서든 단체로든) 먹고 싶은 대로 공동으로 조직한 다음에 국가에 비용을 요청하는 것과 국가에 우리 음식을 준비하도록 요청하는 것은 완전히 다르다. 한쪽은 우리가 우리 삶에 대한 통제권을 되찾을 수 있는 방식이고, 다른 한쪽은 우리에 대한 국가의 통제권을 확장하는 방식이다"(Federici, 'Wages Against Housework', 21면). 또한 주간 보호 시설의 '공동체 통제'(community control)에 관해서는 Selma James *Women, the Unions and Work, Or . . . What Is Not To Be Done* (Notting Hill Women's Liberation Workshop 1972) 참고. 이를 앤절라 데이비스가 『여성, 인종, 계급』(*Women, Race & Class*) 13장을 통해 국가가 돌봄 노동을 사회화하는 것에

지지를 표한 내용과 비교해보자.

48 1960년대의 대규모 (그리고 인종화된) 경제 변화로 발생한 폭력 범죄의 증가를 부분적으로 반영한다. Gilmore, *Golden Gulag* 및 Clegg and Usmani, 'The Economic Origins of Mass Incarceration' 참고.

49 Gruber, *The Feminist War on Crime*, 65면.

50 미국 외 민족주의 맥락에서 페미니즘 내에 일어난 투옥주의로의 전환에 관해서는 가령 다음을 참고. Don Kulick, 'Sex in the New Europe: the criminalization of clients and Swedish fear of penetration', *Anthropological Theory*, vol. 3, no. 2 (2003): 199–218면; Kamala Kempadoo, 'Victims and Agents of Crime: The New Crusade Against Trafficking', in *Global lockdown: Race, Gender and the Prison-Industrial Complex*, ed. Julia Sudbury (Routledge 2005): 35–55면; Christine Delphy, *Separate and Dominate: Feminism and Racism After the War on Terror*, trans. David Broder (Verso 2015 [2008]); 그리고 Miriam Ticktin, 'Sexual Violence as the Language of Border Control: Where French Feminist and Anti-Immigrant Rhetoric Meet', *Signs*, vol. 33, no. 4 (2008): 863–89면.

51 이것이 Gruber, *The Feminist War on Crime*의 핵심 주제다. 또한 Kristin Bumiller, *In an Abusive State: How Neoliberalism Appropriated the Feminist Movement Against Sexual Violence* (Duke University Press 2008) 참고.

52 Beth E. Richie, *Arrested Justice: Black Women, Violence, and America's Prison Nation* (NYU Press 2012), chapter 3. 또한 Bumiller, *In an Abusive State*, chapter 4 참고.

53 Gruber, *The Feminist War on Crime*, chapter 2에 기록된 바와 같다.

54 이 책 「포르노를 말한다」 참고.

55 이 역사에 관한 논의는 Richard Beck, *We Believe the Children: A Moral Panic in the 1980s* (PublicAffairs 2015) 참고.

56 Gruber, *The Feminist War on Crime*, chapter 4.

57 Bernstein, 'The Sexual Politics of the "New Abolitionism"'; 그리고 Mac and Smith, *Revolting Prostitutes*, chapter 3 참고.

58 Watkins, 'Which Feminisms?', 35면과 그다음 면.

59 The Fourth World Conference on Women, 'Beijing Declaration and Platform for Action', *United Nations* (1995): https://www.un.org/en/events/pastevents/pdfs/

Beijing_Declaration_and_Platform_for_Action.pdf, 51면.

60 가령 Bumiller, *In an Abusive State*, chapter 6; 그리고 Aparna Polavarapu, 'Global Carceral Feminism and Domestic Violence: What the West Can Learn From Reconciliation in Uganda', *Harvard Journal of Law & Gender*, vol. 42, no. 1 (2018): 123-75면 참고. 특히 2012년 조티 싱의 집단 강간 사건 이후 인도 페미니스트들이 강간 범죄에 대해 투옥을 주장하는 반응에 관해서는 Prabha Kotiswaran, 'Governance Feminism in the Postcolony: Reforming India's Rape Laws', in Janet Halley, Prabha Kotiswaran, Rachel Rebouché and Hila Shamir, *Governance Feminism: An Introduction* (University of Minnesota Press 2018): 75-148면 참고. 미국의 영향을 받아 이스라엘에서 불법 거래에 대해 투옥(및 반이민)을 주장하는 접근법에 관해서는 Hila Shamir, 'Anti-trafficking in Israel: Neo-abolitionist Feminists, Markets, Borders, and the State', in Halley et al., *Governance Feminism*: 149-200면 참고.

61 논의를 위해 Krista Hunt, '"Embedded Feminism" and the War on Terror', in (En)Gendering the War on Terror: War Stories and Camouflaged Politics, ed. Krista Hunt and Kim Rygiel (Ashgate 2006): 51-71면 참고. 서구 페미니즘 문헌에 나타나는 '제3세계' 여성 재현에 관한 고전적 비판은 Chandra Mohanty, 'Under Western Eyes: Feminist Scholarship and Colonial Discourses', *boundary 2*, vol. 12, no. 3 (1984): 333-58면 참고.

62 Kim Berry, 'The Symbolic Use of Afghan Women in the War On Terror', *Humboldt Journal of Social Relations*, vol. 27, no. 2 (2003): 137-60면, 137면.

63 냉전기 미국이 아프가니스탄에 개입한 역사에 관해서는 Berry, 'The Symbolic Use of Afghan Women' 참고.

64 Lauren Bohn, '"We're All Handcuff ed in This Country." Why Afghanistan Is Still the Worst Place in the World to Be a Woman', *Time* (8 December 2018): https://time.com/5472411/afghanistan-women-justice-war.

65 Steve Crabtree, 'Afghans' Misery Reflected in Record-Low Well-Being Measures', *Gallup* (26 October 2018): https://news.gallup.com/poll/244118/afghans-misery-reflected-record-low-measures.aspx.

66 Bohn, '"We're All Handcuffed in This Country"'.

67 Juliet Mitchell, *Women's Estate* (Verso 2015 [1971]), 61면.

68 Aja Romano, '#WomenBoycottTwitter: an all-day protest inspires backlash from women of color', *Vox* (13 October 2017): https://www.vox.com/culture/2017/10/13/16468708/womenboycotttwitter-protest-backlash-women-of-color.

69 Sandra E. Garcia, 'The Woman Who Created #MeToo Long Before Hashtags', New York Times (20 October 2017): https://www.nytimes.com/2017/10/20/us/me-too-movement-tarana-burke.html

70 #미투와 연관된 비판은 Heather Berg, 'Left of #MeToo', *Feminist Studies*, vol. 46, no. 2 (2020): 259-86면 참고..

71 성적 괴롭힘을 인정하는 대부분의 법적 관할 구역에서는 이를 형사상의 범죄가 아닌 민사상의 범죄로 다룬다. 이는 성적 괴롭힘과 가령 성폭행 사이의 법적 처리에 중요한 차이를 가져온다. 형법이 아닌 민법을 적용하면 투옥주의와 관련된 문제점을 전부는 아니어도 일부 회피하게 된다. 실제로 둘을 떨어뜨려 놓기란 어려울 수 있다. 그 예로 포르노그래피를 범죄적 음란 행위 문제로 접근하는 드워킨-매키넌의 (민사적) 방식을 이 책「포르노를 말한다」에서 다르게 다룬 내 견해를 참고할 것. 이 문제를 제기해준 수전 브리슨(Susan Brison)에게 감사한다.

72 인종주의적 자본주의의 기술로서 투옥주의에 관해서는 Jackie Wang, *Carceral Capitalism* (MIT Press 2018) 참고..

73 투옥주의에 반대한다고 반드시 처벌에 반대한다는 의미는 아니다. 감옥에 보내는 방식 말고도 처벌하는 방법이 있기 때문이다. 실제로 소셜미디어를 통해 창피를 주는 방법이 좋은 예다.

74 Gilmore, *Golden Gulag*, 2면. 또한 다음을 참고. Thomas Mathieson, *The Politics of Abolition Revisited* (Routledge 2015 [1974]); Fay Honey Knopp, *Instead of Prisons: A Handbook for Abolitionists* (Prison Research Education Action Project 1976); Julia Sudbury, 'Transatlantic Visions: Resisting the Globalization of Mass Incarceration', *Social Justice*, vol. 27, no. 3 (2000): 133-49면; Angela Y. Davis, *Are Prisons Obsolete* (Seven Stories Press 2003); The CR10 Publications Collective, *Abolition Now! Ten Years of Strategy and Struggle Against the Prison Industrial Complex* (AK Press 2008); Eric A. Stanley and Nat Smith, eds, *Captive Genders: Trans Embodiment and the Prison Industrial Complex* (AK Press 2015); INCITE!

Women of Color Against Violence, ed., *Color of Violence: The INCITE! Anthology* (Duke University Press 2016); Alex S. Vitale, *The End of Policing* (Verso 2017); Dan Berger, Mariame Kaba and David Stein, 'What Abolitionists do', *Jacobin* (24 August 2017): https://www.jacobinmag.com/2017/08/prison-abolition-reform-mass-incarceration; Clément Petitjean and Ruth Wilson Gilmore, 'Prisons and Class Warfare: An Interview with Ruth Wilson Gilmore', *Verso* (2 August 2018): https://www.versobooks.com/blogs/3954-prisons-and-class-warfare-an-interview-with-ruth-wilson-gilmore; Liat Ben-Moshe, *Decarcerating Disability: Deinstitutionalization and Prison Abolition* (University of Minnesota Press 2020); 그리고 Angela Y. Davis, Gina Dent, Erica Meiners and Beth Richie, *Abolition. Feminism. Now.* (Haymarket Books 2021).

75 Angela Y. Davis, ed., *If They Come in the Morning... Voices of Resistance* (Verso 2016 [1971]), xiii면.

76 Rachel Kushner, 'Is Prison Necessary? Ruth Wilson Gilmore Might Change Your Mind', *New York Times Magazine* (17 April 2019): https://www.nytimes.com/2019/04/17/magazine/prison-abolition-ruth-wilson-gilmore.html. 포먼은 *Locking Up Our Own: Crime and Punishment in Black America* (Farrar, Straus and Giroux 2017) 저자다.

77 불법 총기 소지에서 강제 강간과 살인까지 폭력 범죄가 미국 수감 인구의 많은 부분을 차지한다는 사실에 주목할 필요가 있다. 주 교도소 전체 수감자의 55퍼센트, 그리고 주 교도소와 연방 교도소, 지역 교도소를 합한 전체 수감자의 42퍼센트다(Wendy Sawyer and Peter Wagner, 'The Whole Pie 2020'). 그러므로 마약 관련 범죄와 기타 비폭력 범죄에 대한 투옥을 멈춘다고 해서 투옥 방식의 개혁을 지지하는 일부 사람들이 제안하듯이 대량 투옥이 끝나지는 않을 것이다.

78 Petitjean and Gilmore, 'An Interview with Ruth Wilson Gilmore'. 미니애폴리스에서 조지 플로이드가 살해당한 뒤 경찰 제도를 폐지하려는 최근 시도에 관한 논의는 Charmaine Chua, 'Abolition Is A Constant Struggle: Five Lessons from Minneapolis', *Theory & Event*, vol. 23, no. 4 supp. (2020): 127-47면 참고.

79 'Fred Hampton on racism and capitalism 1', *YouTube* (28 May 2019): https://www.youtube.com/watch?v=jnlYA00Ffwo.

80 '흑인의 삶'을 위한 운동에 대한 리드의 논평은 다음을 참고. Adolph Reed Jr., 'Antiracism: a neoliberal alternative to a left', *Dialectical Anthropology*, vol. 42 (2018): 105-15면; Reed, 'The Trouble with Uplift', *The Baffler*, no. 41 (September 2018): https://thebaffler.com/salvos/the-trouble-with-uplift-reed; 그리고 Adolph Reed Jr. and Walter Benn Michaels, 'The Trouble with Disparity', *Common Dreams* (15 August 2020): https://www.commondreams.org/views/2020/08/15/trouble-disparity. 또한 Cedric Johnson, 'The Triumph of Black Lives Matter and Neoliberal Redemption', *nonsite.org* (9 June 2020): https://nonsite.org/the-triumph-of-black-lives-matter-and-neoliberal-redemption 참고.

81 Reed and Michaels, 'The Trouble with Disparity'.

82 가령 다음을 참고. Adolph Reed Jr., 'The Limits of Anti-Racism', *Left Business Observer* (September 2009): https://www.leftbusinessobserver.com/Antiracism.html; Reed, 'Antiracism: a neoliberal alternative to a left'; Reed, 'The Trouble with Uplift'; Daniel Denvir, Barbara J. Fields and Karen E. Fields, 'Beyond "Race Relations": An Interview with Barbara J. Fields and Karen E. Fields', *Jacobin* (17 January 2018): https://www.jacobinmag.com/2018/01/racecraft-racism-barbara-karen-fields; Cedric Johnson, 'The Wages of Roediger: Why Three Decades of Whiteness Studies Has Not Produced the Left We Need', *nonsite.org* (9 September 2019): https://nonsite.org/the-wages-of-roediger-why-three-decades-of-whiteness-studies-has-not-produced-the-left-we-need; 그리고 Reed and Michaels, 'The Trouble with Disparity'.

83 인종주의가 대규모 노동계급 운동의 출현을 방해하는 데 수행한 역사적·지속적 역할에 관해서는 다음을 참고. Mike Davis, *Prisoners of the American Dream: Politics and Economy in the History of the US Working Class* (Verso 2018 [1986]); David R. Roediger, *The Wages of Whiteness: Race and the Making of the American Working Class* (Verso 2007 [1991]); Satnam Virdee, *Racism, Class and the Racialised Outsider* (Red Globe Press 2014); Katherine J. Cramer, *The Politics of Resentment: Rural Consciousness in Wisconsin and the Rise of Scott Walker* (University of Chicago Press 2016); 그리고 Michael C. Dawson, 'Hidden in Plain Sight: A Note on Legitimation Crises and the Racial Order', *Critical Historical Studies*, vol.

3, no. 1 (2016): 143-61면. 인종과 인종주의의 계급적 기원에 관해서는 Cedric J. Robinson, *Black Marxism: The Making of the Black Radical Tradition* (The University of North Carolina Press 2000 [1983]); 그리고 Theodore Allen, *The Invention of the White Race*, vol.2, *The Origins of Racial Oppression in Anglo-America* (Verso 2012 [1997]) 참고. 인종주의가 물질적 조건이 변화하며 생겨났다는 말은 이것이 이제 이런 조건에 완전히 의존한다는 말이 아니다. "자본주의 종식"이 반드시 인종 또는 인종주의의 종말을 가져오거나 인종차별적 관행 또는 태도의 변화가 "근본적인" 계급구조의 변화로 축소될 수 있다는 말이 아닌 것과 마찬가지다. 실제로 아돌프 리드 같은 이론가와 인종주의적 자본주의 이론가 사이의 한가지 근본적인 충돌 지점은 인종이란 것이 일단 출현한 뒤 "독자적인 삶을 가진다"고 말할 수 있느냐에 존재한다. 이 관점에 관해서는 Adolph Reed Jr., 'Response to Eric Arnesen', *International Labor and Working-Class History*, no. 60 (2001): 69-80면; 그리고 Reed, 'Unraveling the relation of race and class in American politics', *Advance the Struggle* (11 June 2009): https://advancethestruggle.wordpress.com/2009/06/11/how-does-race-relate-to-class-a-debate 참고. 또한 Barbara Jeanne Fields, 'Slavery, Race and Ideology in the United States of America', *New Left Review*, issue I/181 (May-June 1990): 95-118면, 101면 참고.

84 W.E.B. Du Bois, *Black Reconstruction in America: 1860-1880* (The Free Press 1992 [1935]). 듀보이스의 정치사상에 관한 책을 쓴 아돌프 리드가 동시대 정치에 대한 논쟁에서 듀보이스의 주장(더 넓게는 역사적 유추)에 강력하게 반대한다는 점은 주목할 가치가 있다. Adolph Reed Jr., 'Rejoinder', *Advance the Struggle* (11 June 2009): https://advancethestruggle.wordpress.com/2009/06/11/how-does-race-relate-to-class-a-debate; 그리고 Reed, 'Socialism and the Argument against Race Reductionism', *New Labor Forum*, vol. 29, no. 2 (2020): 36-43면 참고.

85 미국에서 저숙련·저임금 일자리를 가진 유색인 및 여성 비율의 증가에 관해서는 Rachel E. Dwyer and Erik Olin Wright, 'Low-Wage Job Growth, Polarization, and the Limits and Opportunities of the Service Economy', *RSF: The Russell Sage Foundation Journal of the Social Sciences*, vol. 5, no. 4 (2019): 56-76면 참고.

86 스튜어트 홀이 한 유명한 말처럼 "인종과 인종차별은 흑인 노동자에 영향을 주

는 모든 관계에서 이론적으로는 물론 실질적으로도 중심적 역할을 한다. 이들을 계층으로 구성하는 것과 이것에 기인하는 계층 관계는 인종 관계로 기능한다. 따라서 인종은 계층이 '살아가는' 방식이고, 계층 관계를 경험하게 하는 매개체이며, 도용되고 '끝까지 싸우는' 형태이기도 하다. 이는 '인종적으로 정의된' 특정 계층만이 아닌 전체 계층에 영향을 미친다. 다른 방식 중에서도 인종을 통해 부분적으로 드러나는 노동계급 내부에서의 파열과 분열이라는 결과를 가져온다. 이는 단순히 위에서 만들어낸 인종차별적 음모가 아니다. 인종차별은 계층에서 백인이 다른 인종과의 관계를 '지속'하는, 그리고 이들을 통해 자신을 최고로 만드는 지배적인 이데올로기적 표현 수단 중 하나이기 때문이다". Stuart Hall, 'Race, articulation and societies structured in dominance', in *Sociological theories: race and colonialism*, ed. UNESCO (UNESCO 1980): 305-45면, 341면.

87 성공적인 대중적 사회주의에 대한 이른바 '정체성주의'(identarian) 운동의 중요성에 관해서는 다음을 참고. Stuart Hall, 'Race, articulation and societies structured in dominance'; Judith Butler, 'Merely Cultural', *New Left Review*, issue I/227 (1998): 33-44면; Michael Dawson, 'Hidden in Plain Sight'; Charles W. Mills, 'European Spectres', *The Journal of Ethics*, vol. 3, no. 2 (1999): 133-55면; Ellen Meiksins Wood, 'Class, Race, and Capitalism', *Advance the Struggle* (11 June 2009): https://advancethestruggle.wordpress.com/2009/06/11/how-does-race-relate-to-class-a-debate; Richard Seymour, 'Cultural materialism and identity politics', *Lenin's Tomb* (30 November 2011): http://www.leninology.co.uk/2011/11/cultural-materialism-and-identity.html; Nikhil Pal Singh, 'A Note on Race and the Left', *Social Text Online* (31 July 2015): https://socialtextjournal.org/a-note-on-race-and-theleft; Mike Davis, *Prisoners of the American Dream*, epilogue; Keeanga-Yamahtta Taylor, *From #BlackLivesMatter to Black Liberation* (Haymarket Books 2016); Melinda Cooper, *Family Values: Between Neoliberalism and the New Social Conservatism* (Zone Books 2017); Paul Heideman, *Class Struggle and the Color Line: American Socialism and the Race Question, 1900-1930* (Haymarket Books 2018); Rosa Burc, George Souvlis and Nikhil Pal Singh, 'Race and America's Long War: An Interview with Nikhil Pal Singh', *Salvage* (11 March 2020): https://salvage.zone/articles/race-and-americas-long-war-an-interview-with-nikhil-pal-singh; Ted Fertik and Maurice Mitchell, 'Reclaiming Populism', *The Boston Review* (29 April 2020): http://bostonreview.net/forum/reclaiming-populism/ted-fertik-maurice-mitchell-we-need-multiracial-working-class-alignment; Aziz Rana and Jedediah Britton-Purdy, 'We Need an Insurgent Mass Movement', *Dissent* (Winter 2020): https://www.dissentmagazine.org/article/weneed-an-insurgent-mass-movement; 그리고 Gabriel Winant, 'We Live in a Society: Organization is the entire question', *n+1* (12 December 2020): https://nplusonemag.com/online-only/online-only/we-live-in-a-society.

88 James Baldwin, 'An Open Letter to My Sister, Angela Y. Davis' [1970], in Angela Davis, ed., *If They Come in the Morning*: 19-23면, 22면.

89 Mariarosa Dalla Costa and Selma James, 'Women and the Subversion of the Community' [1971], in *The Power of Women and the Subversion of the Community* (Falling Wall Press 1975 [1972]): 21-56면; Mariarosa Dalla Costa, 'A General Strike' [1974], in *All Work and No Pay: Women, Housework, and the Wages Due*, ed. Wendy Edmond and Suzie Fleming (Power of Women Collective and the Falling Wall Press 1975): 125-27면; Federici, 'Wages Against Housework'.

90 이 주제에 관해서는 Nancy Fraser, 'Contradictions of Capital and Care', *New Left Review*, issue 100 (July-August 2016): 99-117면 참고. 미국에서 진행되고 있는 이런 과정에 관해서는 Dwyer and Wright, 'Low-Wage Job Growth'; 그리고 Gabriel Winant, *The Next Shift: The Fall of Industry and the Rise of Health Care in Rust Belt America* (Harvard University Press 2021) 참고.

91 이성애자로 구성된 핵가족과 신자유주의적 자본주의 이데올로기의 역사적인 (그리고 현재 진행형인) 관계에 관해서는 Melinda Cooper, *Family Values* 참고.

92 기술 발전과 경제 양극화 현상에 관해서는 David H. Autor, Frank Levy and Richard J. Murnane, 'The Skill Content of Recent Technological Change: An Empirical Exploration', *Quarterly Journal of Economics*, vol. 118, no. 4 (2003): 1279-1333면; 그리고 David H. Autor and David Dorn, 'The Growth of Low-Skill Service Jobs and the Polarization of the US Labor Market', *American Economic Review*, vol. 103, no. 5 (2013): 1553-97면 참고.

93 James, *Women, the Unions and Work*, 51-52면.

94 Ruth D. Peterson and William C. Bailey, 'Forcible Rape, Poverty, and Economic Inequality in U.S. Metropolitan Communities', *Journal of Quantitative Criminology*, vol. 4, no. 2 (1988): 99-119면; Etienne G. Krug, Linda L. Dahlberg, James A. Mercy, Anthony B. Zwi and Rafael Lozano, eds, 'World report on violence and health', *World Health Organisation* (2002): https://apps.who.int/iris/bitstream/handle/10665/42495/9241545615_eng.pdf, 159면; 그리고 Ming-Jen Lin, 'Does democracy increase crime? The evidence from international data', *Journal of Comparative Economics*, vol. 35, no. 3 (2007): 467-83면.

95 자본주의를 경제적 관계 너머까지 확장되는 제도로 사고하는 일의 중요성에 관해서는 Adolph Reed Jr., 'Rejoinder', 그리고 Nancy Fraser, 'Behind Marx's Hidden Abode', *New Left Review*, issue 86 (March-April 2014): 55-72면 참고.

96 Catharine A. MacKinnon, 'Feminism, Marxism, Method, and the State: Toward Feminist Jurisprudence', *Signs*, vol. 8, no. 4 (1983): 635-58면, 643면.

97 Eliott C. McLaughlin, 'Police officers in the US were charged with more than 400 rapes over a 9-year period', *CNN* (19 October 2018): https://edition.cnn.com/2018/10/19/us/police-sexual-assaults-maryland-scope/index.html.

98 Chaminda Jayanetti, 'Scale of police sexual abuse claims revealed', *Observer* (18 May 2019): https://www.theguardian.com/uk-news/2019/may/18/figures-reveal-true-extent-of-police-misconduct-foi.

99 'Indian police "gang-rape woman after she fails to pay bribe"', *Guardian* (12 June 2014): https://www.theguardian.com/world/2014/jun/12/indian-police-gang-rape-uttar-pradesh.

100 미국의 유명한 예는 국가 폭력과 대인관계 폭력을 종식하는 두가지 목표에 전념하는 급진적인 유색인 페미니스트 네트워크 '선동하자!'(INCITE!)이다. 전국의 소속 단체들은 폭력 피해자를 위한 지역사회 지원 단체를 운영하고, 건전한 남성성과 방관자 개입 교육(bystander intervention, 성범죄나 폭력, 인종차별 등 문제 상황이 발생했을 때 그냥 지나치지 않고 적극적으로 행동을 취하도록 훈련하는 교육—옮긴이)을 실시하며, '폭력 금지' 구역을 만들고, 폭력 가해자와 피해자 사이의 이행기 정의(transitional justice, 인권 침해에 대해 과거 청산, 책임자 처벌, 진상규명, 배상 등을 통해 사회변혁을 시

도하는 접근법 — 옮긴이)를 시도한다. 2001년 '선동하자!'는 미국에 본부를 둔 국제 폐지론자 운동인 '크리티컬 리지스턴스'(Critical Resistance)와 함께 「성폭력과 감산복합체에 관한 성명」(Statement on Gender Violence and the Prison Industrial Complex)이라는 성명서를 작성했다(*Social Justice*, vol. 30, no. 3 [2003]: 141-50면으로 재간행). 북미에서 때로는 분쟁 해결에 대한 미국 고유의 관행에 의존하는 젠더화된 폭력과 성폭력에 대한 비투옥적 접근법의 사례와 논의에 관해서는 다음을 참고. Natalie J. Sokoloff and Ida Dupont, 'Domestic Violence at the Intersections of Race, Class, and Gender: Challenges and Contributions to Understanding Violence Against Marginalized Women in Diverse Communities', *Violence Against Women*, vol. 11, no. 1 (2005): 38-64면; Donna Coker, 'Restorative Justice, Navajo Peacemaking and Domestic Violence', *Theoretical Criminology*, vol. 10, no. 1 (2006): 67-85면; Ching-In Chen, Jai Dulani and Leah Lakshmi Piepzna-Samarasinha, *The Revolution Starts at Home: Confronting Intimate Violence Within Activist Communities* (South End Press 2011); Creative Interventions, *Creative Interventions Toolkit: A Practical Guide to Stop Interpersonal Violence* (2012): https://www.creativeinterventions.org/tools/toolkit; Kristian Williams, 'A Look at Feminist Forms of Justice That Don't Involve the Police', *Bitch* (20 August 2015): https://www.bitchmedia.org/article/look-feminist-forms-justice-dont-involve-police; 그리고 Boutilier, Sophia and Lana Wells, 'The Case for Reparative and Transformative Justice Approaches to Sexual Violence in Canada: A proposal to pilot and test new approaches', *Shift: The Project to End Domestic Violence* (2018): https://prism.ucalgary.ca/handle/1880/109349. 이런 성폭력 접근법에 대한 비판은 Angustia Celeste, Alex Gorrion and Anon., *The Broken Teapot* (2014 [2012]): https://www.sproutdistro.com/catalog/zines/accountability-consent/the-broken-teapot; 그리고 Words to Fire, ed., *Betrayal: A critical analysis of rape culture in anarchist subcultures* (Words to Fire Press 2013) 참고. 전 세계적 맥락에서 분쟁이 있었던 지역에서 이행기 정의를 시도할 때 흔히 성폭력을 포함한 정치적 폭력의 역사를 다루면서 보복적 정의 모델보다는 회복적 정의 모델을 사용한다. 그러나 이런 프로젝트들은 남아프리카공화국의 진실화해위원회(Truth and Reconciliation Commission)

처럼 일반적으로 국가가 후원하거나 관여한다. 국가가 후원하는 비투옥적 접근법의 또 다른 예는 우간다에서 찾아볼 수 있는데, 가정폭력 피해자들이 보복적 방식보다는 회복적 방식을 사용하는 선택권을 갖는다(Aparna Polavarapu, 'Global Carceral Feminism and Domestic Violence'). 젠더화된 폭력을 다루는, 국가 지원을 받지 않는 페미니즘적인 접근법의 예는 인도 북부 우타르프라데시주의 '걸라비 갱'(Gulabi Gang)이다. 10만명에 달하는 단원을 보유한 이 단체는 가난한 하류계급 여성 집단으로 시작했는데, 이들은 분홍색 사리를 입고 대나무 막대를 휘두르면서 남성 가해자에게 접근해 공개적으로 망신을 주며, 필요에 따라 신체적으로 자신을 방어한다.

참고문헌

법률 자료

Alexander v. Yale University, 459 F. Supp. 1 (D.Conn. 1979), 631 F.2d 178 (2d Cir. 1980).

Cal. Educ. Code §67386.

Complaint, *Bonsu v. University of Massachusetts — Amherst*, Civil Action No. 3:15-cv -30172-MGM (District of Massachusetts, Sept. 25, 2015).

Lanigan v. Bartlett & Co. Grain, 466 F. Supp. 1388 (W.D. Mo. 1979).

Mass. Gen. Law 265, §22.

Miller v. Bank of America, 418 F. Supp. 233 (N.D. Cal. 1976).

Munford v. James T. Barnes & Co., 441 F. Supp. 459 (E.D. Mich. 1977).

Naragon v. Wharton, 737 F.2d 1403 (5th Cir. 1984).

Okla. Stat. 21 §113.

R. v. Butler (1992) 1 S.C.R. 452.

R v. Cogan and Leak (1976) QB 217.

R. v. Scythes (1993) OJ 537.

R.A.V. v. City of St. Paul, Minnesota 505 U.S. 377 (1992).

St. Paul Bias-Motivated Crime Ordinance, St. Paul, Minnesota Legislative Code § 292.02 (1990).

State v. Cuni, 733 A.2d 414, 159 N.J. 584 (1999).

Wis. Stat. §940.225(4).

단행본 및 기고문

'About Sexual Violence', *Rape Crisis England and Wales*: https://rapecrisis.org.uk/get-informed/about-sexual-violence.

'Abstinence Education Programs: Definition, Funding, and Impact on Teen Sexual Behavior', *Kaiser Family Foundation* (1 June 2018): https://www.kff.org/womens-health-policy/fact-sheet/abstinence-education-programs-definition-funding-and-impact-on-teen-sexual-behavior.

Adams, Parveen, 'Per Os(cillation)', *Camera Obscura*, vol. 6, no. 2 (1988): 7-29면.

Ahmed, Sara, *Living a Feminist Life* (Duke University Press 2017).

Alcoff, Linda Martín, *Rape and Resistance* (Polity 2018).

Allen, Theodore, *The Invention of the White Race*, vol. 2, *The Origin of Racial Oppression in Anglo-America* (London: Verso 2012 [1997]).

Anderson, David M., 'Sexual Threat and Settler Society: "Black Perils" in Kenya, *c.* 1907-30', *The Journal of Imperial and Commonwealth History*, vol. 38, no. 1 (2010): 47-74면.

Angustia Celeste, Alex Gorrion and Anon., *The Broken Teapot* (2014 [2012]): https://www.sproutdistro.com/catalog/zines/accountability-consent/the-broken-teapot.

Anon. (u/aznidentity), 'Sub's Take on AF', *Reddit* (14 April 2016): https://www.reddit.com/r/aznidentity/comments/4eu80f/the_subs_take_on_af.

Aragon, Sonya, 'Whores at the End of the World', *n+1* (30 April 2020): https://nplusonemag.com/online-only/online-only/whores-at-the-end-of-the-world.

Armstrong, Elizabeth A., Paula England and Alison C.K. Fogarty, 'Orgasm in College Hookups and Relationships', in *Families as They Really Are*, ed. Barbara J. Risman and Virginia E. Rutter (W.W. Norton 2015): 280-96면.

'Attorney General's Commission on Pornography: Final Report', *U.S. Department of Justice* (1986).

Autor, David H. and David Dorn, 'The Growth of Low-Skill Service Jobs and the

Polarization of the US Labor Market', *American Economic Review*, vol. 103, no. 5 (2013): 1553-97면.

Autor, David H., Frank Levy and Richard J. Murnane, 'The Skill Content of Recent Technological Change: An Empirical Exploration', *Quarterly Journal of Economics*, vol. 118, no. 4 (2003): 1279-1333면.

Baah, Nana, 'This Adult Site Is Offering Ex-McDonald's Employees Camming Work', *Vice* (24 March 2020): https://www.vice.com/en_uk/article/dygjvm/mcdonalds-workers-coronavirus-employment.

Baishya, Anirban K. and Darshana S. Mini, 'Translating Porn Studies: Lessons from the Vernacular', *Porn Studies*, vol. 7, no. 1 (2020): 2-12면.

Baldwin, James, 'An Open Letter to My Sister, Angela Y. Davis' [1970], in *If They Come in the Morning... Voices of Resistance*, ed. Angela Y. Davis (Verso 2016 [1971]): 19-23면.

Barale, Michèle Aina, 'The Romance of Class and Queers: Academic Erotic Zones', in *Tilting the Tower*, ed. Linda Garber (Routledge 1994): 16-24면.

Barreca, Regina, 'Contraband Appetites: Wit, Rage, and Romance in the Classroom', in *The Erotics of Instruction*, ed. Regina Barreca and Deborah Denenholz Morse (University Press of New England 1997).

Bartholet, Elizabeth, Nancy Gertner, Janet Halley and Jeannie Suk Gersen, 'Fairness For All Students Under Title IX', *Digital Access to Scholarship at Harvard* (21 August 2017): nrs.harvard.edu/urn-3:HUL.InstRepos:33789434.

Bartky, Sandra Lee, *Femininity and Domination: Studies in the Phenomenology of Oppression* (Routledge 1990).

Batty, David and Rachel Hall, 'UCL to ban intimate relationships between staff and their students', *Guardian* (20 February 2020): https://www.theguardian.com/education/2020/feb/20/ucl-to-ban-intimate-relationships-between-staff-and-students-univesities.

Bauer, Nancy, 'Pornutopia', *n+1* (Winter 2007): https://nplusonemag.com/issue-5/essays/pornutopia.

Bazelon, Lara, 'I'm a Democrat and a Feminist. And I Support Betsy DeVos's Title IX

Reforms.', *New York Times* (4 December 2018): https://www.nytimes.com/2018/12/04/opinion/-title-ix-devos-democrat-feminist.html.

Beal, Frances M., 'Double Jeopardy: To Be Black and Female' [1969], in *Meridians: Feminism, Race, Transnationalism*, vol. 8, no. 2 (2008): 166-76면.

Beck, Richard, *We Believe the Children: A Moral Panic in the 1980s* (PublicAff airs 2015).

Bedi, Sonu, 'Sexual Racism: Intimacy as a Matter of Justice', *The Journal of Politics*, vol. 77, no. 4 (2015): 998-1011면.

Beecher, Jonathan, 'Parody and Liberation in *The New Amorous World* of Charles Fourier', *History Workshop Journal*, vol. 20, no. 1 (1985): 125-33면.

______, *Charles Fourier: The Visionary and His World* (University of California Press 1986).

Behrendt, Larissa, 'Consent in a (Neo)Colonial Society: Aboriginal Women as Sexual and Legal "Other"', *Australian Feminist Studies*, vol. 15, no. 33 (2000): 353-67면.

Ben-Moshe, Liat, *Decarcerating Disability: Deinstitutionalization and Prison Abolition* (University of Minnesota Press 2020).

Berg, Heather, 'Left of #MeToo', *Feminist Studies*, vol. 26, no. 2 (2020): 259-86면.

Berg, Nate, 'Drive-thru brothels: why cities are building "sexual infrastructure"', *Guardian* (2 September 2019): https://www.theguardian.com/cities/2019/sep/02/drive-thru-brothels-why-cities-are-building-sexual-infrastructure.

Berger, Dan, Mariame Kaba and David Stein, 'What Abolitionists do', *Jacobin* (24 August 2017): https://www.jacobinmag.com/2017/08/prison-abolition-reform-mass-incarceration.

Bernstein, Elizabeth, 'The Sexual Politics of the "New Abolitionism"', *differences*, vol. 18, no. 3 (2007): 128-51면.

Berry, Kim, 'The Symbolic Use of Afghan Women in the War On Terror', *Humboldt Journal of Social Relations*, vol. 27, no. 2 (2003): 137-60면.

Bethel, Lorraine and Barbara Smith, eds, *Conditions: Five: The Black Women's Issue* (1979).

Bhalotra, Sonia, Uma Kambhampati, Samantha Rawlings and Zahra Siddique, 'Intimate

Partner Violence: The Influence of Job Opportunities for Men and Women', *The World Bank Economic Review* (2019): 1-19면.

Bhonsle, Anubha, 'Indian Army, Rape Us', *Outlook* (10 February 2016): https://www.outlookindia.com/website/story/indian-army-rape-us/296634.

Bird, Greta and Pat O'Malley, 'Kooris, Internal Colonialism, and Social Justice', *Social Justice*, vol. 16, no. 3 (1989): 35-50면.

Blinder, Alan, 'Was That Ralph Northam in Blackface? An Inquiry Ends Without Answers', *New York Times* (22 May 2019): https://www.nytimes.com/2019/05/22/us/ralph-northam-blackface-photo.html.

Blunt, Alison, 'Embodying war: British women and domestic defilement in the Indian "Mutiny", 1857-8', *Journal of Historical Geography*, vol. 26, no. 3 (2000): 403-28면.

Bohn, Lauren, '"We're All Handcuff ed in This Country." Why Afghanistan Is Still the Worst Place in the World to Be a Woman', *Time* (8 December 2018): https://time.com/5472411/afghanistan-women-justice-war.

Boonkong, Carla and Pranee O'Connor, 'Thailand jails more women than any other country in the world over pink yaba pills and ongoing drug arrests', *Thai Examiner* (4 January 2019): https://www.thaiexaminer.com/thai-news-foreigners/2019/01/04/thai-women-prison-in-thailand-world-no1-country-drug-users-war-on-drugs.

Bose, Adrija, '"Why Should I be Punished?": Punita Devi, Wife of Nirbhaya Convict, Fears Future of "Shame"', *News 18* (19 March 2020): https://www.news18.com/news/buzz/why-should-i-be-punished-punita-devi-wife-of-nirbhaya-convict-fears-future-of-shame-delhi-gangrape-2543091.html.

Bourke, Joanna, *Rape: A History from 1860 to the Present* (Virago 2007).

Boutilier, Sophia and Lana Wells, 'The Case for Reparative and Transformative Justice Approaches to Sexual Violence in Canada: A proposal to pilot and test new approaches', *Shift: The Project to End Domestic Violence* (2018): https://prism.ucalgary.ca/handle/1880/109349.

Bracewell, Lorna Norman, 'Beyond Barnard: Liberalism, Antipornography Feminism, and the Sex Wars', *Signs*, vol. 42, no. 1 (2016): 23-48면.

Breiding, Matthew J., Sharon G. Smith, Kathleen C. Basile, Mikel L. Walters, Jieru Chen and Melissa T. Merrick, 'Prevalence and Characteristics of Sexual Violence, Stalking, and Intimate Partner Violence Victimization—National Intimate Partner and Sexual Violence Survey, United States, 2011', *Center for Disease Control and Prevention Morbidity and Mortality Weekly Report*, vol. 63, no. 8 (2014): https://www.cdc.gov/mmwr/preview/mmwrhtml/ss6308a1.htm.

'Brett Kavanaugh's Opening Statement: Full Transcript', *New York Times* (26 September 2018): https://www.nytimes.com/2018/09/26/us/politics/read-brett-kavanaughs-complete-opening-statement.html.

Brosi, Matthew W., John D. Foubert, R. Sean Bannon and Gabriel Yandell, 'Effects of Sorority Members' Pornography Use on Bystander Intervention in a Sexual Assault Situation and Rape Myth Acceptance', *Oracle: The Research Journal of the Association of Fraternity/Sorority Advisors*, vol. 6, no. 2 (2011): 26-35면.

Bryan, Beverley, Stella Dadzie and Suzanne Scafe, *The Heart of the Race: Black Women's Lives in Britain* (Virago 1985).

Bumiller, Kristin, *In an Abusive State: How Neoliberalism Appropriated the Feminist Movement Against Sexual Violence* (Duke University Press 2008).

Burc, Rosa, George Souvlis and Nikhil Pal Singh, 'Race and America's Long War: An Interview with Nikhil Pal Singh', *Salvage* (11 March 2020): https://salvage.zone/articles/race-and-americas-long-war-an-interview-with-nikhil-pal-singh.

Burchill, Julie, *Damaged Gods: Cults and Heroes Reappraised* (Arrow Books 1987).

Butler, Judith, *Gender Trouble: Feminism and the Subversion of Identity* (Routledge 2010 [1990]).

______, 'Merely Cultural', *New Left Review*, issue I/227 (1998): 33-44면.

Cahill, Ann J., 'Sexual Desire, Inequality, and the Possibility of Transformation', in *Body Aesthetics*, ed. Sherri Irvin (Oxford University Press 2016): 281-91면.

Callander, Denton, Martin Holt and Christy E. Newman, 'Just a Preference: Racialised Language in the Sex-Seeking Profiles of Gay and Bisexual Men', *Culture, Health & Sexuality*, vol. 14, no. 9 (2012): 1049-63면.

Callander, Denton, Christy E. Newman and Martin Holt, 'Is Sexual Racism *Really*

Racism? Distinguishing Attitudes Towards Sexual Racism and Generic Racism Among Gay and Bisexual Men', *Archives of Sexual Behavior*, vol. 14, no.7 (2015): 1991-2000면.

Canby, Vincent, 'What Are We To Think of "Deep Throat"?', *New York Times* (21 January 1973): https://www.nytimes.com/1973/01/21/archives/what-are-we-to-think-of-deep-throat-what-to-think-of-deep-throat.html.

Capper, Beth and Arlen Austin, '"Wages for housework means wages against heterosexuality": On the Archives of Black Women for Wages for Housework, and the Wages Due Lesbians', *GLQ: A Journal of Lesbian and Gay Studies*, vol. 24, no. 4 (2018): 445-66면.

Carr, Joetta L. and Karen M. VanDeusen, 'Risk Factors for Male Sexual Aggression on College Campuses', *Journal of Family Violence*, vol. 19, no. 5 (2004): 279-89면.

Castleman, Michael, 'Surprising New Data from the World's Most Popular Porn Site', *Psychology Today* (15 March 2018): https://www.psychologytoday.com/us/blog/all-about-sex/201803/surprising-new-data-the-world-s-most-popular-porn-site.

'Chance the Rapper Apologizes for Working With R. Kelly', *NBC Chicago* (8 January 2019): https://www.nbcchicago.com/news/local/Chance-the-Rapper-Apologizes-for-Working-With-R-Kelly-504063131.html.

Chateauvert, Melinda, *Sex Workers Unite: A History of the Movement from Stonewall to SlutWalk* (Beacon Press 2014).

Chen, Ching-In, Jai Dulani and Leah Lakshmi Piepzna-Samarasinha, *The Revolution Starts at Home: Confronting Intimate Violence Within Activist Communities* (South End Press 2011).

Chin, Heather J. (@HeatherJChin), *Twitter* (8 June 2018): https://twitter.com/HeatherJChin/status/1005103359114784769.

______, *Twitter* (9 June 2018): https://twitter.com/HeatherJChin/status/1005403920037015552.

Chu, Andrea Long, 'On Liking Women', *n+1* (Winter 2018): https://nplusonemag.com/issue-30/essays/on-liking-women.

______ and Anastasia Berg, 'Wanting Bad Things: Andrea Long Chu Responds to Amia Srinivasan', *The Point* (18 July 2018): https://thepointmag.com/2018/dialogue/wanting-bad-things-andrea-long-chu-responds-amia-srinivasan.

Chua, Charmaine, 'Abolition Is A Constant Struggle: Five Lessons from Minneapolis', *Theory & Event*, vol. 23, no. 4 supp. (2020): 127-47면.

Clegg, John and Adaner Usmani, 'The Economic Origins of Mass Incarceration', *Catalyst*, vol. 3, no. 3 (2019): https://catalyst-journal.com/vol3/no3/the-economic-origins-of-mass-incarceration.

Coalition for a Feminist Sexuality and against Sadomasochism, [The Barnard Leaflet], *Feminist Studies*, vol. 9, no. 1 (1983): 180-82면으로 재간행.

Coker, Donna, 'Restorative Justice, Navajo Peacemaking and Domestic Violence', *Theoretical Criminology*, vol. 10, no. 1 (2006): 67-85면.

Coleman, Phyllis, 'Sex in Power Dependency Relationships: Taking Unfair Advantage of the "Fair" Sex', *Albany Law Review*, vol. 53, no. 1 (1988): 95-142면.

Collins, Patricia Hill, *Black Feminist Thought* (Routledge 1991 [1990]).

The Combahee River Collective, 'A Black Feminist Statement' [1977], in *Home Girls: A Black Feminist Anthology*, ed. Barbara Smith (Kitchen Table: Women of Color Press 1983): 272-92면.

Cooper, Melinda, *Family Values: Between Neoliberalism and the New Social Conservatism* (Zone Books 2017).

Coote, Anna and Beatrix Campbell, *Sweet Freedom: The Struggle for Women's Liberation* (Picador 1982).

Corbman, Rachel, 'The Scholars and the Feminists: The Barnard Sex Conference and the History of the Institutionalization of Feminism', *Feminist Formations*, vol. 27, no. 3 (2015): 49-80면.

Coscarelli, Joe, 'R. Kelly Faces a #MeToo Reckoning as Time's Up Backs a Protest', *New York Times* (1 May 2018): https://www.nytimes.com/2018/05/01/arts/music/r-kelly-timesup-metoo-muterkelly.html.

Costa-Kostritsky, Valeria, 'The Dominique Strauss-Kahn courtroom drama has put prostitution on trial', *New Statesman* (20 February 2015): https://www.

newstatesman.com/world-affairs/2015/02/dominique-strauss-kahn-courtroom-drama-has-put-prostitution-trial.

Coy, Maddy, Liz Kelly, Fiona Elvines, Maria Garner and Ava Kanyeredzi, '"Sex without consent, I suppose that is rape": How Young People in England Understand Sexual Consent', *Office of the Children's Commissioner* (2013): https://www.childrenscommissioner.gov.uk/report/sex-without-consent-i-suppose-that-is-rape.

Crabtree, Steve, 'Afghans' Misery Reflected in Record-Low Well-Being Measures', *Gallup* (26 October 2018): https://news.gallup.com/poll/244118/afghans-misery-reflected-record-low-measures.aspx.

Cramer, Katherine J., *The Politics of Resentment: Rural Consciousness in Wisconsin and the Rise of Scott Walker* (University of Chicago Press 2016).

The CR10 Publications Collective, ed., *Abolition Now! Ten Years of Strategy and Struggle Against the Prison Industrial Complex* (AK Press 2008).

Creative Interventions, *Creative Interventions Toolkit: A Practical Guide to Stop Interpersonal Violence* (2012): https://www.creative-interventions.org/tools/toolkit.

Crenshaw, Kimberlé, 'Demarginalizing the Intersection of Race and Sex: A Black Feminist Critique of Antidiscrimination Doctrine, Feminist Theory and Antiracist Politics', *University of Chicago Legal Forum*, vol. 1989, no. 1 (1989): 139-67면.

Crenshaw, Kimberlé Williams, 'I Believe I Can Lie', *The Baffler* (17 January 2019): https://thebaffler.com/latest/i-believe-i-can-lie-crenshaw.

______, Andrea J. Ritchie, Rachel Anspach, Rachel Gilmer and Luke Harris, 'Say Her Name: Resisting Police Brutality Against Black Women', *African American Policy Forum* (2015): https://www.aapf.org/sayhername.

______, Priscilla Ocen and Jyoti Nanda, 'Black Girls Matter: Pushed Out, Overpoliced and Underprotected', *African American Policy Forum* (2015): https://www.atlanticphilanthropies.org/wp-content/uploads/2015/09/BlackGirlsMatter_Report.pdf.

Crewe, Tom, 'The p-p-porn ban', *London Review of Books* (4 April 2019): https://www.lrb.co.uk/the-paper/v41/n07/tom-crewe/short-cuts.

Critical Resistance-INCITE!, 'Statement on Gender Violence and the Prison

Industrial Complex', in *Social Justice*, vol. 30, no. 3 (2003): 141-50면.

Cross, Katherine (@Quinnae_Moon), *Twitter* (3 May 2018): https://twitter.com/Quinnae_Moon/status/992216016708165632.

Daggett, Cara, 'Petro-masculinity: Fossil Fuels and Authoritarian Desire', *Millennium*, vol. 47, no. 1 (2018): 25-44면.

Dalla Costa, Mariarosa and Selma James, 'Women and the Subversion of the Community' [1971], in *The Power of Women and the Subversion of the Community* (Falling Wall Press 1975 [1972]), 21-56면.

Dalla Costa, Mariarosa, 'A General Strike' [1974], in *All Work and No Pay: Women, Housework, and the Wages Due*, ed. Wendy Edmond and Suzie Fleming (Power of Women Collective and the Falling Wall Press 1975): 125-27면.

Davis, Angela Y., ed., *If They Come in the Morning... Voices of Resistance* (Verso 2016 [1971]).

______, *Women, Race & Class* (Penguin Modern Classics 2019 [1981]).

______, *Are Prisons Obsolete* (Seven Stories Press 2003).

______, Gina Dent, Erica Meiners and Beth Richie, *Abolition. Feminism. Now*. (Haymarket Books 2021).

Davis, Mike, *Prisoners of the American Dream: Politics and Economy in the History of the US Working Class* (Verso 2018 [1986]).

______, 'Trench Warfare: Notes on the 2020 Election', *New Left Review*, no. 126 (Nov/Dec 2020): https://newleftreview.org/issues/ii126/articles/mike-davis-trench-warfare.

Dawson, Michael C., 'Hidden in Plain Sight: A Note on Legitimation Crises and the Racial Order', *Critical Historical Studies*, vol. 3, no. 1 (2016): 143-61면.

de Aquino, Silvia, 'Organizing to Monitor Implementation of the Maria da Penha Law in Brazil', in *Feminist Activism, Women's Rights, and Legal Reform*, ed. Mulki Al Sharmani (Zed 2013): 177-203면.

de Beauvoir, Simone, *The Second Sex*, trans. Constance Borde and Sheila Malovany-Chevallier (Vintage 2011 [1949]).

DeChiara, Peter, 'The need for universities to have rules on consensual sexual relationships between faculty members and students', *Columbia Journal of Law and Social Problems*, vol. 21, no. 2 (1988): 137-62면.

Dedeo, Simon, 'Hypergamy, Incels, and Reality', *Axiom of Chance* (15 November 2018): http://simondedeo.com/?p=221.

Delphy, Christine, *Separate and Dominate: Feminism and Racism After the War on Terror*, trans. David Broder (Verso 2015 [2008]).

Denvir, Daniel, Barbara J. Fields and Karen E. Fields, 'Beyond "Race Relations": An Interview with Barbara J. Fields and Karen E. Fields', *Jacobin* (17 January 2019): https://www.jacobinmag.com/2018/01/racecraft-racism-barbara-karen-fields.

Deresiewicz, William, 'Love on Campus', *The American Scholar* (1 June 2007): https://theamericanscholar.org/love-on-campus.

Diary of a Conference on Sexuality (1982): http://www.darkmatterarchives.net/wp-content/uploads/2011/12/Diary-of-a-Conference-on-Sexuality.pdf.

Douthat, Ross, 'The Redistribution of Sex', *New York Times* (2 May 2018): https://www.nytimes.com/2018/05/02/opinion/incels-sex-robots-redistribution.html.

Drolet, Gabrielle, 'The Year Sex Work Came Home', *New York Times* (10 April 2020): https://www.nytimes.com/2020/04/10/style/camsoda-onlyfans-streaming-sex-coronavirus.html.

Du Bois, W.E.B., *Black Reconstruction in America: 1860-1880* (The Free Press 1992 [1935])

Du Mez, Kristin Kobes, *Jesus and John Wayne: How White Evangelicals Corrupted a Faith and Fractured a Nation* (Liveright 2020).

Dullea, Georgia, 'In Feminists' Antipornography Drive, 42d Street Is the Target', *New York Times* (6 July 1979): https://www.nytimes.com/1979/07/06/archives/in-feminists-antipornography-drive-42d-street-is-the-target.html.

Durbar Mahila Samanwaya Committee, 'Sex Workers' Manifesto: First National Conference of Sex Workers in India' [1997], *Global Network of Sex Work Projects* (2011): https://www.nswp.org/resource/sex-workers-manifesto-first-national-conference-sex-workers-india.

Dworkin, Andrea, *Intercourse* (Basic Books 2007 [1987]).

______, 'Suffering and Speech', in *In Harm's Way: The Pornography Civil Rights*

Hearings, ed. Catharine A. MacKinnon and Andrea Dworkin (Harvard University Press 1997): 25-36면.

Dwyer, Rachel E. and Erik Olin Wright, 'Low-Wage Job Growth, Polarization, and the Limits and Opportunities of the Service Economy', *RSF: The Russell Sage Foundation Journal of the Social Sciences*, vol. 5, no. 4 (2019): 56-76면.

Dziech, Billie Wright and Linda Weiner, *The Lecherous Professor: Sexual Harassment On Campus* (University of Illinois Press 1990 [1984]).

Echols, Alice, *Daring to Be Bad: Radical Feminism in America 1967-1975* (University of Minnesota Press 2011 [1989]).

______, 'Retrospective: Tangled Up in Pleasure and Danger', *Signs*, vol. 42, no. 1 (2016): 11-22면.

Edmond, Wendy and Suzie Fleming, eds, *All Work and No Pay: Women, Housework, and the Wages Due* (Power of Women Collective and the Falling Wall Press 1975).

Edwards, Frank, Hedwig Lee and Michael Esposito, 'Risk of being killed by police use of force in the United States by age, race-ethnicity, and sex', *Proceedings of the National Academy of the Sciences of the United States of America*, vol. 116, no. 34 (2019): 16793-98면.

Elomäki, Anna, 'The Price of Austerity: The Impact on Women's Rights and Gender Equality in Europe', *European Women's Lobby* (2012): https://www.womenlobby.org/IMG/pdf/the_price_of_austerity_-_web_edition.pdf.

Epstein, Rebecca, Jamilia J. Blake and Thalia Gonzalez, 'Girlhood Interrupted: The Erasure of Black Girls' Childhood', *Georgetown Center on Poverty and Inequality* (2017): https://ssrn.com/abstract=3000695.

Erens, Bob, Andrew Phelps, Soazig Clifton, David Hussey, Catherine H. Mercer, Clare Tanton, Pam Sonnenberg, Wendy Macdowall, Andrew J. Copas, Nigel Field, Kirstin Mitchell, Jessica Datta, Victoria Hawkins, Catherine Ison, Simon Beddows, Kate Soldan, Filomeno Coelho da Silva, Sarah Alexander, Kaye Wellings and Anne M. Johnson, 'National Survey of Sexual Attitudes and Lifestyles 3', *Natsal* (2013): https://www.natsal.ac.uk/natsal-3.aspx.

Etherington, Norman, 'Natal's Black Rape Scare of the 1870s', *Journal of Southern*

African Studies, vol. 15, no. 1 (1988): 36–53면.

European Conference on Sex Work, Human Rights, Labour and Migration, 'Sex Workers in Europe Manifesto', *International Committee on the Rights of Sex Workers in Europe* (2005): https://www.sexworkeurope.org/resources/sex-workers-europe-manifesto.

Farai, Sekai (@SekaiFarai), *Twitter* (17 March 2018): https://twitter.com/SekaiFarai/status/975026817550770177.

Farley, Lin, *Sexual Shakedown: The Sexual Harassment Of Women On The Job* (McGraw-Hill 1978).

Federal Bureau of Investigations, *Crime in the United States 1996, Section II: Crime Index Offenses Reported* (1997): https://ucr.fbi.gov/crime-in-the-u.s/1996/96sec2.pdf.

Federici, Silvia, 'Wages Against Housework' [1975], in *Revolution at Point Zero: Housework, Reproduction, and Feminist Struggle* (PM Press 2012): 15–22면.

______ and Arlen Austin, eds, *The New York Wages for Housework Committee, 1972-1977: History, Theory, and Documents* (Autonomedia 2017).

Fertik, Ted and Maurice Mitchell, 'Reclaiming Populism', *The Boston Review* (29 April 2020): http://bostonreview.net/forum/reclaiming-populism/ted-fertik-maurice-mitchell-we-need-multiracial-working-class-alignment.

Fields, Barbara Jeanne, 'Slavery, Race and Ideology in the United States of America', *New Left Review*, issue I/181 (May-une 1990): 95–118면.

Filipovic, Jill, 'Is the US the only country where more men are raped than women?', *Guardian* (21 February 2012): https://www.theguardian.com/commentisfree/cifamerica/2012/feb/21/us-more-men-raped-than-women.

Firestone, Shulamith, *The Dialectic of Sex* (Verso 2015 [1970]).

Fischel, Joseph J., *Screw Consent: A Better Politics of Sexual Justice* (University of California Press 2019).

Forell, Caroline, 'What's Wrong with Faculty-Student Sex? The Law School Context', *Journal of Legal Education*, vol. 47, no. 1 (1997): 47–72면.

Forman, James, Jr., *Locking Up Our Own: Crime and Punishment in Black America*

(Farrar, Straus and Giroux 2017).

The Fourth World Conference on Women, 'Beijing Declaration and Platform for Action', *United Nations* (1995): https://www.un.org/en/events/pastevents/pdfs/Beijing_Declaration_and_Platform_for_Action.pdf.

Fraser, Nancy, 'Behind Marx's Hidden Abode', *New Left Review*, issue 86 (March–April 2014): 55–72면.

______, 'Contradictions of Capital and Care', *New Left Review*, issue 100 (July–August 2016): 99–117면.

'Fred Hampton on racism and capitalism 1', *YouTube* (28 May 2019): https://www.youtube.com/watch?v=jnlYA00Ffwo.

Freud, Sigmund, 'Further Recommendations in the Technique of Psycho-Analysis: Observations on Transference-Love' [1915], in *Freud's Technique Papers*, trans. Joan Riviere and ed. Stephen Ellman (Other Press 2002): 65–80면.

______, *An Autobiographical Study*, trans. James Strachey (Hogarth Press and The Institute of Psycho-Analysis 1950 [1925]).

Gago, Verónica, *Feminist International: How to Change Everything*, trans. Liz Mason-Deese (Verso 2020).

Gallop, Jane, *Feminist Accused of Sexual Harassment* (Duke University Press 1997).

Garcia, Sandra E., 'The Woman Who Created #MeToo Long Before Hashtags', *New York Times* (20 October 2017): https://www.nytimes.com/2017/10/20/us/me-too-movement-tarana-burke.html.

Gersen, Jacob and Jeannie Suk, 'The Sex Bureaucracy', *California Law Review*, vol. 104, no. 4 (2016): 881–948면.

Ghomeshi, Jian, 'Reflections from a Hashtag', *New York Review of Books* (11 October 2018): https://www.nybooks.com/articles/2018/10/11/reflections-hashtag.

Gilmore, Ruth Wilson, *Golden Gulag: Prisons, Surplus, Crisis, and Opposition in Globalizing California* (University of California Press 2007).

'Give parents the right to opt their child out of Relationship and Sex Education', *Petitions: UK Government and Parliament* (18 December 2018): https://petition.parliament.uk/petitions/235053.

Glazek, Christopher, 'Raise the Crime Rate', *n+1* (Winter 2012): https://nplusonemag.com/issue-13/politics/raise-the-crime-rate.

Goldberg, Michelle, 'The Shame of the MeToo Men', *New York Times* (14 September 2018): https://www.nytimes.com/2018/09/14/opinion/columnists/metoo-movement-franken-hockenberry-macdonald.html.

Gorz, André, 'Reform and Revolution' [1967], trans. Ben Brewster, *Socialist Register*, vol. 5 (1968): 111-43면.

______, *A Strategy for Labor: A Radical Proposal*, trans. Martin Nicolaus and Victoria Ortiz (Beacon Press 1967).

Gould, Jon B., and Richard A. Leo, 'One Hundred Years Later: Wrongful Convictions After a Century of Research', *The Journal of Criminal Law and Criminology*, vol. 100, no. 3 (2010): 825-68면.

Gqola, Pumla Dineo, *Rape: A South African Nightmare* (MF Books Joburg 2015).

Graff, Agniezska, Ratna Kapur and Suzanna Danuta Walters, eds, *Signs*, vol. 44, no. 3, 'Gender and the Rise of the Global Right' (2019).

Grant, Melissa Gira, *Playing the Whore: The Work of Sex Work* (Verso 2014).

Green, Leslie, 'Pornographies', *The Journal of Political Philosophy*, vol. 8, no. 1 (2000): 27-52면.

Gross, Bruce, 'False Rape Allegations: An Assault on Justice', *The Forensic Examiner*, vol. 18, no. 1 (2009): 66-70면.

Gross, Samuel R., Maurice Possley and Klara Stephens, 'Race and Wrongful Convictions in the United States', *National Registry of Exonerations* (2017): http://www.law.umich.edu/special/exoneration/Documents/Race_and_Wrongful_Convictions.pdf.

Gruber, Aya, *The Feminist War on Crime: The Unexpected Role of Women's Liberation in Mass Incarceration* (University of California Press 2020).

Hald, Gert Martin, Neil M. Malamuth and Carlin Yuen, 'Pornography and Attitudes Supporting Violence Against Women: Revisiting the Relationship in Nonexperimental Studies', *Aggressive Behavior*, vol. 36, no. 1 (2010): 14-20면.

Hall, Stuart, 'Race, articulation and societies structured in dominance', in *Sociological theories: race and colonialism*, ed. UNESCO (UNESCO, 1980): 305-45면.

Halley, Janet, 'Trading the Megaphone for the Gavel in Title IX Enforcement', *Harvard Law Review Forum*, vol. 128 (2015): 103-17면.

______, 'The Move to Affirmative Consent', *Signs*, vol. 42, no. 1 (2016): 257-79면.

Hambleton, Alexandra, 'When Women Watch: The Subversive Potential of Female-Friendly Pornography in Japan', *Porn Studies*, vol. 3, no. 4 (2016): 427-42면.

'Hathras case: A woman repeatedly reported rape. Why are police denying it?', *BBC News* (10 October 2020): https://www.bbc.co.uk/news/world-asia-india-54444939.

Heideman, Paul, *Class Struggle and the Color Line: American Socialism and the Race Question, 1900-1930* (Haymarket Books 2018).

Heller, Zoë, '"Hot" Sex & Young Girls', *New York Review of Books* (18 August 2016): https://www.nybooks.com/articles/2016/08/18/hot-sex-young-girls.

Helman, Rebecca, 'Mapping the unrapeability of white and black womxn', *Agenda: Empowering women for gender equality*, vol. 32, no. 4 (2018): 10-21면.

Hemingway, Mollie and Carrie Severino, 'Christine Blasey Ford's Father Supported Brett Kavanaugh's Confirmation', *The Federalist* (12 September 2019): https://thefederalist.com/2019/09/12/christine-blasey-fords-father-supported-brett-kavanaughs-confirmation.

Higgins, Chris, 'Transference Love from the Couch to the Classroom: A Psychoanalytic Perspective on the Ethics of Teacher-Student Romance', in *Philosophy of Education* (Philosophy of Education Society 1998): 357-65면.

Hill, Jemele, 'What the Black Men Who Identify With Brett Kavanaugh Are Missing', *The Atlantic* (12 October 2018): https://www.theatlantic.com/ideas/archive/2018/10/why-black-men-relate-brett-kavanaugh/572776.

Hitt, Jack, Joan Blythe, John Boswell, Leon Botstein and William Kerrigan, 'New Rules About Sex on Campus', *Harper's Magazine* (September 1993): 33-42면.

Hockenberry, John, 'Exile', *Harper's* (October 2018): https://harpers.org/archive/2018/10/exile-4.

Home Office and the Office for National Statistics, 'An Overview of Sexual Offending in England and Wales' (2013): https://www.gov.uk/government/statistics/an-overview-of-sexual-offending-in-england-and-wales.

Honig, Bonnie, 'The Trump Doctrine and the Gender Politics of Power', *Boston Review* (17 July 2018): http://bostonreview.net/politics/bonnie-honig-trump-doctrine-and-gender-politics-power.

hooks, bell, *Ain't I a Woman? Black women and feminism* (South End Press 1981).

______, *Feminist Theory: From Margin to Center* (Routledge 1984).

______, 'Eros, Eroticism and the Pedagogical Process', *Cultural Studies*, vol. 7, no. 1 (1993): 58-64면.

______, 'Embracing Freedom: Spirituality and Liberation', in *The Heart of Learning: Spirituality in Education*, ed. Steven Glazer (Tarcher/Putnam 1999).

Hooton, Christopher, 'A long list of sex acts just got banned in UK porn', *Independent* (2 December 2014): https://www.independent.co.uk/news/uk/a-long-list-of-sex-acts-just-got-banned-in-uk-porn-9897174.html.

Hunt, Krista, '"Embedded Feminism" and the War on Terror', in *(En)Gendering the War on Terror: War Stories and Camouflaged Politics*, ed. Krista Hunt and Kim Rygiel (Ashgate 2006): 51-71면.

INCITE! Women of Color Against Violence, ed., *Color of Violence: The INCITE! Anthology* (Duke University Press 2016).

Indian Ministry of Health and Family Welfare, 'National Family Health Survey (NFHS-4)' (2015-2016): https://dhsprogram.com/pubs/pdf/FR339/FR339.pdf.

'Indian police "gang-rape woman after she fails to pay bribe"', *Guardian* (12 June 2014): https://www.theguardian.com/world/2014/jun/12/indian-police-gang-rape-uttar-pradesh.

Ingala Smith, Karen (@K_IngalaSmith), *Twitter* (2 September 2019): https://twitter.com/K_IngalaSmith/status/1168471738604228608.

Inglis, Amirah, *The White Women's Protection Ordinance: Sexual Anxiety and Politics in Papua* (Chatto and Windus 1975).

International Committee for Prostitutes' Rights, 'World Charter for Prostitutes Rights: February 1985, Amsterdam', in *Social Text*, no. 37 (1993): 183-85면.

'International technical guidance on sexuality education', *United National Educational, Scientific and Cultural Organization (UNESCO)*, rev. ed. (2018): https://www.

unaids.org/sites/default/files/media_asset/ITGSE_en.pdf.

Jacobs, Katrien, 'Internationalizing Porn Studies', *Porn Studies*, vol. 1, no. 1-2 (2014): 114-19면.

Jacobs, Michelle S., 'The Violent State: Black Women's Invisible Struggle Against Police Violence', *William & Mary Journal of Race, Gender, and Social Justice*, vol. 24, no. 1 (2017): 39-100면.

Jaget, Claude, ed., *Prostitutes: Our Life* (Falling Wall Press 1980).

Jain, Uday, 'White Marxism: A Critique of Jacobin Magazine', *New Socialist* (11 August 2017): https://newsocialist.org.uk/white-marxism-critique.

James, Selma, *Women, the Unions and Work, Or . . . What Is Not To Be Done* (Notting Hill Women's Liberation Workshop 1972).

______, *Sex, Race and Class* (Falling Wall Press 1975).

Jayanetti, Chaminda, 'Scale of police sexual abuse claims revealed', *Guardian* (18 May 2019): https://www.theguardian.com/uk-news/2019/may/18/figures-reveal-true-extent-of-police-misconduct-foi.

Jayawardena, Kumari, *Feminism and Nationalism in the Third World* (Verso 2016 [1986]).

Jeffreys, Sheila, 'The Need for Revolutionary Feminism', *Scarlet Woman*, issue 5 (1977): 10-12면.

______, 'Let us be free to debate transgenderism without being accused of 'hate speech'', *Guardian* (29 May 2012): https://www.theguardian.com/commentisfree/2012/may/29/transgenderism-hate-speech.

Johnson, Cedric, 'The Wages of Roediger: Why Three Decades of Whiteness Studies Has Not Produced the Left We Need', *nonsite.org* (9 September 2019): https://nonsite.org/the-wages-of-roediger-why-three-decades-of-whiteness-studies-has-not-produced-the-left-we-need.

______, 'The Triumph of Black Lives Matter and Neoliberal Redemption', *nonsite.org* (9 June 2020): https://nonsite.org/the-triumph-of-black-lives-matter-and-neoliberal-redemption.

Jolly, Joanna, 'Does India have a problem with false rape claims?', *BBC News* (8 February 2017): https://www.bbc.co.uk/news/magazine-38796457.

Jolly, Margaretta, *Sisterhood and After: An Oral History of the UK Women's Liberation Movement, 1968-present* (Oxford University Press 2019).

Jones, Claudia, 'An End to the Neglect of the Problems of the Negro Woman!' [1949], in *Claudia Jones: Beyond Containment*, ed. Carole Boyce Davies (Ayebia Clarke Publishing 2011): 74-86면.

Julian, Kate, 'Why Are Young People Having So Little Sex?', *The Atlantic* (December 2018): https://www.theatlantic.com/magazine/archive/2018/12/the-sex-recession/573949.

Kajstura, Aleks, 'Women's Mass Incarceration: The Whole Pie 2019', *Prison Policy Initiative* (29 October 2019): https://www.prisonpolicy.org/reports/pie2019women.html.

Kassirer, Kay, ed., *A Whore's Manifesto: An Anthology of Writing and Artwork by Sex Workers* (Thorntree Press 2019).

Kelly, Kate and David Enrich, 'Kavanaugh's Yearbook Page Is "Horrible, Hurtful" to a Woman It Named', *New York Times* (24 September 2018): https://www.nytimes.com/2018/09/24/business/brett-kavanaugh-yearbook-renate.html.

Kelly, Liz, Jo Lovett and Linda Regan, 'A gap or a chasm?: Attrition in reported rape cases', *Home Office Research Study* 293 (2005): http://webarchive.nationalarchives.gov.uk/20100418065544/homeoffice.gov.uk/rds/pdfs05/hors293.pdf.

Kempadoo, Kamala, 'Victims and Agents of Crime: The New Crusade Against Trafficking', in *Global lockdown: Race, Gender and the Prison-Industrial Complex*, ed. Julia Sudbury (Routledge 2005): 35-55면.

Kimmel, Michael, *Angry White Men: American Masculinity at the End of an Era* (Nation Books 2013).

Kincaid, James R., '*Pouvoir, Félicité, Jane, et Moi* (Power, Bliss, Jane, and Me)', *Critical Inquiry*, vol. 25, no.3 (1999): 610-16면.

Kipnis, Laura, *Unwanted Advances: Sexual Paranoia Comes to Campus* (HarperCollins 2017).

Klein, Ezra, '"Yes Means Yes" is a terrible law, and I completely support it', *Vox* (13 October 2014): https://www.vox.com/2014/10/13/6966847/yes-means-yes-is-a-terrible-bill-and-i-completely-support-it.

Knopp, Fay Honey, *Instead of Prisons: A Handbook for Abolitionists* (Prison Research Education Action Project 1976).

Kollontai, Alexandra, 'Love and the New Morality', in *Sexual Relations and the Class Struggle/Love and the New Morality*, trans. Alix Holt (Falling Wall Press 1972).

Kotiswaran, Prabha, 'Governance Feminism in the Postcolony: Reforming India's Rape Laws', in Janet Halley, Prabha Kotiswaran, Rachel Rebouché and Hila Shamir, *Governance Feminism: An Introduction* (University of Minnesota Press 2018): 75-148면.

Krug, Etienne G., Linda L. Dahlberg, James A. Mercy, Anthony B. Zwi and Rafael Lozano, eds, 'World report on violence and health', *World Health Organisation* (2002): https://apps.who.int/iris/bitstream/handle/10665/42495/9241545615_eng.pdf.

Kulick, Don, 'Sex in the New Europe: the criminalization of clients and Swedish fear of penetration', *Anthropological Theory*, vol. 3, no. 2 (2003): 199-218면.

Kushner, Rachel, 'Is Prison Necessary? Ruth Wilson Gilmore Might Change Your Mind', *New York Times Magazine* (17 April 2019): https://www.nytimes.com/2019/04/17/magazine/prison-abolition-ruth-wilson-gilmore.html.

Langton, Rae, 'Speech Acts and Unspeakable Acts', *Philosophy and Public Affairs*, vol. 22, no. 4 (1993): 293-330면.

______, 'Is Pornography Like The Law?', in *Beyond Speech: Pornography and Analytic Feminist Philosophy*, ed. Mari Mikkola (Oxford University Press 2017): 23-38면.

Lavin, Talia, *Culture Warlords: My Journey Into the Dark Web of White Supremacy* (Hachette 2020).

Le Doeuff, Michèle, *Hipparchia's Choice: An Essay Concerning Women, Philosophy, etc.*, trans. Trista Selous (Columbia University Press 2007 [1989]).

Lewis, Sophie, *Full Surrogacy Now: Feminism Against Family* (Verso 2019).

Lim, Audrea, 'The Alt-Right's Asian Fetish', *New York Times* (6 January 2018): https://www.nytimes.com/2018/01/06/opinion/sunday/alt-right-asian-fetish.html.

Lin, Ming-Jen, 'Does democracy increase crime? The evidence from international data', *Journal of Comparative Economics*, vol. 35, no. 3 (2007): 467-83면.

Longeaux y Vásquez, Enriqueta, 'The Mexican-American Woman', in *Sisterhood is Powerful: An Anthology of Writings from the Women's Liberation Movement*, ed. Robin Morgan (Vintage 1970): 379-84면.

Lorde, Audre, 'Uses of the Erotic: The Erotic as Power' [1978], in *Sister Outsider* (Crossing Press 1984): 53-59면.

Lyons, Matthew N., *Insurgent Supremacists: The U.S. Far Right's Challenge to State and Empire* (PM Press and Kersplebedeb 2018).

Mac, Juno and Molly Smith, *Revolting Prostitutes* (Verso 2018).

Mack, Margaret H., 'Regulating Sexual Relationships Between Faculty and Students', *Michigan Journal of Gender & Law*, vol. 6, no. 1 (1999): 79-112면.

MacKinnon, Catharine A., *Sexual Harassment of Working Women: A Case of Sex Discrimination* (Yale University Press 1979).

______, 'Feminism, Marxism, Method, and the State: Toward Feminist Jurisprudence', *Signs*, vol. 8, no. 4 (1983): 635-58면.

______, 'Sexuality, Pornography, and Method: "Pleasure under Patriarchy"', *Ethics*, vol. 99, no. 2 (1989): 314-46면.

______, *Toward a Feminist Theory of the State* (Harvard University Press 1991 [1989]).

______, *Only Words* (Harvard University Press 1996 [1993]).

______, 'Rape Redefined', *Harvard Law & Policy Review*, vol. 10, no. 2 (2016): 431-77면.

Making Herstory (@MakeHerstory1), *Twitter* (2 September 2019): https://twitter.com/MakeHerstory1/status/1168527528186785794.

Malamuth, Neil M., Tamara Addison and Mary Koss, 'Pornography and Sexual Aggression: Are There Reliable Effects and Can We Understand Them?', *Annual Review of Sex Research*, vol. 11, no. 1 (2000): 26-91면.

Manne, Kate (@kate_manne), *Twitter* (25 August 2018): https://twitter.com/kate_manne/status/1033420304830349314.

Manson, Marianna and Erika Lust, 'Feminist Porn Pioneer Erika Lust on the Cultural

Cornerstones of Her Career', *Phoenix* (31 May 2018): https://www.phoenixmag.co.uk/article/feminist-porn-pioneer-erika-lust-on-the-cultural-cornerstones-of-her-career.

Mathieson, Thomas, *The Politics of Abolition Revisited* (Routledge 2015 [1974]).

Mattheis, Ashley, 'Understanding Digital Hate Culture', *CARR: Centre for the Analysis of the Radical Right* (19 August 2019): https://www.radicalrightanalysis.com/2019/08/19/understanding-digital-hate-culture.

McGrath, Ann, '"Black Velvet": Aboriginal women and their relations with white men in the Northern Territory, 1910-40', in *So Much Hard Work: Women and Prostitution in Australian History*, ed. Kay Daniels (Fontana Books 1984): 233-97면.

McLaughlin, Eliott C., 'Police officers in the US were charged with more than 400 rapes over a 9-year period', CNN (19 October 2018): https://edition.cnn.com/2018/10/19/us/police-sexual-assaultsmaryland-scope/index.html.

McVeigh, Tracy, 'Can Iceland lead the way towards a ban on violent online pornography?', *Observer* (16 February 2013): https://www.theguardian.com/world/2013/feb/16/iceland-online-pornography.

Mesch, Gustavo S., 'Social bonds and Internet Pornographic Exposure Among Adolescents', *Journal of Adolescence*, vol. 32, no. 3 (2009): 601-18면.

Mgbako, Chi Adanna, *To Live Freely in This World: Sex Worker Activism in Africa* (NYU Press 2016).

Mill, John Stuart, 'On Liberty', in *On Liberty, Utilitarianism, and Other Essays*, ed. Mark Philp and Frederick Rosen (Oxford World Classics 2015 [1859]): 1-112면.

Mills, Charles W., 'European Spectres', *The Journal of Ethics*, vol. 3, no. 2 (1999): 133-55면.

Millward, Jon, 'Deep Inside: A Study of 10,000 Porn Stars and Their Careers', *Jon Millward: Data Journalist* (14 February 2013): https://jonmillward.com/blog/studies/deep-inside-a-study-of-10000-porn-stars.

Miren, Frankie, 'British BDSM Enthusiasts Say Goodbye to Their Favorite Homegrown Porn', *Vice* (1 December 2014): https://www.vice.com/en_uk/

article/nnqybz/the-end-of-uk-bdsm-282.

Mitchell, Juliet, *Women's Estate* (Verso 2015 [1971]).

Mitra, Durba, *Indian Sex Life: Sexuality and the Colonial Origins of Modern Social Thought* (Princeton University Press 2020).

Mohanty, Chandra, 'Under Western Eyes: Feminist Scholarship and Colonial Discourses', *boundary 2*, vol. 12, no. 3 (1984): 333-58면.

Montgomery, Blake (@blakersdozen), *Twitter* (31 March 2020): https://twitter.com/blakersdozen/status/1245072167689060353.

Moraga, Cherríe and Gloria E. Anzaldúa, eds, *This Bridge Called My Back: Writings by Radical Women of Color* (Persephone Press 1981).

Morgan, Robin, 'Goodbye to All That' [1970], in *The Sixties Papers: Documents of a Rebellious Decade*, ed. Judith Clavir Albert and Stewart Edward Albert (Praeger 1984): 509-16면.

______, 'Theory and Practice: Pornography and Rape' [1974], in *Take Back the Night: Women on Pornography*, ed. Laura Lederer (William Morrow and Company 1980): 134-47면.

Mulvey, Laura, 'Visual Pleasure and Narrative Cinema', *Screen*, vol. 16, no. 3 (1975): 6-18면.

Murphy, Meghan, 'Ross Douthat revealed the hypocrisy in liberal feminist ideology, and they're pissed', *Feminist Currents* (4 May 2018): https://www.feministcurrent.com/2018/05/04/ross-douthat-revealed-hypocrisy-liberal-feminist-ideology-theyre-pissed.

Nash, Jennifer C., 'Strange Bedfellows: Black Feminism and Antipornography Feminism', *Social Text*, vol. 26, no. 4 (2008): 51-76면.

______, *The Black Body in Ecstasy: Reading Race, Reading Pornography* (Duke University Press 2014).

National Domestic Workers Alliance (2020): https://www.domesticworkers.org.

'The National Registry of Exonerations', *The National Registry of Exonerations*: https://www.law.umich.edu/special/exoneration/Pages/about.aspx.

New York Radical Feminists, *Rape: The First Sourcebook for Women*, ed. Noreen

Connell and Cassandra Wilson (New American Library 1974).

Newman, Sandra, 'What kind of person makes false rape accusations?', *Quartz* (11 May 2017): https://qz.com/980766/the-truth-about-false-rape-accusations.

Ng, Celeste (@pronounced_ing), *Twitter* (2 June 2015): https://twitter.com/pronounced_ing/status/605922260298264576.

______ (@pronounced_ing), *Twitter* (17 March 2018): https://twitter.com/pronounced_ing/status/975043293242421254.

______, 'When Asian Women Are Harassed for Marrying Non-Asian Men', *The Cut* (12 October 2018): https://www.thecut.com/2018/10/when-asian-women-are-harassed-for-marrying-non-asian-men.html.

North, Anna, 'Plenty of conservatives really do believe women should be executed for having abortions', *Vox* (5 April 2018): https://www.vox.com/2018/4/5/17202182/the-atlantic-kevin-williamson-twitter-abortion-death-penalty.

Oddone-Paolucci, Elizabeth, Mark Genius and Claudio Violato, 'A Meta-Analysis of the Published Research on the Effects of Pornography', in *The Changing Family and Child Development* (Ashgate 2000): 48-59면.

Orenstein, Peggy, *Girls & Sex: Navigating the Complicated New Landscape* (OneWorld 2016).

Palazzolo, Joe, 'Racial Gap in Men's Sentencing', *Wall Street Journal* (14 February 2013): https://www.wsj.com/articles/SB10001424127887324432004578304463789858002.

Pape, John, 'Black and White: The "Perils of Sex" in Colonial Zimbabwe', *Journal of Southern African Studies*, vol. 16, no. 4 (1990): 699-720면.

Park, Madison, 'Kevin Spacey apologizes for alleged sex assault with a minor', *CNN* (31 October 2017): https://www.cnn.com/2017/10/30/entertainment/kevin-spacey-allegations-anthony-rapp/index.html.

'Perpetrators of Sexual Violence: Statistics', *RAINN*: https://www.rainn.org/statistics/perpetrators-sexual-violence.

Peterson, Jordan, 'Biblical Series IV: Adam and Eve: Self-Consciousness, Evil, and Death', *The Jordan B. Peterson Podcast* (2017): https://www.jordanbpeterson.com/

transcripts/biblical-series-iv.

Peterson, Ruth D. and William C. Bailey, 'Forcible Rape, Poverty, and Economic Inequality in U.S. Metropolitan Communities', *Journal of Quantitative Criminology*, vol. 4, no. 2 (1988): 99-119면.

Petitjean, Clément and Ruth Wilson Gilmore, 'Prisons and Class Warfare: An Interview with Ruth Wilson Gilmore', *Verso* (2 August 2018): https://www.versobooks.com/blogs/3954-prisons-and-class-warfare-an-interview-with-ruth-wilson-gilmore.

Petrosky, Emiko, Janet M. Blair, Carter J. Betz, Katherine A. Fowler, Shane P.D. Jack and Bridget H. Lyons, 'Racial and Ethnic Differences in Homicides of Adult Women and the Role of Intimate Partner Violence—United States, 2003-2014', *Morbidity and Mortality Weekly Report*, vol. 66, no. 28 (2017): 741-46면.

Pheterson, Gail, ed., *A Vindication of The Rights of Whores* (Seal Press 1989).

Pinsker, Joe, 'The Hidden Economics of Porn', *The Atlantic* (4 April 2016): https://www.theatlantic.com/business/archive/2016/04/pornography-industry-economics-tarrant/476580.

Plato, *Republic*, trans. G.M.A. Grube and ed. C.D.C. Reeve (Hackett 1991).

Platt, Lucy, Pippa Grenfell, Rebecca Meiksin, Jocelyn Elmes, Susan G. Sherman, Teela Sanders, Peninah Mwangi and Anna-Louise Crago, 'Associations between sex work laws and sex workers' health: A systematic review and meta-analysis of quantitative and qualitative studies', *PLoS Medicine*, vol. 15, no. 12 (2018): 1-54면.

Polavarapu, Aparna, 'Global Carceral Feminism and Domestic Violence: What the West Can Learn From Reconciliation in Uganda', *Harvard Journal of Law & Gender*, vol. 42, no. 1 (2018): 123-75면.

Pornhub Insights, '2017 Year in Review', *Pornhub* (9 January 2018): https://www.pornhub.com/insights/2017-year-in-review.

______, '2019 Year in Review', *Pornhub* (11 December 2019): www.pornhub.com/insights/2019-year-in-review.

Pugh, Martin, *Women and the Women's Movement in Britain since 1914* (Palgrave 2015 [1992]).

Purves, Libby, 'Indian women need a cultural earthquake', *The Times* (31 December 2012): https://www.thetimes.co.uk/article/indian-women-need-a-cultural-earthquake-mtgbgxd3mvd.

Rabuy, Bernadette and Daniel Kopf, 'Prisons of Poverty: Uncovering the pre-incarceration incomes of the imprisoned', *Prison Policy Initiative* (9 July 2015): https://www.prisonpolicy.org/reports/income.html.

Rana, Aziz and Jedediah Britton-Purdy, 'We Need an Insurgent Mass Movement', *Dissent* (Winter 2020): https://www.dissentmagazine.org/article/we-need-an-insurgent-mass-movement.

Rand, Jacki Thompson, *Kiowa Humanity and the Invasion of the State* (University of Nebraska Press 2008).

Reagon, Bernice Johnson, 'Coalitional Politics: Turning the Century' [1981], in *Home Girls: A Black Feminist Anthology*, ed. Barbara Smith (Kitchen Table: Women of Color Press 1983): 356-68면.

'The Reckoning: Women and Power in the Workplace', *New York Times Magazine* (13 December 2017): https://www.nytimes.com/interactive/2017/12/13/magazine/the-reckoning-women-and-power-in-the-workplace.html.

'Redstockings Manifesto' [1969], in *Sisterhood is Powerful: An Anthology of Writings from the Women's Liberation Movement*, ed. Robin Morgan (Vintage 1970): 533-36면.

Reed, Adolph, Jr., 'Response to Eric Arnesen', *International Labor and Working-Class History*, no. 60 (2001): 69-80면.

______, 'Unraveling the relation of race and class in American politics', *Advance the Struggle* (11 June 2009): https://advancethestruggle.wordpress.com/2009/06/11/how-does-race-relate-to-class-a-debate.

______, 'Rejoinder', *Advance the Struggle* (11 June 2009): https://advancethestruggle.wordpress.com/2009/06/11/how-does-race-relate-to-class-a-debate.

______, 'The Limits of Anti-Racism', *Left Business Observer* (September 2009): https://www.leftbusinessobserver.com/Antiracism.html.

______, 'Antiracism: a neoliberal alternative to a left', *Dialectical Anthropology*, vol. 42 (2018): 105-15면.

_____, 'The Trouble with Uplift', *The Baffler*, no. 41 (September 2018): https://thebaffler.com/salvos/the-trouble-with-uplift-reed.

_____, 'Socialism and the Argument against Race Reductionism', *New Labor Forum*, vol. 29, no. 2 (2020): 36-43면.

_____ and Walter Benn Michaels, 'The Trouble with Disparity', *Common Dreams* (15 August 2020): https://www.commondreams.org/views/2020/08/15/trouble-disparity.

Rees, Jeska, 'A Look Back at Anger: the Women's Liberation Movement in 1978', *Women's History Review*, vol. 19, no. 3 (2010): 337-56면.

'Report of the Prostitution Law Review Committee on the Operation of the Prostitution Reform Act 2003', *New Zealand Ministry of Justice* (2008): https://prostitutescollective.net/wp-content/uploads/2016/10/report-of-the-nz-prostitution-law-committee-2008.pdf.

Rich, Adrienne, 'Taking Women Students Seriously' [1978], in *On Lies, Secrets, and Silence: Selected Prose, 1966-1978* (Virago 1984 [1980]): 237-45면.

_____, 'Compulsory Heterosexuality and Lesbian Existence' [1980], in *Journal of Women's History*, vol. 15, no. 3 (2003): 11-48면.

Richards, Tara N., Courtney Crittenden, Tammy S. Garland and Karen McGuffee, 'An Exploration of Policies Governing Faculty-to-Student Consensual Sexual Relationships on University Campuses: Current Strategies and Future Directions', *Journal of College Student Development*, vol. 55, no. 4 (2014): 337-52면.

Richie, Beth E., *Arrested Justice: Black Women, Violence, and America's Prison Nation* (NYU Press 2012).

Robin, Corey, 'The Erotic Professor', *The Chronicle of Higher Education* (13 May 2018): https://www.chronicle.com/article/the-erotic-professor.

Robinson, Cedric J., *Black Marxism: The Making of the Black Radical Tradition* (University of North Carolina Press 2000 [1983]).

Robinson, Russell K. and David M. Frost, 'LGBT Equality and Sexual Racism', *Fordham Law Review*, vol. 86, issue 6 (2018): 2739-54면.

Roediger, David R., *Wages of Whiteness: Race and the Making of the American Working*

Class (Verso 2007 [1991]).

Romano, Aja, '#WomenBoycottTwitter: an all-day protest inspires backlash from women of color', *Vox* (13 October 2017): https://www.vox.com/culture/2017/10/13/16468708/womenboycotttwitter-protest-backlash-women-of-color.

______, 'How the alt-right's sexism lures men into white supremacy', *Vox* (26 April 2018): https://www.vox.com/culture/2016/12/14/13576192/alt-right-sexism-recruitment.

Ronson, Jon, 'The Butterfly Effect', *Audible* (2017): www.jonronson.com/butterfly.html.

Rosen, Jeffrey, 'Ruth Bader Ginsburg Opens Up About #MeToo, Voting Rights, and Millennials', *The Atlantic* (15 February 2018): https://www.theatlantic.com/politics/archive/2018/02/ruth-bader-ginsburg-opens-up-about-metoo-voting-rights-and-millenials/553409.

Roser, Max, Hannah Ritchie and Esteban Ortiz-Ospina, 'Internet', *Our World in Data* (2017): https://ourworldindata.org/internet.

Ross, Becki L., '"It's Merely Designed for Sexual Arousal": Interrogating the Indefensibility of Lesbian Smut' [1997], in *Feminism and Pornography*, ed. Drucilla Cornell (Oxford University Press 2007 [2000]): 264-317면.

Royalle, Candida, 'Porn in the USA' [1993], in *Feminism and Pornography*, ed. Drucilla Cornell (Oxford University Press 2007 [2000]): 540-50면.

Rubin, Gayle, 'Blood Under the Bridge: Reflections on "Thinking Sex"', *GLQ: A Journal of Lesbian and Gay Studies*, vol. 17, no. 1 (2011): 15-48면.

Russell, Polly, 'Unfinished Business', *The British Library* (2020): https://www.bl.uk/podcasts.

Ryan, Lisa, 'Hockenberry Accusers Speak Out After *Harper's* Publishes Essay', *The Cut* (12 September 2018): https://www.thecut.com/2018/09/john-hockenberry-accusers-harpers-essay.html.

Ryzik, Melena, Cara Buckley and Jodi Kantor, 'Louis C.K. Is Accused by 5 Women of Sexual Misconduct', *New York Times* (9 November 2017): https://www.nytimes.com/2017/11/09/arts/television/louis-ck-sexual-misconduct.html.

Sanger, Carol, 'The Erotics of Torts', *Michigan Law Review*, vol. 96, no. 6 (1998): 1852-83면.

Sawyer, Wendy, 'The Gender Divide: Tracking Women's State Prison Growth', *Prison Policy Initiative* (9 January 2018): https://www.prisonpolicy.org/reports/women_overtime.html.

______ and Peter Wagner, 'Mass Incarceration: The Whole Pie 2020', *Prison Policy Initiative* (24 March 2020): https://www.prisonpolicy.org/reports/pie2020.html.

Scales, Ann, 'Avoiding Constitutional Depression: Bad Attitudes and the Fate of Butler' [1994], in *Feminism and Pornography*, ed. Drucilla Cornell (Oxford University Press 2007 [2000]): 318-44면.

Scully, Pamela, 'Rape, Race, and Colonial Culture: The Sexual Politics of Identity in the Nineteenth-Century Cape Colony, South Africa', *American Historical Review*, vol. 100, no. 2 (1995): 335-59면.

Sedgh, Gilda, Jonathan Bearak, Susheela Singh, Akinrinola Bankole, Anna Popinchalk, Bela Ganatra, Clémentine Rossier, Caitlin Gerdts, Özge Tunçalp, Brooke Ronald Johnson Jr., Heidi Bart Johnston and Leontine Alkema, 'Abortion incidence between 1990 and 2014: global, regional, and subregional levels and trends', *The Lancet*, vol. 388, no. 10041 (2016): 258-67면.

Seshia, Maya, 'Naming Systemic Violence in Winnipeg's Street Sex Trade', *Canadian Journal of Urban Research*, vol. 19, no. 1 (2010): 1-17면.

'Sex and HIV Education', *Guttmacher Institute* (1 January 2021): https://www.guttmacher.org/state-policy/explore/sex-and-hiv-education.

Seymour, Richard, 'Cultural materialism and identity politics', *Lenin's Tomb* (30 November 2011): http://www.leninology.co.uk/2011/11/cultural-materialism-and-identity.html.

Shamir, Hila, 'Anti-trafficking in Israel: Neo-abolitionist Feminists, Markets, Borders, and the State', in Janet Halley, Prabha Kotiswaran, Rachel Rebouché and Hila Shamir, *Governance Feminism: An Introduction* (University of Minnesota Press 2018): 149-200면.

Sharpe, Jenny, *Allegories of Empire: The Figure of Woman in the Colonial Text* (University of Minnesota Press 1993).

Shaw, Yowei (u/believetheunit), 'NPR reporter looking to speak with asian women about internalized racism in dating', *Reddit* (6 June 2018): https://www.reddit.com/r/asiantwoX/comments/8p3p7t/npr_reporter_looking_to_speak_with_asian_women.

______ and Kia Miakka Natisse, 'A Very Offensive Rom-Com' (2019), NPR's *Invisibilia*: https://www.npr.org/programs/invisibilia/710046991/a-very-offensive-rom-com.

Sheen, David, 'Israel weaponizes rape culture against Palestinians', *Electronic Intifada* (31 January 2017): https://electronicintifada.net/content/israel-weaponizes-rape-culture-against-palestinians/19386.

Shklar, Judith N., 'The Liberalism of Fear', in *Liberalism and the Moral Life*, ed. Nancy L. Rosenblum (Harvard University Press 1989): 21-38면.

Siegel, Reva B., 'Introduction: A Short History of Sexual Harassment', in *Directions in Sexual Harassment Law*, ed. Catharine A. MacKinnon and Reva B. Siegel (Yale University Press 2004): 1-39면.

Singh, Nikhil Pal, 'A Note on Race and the Left', *Social Text Online* (31 July 2015): https://socialtextjournal.org/a-note-on-race-and-the-left.

Smith, Andrea, *Conquest: Sexual Violence and American Indian Genocide* (South End Press 2005).

Smith, Patrick and Amber Jamieson, 'Louis C.K. Mocks Parkland Shooting Survivors, Asian Men, And Nonbinary Teens In Leaked Audio', *BuzzFeed News* (31 December 2018): https://www.buzzfeednews.com/article/patricksmith/louis-ck-mocks-parkland-shooting-survivors-asian-men-and.

Snitow, Ann, Christine Stansell and Sharon Thompson, eds, *Powers of Desire: The Politics of Sexuality* (Monthly Review Press 1983).

Sokoloff, Natalie J. and Ida Dupont, 'Domestic Violence at the Intersections of Race, Class, and Gender: Challenges and Contributions to Understanding Violence Against Marginalized Women in Diverse Communities', *Violence Against Women*, vol. 11, no. 1 (2005): 38-64면.

Solanas, Valerie, *SCUM Manifesto* (Verso 2015 [1967]).

Solnit, Rebecca, 'A broken idea of sex is flourishing. Blame capitalism', *Guardian* (12 May 2018): www.theguardian.com/commentisfree/2018/may/12/sex-capitalism-incel-movement-misogyny-feminism.

______, 'Men Explain *Lolita* to Me', *Literary Hub* (17 December 2015): https://lithub.com/men-explain-lolita-to-me.

Spacey, Kevin, 'Let Me Be Frank', *YouTube* (24 December 2018): www.youtube.com/watch?v=JZveA-NAIDI.

'SRE —the evidence', *Sex Education Forum* (1 January 2015): http://www.sexeducationforum.org.uk/resources/evidence/sre-evidence.

Srinivasan, Amia, 'Sex as a Pedagogical Failure', *Yale Law Journal*, vol. 129, no. 4 (2020): 1100-46면.

Stanley, Eric A. and Nat Smith, eds, *Captive Genders: Trans Embodiment and the Prison Industrial Complex* (AK Press 2015).

'Statutory RSE: Are teachers in England prepared?', *Sex Education Forum* (2018): https://www.sexeducationforum.org.uk/resources/evidence/statutory-rse-are-teachers-england-prepared.

Stedman, Patrick (@Pat_Stedman), *Twitter* (30 October 2020): https://twitter.com/Pat_Stedman/status/1322359911871819778.

Stern, Alexandra Minna, *Proud Boys and the White Ethnostate: How the Alt-Right is Warping the American Imagination* (Beacon Press 2019).

Stoya, 'Feminism and Me', *Vice* (15 August 2013): https://www.vice.com/en/article/bn5gmz/stoya-feminism-and-me.

______, 'Can There Be Good Porn?', *New York Times* (4 March 2018): https://www.nytimes.com/2018/03/04/opinion/stoya-good-porn.html.

'Study exposes secret world of porn addiction', *University of Sydney* (10 May 2012): http://sydney.edu.au/news/84.html?newscategoryid=1&newsstoryid=9176.

Sudbury, Julia, 'Transatlantic Visions: Resisting the Globalization of Mass Incarceration', *Social Justice*, vol. 27, no. 3 (2000): 133-49면.

Sullivan, Corrinne Tayce, 'Indigenous Australian women's colonial sexual intimacies: positioning indigenous women's agency', *Culture, Health & Sexuality*, vol. 20, no.

4 (2018): 397-410면.

Sullivan, Eileen, 'Perceptions of Consensual Amorous Relationship Polices (CARPs)', *Journal of College and Character*, vol. 5, no. 8 (2004).

Swinth, Kirsten, *Feminism's Forgotten Fight* (Harvard University Press 2018).

Tarrant, Shira, *The Pornography Industry: What Everyone Needs to Know* (Oxford University Press 2016).

Taylor, Keeanga-Yamahtta, *From #BlackLivesMatter to Black Liberation* (Haymarket Books 2016).

Taylor, Stuart, Jr., 'Pornography Foes Lose New Weapon in Supreme Court', *New York Times* (25 February 1986): https://www.nytimes.com/1986/02/25/us/pornography-foes-lose-new-weapon-in-supreme-court.html.

'Technology And Female Hypergamy, And The Inegalitarian Consequences', *Château Heartiste* (4 January 2018): https://heartiste.org/2018/01/04/technology-and-female-hypergamy-and-the-inegalitarian-consequences.

Thorneycroft, Ryan, 'If not a fist, then what about a stump? Ableism and heteronormativity within Australia's porn regulations', *Porn Studies*, vol. 7, no. 2 (2020): 152-67면.

Threadcraft, Shatema, 'North American Necropolitics and Gender: On #BlackLivesMatter and Black Femicide', *South Atlantic Quarterly*, vol. 116, no. 3 (2017): 553-79면.

Ticktin, Miriam, 'Sexual Violence as the Language of Border Control: Where French Feminist and Anti-Immigrant Rhetoric Meet', *Signs*, vol. 33, no. 4 (2008): 863-89면.

Tolentino, Jia, 'Jian Ghomeshi, John Hockenberry, and the Laws of Patriarchal Physics', *New Yorker* (17 September 2018): https://www.newyorker.com/culture/cultural-comment/jian-ghomeshi-john-hockenberry-and-the-laws-of-patriarchal-physics.

Tompkins, Jane, *A Life in School: What the Teacher Learned* (Addison-Wesley 1996).

Toobin, Jeffrey, 'X-Rated', *New Yorker* (3 October 1994): 70-78면.

______, 'The Trouble with Sex', *New Yorker* (9 February 1998): 48-55면.

Tooming, Uku, 'Active Desire', *Philosophical Psychology*, vol. 32, no. 6 (2019): 945-68면.

Toupin, Louise, *Wages for Housework: A History of an International Feminist Movement, 1972-77* (Pluto Press 2018).

Troyan, Cassandra, *Freedom & Prostitution* (The Elephants 2020).

Turner, Dan A., 'Letter from Brock Turner's Father' (2016): https://www.stanforddaily.com/2016/06/08/the-full-letter-read-by-brock-turners-father-at-his-sentencing-hearing.

'UK's controversial "porn blocker" plan dropped', *BBC News* (16 October 2019): https://www.bbc.co.uk/news/technology-50073102.

Virdee, Satnam, *Racism, Class and the Racialised Outsider* (Red Globe Press 2014).

'Virginia's Justin Fairfax Compared Himself To Lynching Victims In An Impromptu Address', *YouTube* (25 February 2019): https://www.youtube.com/watch?v=ZTaTssa2d8E.

Vitale, Alex S., *The End of Policing* (Verso 2017).

Wacquant, Loïc, *Punishing the Poor: The Neoliberal Government of Social Insecurity* (Duke University Press 2009).

Wagner, Kyle, 'The Future Of The Culture Wars Is Here, And It's Gamergate', *Deadspin* (14 October 2014): https://deadspin.com/the-future-of-the-culture-wars-is-here-and-its-gamerga-1646145844.

Walmsley, Roy, 'World Female Imprisonment', 3rd edition, *World Prison Brief*: https://www.prisonstudies.org/sites/default/files/resources/downloads/world_female_imprisonment_list_third_edition_0.pdf.

Walsh, Kelly, Jeanette Hussemann, Abigail Flynn, Jennifer Yahner and Laura Golian, 'Estimating the Prevalence of Wrongful Convictions', *Office of Justice Programs' National Criminal Justice Reference Service* (2017): https://www.ncjrs.gov/pdffiles1/nij/grants/251115.pdf.

Wandor, Michelene, *Once a Feminist: Stories of a Generation* (Virago 1990).

Wang, Jackie, *Carceral Capitalism* (MIT Press 2018).

Ware, Vron, *Beyond the Pale: White Women, Racism and History* (Verso 1992).

Watkins, Susan, 'Which Feminisms?', *New Left Review*, issue 109 (January-February

2018): 5-76면.

Weber, Max, 'Politics as a Vocation' [1919], in *Max Weber: The Vocation Lectures*, trans. Rodney Livingstone and ed. David Owen and Tracy B. Strong (Hackett 2004): 32-94면.

Weeks, Kathi, *The Problem with Work: Feminism, Marxism, Antiwork Politics, and Postwork Imaginaries* (Duke University Press 2011).

Weller, Sheila, 'How Author Timothy Tyson Found the Woman at the Center of the Emmett Till Case', *Vanity Fair* (26 January 2017): https://www.vanityfair.com/news/2017/01/how-author-timothy-tyson-found-the-woman-at-the-center-of-the-emmett-till-case.

Well, Ida B., 'Southern Horrors: Lynch Laws in All Its Phases' [1892], in *Southern Horrors and Other Writings: The Anti-Lynching Campaign of Ida B. Wells, 1892-1900*, ed. Jacqueline Jones Royster (Bedford Books 1997): 49-72면.

______, 'A Red Record. Tabulated Statistics and Alleged Causes of Lynchings in the United States, 1892-1893-1894' [1895], in *The Light of Truth: Writings of an Anti-Lynching Crusader*, ed. Mia Bay (Penguin Classics 2014): 220-312면.

West, Carolyn M. and Kalimah Johnson, 'Sexual Violence in the Lives of African American Women', *National Online Resource Center on Violence Against Women* (2013): https://vawnet.org/sites/default/files/materials/files/2016-09/AR_SVAAWomenRevised.pdf.

West, Lindy, *Shrill: Notes from a Loud Woman* (Quercus 2016).

'What's the State of Sex Education In the U.S.?', *Planned Parenthood*: https://www.plannedparenthood.org/learn/for-educators/whats-state-sex-education-us.

Whipp, Glen, 'A year after #MeToo upended the status quo, the accused are attempting comebacks—but not offering apologies', *Los Angeles Times* (5 October 2018): https://www.latimes.com/entertainment/la-ca-mn-me-too-men-apology-20181005-story.html.

Wilkerson, William S., *Ambiguity and Sexuality: A Theory of Sexual Identity* (Palgrave Macmillan 2007).

Williams, Cristan and Catharine A. MacKinnon, 'Sex, Gender, and Sexuality: The

TransAdvocate interviews Catharine A. MacKinnon', *TransAdvocate* (7 April 2015): https://www.transadvocate.com/sex-gender-and-sexuality-the-transadvocate-interviews-catharine-a-mackinnon_n_15037.htm.

Williams, Kristian, 'A Look at Feminist Forms of Justice That Don't Involve the Police', *Bitch* (20 August 2015): https://www.bitchmedia.org/article/look-feminist-forms-justice-dont-involve-police.

Williams, Linda, *Hard Core: Power, Pleasure, and the 'Frenzy of the Visible'* (University of California Press 1999 [1989]).

Willis, Ellen, 'Feminism, Moralism, and Pornography' [1979], in *Powers of Desire: The Politics of Sexuality*, ed. Ann Snitow, Christine Stansell and Sharon Thompson (Monthly Review Press 1983): 460-67면.

______, 'Lust Horizons: Is the Women's Movement Pro-Sex?' [1981], in *No More Nice Girls: Countercultural Essays* (University of Minnesota Press 2012 [1992]): 3-14면.

Wilson, Elizabeth, 'The Context of "Between Pleasure and Danger": The Barnard Conference on Sexuality', *Feminist Review*, vol. 13, no. 1 (1983): 35-41면.

Winant, Gabriel, 'We Live in a Society: Organization is the entire question', *n+1* (12 December 2020): https://nplusonemag.com/online-only/online-only/we-live-in-a-society.

______, *The Next Shift: The Fall of Industry and the Rise of Health Care in Rust Belt America* (Harvard University Press 2021).

Wood, Ellen Meiksins, 'Class, Race, and Capitalism', *Advance the Struggle* (11 June 2009): https://advancethestruggle.wordpress.com/2009/06/11/how-does-race-relate-to-class-a-debate.

Words to Fire, ed., *Betrayal: A critical analysis of rape culture in anarchist subcultures* (Words to Fire Press 2013).

Wright, Paul J. and Michelle Funk, 'Pornography Consumption and Opposition to Affirmative Action for Women: A Prospective Study', *Psychology of Women Quarterly*, vol. 38, no. 2 (2014): 208-21면.

Wypijewski, JoAnn, 'What We Don't Talk About When We Talk About #MeToo', *The Nation* (22 February 2018): https://www.thenation.com/article/archive/what-we

-dont-talk-about-when-we-talk-about-metoo.

Yang, Wesley, 'The Face of Seung-Hui Cho', *n+1* (Winter 2008): https://nplusonemag.com/issue-6/essays/face-seung-hui-cho.

______, 'The Passion of Jordan Peterson', *Esquire* (1 May 2018): https://www.esquire.com/news-politics/a19834137/jordan-peterson-interview.

______, 'The Revolt of the Feminist Law Profs: Jeannie Suk Gersen and the fight to save Title IX from itself', *Chronicle of Higher Education* (7 August 2019): https://www.chronicle.com/article/the-revolt-of-the-feminist-law-profs.

'Yarl's Wood Centre: Home Office letter to protesters attacked', *BBC News* (6 March 2018): https://www.bbc.co.uk/news/uk-england-beds-bucks-herts-43306966.

Yoffe, Emily, 'The Uncomfortable Truth about Campus Rape Policy', *The Atlantic* (6 September 2017): https://www.theatlantic.com/education/archive/2017/09/the-uncomfortable-truth-about-campus-rape-policy/538974.

Zheng, Robin, 'Why Yellow Fever Isn't Flattering: A Case Against Racial Fetishes', *Journal of the American Philosophical Association*, vol. 2, no. 3 (2016): 400-19면.

섹스할 권리

초판 1쇄 발행 / 2022년 9월 28일

지은이 / 아미아 스리니바산
옮긴이 / 김수민
펴낸이 / 강일우
책임편집 / 최지수 김유경
조판 / 박지현
펴낸곳 / (주)창비
등록 / 1986년 8월 5일 제85호
주소 / 10881 경기도 파주시 회동길 184
전화 / 031-955-3333
팩시밀리 / 영업 031-955-3399 편집 031-955-3400
홈페이지 / www.changbi.com
전자우편 / human@changbi.com

ISBN 978-89-364-8685-3 03300

* 책값은 뒤표지에 표시되어 있습니다.